이코노미스트

2023 세계대전망

이코노미스트 지음

KB182464

책을 펴내면서

톰 스탠다지(Tom Standage) 《2023 세계대전망》 편집자

지난 2년 동안 팬데믹이 가까운 미래의 양상을 결정했다면, 오늘날 주요 동인은 우크라이나 전쟁이다. 앞으로 몇 달간 세계는 우크라이나 전쟁이 지정학과 안보에 미치는 영향, 인플레이션 억제를 위한 노력, 에너지 시장의 혼돈, 팬데믹 이후 중국의 불확실한 행보 등을 둘러싸고 예측 불가능성과 씨름해야 할 것이다. 문제를 더 복잡하게 만드는 것은 이 모든 요인이 서로 맞물려 돌아가는 톱니바퀴처럼 긴밀히 연관돼 있다는 점이다. 2023년에는 다음 10가지 주제와 트렌드에 주목하자.

1. **우크라이나에 집중된 이목.** 에너지 가격, 인플레이션, 금리, 경제 성장, 식량 부족 문제는 모두 이 전쟁이 앞으로 몇 달간 어떻게 전개되는지에 달렸다. 우크라이나가 빠르게 전진하며 블라디미르 푸틴(Vladimir Putin)을 위협할 수도 있겠으나, 끝없이

계속되는 교착 상태가 가장 가능성 높은 결과로 보인다. 러시아는 에너지난과 미국 내 정치적 변화가 서방의 우크라이나 지원을 약화하길 바라며 전쟁을 질질 끌려고 할 것이다.

2. **닥쳐오는 경기 침체.** 중앙은행들이 팬데믹 여파에 더해 에너지 가격 상승으로 심화된 인플레이션을 잡으려 금리를 올리면서 주요 경제국들은 경기 침체에 접어들 것이다. 미국은 상대적으로 약한 침체를 겪겠으나 유럽의 경우는 더 가혹할 것이다. 식량 가격 급등으로 이미 타격을 입은 빈국들이 달러 강세로 피해를 보면서 고통은 전 세계적으로 일어날 것이다.

3. **기후 위기 속 희망.** 국가들은 에너지 공급량을 서둘러 확보하려고 대기를 오염시키는 화석 연료로 돌아가고 있다. 하지만 중기적으로는 우크라이나 전쟁 때문에 러시아산 탄화수소보다 안전한 대안인 재생 에너지로 전환하는 속도가 빨라질 것이다. 풍력과 태양뿐 아니라 원자력과 수소 에너지 분야도 이득을 볼 것이다.

4. **피크 차이나(Peak China).** 중국 인구는 2023년 4월 중 14억 3,000만 명 선에서 인도에 추월당할 것이다. 인구도 줄고 경제도 역풍을 맞은 중국이 정점(peak)에 달했는지를 두고 논의가 많을 것이다. 성장이 둔화하면 중국은 미국의 경제 규모를 영영 뛰어넘지 못할지도 모른다.

5. **분열된 미국.** 중간 선거에서 공화당이 예상보다 선전하지 못했지만, 낙태권이나 총기 규제 등 뜨거운 쟁점을 둘러싸고 논란의 여지가 있는 대법원 판결이 이어지면서 사회적, 문화적 분열이 계속 심화되고 있다. 도널드 트럼프(Donald Trump)의 2024년 대선 공식 출마는 이러한 분열상에 기름을 부을 것이다.

6. **지켜봐야 할 일촉즉발의 상황들.** 우크라이나 전쟁에 관심이 크게 쏠리면서 다른 지역 내 분쟁 위험이 고조되고 있다. 러시아가 우크라이나에 집중하는 사이 러시아의 뒷마당에서 충돌이 일어나고 있다. 중국은 대만을 상대로 행동에 나서기에 지금만한 때가 없다고 결론 내릴지도 모른다. 인도와 중국의 갈등이 히말라야 국경 지대에서 점화될 수도 있다. 튀르키예(터키)는 에게해에 있는 그리스 섬을 가로채려 할까?

7. **변화하는 동맹들.** 지정학적 변화 속에서 동맹들이 대응에 나선다. 우크라이나 전쟁으로 다시 활성화된 북대서양조약기구(NATO, 나토)는 두 회원국을 새로 맞이한다. 사우디아라비아는 신흥 블록인 아브라함 협정(Abraham accords)에 가입할까? 중요성이 커지고 있는 다른 동맹으로는 (중국의 부상에 대처하기 위한 미국 주도의 두 연합체) 쿼드(Quad)와 오커스(AUKUS), 그리고 I2U2가 있다. I2U2는 록 밴드가 아니고 인도, 이스라엘, 아랍에미리트, 미국을 연결하는 지속 가능성 포럼이다.

8. **보복 관광.** 이거나 먹어라, 코로나! 여행객들이 락다운 해제 이후 '보복' 관광을 떠나면서 여행 지출은 2019년의 1조 4,000억 달러 수준을 거의 회복하겠지만, 이는 단순히 인플레이션으로 물가가 인상됐기 때문이다. 실제 전 세계 관광객 수는 16억 명으로 팬데믹 이전인 2019년의 18억 명 수준을 여전히 밑돌 것이다. 비즈니스 출장은 기업들이 비용을 절감하면서 저조한 수준에 머물 것이다.

9. **메타버스의 현실 진단.** 가상 세계에서 일하고 논다는 발상이 비디오 게임을 넘어서서 인기를 얻을까? 2023년 애플이 첫 헤드셋을 출시하고, 주가가 떨어진 메타가 전략 변경 여부를 결정하면서 어느 정도 답이 나올 것이다. 그사이 나타날 보다 단순하고 바로 도움이 되는 변화는 패스워드를 대체할 '패스키(passkeys)'의 등장일 것이다.

10. **새해에는 새 용어를.** 패스키를 들어보지 못했다고? 걱정하지 마시라! 특별 섹션을 펼치면 2023년에 알아두면 유용할 필수 어휘가 정리돼 있다. 님비(NIMBY, not in my backyard)는 가고 임비(YIMBY, yes in my backyard)가 왔다. 암호화폐는 한물가고 양자내성암호가 뜨고 있다. 하지만 동결 분쟁(frozen conflict)이나 합성 연료(synfuel)를 정의할 수 있겠는가? 우리가 다 알려드리겠다.

돌이켜보면 지정학과 경제 환경이 상대적으로 안정적이고 예측 가능

하던 시기는 팬데믹을 기점으로 막을 내렸
다. 오늘날 세계는 강대국 경쟁의 추이와
팬데믹의 여진, 경제 대변동, 기상 이변, 사
회와 기술의 급격한 변화에 따라 동요하고

있어 훨씬 더 불안정하다. 예측 불가능성은 뉴 노멀이다. 여기서 벗
어날 길은 없다. 하지만 우리는 독자 여러분이 《2023 세계대전망》을
읽으며 자신감을 갖고 새로운 현실을 마주할 수 있길 바란다.

THE WORLD AHEAD 2023
차례

리더스   LEADERS

비즈니스   BUSINESS

금융   FINANCE

국제   INTERNATIOANL

과학·기술   SCIENCE & TECHONOLOGY

문화 CULTURE

미국 UNITED STATES

유럽 EUROPE

영국 BRITAIN

미주 THE AMERICAS

PART

1

LEADERS
BUSINESS
FINANCE
INTERNATIONAL
SCIENCE & TECHNOLOGY
CULTURE

THE WORLD AHEAD 2023

세계를 뒤흔든 세 가지 충격

2022년의 혼란 이후 전 세계적 경기 침체는 불가피하다
문제는 그다음에 무엇이 오는가다

자니 민튼 베도스(Zanny Minton Beddoes) 〈이코노미스트〉 편집장

콜린스 영어 사전 편집자들은 2022년 올해의 낱말로 'perma-crisis'를 꼽았다. '긴 기간 지속하는 불안정과 불안'으로 정의되는 이 낱말은 2023년이 밝아오는 오늘날의 세계를 정확하게 요약하는 추한 합성어다. 푸틴의 우크라이나 침공은 1945년 이래 유럽에서 가장 큰 규모의 지상전, 쿠바 미사일 위기 이후 가장 심각한 핵 위기 고조, 1930년대 이후 가장 광범위한 제재 체제로 이어졌다. 급등하는 식량과 에너지 비용은 많은 국가에서 1980년대 이후 가장 높은 인플레이션율을 부채질했고, 현대 중앙은행 시대의 가장 큰 거시 경제적 도전 과제를 제기했다. 국경은 불가침이어야 하고, 핵무기는 사용되지 않아야 하며, 인플레이션은 낮고, 부유한 국가들의 불은 언제

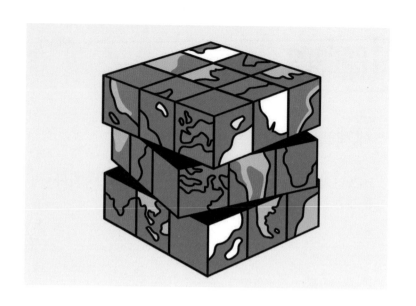

나 켜져 있어야 한다는, 수십 년 동안 유지되어온 가정들이 모두 동시에 흔들렸다.

세 가지 충격이 합쳐지면서 이런 혼란을 초래했다. 가장 큰 것은 지정학적 요인이다. 미국이 주도하는 전후 세계 질서는 도전받고 있다. 가장 명백하게는 푸틴 대통령에게 도전받고 있고, 가장 심오하게는 미국과 시진핑(Xi Jinping)의 중국 사이의 계속 악화되는 관계에 도전받고 있다. 미국과 유럽 국가들이 러시아의 침략에 대응하면서 보여준 결의는 '서방'이라는 개념, 특히 대서양 동맹이라는 개념에 새로운 활력을 불어넣었을 수 있다. 하지만 그것은 서구와 나머지 국가 사이의 격차를 더 커지게 했다. 전 세계 사람들 대다수는 러시아에 대한 서방의 제재를 지지하지 않는 국가에 살고 있다. 시진핑 주석은 서구 질서의 기반이 되는 보편적 가치들을 대놓고 거부한다. 세계에서 가장 큰 두 경제 대국 사이의 경제적 분리가 현실이 되고 있다. 중국의 대만 침공은 더 이상 불가능한 일이 아니다. 미국과 사우디아라비아 간의 편의에 따른 동맹과 같은 다른 오래된 지정학적 확실성에도 균열이 나타나고 있다.

이어서 우크라이나 전쟁은 1970년대 이후 가장 큰 원자재 충격을 초래하고 세계 에너지 시스템이 초고속으로 재편성되게 했다. 농업 수출국으로서 우크라이나가 갖는 중요성은 오데사 항구를 여는 한 가지 수단이 발견되기 전까지 이 전쟁이 전 세계적 수준의 기아를 대규모로 초래할 수 있는 위협이 된다는 것을 의미했다. 심지어 지금도 많은 국가에서는 멀리 떨어진 곳에서 벌어진 분쟁의 가장 즉각적인 결과로 그들 국가 내 식량과 비료가 더 비싸졌다. 가스 수출을 무기화하려는 푸틴 대통령의 의지는 러시아 탄화수소에 대한 유럽의 만성적 의존도를 드러냈고, 유럽의 에너지 집약적 산업의 많은 부분을 하룻밤 사이에 생존 불가능하게 만들었으며, 정부가 소비자를 보호하기 위해 수십억 달러를 지출하도록 강요했고, 새로운 공급원을 확보하기 위한 미친 듯한 쟁탈전을 촉발했다. 그리고 이 모든 것이 파키스탄의 홍수에서 유럽의 폭염에 이르기까지 기후 변화의 결과가 그 어느 때보다 심하게 나타난 해에 일어났다. 치솟는 에너지 비용으로 인해 유럽의 가장 친환경적인 정치인들조차도 보류했던 석탄 발전소를 다시 가동할 수밖에 없게 되었고, 결과적으로 에너지 공급이 비용 측면에서 감당 가능한 수준이 되게 하는 일과 안전하고 환경적으로 지속 가능하게 되도록 하는 일 사이에 극명한 상충 관계가 나타났다.

스파이크 단백질에서 가격 급등까지

급등하는 에너지 가격은 세 번째 충격인 거시 경제적 안정성 상실을 악화했다. 소비자물가는 2022년 초 경기 부양책에 의한 수요가 팬데믹 이후의 공급 제약과 만나면서 이미 가속화하고 있었다. 하지만 에너지와 식량 가격이 급등하면서 인플레이션은 일시적인 상승인 것처럼 보였던 것에서 지속적인 두 자릿수 문제로 바뀌었다. 뒤늦게 폴 볼커(Paul Volcker)●를 찾아낸 연방준비제도(Fed, 연준)가 주도하는 가운데, 세계의 주요 중앙은행들은 최소 40년 만에 가장 빠르고 광범위한 전 세계적 금리 인상에 착수했다. 그러나 2022년이 저무는 지금도 거시 경제적 안정은 아직 요원하다. 전 세계적 인플레이션율은 여전히 두 자릿수에 가깝고 1970년대와의 비교는 불편할 정도로 비슷하다.

다음엔 무슨 일이 일어날까? 모든 것은 이 세 가지 충격(지정학적 충격, 에너지 충격, 경제적 충격)이 어떻게 전개되고 서로에게 어떤 영향을 미치는지에 달려 있다. 단기적으로 이 질문에 대한 답은 암울하다. 2023년에는 세계 대부분이 경기 침체에 빠질 것이고, 여러 곳에서 경제적 약세가 지정학적 위험을 악화할 수 있다. 이 유독한 조합은 유럽에서 가장 두드러질 것이다. 온화한 가을과 그에 따른 에너지 가격 하락에도 불구하고 유럽 대륙은 2022~2023년 사이와 2023~2024년 사이에 어려운 겨울을 맞이해야 한다. 많은 유럽 경제는 이미 경기 침체의 언저리에 있다. 인플레이션 완화에 필요했던 높은 이자율은 소비자

● 지미 카터(Jimmy Carter) 및 로널드 레이건(Ronald Reagan) 행정부에서 연준이사회 의장을 지냈으며, 1970년대와 1980년대 내내 미국을 괴롭혔던 높은 인플레이션을 잡은 것으로 높이 평가받고 있다.

지출을 더욱 축소하고 실업률을 증가시킬 것이다.

한파는 휘발유 가격을 치솟게 하고 정전의 실제 가능성을 높인다. 지금까지 유럽 정부는 막대한 보조금과 가격 상한제를 통해 최악의 에너지 가격 충격으로부터 소비자를 보호해왔다. 이것이 무한정 계속될 수는 없다. 영국은 브렉시트로 인한 지속적인 피해와 리즈 트러스(Liz Truss)의 세입 기반 없는 대규모 감세 계획이 자초한 피해 덕분에 최악의 상황에 부닥쳐 있다. 영국은 그녀의 무책임한 총리직 수행 이후 시장의 신뢰를 회복하기 위해 가장 심각한 경기 침체를 겪고 있음에도 불구하고 부유한 나라 모임인 G7 중에서 가장 큰 재정 긴축을 단행해야 할 것이다. 영국이 현재 닮아가고 있는 유럽의 오랜 굼벵이 이탈리아도 걱정거리다.

가장 큰 지정학적 위험은 전쟁터에서 승리할 수 없는 푸틴 대통령이 이러한 유럽의 취약성을 더욱 악용하려 들 것이라는 데에 있다. 이 전략은 우크라이나에서 이미 분명히 드러나고 있는데, 러시아는 겨울이 다가옴에 따라 우크라이나의 에너지 인프라를 파괴하려는 시도를 배가하고 있다. 지금까지 천연가스를 무기화함으로써 우크라이나를 지원하는 서유럽 연대를 깨뜨리려는 푸틴 대통령의 시도는 실패했다. 그러나 그는 (일부가 아닌) 모든 가스 수출을 중단하거나 유럽 자체의 가스 파이프라인을 방해함으로써 한발 더 나아갈 수 있다. 이런 식의 확전은 전술 핵무기 사용보다 나머지 세계로부터 비난을 덜 받을 것이다. 그러나 이것은 유럽 상황이 훨씬 더 나빠진다는 것을 의미할 것이다.

2023년에 경제적 약세가 지정학적 위험을 악화할 수 있는 두 번째 장소는 중국이 될 것이다. 중국 경제는 자체적인 일련의 정책 실수 세계 인구의 대부분은 서방의 대러시아 제재를 지지하지 않는 나라에 살고 있다.

들, 특히 '제로 코로나' 전략을 고수하려는 시진핑 주석의 결의와 거대한, 곪고 있는 부동산 위기에 대처하지 못한 점으로 인해 허약한 2023년에 진입할 것이다. 그러면서도 시진핑 주석은 특히 대만에 대해 공격적이고 민족주의적인 수사를 펼쳤다. 그의 절대적인 권력 집중을 공식화한, 10월에 열린 공산당 전국대표대회에서 시진핑 주석은 앞으로 '위험한 폭풍'이 닥칠 것이라 경고하고 대만에서의 '외부 간섭'을 포함하는 '중대한 도발 행위'를 언급했다. 능력보다 충성심을 중시하는 그 주변에는 더 이상 경험이 풍부한 경제관료가 없다. 2023년에 중국의 경제 위기가 악화하면 대만을 둘러싼 무력 시위가 매력적인 시선 전환거리가 될 수 있다.

미국 경제는 중국이나 유럽 경제보다는 근본적으로 더 강한 모습으로 2023년을 맞이할 것이다. 연준의 공격적인 금리 인상은 경제를 불황으로 몰아넣겠지만, 노동 시장이 여전히 강하고 가계 저축이 풍부하므로, 경제 불황은 온화한 편에 속할 것이다. 높은 휘발유 가격이 인플레이션을 부채질하고 바이든 행정부에 타격을 주었지만, 미국은 대규모 에너지 생산국이므로 2022년의 원자재 충격으로부터 이득을 보았다. 역설적이게도 2023년에는 미국의 상대적인 경제적 강점이 약점보다는 오히려 나머지 나라들에 더 큰 문제가 될 수 있다. 연준은 인플레이션을 억제하고, 이어서 달러 강세를 강화하면서 다른 중앙은행들이 따라오도록 만들려면 더 오랫동안 금리를 인상할 필요가 있다. 미국 국내적으로는 분열된 정부*와 미미한 경기 침체는 입법

● 의회와 행정부를 통제하는 당이 서로 다른 상황.

부 경화증을 불러올 수 있고, 한발 더 나아 가 미국 의회에서 평소보다 더 유독한 정 치를 불러올 위험이 있다. 이런 환경에서 는 우크라이나 지원에 대한 지지가 약해질

수 있고 대만과 관련한 실행적 강인함에 대한 이끌림이 강해질 것이다. 전자는 푸틴 대통령을 대담하게 만들 것이고, 후자는 시진핑 주석을 화나게 할 것이다.

요컨대 2023년이 암울하고 잠재적으로 위험한 해가 될 만한 이유가 많이 있다. 하지만 모든 위기는 새로운 가능성을 낳기 때문에 지금의 혼란 속에서도 좋은 소식이 있다. 일부 국가는 어둠 속에서도 번영할 것이다. 예를 들어 걸프만 지역의 경제는 높은 에너지 가격뿐 아니라 금융 센터로서의 역할이 커짐에 따라 호황을 누리고 있다. 2023년에 중국을 제치고 세계에서 가장 인구가 많은 국가가 될 인도는 할인된 가격의 러시아산 석유, 증가하는 국내 투자, 중국에서 벗어나 공급망을 다각화하려는 외국인들의 관심 증가에 힘입어 또 다른 양지가 될 것이다. 대체로 신흥경제국은 금리 상승과 전 세계적 경기 침체를 겪었던 과거 사례에서보다 상대적으로 더 나은 모습을 보일 것이다.

이런 대대적인 변화는 통설에 대해 의문으로 이어질 것이다. 인플레이션이 고통스럽게, 천천히 통제됨에 따라 중앙은행장들은 자신들의 단호함을 어디까지 밀어붙여야 하는지 질문하게 될 것이다. 인플레이션 목표치인 2%에 도달하는 중앙은행장은 거의 없을 것이며, 이것이 올바른 목표인지에 대한 논쟁도 점점 더 거세질 것이다.

우크라이나가 기후에 주는 밝은 전망

한편 에너지 충격은 재생 에너지로의 전환을 촉진할 것이다. 국제에너지기구(IEA) 사무총장인 파티 비롤(Fatih Birol)은 이를 "청정 에너지로의 전환을 가속화할 에너지 역사의 전환점"이라고 언급했다. 동시에 위기는 화석 연료의 지속적인 역할, 특히 더 친환경적인 미래를 위한 교량 연료로서 천연가스가 갖는 역할에 대한 더 큰 현실 감각을 촉진할 것이다. 운이 좋다면 유럽은 자신들을 위해 가스 공급을 더 많이 확보하려 하면서도 가난한 나라의 가스 프로젝트에 자금을 대는 걸 꺼리는 것과 같은 오래된 위선들을 마침내 똑바로 직시할 것이고, 그 결과는 더 친환경적이고, 더 다양하고, 더 안전한 전 세계 에너지 시스템이 될 것이다.

2022년에 있었던 충격들의 장기적, 지정학적 결과는 예측이 매우 어렵다. 우크라이나에서 무슨 일이 일어나든, 우크라이나의 존재에 대한 권리를 부정하려는 푸틴 대통령의 전략적 목표는 실패로 끝날 것이 분명하다. 대신 우크라이나는 유럽에서 가장 크고 전투로 가장 강하게 단련된 군대를 보유한 서구 지향적 국가가 될 것이다. 설령 우크라이나가 나토에 가입하지 않는다 해도 우크라이나로 인해 유럽의 안보 계산법은 변화할 것이다. 그리고 우크라이나의 성공은 다른 공격자들의 생각을 잠시 멈추게 할 것이다. 그러나 신흥경제국 대부분이 서방의 대러시아 제재 체제에 동참하는 것을 거부한 것은 민주적 자유와 자결권에 대한 옹호가 주는 광범위한 호소가 제한적이라는 점을 시사한다. 2023년이 시작되면 전후 질서는 죽은 게 아니라 대대적인 변혁을 거칠 것이다.

우크라이나의 승리 가능성

—

전쟁이 어떻게 전개될지는 불분명하지만, 우크라이나는 전장에서 지속적으로 우위를 점하고 있다

에드워드 카(Edward Carr) 〈이코노미스트〉 부편집장

아무도 러시아의 우크라이나 침공이 언제 끝날지, 어떻게 끝날지 말할 수 없다. 그러나 몇 달간의 싸움으로 인해 우크라이나 땅에 다섯 가지 흔적이 선명하게 찍혔고, 그리고 그것들은 언젠가는 평화로 수렴할 것이다. 전쟁에서의 운을 감안하더라도 미래를 가늠할 수 있는 최선의 척도는 이런 경로들을 추적하는 것이다.

첫 번째 흔적은 전장에서 우크라이나가 갖는 지속적인 우위다. 러시아는 인구수로 보자면 이웃 나라보다 3배 이상 많고 우크라이나의 기반 시설을 파괴하고 기능하는 국가의 지위에서 끌어내리려 애쓰고 있지만, 푸틴은 자신이 병합한 우크라이나 4개 주를 점령할 수 있는 군대를 훈련시키고, 장비를 제공하고, 보급품을 제공하는 데 어려움을 겪을 것이다. 그가 주저하는 러시아인들을 전장으로 밀어 넣을수록 그가 책임져야 할 시체는 더 많아지고 더욱 어려움에 부닥칠 것이다.

이와는 대조적으로 우크라이나는 나토 국가들이 제공한 무기와 정보를 공급받는, 헌신적인 군대와 전술적으로 영리한 장교들을 통솔하기에 유리한 위치에 있다. 아마도 우크라이나군은 남부와 돈바스 지역에서 러시아의 방어 태세를 약화한 다음 9월과 10월에 보여준 것처럼 동부와 남부 점령지 탈환을 빠른 속도로 반복할 것이다.

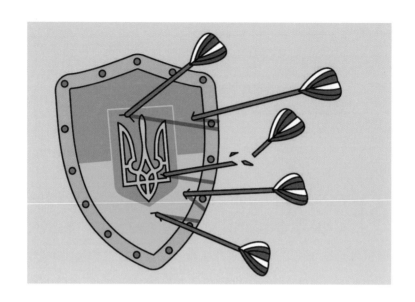

설령 그들이 그렇게 할 수 없다고 하더라도 느린 전진을 계속할 수는 있을 것이다.

우크라이나의 관점에서 볼 때 그것은 매우 중요하다. 모멘텀 자체로는 전쟁에서 승리할 수 없지만 두 번째 흔적, 즉 우크라이나의 노력에 대한 서구의 확고한 지원을 포함한 모든 것의 토대가 된다. 푸틴 대통령은 서방이 우크라이나를 포기하거나 아니면 적어도 불평등한 평화에 만족하도록 강요하리라고 계산했다. 따라서 그는 유럽으로의 가스 공급을 차단하고 핵전쟁을 경고함으로써 전장에서의 반전에 대응하려 했다.

이러한 위협은 푸틴 대통령의 비위를 맞추는 것이 위험한 일이라는 점을 서방 정부들이 이해하면서 역효과를 냈다. 2014년 러시아가 우크라이나를 처음 공격했을 때처럼 지금 러시아에 굴복하는 것은 다음 분쟁을 위한 무대를 준비하게 할 뿐이다. 따라서 서방의 무기는 계속해서 동쪽으로 갈 것이고, 러시아 가스는 다시는 대량으로 서쪽으로 흐르지 않을 것이다. 이번 겨울은 혹독할 것이다. 특

러시아도 우크라이나도 무기를 내려놓을 준비가 아직 되어 있지 않다.

히 중국의 에너지 수요가 되살아나 석유와 가스 가격이 상승한다면 다음 겨울은 더 나빠질 수 있다. 그러나 우크라이나가 전장에서 전진하는 한 유럽의 결의는 지속할 것이다.

세 번째 흔적의 경우 나머지 세계가 개입된다. 중국은 계속해서 직접적 개입 없이 러시아를 지지하고 있다. 인도와 많은 개발도상국은 너무 자주 그들의 의제를 무시하면서 자신들의 의제에 동참하라는 서방의 요구에 짜증을 내며 뒤로 멀찍이 물러났다. 그러나 여기에서도 푸틴 대통령은 지지를 잃고 있다. 그는 9월 상하이협력기구 정상회의에서 동료 지도자들로부터 뜨뜻미지근한 환영을 받았다. 10월에 그는 러시아 합병에 관한 유엔 총회 투표에서 우크라이나 침공 이후 최대의 패배를 겪었다.

이 처음 세 가지 흔적은 네 번째 흔적으로 수렴한다. 싸움을 끝내야 한다는 국제적 압력이 커지고 있다. 이 어려운 시대에 전쟁은 감당하기 어렵다. 대부분 부유한 국가들로 구성된 모임인 OECD는 2023년에 그 비용이 2조 8,000억 달러에 달할 것으로 추산한다. 서방의 무기 부족은 점점 더 큰 문제가 될 것이다. 따라서 2023년에는 평화를 위한 시나리오에 대해 많은 이야기가 있을 것으로 기대된다.

문제는 러시아도 우크라이나도 무기를 내려놓을 준비가 아직 되어 있지 않다는 점이다. 푸틴 대통령은 공격을 감행하고 모멘텀을 되찾을 수 있다고 확신하며 계속 싸우고 싶어 하거나, 우크라이나가 번영하는 평화로운 유럽 민주주의 국가가 되는 걸 막을 목적에서 분쟁

을 그대로 동결하는 걸 원할 것이다. 성공으로 상기된 볼로디미르 젤렌스키(Volodymyr Zelensky) 우크라이나 대통령은 2014년 이후 우크라이나가 잃어버린 모든 영토를 되찾겠다고 공언했다. 서방 국가들은 우크라이나가 언제 협상할지 결정해야 한다고 주장한다. 하지만 실제로는 그들이 전쟁 비용을 지불하는 사람들이다. 그러므로 어느 시점에서 그들은 압력을 가할 것이다.

전쟁은 모스크바에서 끝난다

그런 순간의 시기는 아마도 다섯 번째이자 가장 불확실한 흔적에 의해 결정될 것이다. 평화가 안정되려면 러시아에서 무엇인가가 바뀌어야 한다. 핵무기는 무력으로 러시아의 항복을 강요할 수 없음을 의미한다. 대신에 러시아인들이 푸틴 대통령이 헛되고 승리할 수 없는 전쟁에서 그들의 삶을 낭비하고 있다는 진실을 깨달아야 할 것이다.

푸틴 대통령은 화학무기나 핵무기를 사용할 수도 있다. 하지만 그런다고 해도 러시아가 승리로 가는 길이 열리지는 않을 것이다. 그가 권력을 유지하기 위해 손실을 줄이거나 아니면 엘리트들에게 버림받을 가능성이 더 크다. 새해가 시작되면 푸틴 대통령은 무엇인가가 나타나기를 희망할 것이다. 전장에 변화를 불러올 모멘텀, 중국의 군사 지원, 유럽 단결에 생기는 균열 또는 재선된 트럼프가 우크라이나를 포기할 것이라는 전망이 그런 것들이다. 푸틴 대통령은 전쟁에서 무엇이든 가능하다는 점을 알고 있다. 하지만 그는 또한 물결이 자신에게 불리하다는 걸 알아야 한다.

고통의 가망성으로 먹구름이 낀

—

시진핑 주석은 어려운 한 해를 맞이할 준비를 마쳤다

로저 맥쉐인(Roger McShane) 〈이코노미스트〉 중국 담당 편집자

승리의 순간에도 시진핑 주석은 중국에 먹구름이 드리워져 있음을 인정했다. 2022년 10월, 5년마다 열리는 공산당 대회에서 그는 선례가 없는, 당수로서의 3번째 선출을 확보했다. 베이징에 모인 약 2,300명의 당 대표들 앞에서 연설하면서 이 '조타수'● (마오쩌둥 숭배와 비슷한 경우를 걱정하는 목소리가 나오는 이유다)는 그의 통치 아래에서 전반적으로 순조로웠던 10년 동안의 항해를 설명했다. "극심한 빈곤은 사라졌고 '제로 코로나' 정책은 생명을 구했다"라고 그는 말했다. "당은 민족 분리주의자, 종교적 극단주의자, 폭력적인 테러리스트를 효과적으로 억제했다." 그는 다소 느슨하게 정의된 그룹들을 예로 들며 자랑했다. 하지만 또한 그는 당 지도자들에게 "강한 바람, 출렁이는 바다, 심지어는 위험한 폭풍을 버텨낼 준비를 해야 한다"라고 경고했다.

시진핑 주석은 미국이 이끄는 외국 세력이 중국을 억제하길 원한다고 믿고 있다. 이유가 없지는 않다. 많은 서양 국가들은 중국의 부상을 우려하고 있다. 조 바이든(Joe Biden) 대통령 행정부는 제재와 수

● 현재 국영 언론에서 시진핑을 묘사하는 이름인데, 반세기 전 마오쩌둥(Mao Zedong)의 별명은 위대한 조타수였다.

출 통제로 중국 기술 산업을 방해하려 했다. 시진핑 주석은 독재자들을 기쁘게 하는 방식으로 세계 질서를 재구성하기를 원한다. 그는 서구에 대한 그럴듯한 대안으로 중국의 권위주의 모델을 제시한다. 그리고 그는 역사상 어떤 폭군보다 더 많은 자원을 마음껏 사용할 수 있다.

그러나 중국은 또한 시진핑 주석의 선택으로 인해 그러지 않았을 때보다 더 약해졌다. 국내 문제들이 쌓이고 있다. 2023년 조타수가 그런 문제들 사이를 항해하기는 쉽지 않을 것이다.

가장 시급한 과제 중 하나는 코로나19 문제다. 시진핑 주석은 발병을 막기 위해 지역 봉쇄와 가혹한 제한 조치에 의존하는 코로나 제로 정책으로 중국을 궁지로 몰아넣었다. 많은 생명을 구했다는 그의 말은 맞다. 하지만 지금은 그것이 경제를 질식시키고, 끊임없는 방역의 위협 속에 살아가는 시민들을 좌절케 하고 있다. 중국은 완화할

조짐을 보이지 않는다. 많은 인구가 심각
한 병증과 사망의 위험을 크게 줄이기 위
해 자체 개발한 백신을 충분히 접종받지
못했다. 국가는 봉쇄를 선호하면서 예방접

중국은 시진핑 주석의
선택으로 인해
그러지 않았을 때보다
더 약해졌다.

종은 뒷전으로 밀렸다. 정치적인 이유로 더 효과적인 서방의 mRNA
백신을 수입하지도 않을 것이다. 중국의 의료 시스템은 취약하다. 이
로 인해 중국은 바이러스와 함께 살 준비가 되어 있지 않은 상태다.
예측 모델에 따르면 제로 코로나 정책을 종료하면 병원이 꽉 차고 수
십만 명이 사망할 수 있다.

　이런 상황이 촉발할 수 있는 무질서는 당 입장에서는 걱정거리다.
침체한 경제도 마찬가지다. 2022년에는 성장이 예상보다 느렸고, 정
부가 현재 궤도를 계속 유지한다면 2023년에도 상황은 마찬가지일
것이다. 대졸자를 비롯한 청년들은 일자리를 찾기 위해 고군분투하
고 있다. 국내총생산(GDP)의 큰 부분을 차지하는 부동산 시장이 위
기다. 공급망을 방해하고 신뢰를 떨어뜨리는 봉쇄와 여행 제한은 문
제의 일부일 뿐이다. 시진핑 주석은 보다 사회주의적이고 국가가 통
제하는 경제를 구상했다. 그는 당이 기업 운영 방식에 대해 더 많은
발언권을 가져야 한다고 믿는다. 그는 테크 기업들에 가혹한 규제를
가하고 중국을 세계와 단절함으로써 혁신의 속도를 늦추고 민간 부
문의 역동성을 감퇴시켰다.

　인구 통계도 중국에 불리하게 작용하고 있다. 1980년대에 중국 지
도자들은 한 자녀 정책을 시행했다. 당시에는 인구가 너무 빠르게 증
가하고 있다는 믿음이 있었다. 이제 지도자들은 그 반대를 두려워한
다. 현재 약 14억 명인 중국의 인구는 아마도 2023년에 줄어들기 시

작할 것이고, 인도는 중국을 넘어 세계에서 가장 인구가 많은 나라가 될 것이다. 수년 동안 중국에서 노인 인구의 비율이 증가했지만 노동력은 줄어들었다. 이 역시 경제 성장을 저해하고 젊은이들에게 큰 부담으로 작용한다. 2015년에 중국은 두 자녀 정책으로 전환했다. 2021년에는 3명을 허용했다. 그러나 젊은이들은 대가족을 원하지 않는 것처럼 보인다. 여성 1인당 평균 출생아 수는 인구 증가는 고사하고 인구를 안정적으로 유지하는 데 필요한 것보다 훨씬 낮다.

일부 전문가들은 이러한 문제들과 중국의 과중한 부채 부담을 이유로 중국이 힘의 정점에 도달했다고 주장한다. 2023년 3월 전인대 연례 회의에서 주석으로 재차 확정될 시진핑은 진로를 바꿀 생각이 없다. 이것은 무엇을 의미할까? 더딘 성장으로 중국은 서방 세계에 도전할 수 있는 자원을 더 적게 가질 것이다. 그러나 미국에 의한 경제적 질식을 두려워하는 약한 중국은 더 위험할 수 있다. 쇠퇴를 예상하면서도 여전히 세계를 재편하거나 대만을 장악하려는 경우 중국이 곧 행동에 나설 수도 있다고 일부 관찰자들은 우려한다.

서구인들은 자신들의 마음에 든다는 이유만으로 공산당 붕괴라는 결과를 예측하는 일이 없도록 주의해야 한다. 약한 중국 경제라도 세계에서 가장 규모가 큰 경제가 될 것이다. 국가는 반도체나 무기 생산 등 전략적 분야에 막대한 자원을 동원할 수 있다. 미국을 포함한 다른 국가들은 앞으로 몇 년 동안 자신들만의 인구 통계학적 문제에 직면하게 될 것이다. 중국의 지속적인 상승이 필연은 아니지만, 그렇다고 중국의 쇠퇴가 필연인 것도 아니다.

은행가 vs 예산

—

2023년은 재정 정책과 통화 정책 사이에 긴장감이 고조되는 해가 될 것이다

헨리 커(Henry Curr) 〈이코노미스트〉 경제 부문 편집자

세계 경제는 둔화하고 있고 많은 국가가 2023년에 침체기로 빠질 위험에 놓여 있다. 미국에서는 연준이 인플레이션과 벌인 싸움에 대한 당연한 결과로 날카롭게 높아진 금리가 주택 시장을 붕괴시키고 실업률을 증가시킬 위협을 가하고 있다. 금융 긴축이 달러 강세를 일으키면서 인플레이션을 개발도상국에 수출하고, 이 국가들이 달러 채무를 갚는 것을 더 어렵게 만들고 있다. 유럽은 공장의 문을 닫게 하고 소비자에게 피해를 주는 심각한 에너지 위기를 해결하려 노력하고 있다. 유럽에 닥칠 침체의 심각성은 날씨에 크게 의존한다. 중국은 주택 시장 붕괴와 급격한 락다운(lockdown)을 수반하는 자국의 제로 코로나 정책에 의해 초래된 불안정성에 맞서 싸우고 있다.

2023년 상반기에는 고통이 조금 완화될 수도 있다. 유럽은 중대한 위기 없이 순조롭게 겨울을 보낼 만큼 충분한 가스를 저장해두었다. 원자재 가격은 계속 높고 불안정한 상태를 유지하겠지만, 2022년에 일어났던 급격한 상승을 반복하지 않는 것만으로도 연간 소비자물가지수를 어느 정도 수준까지 떨어뜨릴 수 있을 것이다. 연준은 당장 급한 압박에서 벗어날 수 있을 것이다.

그러나 인플레이션 문제와 에너지 위기 모두 끝나지 않을 것이다.

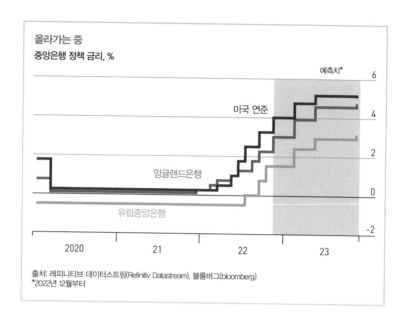

올라가는 중
중앙은행 정책 금리, %

예측치*

미국 연준

잉글랜드은행

유럽중앙은행

2020   21   22   23

출처: 레피니티브 데이터스트림(Refinitiv Datastream), 블룸버그(bloomberg)
*2022년 12월부터

연준은 4% 정도의 근원 인플레이션율과 직면했다. 이는 실업자 한 명에 대한 공석이 두 자리가 될 정도로 노동 시장이 너무 견고하기 때문이기도 하다. 유럽은 다시 한번 겨울을 준비하기 위해 가스 저장소를 재충전해야 하겠지만, 2022년에 러시아에서 흘러들어온 것보다 훨씬 적은 양이 공급될 것이다. 만약 중국이 경기를 회복한다면 글로벌 성장이 더 강하게 나타나겠지만, 이는 동시에 액화천연가스(LNG)에 대한 글로벌 수요를 증가시킬 것이다. LNG 공급량은 2025년까지 실질적으로 증가하지 않을 것이다. LNG 가격 상승으로 인해 에너지 위기의 두 번째 겨울은 첫 번째 겨울보다 더 견뎌내기 힘들 수 있다.

부유한 나라의 중앙은행장들은 인플레이션이 잡힐 때까지 매파적 태도를 고수할 것이다. 고용 활성화에 관한 대화는 사라지고 가격 안정성을 되찾는 것이 우선순위를 차지할 것이다. 테크노크라트 (technocrat)들이 인플레이션의 숨통을 끊겠다는 명목으로 경제 침체를 허용하는 한편, 경제 전망에 대한 우려가 확산하면서 정치인들의 눈에는 대립 요소들이 더 팽팽한 균형을 이룬 것처럼 보일 것이다. 유럽에서는 정부들이 높은 에너지 비용으로부터 자국 경제를 보호하기 위해 거대한 돈을 지출하고 있다. 지금은 철회했지만, 성장을 촉진하기 위해 더 많은 채무를 지겠다는 영국의 일시적인 시도는 다른 곳에서도 반복될 수 있다. 불행한 운명을 맞이한 이 실험이 보여준 것처럼 중앙은행이 금리를 올리면서 수요를 축소하는 순간에 경제를 활성화하려는 것은 역효과를 낼 가능성이 크다.

통화 긴축과 재정 건전성 사이의 다음 갈등은 부채가 있는 이탈리아에서 일어날 수 있다. 유럽중앙은행(ECB)은 이탈리아가 인플레이션과 싸우기 위해 금리를 올리는 동안 이탈리아 채권을 사들이고 있다. 그렇지만 이탈리아 국채 10년물의 채권 수익률은 동등한 독일 국채보다 2.2%P 높게 거래되고 있다. 만약 스프레드가 감소한다고 해도 유럽중앙은행이 인플레이션을 억누르기 위해 연준만큼 금리를 올려야 할 경우 이탈리아의 예산은 심각한 상황에 놓이게 될 것이다.

놀랍게도 재정 정책과 통화 정책 간 갈등이 일본에서 일어날 가능성도 있다. 일본의 어마어마한 공공 순부채(GDP의 약 170%)가 지금까지 버틸 수 있었던 이유는 인플레이션이 목표치를 밑도는 상황에서 일본중앙은행이 저금리 기조를 계속 유지했기 때문이었다. 하지만 이제 일본의 인플레이션마저 상승하고 있고 일본의 느슨한 통화 정책과 연준의 긴축 사이에 생긴 커다란 골은 엔화에 심각한 하방 압력을 가하고 있다. 만약 인플레이션이 지속하는 것으로 증명된다면 재

중앙은행장들은 인플레이션이 잡힐 때까지 매파적 태도를 고수할 것이다.

정 긴축으로 전환할 수 있다.

재정 정책과 통화 정책 간 긴장감이 없는 유일한 큰 경제는 높은 인플레이션으로 고통받지 않고 있는 중국이다. 하지만 이는 중국의 성장이 둔화했기 때문이므로 좋은 소식이라고 볼 순 없다. 중국이 국경을 엄격하게 통제하고, 락다운 위험이 적은 다른 동아시아 국가에 투자를 빼앗기고, 기업에 대한 정부의 통제가 심화할수록 중국과 다른 국가 간 단절은 더 커질 것이다. 중국이 균형을 맞춰야 할 대상은 성장과 실업 또는 높은 금리와 유지 가능한 채무가 아니라, 현재와 미래다. 중국은 문제를 적치하는 도덕적 해이를 만들지 않으면서 주택 시장 위기를 해결해야 하고, 감염의 '종료 파동(exit wave)'이라는 단기적인 비용을 치르더라도 제로 코로나 정책에서 벗어날 방법을 찾아야 한다.

이외의 개발도상국이 마주한 문제는 긴축 중인 연준에 대처하는 것이다. 중간 소득 국가들은 대체로 과거 금리 상승기보다 탄탄하다. 가장 큰 문제는 경제 정책이 지속해서 어긋났던 아르헨티나와 튀르키예 같은 국가에서 발견된다. 하지만 전 세계의 빈곤국(특히 아프리카)에서는 IMF로부터의 구제를 받기 전에 중국과 채무 면제 협상을 해야 하는 상태인 국가들이 위기의 끝자락에 아슬아슬하게 계속 매달려 있다. 가장 중요한 요소가 다른 사람의 정책 결정일 때는 금리 상승과 높은 공공 부채를 조화롭게 하는 것이 특히 더 어렵다.

푸틴의 전쟁이 어떻게 세계의 불안을 야기하는가

—

보다 덜한 독재자들이 푸틴의 실수로부터 배울 것이다
세계는 그들이 올바른 교훈을 확실하게 배우도록 해야 한다

로버트 게스트(Robert Guest) 〈이코노미스트〉 대외 부문 편집자

코끼리 두 마리가 싸우면 풀이 고통받는다는 속담이 있다. 그런데 큰 곰이 작은 생물을 공격하다가 더 큰 피해를 본다면 어떨까? 이때 옛 속담은 별로 도움이 되지 않는다. 그래도 2023년에 중간 규모의 권력을 가진 자들에게 이 질문은 중요할 것이다. 푸틴이 우크라이나 때문에 코피를 흘리게 되면서 여러 지정학적 계산에 변화가 생겼다.

만약 푸틴이 패배한다면 발트 3국처럼 러시아를 두려워하는 일부 국가의 두려움이 조금 덜어질 것이다. 패배한 러시아가 더 예측 불가능해질까 봐 걱정하는 국가도 있을 것이다. 푸틴은 우크라이나처럼 러시아와 긴 국경을 맞대고 있으며 러시아어를 하는 소수 집단이 많이 사는 카자흐스탄을 직접 위협하지는 않았다. 하지만 러시아 민족주의 권위자들은 푸틴에게 소수 집단의 러시아인을 상상 속 피해로부터 '보호'할 수 있게 영토를 압류하고 카자흐스탄을 분할하라고 권고한다. 그들이 카자흐스탄에 대해 떠벌리는 거짓말은 우크라이나에 대해 말한 것과 무서운 공통점이 있다. 예를 들어 카자흐스탄이 러시아 국경 근처에 세균전 연구소를 가지고 있고, 학교에서 러시아어를 가르치지 못하게 할 계획이라는 것 등이 있다. 우크라이나 전쟁이 어떻게 끝나든 카자흐인들은 걱정할 이유가 충분히 있다.

러시아의 우크라이나 침략은 모스크바로부터 통치를 한 번이라도 받아본 국가라면 그 어느 곳도 안전하지 않다는 바를 시사한다. 나토와 더 밀접한 관계를 맺을 수 있는 국가는 그렇게 할 것이다. 조지아와 몰도바는 간절하다. 현실적으로 나토로부터 도움을 기대할 수 없는 카자흐스탄, 키르기스스탄, 타지키스탄 같은 국가들은 중국과 더 돈독한 관계를 맺으려고 할 것이다. 이 국가들은 만약 자국 영토에 중국 철로와 공장이 있다면 러시아가 그들을 공격할 확률이 낮아질 거라고 추정한다. 2023년에 러시아와 가깝게 지낼 유일한 정권은 러시아의 동료 낙오자들뿐일 것이다. 그중에서도 친근한 무역 파트너와 유엔 안전보장이사회에서 친구가 필요한 이란이 특히 러시아와 잘 지내려고 할 것이다.

러시아의 지원에 의존하는 정권은 더 긴장할 것이다. 벨라루스의 전제 통치자 알렉산더 루카셴코(Alexander Lukashenko)는 푸틴이 지원해 준 덕분에 정권을 지킬 수 있었다. 그 대가로 루카셴코는 완전한 실패로 돌아갔던 러시아의 키이우 공격 시 벨라루스의 영토를 발사대로 사용할 수 있게 해주었다. 루카센코는 벨라루스인들 사이에

매우 큰 반감을 일으키고 그들이 부정 선거로 당선된 대통령에 대해 느끼는 경멸을 심화시키는 전쟁에 더 이상 빨려 들어가지 않으려 필사적으로 노력하고 있다. 하지만 푸틴은 계속해서 그를 압박할 것이다.

아프리카에서는 푸틴 패거리가 운영하는 용병 그룹인 바그너(Wagner)가 중앙아프리카공화국과 말리의 독재 정부와 리비아의 군지도자를 지원한다. 이런 활동은 아마 수상쩍은 광물 거래로 자체 조달한 자금으로 운영될 것이다. 하지만 바그너의 폭력배 일부는 우크라이나에서 싸워 달라는 요청을 받았다. 만약 아프리카에서의 활동에 대한 러시아의 암묵적인 지원이 끊기기라도 한다면 바그너의 고객들은 권력을 유지하기가 힘들어질 것이다.

전쟁이 에너지 시장에 충격을 주는 동안 에너지 생산자들의 외교적 영향력은 강화될 것이다. 돈이 흘러넘치는 사우디아라비아는 인권 상황을 개선하거나 국내 경제를 다각화할 압력을 실질적으로 거의 받지 않을 것이다. 러시아 가스에 대한 대안을 공급하는 자들은 번창할 것이다. 유럽은 LNG를 많이 수출하는 카타르에 돈을 뿌리고 있다. 한때 카타르가 이슬람교도를 지원하는 것에 대해 카타르와 갈등을 빚었던 이집트는 이제 재정적 원조를 기대하며 카타르와 친하게 지내려 하고 있다.

높은 식품 및 에너지 가격에서 발생한 정치적 파문은 계속될 것이다. 이는 이미 많은 국가에서 시위와 폭동을 일으키고 스리랑카의 대통령을 타도하는 데 기여했다. 2023년에 식품 가격이 누그러진다고

하더라도, 사람들이 자신의 빈 접시를 인기 없는 정부 탓으로 돌리는 파키스탄과 튀니지 같은 곳에서는 불안이 예상된다. 나이지리아와 튀르키예처럼 2023년에 걱정스러운 선거가 예정되어 있고, 형편없는 경제 정책이 피해를 가중한 국가에서는 문제가 일어날 가능성이 더 크다.

튀르키예의 경우는 특이하다. 외교적 측면에서 튀르키예의 레제프 타이이프 에르도안(Recep Tayyip Erdogan) 대통령은 우크라이나 전쟁이 어떻게 전개되건 상관없이 이득을 취하길 기대하고 있다. 만약 푸틴이 패배하고 러시아가 심각하게 약해진다면 튀르키예가 관심을 가지는 시리아와 남 코카서스 같은 지역에 권력 공백이 생길지도 모른다. 아르메니아에 대한 러시아의 지원이 흔들린다면 에르도안은 아르메니아와 영토 문제로 갈등을 빚고 있는 아제르바이잔에 대한 지원을 강화할 것이다.

우크라이나 전쟁이 계속된다면 에르도안은 계속해서 양다리를 걸칠 것이다. 그는 러시아 자금과 여행객을 환영해준 대가로 모스크바로부터 저렴한 가스 등의 혜택을 기대할 것이다. 또한 우크라이나에 더 많은 무기를 판매하고 서방으로부터 러시아 전함을 흑해로 들이지 않은 것에 대한 공로를 인정받고자 할 것이다. 에르도안이 6월 선거에서 패배한다면 그의 후계자는 아마 외교 정책적으로 비슷한 접근을 할 것이다.

종합해보면 푸틴이 우크라이나에서 당한 수모는 온 세상의 전제군주들이 정복 전쟁을 시작하는 것을 조심하게 할 것이다. 푸틴의 패배가 그의 몰락으로 이어진다면 더더욱 큰 교훈을 남길 것이다. 그렇다면 우크라이나의 지원자들이 지원을 배가하는 것이 중요하다. 침략은 이득을 봐서는 안 되며, 이득이 되는 것처럼 보여서도 안 된다. 푸틴이 패배한다면 세계는 장기적으로 더 평화로울 것이다.

파우스트식 거래
—
불편한 타협이 수반되는 새로운 에너지 시스템이 부상할 것이다

패트릭 포울리스(Patrick Foulis) 〈이코노미스트〉 비즈니스 부문 편집자

2022년에 에너지 쇼크는 유럽과 전 세계 여러 지역을 혼돈에 빠뜨리며 인플레이션에 불을 지피고 침체가 일어날 확률을 높였다. 2023년에 세계는 여전히 불안정한 석유와 가스 시장을 해결하려고 노력하겠지만 동시에 더 저렴하고, 깨끗하고, 안정적인 에너지 시스템을 구축하려는 노력을 배가할 것이다. 1945년 사우드 가문과 프랭클린 루스벨트(Franklin D. Roosevelt)의 동맹부터 유럽과 구소련의 거래까지 20세기의 화석 연료 시대에는 다양한 파우스트식 거래가 등장했다. 2023년에 대부분 국가는 악마와 두 번의 계약을 맺을 것이다. 단기적으로는 안정적인 수급을 확보하기 위해 환경을 오염시키는 화석 연료에 대한 투자를 수용할 것이다. 장기적으로는 재생 가능 에너지 증축을 가속하려는 시도로 국가 주도의 산업 정책을 채택할 것이다.

러시아의 우크라이나 침략으로 발생한 에너지 부족 사태는 고통스러웠다. 2022년 9월 부유한 국가에서 9% 인플레이션율을 일으킨 원

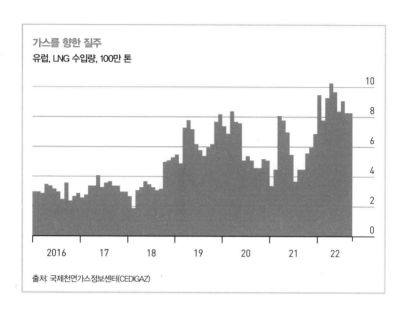

가스를 향한 질주
유럽, LNG 수입량, 100만 톤

출처: 국제천연가스정보센터(CEDIGAZ)

인의 3분의 1은 에너지였다. 푸틴 대통령이 유럽에 대한 가스 공급을 옥죄면서 기업과 소비자는 소비를 전년 대비 10% 줄여야 했고 제조업의 쇠퇴에 대한 두려움이 촉발됐다. 유럽이 재빠르게 해상으로 LNG를 수입하려는 움직임을 보이자 LNG의 글로벌 가격이 치솟으며 파키스탄 같은 더 가난한 국가의 잔혹한 감축을 초래했다. 원유 가격은 높게 유지됐고 석유수출기구(OPEC)는 생산량을 늘려 달라는 바이든 대통령의 애원을 무시하고 생산을 줄임으로써 위협적인 존재로 남을 것이라는 의지를 표명했다. 석탄 수요는 사상 최고치로 돌아갔다.

11월에 유럽의 현물 가스 가격은 따뜻한 날씨와 산업계의 감축 덕분에 완화됐다. 그렇기는 해도 2023년에 글로벌 에너지 시장은 과열된 상태로 남을 것이다. 유럽은 가스 저장 탱크를 고갈시키면서 봄까지 버틸 것이다. 하지만 그때가 되면 에너지 긴축의 시대가 도래했다는 사실이 명확해질 것이다. 러시아는 유럽 가스의 36%를 공급했는데, 2022년에 빠른 속도로 수입한 LNG마저도 그 양의 3분의 1 밖에 상쇄하지 못했다. 만약 중국 경제가 2023년에 활기를 되찾는다면 석유와 가스에 대한 중국 수요가 치솟으면서 세계 시장을 더 세게 쥐어짤 것이다. 더 나은 에너지 시스템을 구축할 모멘텀이 형성될 것이다.

새로운 에너지 시스템은 어떤 형태를 띨까? 1973년 석유 파동 이후 소비와 배출이 하락했고 높은 가격이 알래스카 같은 새로운 공급원과 원자력 같은 대안에 대한 투자 붐을 촉발했다. 이번에는 쇼크가 있지만 아직 투자가 급증하고 있지는 않다. 2023년에 전 세계 최상위 500대 에너지 기업의 자본 지출은 팬데믹 이전 수준을 9%밖에 웃돌지 않으리라고 예측된다. 기업들은 지정학과 녹색 전환(green transition)의 불확실성 때문에 투자를 미루고 있다.

공동 탄소세와 국경 없는 초고효율 태양 전지판과 배터리 공급망이 지배하는 글로벌 에너지 시장에 대한 자유주의적 이상은 죽었다. 영향력 있는 에너지권을 민주주의적인 것과 독재주의적인 것 두 가지로 두는 대안적 구성 방침은 무리다. 미국은 유럽의 에너지 공급자가 되는 것에 대해 상반된 감정이 있으며 수출을 제한해서 자국 소비자와 기업을 위해 가격을 낮게 유지하는 편을 선호할지도 모른다. 중국은 서방의 제재에도 불구하고 러시아와 이란의 요구를 들어주고 있지만, 그들에게 의존하는 것을 경계하고 있다.

녹색 전환은 투자를 억제하는 불확실성의 원인을 더 양산한다. 신규 가스 프로젝트는 그린 수소(green hydrogen) 같은 신기술에 맞게 개작되지 못한다면 더 엄격해진 배출 규칙에 따라 수명이 단축될 수 있다. 재생 가능 에너지에 대한 투자는 여전히 너무 적고, 2022년에 여러 국가에서 내놓은 전력 회사에 대한 횡재세(windfall tax)와 상한 가격제는 지출을 촉진할 유인으로 보기 어렵다.

큰 문제, 큰 정부

이런 상황에서 정부들은 2023년에 다양한 공급을 확보하고 투자를 촉진하기 위해 에너지 시장에 더 많이 개입할 것이다. 가스의 경우 장기 계약의 위험과 자산이 '묶일' 위험을 국가가 보증해주는 거래가 많아진다는 것을 의미한다. 유럽 국가들은 알제리와 카타르 같은 가스 공급자들과의 동맹 추진을 강화할 것이다. 재생 가능 에너지의 경우 국가 주도의 (보조금을 받는) 증축이 수용된다는 뜻이다. 이는 프로젝트를 빠르게 진행하는 데는 도움이 되겠지만, 동시에 이 붐이 자국의 고용 시장과 제조업의 활성화를 목표로 하는 산업 정책에 싸여 있을 것이라는 뜻이다. 중국과 인도에서는 이미 이 전략을 채택하고 있고, 미국의 인플레이션 감축 법안에는 4,000억 달러의 보조금과 '미국 내 제조(Make it in America)'를 촉구하는 조항이 포함돼 있다. 유럽은 산업을 자국에 붙잡아두기 위해 비슷한 조치를 할 것이다.

모든 파우스트식 계약이 그렇듯 새로운 에너지 거래는 시간이 지날수록 명백해지는 위험을 수반할 것이다. 국가의 지원을 받는 화석 연료 거래는 배출 목표를 맞추기 위해 5~10년 안에 막대한 비용을 치르고 조기 폐쇄되어야 할 차세대 오염 자산을 생성해낼 것이다. 더 국수주의적이고 보호주의적인 철학의 채택은 앞으로 10년간 증축되는 50조 달러 규모의 글로벌 청정 에너지의 효율성이 떨어진다는 뜻이 될 것이다. 하지만 그에 소모된 비용은 2023년 이후 오랜 시

더 나은 에너지 시스템을 구축할 모멘텀이 형성될 것이다.

간이 지난 뒤에, 그리고 목전의 에너지 위기가 끝나고 나서야 고려될 것이다.

스태그플레이션 괴물과 싸우기
—
2023년에 기업들은 높은 비용과 낮은 수요라는 치명적인 조합을 마주할 것이다. 이들은 어떻게 대응할까?

라차나 샨보그(Rachana Shanbhogue) 〈이코노미스트〉 비즈니스 부문 편집자

부글부글 끓고 있는 지정학, 전면적인 전쟁, 그리고 글로벌 팬데믹. 지금까지 2020년대의 성쇠를 겪으며 비즈니스를 이끌어온 사람들은 이미 모든 것을 다 봤다고 느낄 것이다. 이제 그들은 또 다른 적, 바로 고인플레이션과 경제적 스태그네이션이라는 두 개의 머리가 달린 괴물과 전투를 벌일 준비를 해야만 한다. 이 무시무시한 스태그플레이션이 마지막으로 등장했던 때는 오늘날의 고위직 대부분이 커리어 사다리에 발을 올려놓기 한참 전인 1970년대였다. 이들에 어떻게 대응해야 할까?

기업들은 이미 치솟는 인플레이션을 처리해야 하는 상황에 놓여 있다. 2022년에 주가는 처음에는 하나의 기업, 그다음으로 다른 기업이 눈물이 나올 정도의 비용 긴축을 경고하면서 폭락했다. 예를 들어 포드(Ford)는 3분기 비용이 예측치의 10억 달러를 초과했다고 발표했다. 이는 2분기 조정 영업 이익을 25% 정도 초과 지출한 것과 마찬가지다. 유로 지역에서 생산자 가격은 입이 떡 벌어지게 하는 에너지

가격 상승의 뒤를 이어 연간 비율 40%를 초과하며 상승했다. 하지만 비용이 급증하는 와중에도 소비자 수요는 팬데믹 기간에 제정된 관대한 재정 활성화 정책 덕분에 계속 강세를 유지했다. 이는 GDP 비중을 기준으로 미국 기업의 수익이 연간 높은 수치를 달성할 수 있도록 도움을 줬다.

2023년에 경영자들은 이렇게 하늘 높이 치솟는 이윤을 두 가지 압력으로부터 지켜내는 벅찬 과제와 마주하게 될 것이다. 첫 번째는 여전히 높은 비용이다. 에너지 가격의 상승 속도가 지금보다는 완화될 수 있겠지만 임금 및 기타 비용과 마찬가지로 높은 수준을 유지할 것이다. 유명한 투자자 워런 버핏(Warren Buffett)이 설명했듯 '인플레이션이라는 거대한 기업 촌충(tapeworm)'이 투자금으로 쓰일 예정이었던 달러들을 집어삼켜버릴 위험도 있다. 기업들은 단순히 주어진 생산량을 유지하기 위해서 자본 지출에 손상을 입으며 재고와 채

권에 더 많은 돈을 쏟아부을 수밖에 없을 **가장 좋은 위치에 있는 기업은**
것이다. **강력한 가격 결정력을 가진**
기업일 것이다.

이윤에 가해질 두 번째 압력은 비틀거
리는 수요에서 나올 것이다. 유럽의 정부들이 에너지 쇼크에 얻어맞
은 충격을 완화하려 노력하고 있긴 하지만, 소비자가 구매력을 잃어
버리면서 소비를 점점 더 줄일 것이다. 미국에서는 상승하는 금리가
경제에 큰 타격을 주기 시작할 것이다. 그렇다면 2022년 8월에 컨설
팅 기업 딜로이트(Deloitte)가 설문한 최고재무책임자(CFO)의 39%가
미국이 2023년 스태그플레이션을 겪을 것이며, 46%가 침체를 예상
한다고 말한 것은 놀랍지 않은 결과다.

사장들은 스태그플레이션 괴물과의 전투를 시작하면서 혼합된 전
략을 사용할 것이다. 비용 증가를 소비자에게 전가하려고 하는 기업
이 많을 것이다. 예를 들어 2022년 맥도날드가 14년 만에 처음으로
영국에서 판매하는 치즈버거 가격을 인상했고, 다른 기업도 곧 뒤따
를 것이다. 이 전략은 늘 불편하다. 소비자들이 가격 인상에 좋지 않
은 반응을 보이면서 기업이 시장 점유율과 매출을 잃어버릴 수 있다.
가장 좋은 위치에 있는 기업은 강력한 가격 결정력을 가진 기업일 것
이다. 여기에는 네슬레(Nestlé)가 대량 생산하는 소비재처럼 수요가
대체로 견고하거나 소비자들이 신뢰하고 소중하게 여기는 브랜드를
가지고 있는 기업이 포함된다. 버핏은 어쩌면 자신이 코카콜라에 넣
은 투자금을 생각하면서 "브랜드는 인플레이션 기간에 가지고 있기
에 탁월한 것이다"라고 말했다.

모든 기업이 이런 가격 결정권의 축복을 받지는 못한다. 그리고 어
떤 경우라도 소비자들이 등을 돌리기 전까지 올릴 수 있는 가격에

는 한계가 있다. 일부 기업들은 가격은 그대로 두고, 가령 초콜릿 바의 크기를 줄이는 등의 '슈링크플레이션(shrinkflation)'이라는 계책에 기댈 것이다. 다른 기업들은 효율성 개선을 통해 비용을 낮추려고 할 것이다. 이미 유럽에서는 인상된 에너지 청구서가 몇몇 기업의 공급망의 형태를 바꾸기 시작했다. 예를 들어 화학 업계의 거인인 독일 기업 바스프(BASF)는 에너지 집약적인 비료용 암모니아의 생산량을 천연가스의 지나친 가격 때문에 수익성이 떨어지는 독일 대신 미국과 벨기에에서 늘렸다.

아마 비용을 절감하려는 시도 중에서 가장 어려운 것은 노동자의 임금일 것이다. 팬데믹 기간 동안 노동 공급이 부족했던 탓에 사장들은 직원의 마음을 얻기 위해 원격 근무를 장려하고 사무실을 단장하며 심혈을 기울였다. 하지만 비용이 상승하고 수요가 흔들거리면서 사장들은 구혼자에서 적으로 태세를 전환할지도 모른다. 생활비가 치솟으면서 미국과 유럽에 있는 노동조합들은 큰 폭의 임금 인상을 요구해왔다. 하지만 수요가 약해지는 상황에서 임금 인상 합의는 더 어려워질 것이고 정리 해고의 위협이 서서히 모습을 드러내기 시작할 것이다. 2022년 중반에 또 다른 컨설팅 기업 PWC가 설문한 미국 기업의 절반이 직원 수를 줄일 계획이라고 말했다.

최근 몇 년 동안 맞닥뜨렸던 다른 문제처럼 몇몇 기업은 나머지 기업보다 더 나은 모습으로 부상할 것이다. 소용돌이를 일으키며 치솟는 비용과 무너지는 시장 점유율을 통솔하는 사장들은 불만족스러워하는 투자자들에 의해 쫓겨날 것이다. 하지만 최근에 벌어진 기업의 투쟁에서 승리의 깃발을 들고나오는 자의 평판은 높아질 것이다. 이제 전투가 시작되는 것을 지켜보자.

옛날 그 노래가 아니다
—
시대에 뒤처진 애국가를 업데이트할 시기가 됐다

캐서린 닉시(Catherine Nixey) 〈이코노미스트〉 영국 통신원

애국가는 까다로울 수 있다. 엘리자베스 2세(Elizabeth II) 여왕의 장례식은 모든 방면에서 군사적 확실성을 가지고 움직였다. 애국가 부르기만 빼고. 70년간 같은 가사로 충실하게 노래를 불렀던 나라가 머뭇거렸다. "신이시여, 우리의 은혜로운 여왕을 구하소서(God save our gracious queen)"는 부적절해 보였다(신이 여왕을 구하기에는 확실히 늦었다). "신이시여, 우리의 은혜로운 왕을 구하소서(God save our gracious king)" 역시 부적절하게 느껴졌다. 어쨌든 여왕이 아직 거기 누워 있었기 때문이다. 웨스트민스터 성당에 모인 사람들은 이렇게 타협했다. "우리의 고귀한 와앙 만세(Long live our noble keen)." 그들이 웅얼거렸다. "신이시여, 우리의 은혜로운 와앙을 구하소서(God save the quing)."

영국의 국가에는 다른 곤란한 문제도 있다. 전곡을 다 불러보면 2절에 신에게 "그의 적들을 흩어지게(scatter his enemies)" 하고, 적들의 "부정한 속임수(knavish tricks)"를 훼방 놓아 달라고 기도하는 부분이 포함돼 있다. 신문사 〈데일리 애드버타이저(Daily Advertiser)〉에 의하면 1745년에 애국가가 처음 불렸을 때 이 노래의 정서는 매우 뛰어나게 재치 있다는 평가를 받으며 '반복된 만세'와 앙코르, '만인의 박수'로 환영받았다. 그러나 예전보다 민감한 2022년의 분위기에서,

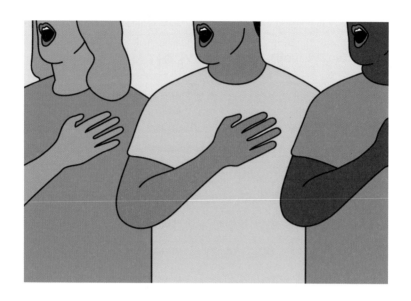

그리고 전 세계의 관객 앞에서 이런 가사는 아무래도 옛날처럼 뛰어
나 보이지 않았다. 그 절은 신중하게 편집됐다.

2023년 5월로 예정된 찰스 3세(Charles Ⅲ) 왕의 대관식은 추가 업
데이트를 할 완벽한 기회다. 영국의 국가 외에도 약간 손볼 필요가
있는 애국가가 더 있다. 많은 애국가가 19세기에 쓰였으며, 현대인
이 원하는 만큼의 평등과 다양성을 옹호하는 애국가가 별로 없다. 믿
기 어려울 정도로 많은 애국가에서 피가 뚝뚝 떨어진다. 아낌없이 흐
르고(알제리), 순수하게 쏟아지고(벨기에), 국기를 붉게 물들이거나(베트
남), 고랑에 불순한 물을 채운다(프랑스).

자국이 지닌 최고의 자아를 애국가에 드러내는 국가가 별로 없다.
서쪽 사하라 분쟁 지역의 애국가를 살펴보자. 밝은 바장조(F-major)와
신나는 행진 리듬과 함께 이 애국가는 애국자들에게 "침략자의 머리
를 잘라내라!"라고 부추긴다. 게다가 한 번도 아니고, 두 번씩이나 잘

라나라고 한다. 이건 확실히 과하다. 한편 베트남 국가 역시 국민에게 "영광을 향한 길에는 우리 적들의 시체가 깔려 있다"라

고 장담한다. 알제리 국가는 알제리 사람이 "기관총 소리를 우리의 노래"로 받아들였다는 것을 설명하기 위해 음악적 은유(포르티시모)를 선택했다. 사이먼 앤 가펑클이 아니다.

어떤 문제는 다른 것보다 더 간단하게 수정할 수 있다. 성차별주의는 애국가에서 끊임없이 등장하는 특성이지만, 쉽게 말할 수 있다. 이탈리아는 애국가의 "이탈리아의 형제들(Brothers of Italy)"을 다시 논의해보는 게 좋을 것이다. 특히 이제 애국가를 따라 이름을 지은 정당의 대표 조르자 멜로니(Giorgia Meloni)가 첫 여성 총리가 됐기 때문이다. 그러면 이탈리아의 활기찬 후렴("우리는 죽을 준비가 되었다!/우리는 죽을 준비가 되었다!/이탈리아가 우리를 불렀다. 그래!")을 부를 때 남성과 여성 애국자들 모두 소속감을 느낄 수 있게 하면서 성 평등을 향한 큰 발자국을 내디딘 사건으로 남을 것이다.

다른 과제들도 있다. 많은 애국가에 자해를 부추기는 내용이 담겨 있다. 몇 곡은 사전 고지를 하면 좋을 것 같다. 이탈리아 국가는 죽음을 낭만화하고, 프랑스 국가 마르세예즈(Marseillaise)에 있는 '어린이 절(Children's verse)'은 프랑스 유아에게 패배를 받아들이느니 다른 연장자들처럼 죽음을 택하고 '그들의 관(coffin)'에 함께할 것'을 권장한다(이는 자살성 사고에 역사적 수정주의가 살짝 뒤섞인 것이다. 프랑스인들이 패배하느니 죽음을 택했던 때가 있다). 한편 튀르키예의 국가는 어느 날 전사한 애국자들이 무덤에서 어떻게 다시 솟아날지 생생하게 묘사한다. "나의 모든 상처에서 핏방울이 넘쳐흐를 것"이고 "생명을 잃은 내 육체

가 땅에서 솟구쳐 오를 것"이라고 한다.

여러 국가의 가사를 한꺼번에 놓고 읽어보면 이 노래의 지은이들이 문제가 많은 사람이라는 생각을 떨쳐내기가 어렵다. 우울증에 걸린 것 같은 사람도 많고, 피해망상이 들끓는 사람도 꽤 있다. 나머지는 최악의 상황으로 치달을 경향이 분명히 있다. 마르세예즈를 살펴보면 1절의 시작은 분명히 전원적이고 매력적인 문장이다. "들리나요, 저 들판의…." 무슨 소리일까? 음매 하고 우는 소? 포도나무 잎 사이로 부는 바람 소리? 아니다. "흉포한 병사들의 함성"이다. "그들이 오고 있다…. 당신의 부인과 아이들의 목을 자르기 위해."

요컨대 애국가에는 개선할 여지가 많다. 애국가가 더 긍정적인 민족적 특성에 집중하면 좋지 않을까. 예를 들어 프랑스의 국가는 프랑스의 훌륭한 음식, 초고속 기차, 원자력을 칭송할 수 있다. 튀르키예의 국가는 자급자족하는 농업과 감탄스러운 지정학적 유연성을 언급할 수 있다.

애국가를 바꾸기가 늘 쉽지만은 않을 것이다. 애국가들은 대개 소중히 여겨지고 이 노래를 위해 사람들이 싸우고 죽었다. 하지만 국가에 변화를 주는 것이 불가능한 건 아니다. 제2차 세계대전 이후 독일은 "무엇보다도 우위(Über alles)"라고 노래하는 것을 그만두었다. 이오시프 스탈린(Iosif Stalin)의 사망과 함께 그의 고무적인 리더십을 찬양했던 러시아의 국가도 사라졌다가 이후 푸틴이 개편하고 복귀시켰다. 하지만 여러 애국가에서 발견되는 소름 끼치는 단어들은 대체로 잘 들리지 않고 거의 알려지지 않는다. 시대에 뒤떨어진 감정이 조용히 역사의 편집실에 보내진 것을 알아채는 사람이 거의 없을 것이라 결론 짓고 싶은 마음이 솟구친다.

수소가 떠오른다

투자자들은 수소에 실망을 맛본 경험이 있다
이번에는 다를까?

비제이 바이테스워런(Vijay Vaitheeswaran)
뉴욕, 〈이코노미스트〉 글로벌 에너지 및 기후 혁신 부문 편집자

20 23년 브리즈번에서 탄산음료를 운반하는 차량들은 기후 위기를 해결하는 데 도움이 될 것으로 보인다. 2023년 연 말이면 달콤한 음료를 실은 화물차는 더 이상 지구 온난화를 유발하 는 매연을 내뿜지 않게 될 것이다. 세계 최대 규모 식음료 공급 회사 지사인 펩시콜라 호주는 환경오염을 유발하는 디젤엔진이 아니라 수 소를 전기로 전환하는 장비인 연료 전지로 운행하며 수증기만 배출 하는 새로운 화물차를 시범 운행하기로 했다.

지정학적 갈등과 에너지 동향의 소용돌이가 또 한 번 수소에 스포 트라이트를 비추면서 열렬한 지지자들은 흥분을 감추지 못하고 있 다. 수소는 다양한 일차에너지원으로 만들 수 있는 청정 연료다. 그

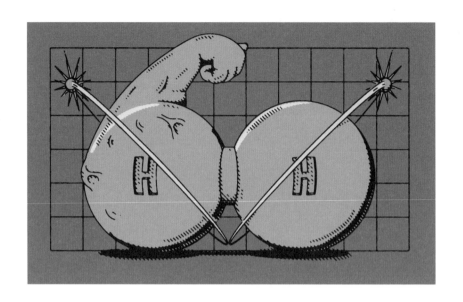

러나 이미 몇 차례 기대가 물거품이 된 적이 있다. 유럽과 일본의 자동차 제조사들은 20년 전 연료 전지 승용차를 꿈꾸며 수십억을 낭비했다. 하지만 각국 정부와 투자자들은 이번엔 다를 것이라 확신한다.

철강 등 중공업 분야에서 화석 연료를 수소 에너지로 대체하려는 관심이 커지고 있다는 점이 확신의 중요한 근거로 꼽힌다. 이는 탄소 배출을 줄이는 한편 천연가스에 대한 의존도를 낮춰 에너지 안보에도 도움이 될 것이다. 러시아의 우크라이나 침공 이후 천연가스 가격이 폭등했다. 환경운동가들은 전기를 써서 물을 산소와 수소로 분해하는 장치인 전기 분해 장치를 재생 에너지로 가동해 생산하는 '그린' 수소를 선호한다. 세계적으로 전기 분해 장치 열풍이 불면서 약 600건의 프로젝트가 제안됐으며, 그 절반 정도는 유럽을 기반으로 한다. 한편 전 세계 상위 6개 석유 회사 역시 수소에 주목하고 있다. 메탄 유출을 최소화하고 배출되는 탄소를 분리하면 천연가스로 환경에 영향을 덜 미치는 '블루' 수소를 만들 수 있기 때문이다.

수소에 대한 최근 열기가 얼마나 지속될지는 2023년에 명확해질 것이다. 세계적 불황으로 기업들이 자본 지출을 줄이고 투자자들이 위험을 회피하면서 신기술에 대한 자금 지원이 끊길 수 있다. 공급망 붕괴도 문제가 될 수 있다. 선구적인 영국 회사 ITM 파워(ITM Power)는 이미 이 문제로 전기 분해 장치 생산 규모를 확대하려는 계획을 접었다. 또한 각국 정부가 에너지 쇼크에 대응해 공급 안정을 우선시하면서 기후 변화를 해결할 신기술보다는 환경오염을 부르는 화석 에너지원을 선호할 수 있다.

전기 분해 장치 프로젝트가 실제로 진행되는지 지켜보면 확실한 추세를 알 수 있을 것이다. 미국에서 수소 연료 전지 사업을 선도하는 플러그 파워(Plug Power)의 CEO 앤디 마쉬(Andy Marsh)는 몇 년 전까지만 해도 국제 전기 분해 장치 매출이 거의 없다시피 했지만, 2023년이면 150억 달러로 급등하리라고 예측한다. 컨설팅사 맥킨지의 베른트 하이트(Bernd Heid)는 2023년이면 최초로 기가와트 규모의 그린 수소 프로젝트가 출범하리라고 내다봤다. 리서치 기업 블룸버그 NEF(BloombergNEF)는 전기 분해 장치 출하가 현재 1GW에서 2023년에는 아시아태평양 지역을 중심으로 2.4~3.8GW까지 늘어나리라 전망한다.

하지만 유럽에서도 그린 수소에 대한 열망은 크다. "유럽에서 잉태된 수많은 프로젝트가 2023년에는 마침내 열매를 맺을 것"이라고, 업계를 대표하는 수소위원회(Hydrogen Council)의 대릴 윌슨(Daryl Wilson)이 말한다. 많은 수소 프로젝트의 걸림돌이었던 규제 관련 불확실성이 해결되리라는 것이다. 하이트는 유럽이 수소 공급과 수요

> **그러나 2023년 수소 산업을 견인할 가장 강한 동력은 급격히 늘어난 미국 정부의 지원금일 것이다.**

에서 최초의 세계적 경매를 수행할 것이며, 유럽연합(EU) 집행위원회는 유럽 수소 은행을 설립하리라고 전망한다. 가능성 있는 이야기다. 하지만 블룸버그 NEF의 예측처럼 아시아 역시 주목할 만하다. 현재 중국의 전기 분해 장치 제조 규모는 세계 최대이며, 2025년까지 규모의 성장을 통해 비용을 30% 절감하리라 예측하고 있다. 인도는 그린 수소 산업을 촉진할 정책을 공개했고, 향후 인도에서 전기 분해 장치를 제조하고 수소를 생산할 서구 기업이 모여들 전망이다. 인도의 재생 가능 발전 기업 그린코(Greenko)는 벨기에의 거대 전기 분해 장치 기업인 존 코커릴(John Cockeril)과의 합작 투자사가 2023년 말까지 세계 최저 비용으로 암모니아(수소에서 얻는 연료)를 생산할 것이라 주장한다. 인도 스타트업인 호미 하이드로젠(homiHydrogen)은 같은 시점까지 '98% 인도제' 전기 분해 장치를 만들 계획이다.

그러나 2023년 수소 산업을 견인할 가장 강한 동력은 급격히 늘어난 미국 정부의 지원금일 것이다. 사실상 기후 변화와 관련된 법률인 인플레이션 감축 법안(Inflation Reduction Act)은 그린 수소 프로젝트에 kg당 3달러라는 충격적인 금액의 보조금을 제공한다. 전문가들에 따르면 유럽의 복잡한 규정과 달리 미국의 수소 정책은 매우 명확하고 경쟁력이 있다. 현재 청정도가 덜한 형태의 수소(보통 kg당 약 2달러)와 경쟁하지 못하는 많은 그린 수소 프로젝트의 에너지 비용은 별안간 kg당 1달러 미만으로 떨어질 것이다. 태양열이나 풍력 발전에 적합한 지역에서는 심지어 비용이 마이너스일지도 모른다.

하이트는 2030년까지 총 1,000억 달러에 달할 투자금으로 미국이 유럽보다 많은 수소 프로젝트를 유인하리라 예측한다. 세계적인 수소 경쟁은 열기를 더하고 있으며 2023년은 그 성패를 좌우하는 해가 될 듯하다. 수소에 주목하자.

잿더미에서부터

—

기업 대상의 기술 대기업은 기술 산업 대침체의 가장 큰 수혜자가 될 것이다

가이 스크리븐(Guy Scriven) 샌프란시스코, 〈이코노미스트〉 기술 부문 편집자

2021년 기술 분야에 대격변이 일어났다. 전국적인 봉쇄로 인해 수십억 명이 일과 삶의 큰 부분을 온라인으로 옮겨야 했다. 클라우드 컴퓨팅부터 반도체, 노트북까지 모든 수요가 높았다. 화상 회의 기업 줌(Zoom)이나 인터넷에 연결된 홈트레이닝 자전거를 판매하는 펠로톤(Peloton) 등 디지털 라이프를 도와주는 기업은 누구나 아는 이름이 됐다. 기술 분야를 많이 반영하는 나스닥 종합주가지수는 한 해간 21% 상승했다. 사금융 시장도 마찬가지로 열기가 뜨거웠다. 벤처 투자가들은 전년 대비 두 배가 넘는 6,210억 달러를 스타트업에 투자했다.

2022년 음악은 멈췄다. 인플레이션이 치솟으면서 투자사의 미래 수익 가치가 곤두박질치고 소비자들은 허리띠를 졸라맸다. 우크라이나에서 벌어진 전쟁도, 중국과 서구 간의 지정학적 갈등도 불확실성을 더했다. 아직 흑자로 전환하지 못한 고성장 기업의 가치가 급락했

다. 기술 기업들은 새로운 현실에 적응하기 위해 힘겨운 경쟁을 벌였다. 많은 회사가 정리해고를 택하거나 실험적 프로젝트를 중단하며 비용 절감에 나섰다. 2023년에는 누가 선두에 설 것인가?

기업의 지리적 위치, 분야, 규모의 세 가지 특징으로 분류해 생각해보자. 기술 산업 대침체 사태의 첫 단계를 무사히 피한 국가나 지역은 거의 없다. 투자자들이 미래 현금 흐름을 재평가하면서 기술 기업의 가치는 세계적으로 추락을 면치 못했다. 이 하락세가 얼마나 고통스러울지는 향후 매출에 달려 있다. 인플레이션을 맞은 서양 소비자에 대한 의존도가 큰 기업, 즉 자국 시장에서 매출을 올리는 미국과 유럽 기업이 가장 큰 어려움을 겪을 것이다.

다른 대기업 역시 위험한 건 마찬가지다. 비서구 지역 시장 가치 상위 10위 기술 기업 중 여덟 곳이 미국 또는 유럽에서 수익의 40% 이상을 창출한다. 예외인 두 곳[거대 배달 앱 메이투안(Meituan)과 거대 소셜 미디어 텐센트(Tencent)]은 모두 중국 기업이다. 이론 지역보다는 분야가 중요할 것이다.
상으로는 두 기업이 불황 중에 수혜를 입을 위치
에 있다지만, 이들 역시 자국에서 나름의 문제에 봉착해 있다. 기술 대기업이 너무 강력해질 것을 우려한 중국의 규제 기관이 고삐를 조이고 있기 때문이다.

지역보다는 분야가 중요할 것이다. 소비자 대상의 기술 기업은 2022년 맨 먼저 매출에 타격을 입었다. 이 추세는 어느 정도 지속될 가능성이 크다. PC 판매는 (2022년에 그랬듯) 2023년에도 줄어들 전망이다. 영상 스트리밍 기업 넷플릭스는 팬데믹의 수혜를 가장 많이 입은 기업 중 하나지만 2022년에는 10년 만에 처음으로 구독자 감소를 보고했다. 분석가들은 2023년에 성장세가 돌아오리라 예측하지만 성장률은 이전보다 훨씬 낮을 것이다.

구글과 메타 등 광고를 판매해 이익을 내는 기업 역시 마케팅 예산 감축으로 고난을 겪었다. 그러나 광고 예산이 다시 늘어나도 맞춤형 광고로 온라인 매출이 발생하기 어려워진 애플의 프라이버시 정책 변경으로 이 분야의 어려움은 계속될 것이다.

어도비, 오라클, 세일즈포스 등 비즈니스 소프트웨어 개발사들은 상황이 낫다. 기업 고객은 장기 계약을 체결하는 경향이 있어 소비자 수요 변화에 대한 민감도가 덜하다. 소프트웨어, 서비스, 데이터가 온라인으로 이동하면서 아마존, 구글, 마이크로소프트를 포함한 기술 대기업이 제공하는 클라우드 컴퓨팅 상품의 성장은 둔화될 기미가 없으며, 이에 따라 취약한 부분이 새로이 생겨난다. 러시아와 중국의 사이버 공격에 대한 공포가 깔린 상황에서 크라우드 스트라이크(CrowdStrike) 등 사이버 안보 기업이 사업 기회를 잡을 수 있을 것이다.

규모는 또 다른 결정적인 요인이다. 보유 현금이 많은 대기업은 침체기 이후 회복 탄력성이 좋은 경향이 있다. 5대 기업(알파벳, 아마존, 애플, 메타, 마이크로소프트)의 보유 현금을 합치면 5,000억 달러 이상으로 늘었고, 이는 S&P500 기업 중 비금융 기업이 보유한 금액의 27%에 해당한다. 현금 보유는 두 가지 면에서 중요하다. 최고 인재를 고용하고 유지할 수 있으며 소기업이 낮은 금액에 매각될 때 덥석 살 수 있다.

중간 규모의 기술 기업도 인수 합병에 나서면서(이들의 지출은 규제 기관의 조사를 받을 확률이 낮다) 기업 합병 추세는 계속될 듯하다. 2001년 닷컴 위기와 2007~2009년 글로벌 금융 위기 이후 기술 기업 인수 횟수는 빠르게 대폭락 전 수준으로 돌아왔지만, 거래당 평균 가격은 하락했다. 다시 말하면 한 차례 대혼란이 지나간 2023년에는 기술 대기업들이 심지어 몸집을 더 불릴 가능성도 있다.

유럽은 이미 날아올랐다

—

이번 불황으로 유럽의 기술 산업이 다시
심하게 약화하지는 않을 것이다

루트비히 지겔레(Ludwig Siegele) 베를린 및 샌프란시스코, 〈이코노미스트〉 유럽 비즈니스 부문 편집자

유 명 유럽 스타트업이자 현대식 할부 '선구매 후지불(buy now, pay later)'의 선구자인 클라나(Klarna)의 최근 파이낸싱 라운드

는 경고음을 울렸다. 2021년 6월 투자자들이 클라나를 460억 달러로 평가하면서 이 기업은 유럽의 최대 유니콘(10억 달러 이상의 가치가 있는 비상장 스타트업)이 되었다. 그러나 2022년 7월 클라나가 8억 달러를 모금하면서 밸류에이션은 67억 달러로 80% 이상 하락했다.

21세기 초 닷컴 버블이 터진 이후와 2007~2009년 금융 위기가 떠오르는 상황이다. 이때 유럽의 기술 산업은 심각한 타격을 받았다. 그러나 지금까지 봤을 때 클라나는 선례를 따르기보다 예외가 될 것으로 보인다. 데이터 제공사 딜룸(Dealroom)에 따르면 유럽 스타트업에 대한 투자는 계속되어 2022년 상반기 거의 590억 달러에 달했다. 전년 동기 대비 10억 달러 정도밖에 줄지 않은 것이다. 그러나 2023년에는 유럽의 스타트업 생태계가 진짜로 활성화된 것인지 확인할 수 있을 것이다.

2021년은 전 세계가 정신없이 돌아갔다는 점을 감안해도 유럽 스타트업이 호황이었다. 다른 데이터 제공사 피치북(PitchBook)에 따르면 처음으로 유럽 대륙의 벤처캐피털 투자가 한 해 1,000억 유로(1,180억 달러)를 넘어섰다. 이에 따라 밸류에이션이 치솟으며 새로운 유니콘이 여럿 탄생했다. 9월 중순 기준으로 세계 총 유니콘의 13%인 159곳이 유럽에 있었다(도표 참조).

이러한 기업들은 아직 누구나 알 만큼 성장하지는 않았지만 각자의 산업군에서 점차 힘을 키우고 있다. 셀로니스(Celonis, 기업 가치 130억 달러)는 기업들이 비즈니스 프로세스를 파악하고 개선하도록 돕는다. 페르소니오(Personio, 85억 달러)는 소기업을 위해 인력 자원을 관리한다. 노스볼트(Northvolt, 120억 달러)는 전기차용

인도나 동남아시아 등 다른 지역에서도 나름의 스타트업 생태계가 형성되고 있다.

리튬이온 배터리를 만드는 기업으로 가파르게 성장 중이다.

유럽 스타트업 생태계의 질과 환경 역시 달라졌다. 먼저, 코로나 팬데믹으로 클라우드 컴퓨팅이 빠르게 성장한 덕을 보았다. 인터넷에서 온갖 종류의 컴퓨팅 서비스가 제공되기 전에는 소프트웨어 대기업들이 몇 군데 중심지, 특히 실리콘밸리에 뭉쳐 있었다. 이제 컴퓨팅의 힘이 어디든 닿는 상황에서 위치는 크게 상관없다. 또한 클라우드 컴퓨팅 시장은 이제 너무 커져서 심지어 유럽에서 특정 분야 고객만을 유치한 전문 회사도 매우 성공할 수 있다.

유럽 기업가들의 경험이 많아졌다는 점은 더 중요하다. 런던의 벤처캐피털 모자이크 벤처스(Mosaic Ventures)에 따르면 창업자 3명 중 두 명은 스타트업을 둘 이상 소유하고 있다고 말한다. 자본이 쌓여 산업군으로 돌아오는 모습도 보인다. 딜룸에 따르면 유럽의 벤처캐피털 기업들은 2022년 상반기 200억 달러라는 기록적인 금액을 모았다.

이 금액의 상당 부분은 창업자로서 돈을 모은 투자자에게서 왔다. 다시 말해 생태계가 자립을 이뤘고 관련자들의 용어로 '플라이휠(flywheel)', 즉 성공이 성공을 부르는 구조가 생겨났다.

그렇다고 유럽의 스타트업 시장이 장기화되는 기술 산업 불황에서 자유롭다는 뜻은 아니다. 하지만 과거에 비하면 세계 다른 지역에서 일어나는 일에 면역이 생긴 상태다. 또한 이는 유럽 시장에만 나타나는 현상이 아니다. 인도나 동남아시아 등 다른 지역에서도 나름의 스타트업 생태계가 형성되고 있다. 어떤 면에서는 모든 생태계의 어머니인 실리콘밸리에 독립을 선언한 셈이다.

공짜 점심

—

기업 대표는 직원을 사무실로 돌아오게 하려고 필사적으로 애쓰게 될 것이다

빈제루 음칸다와이어(Vinjeru Mkandawire) 〈이코노미스트〉 자산 부문 통신원

길고 긴 코로나 봉쇄 이후 삶의 리듬은 대체로 돌아오고 있다. 결혼식이 진행되고 레스토랑에 손님이 모여들며 쇼핑몰에는 발 디딜 틈이 없다. 하나 예외가 있다면 사무실이다. 8월 일반적인 사무실에 출근한 직원은 기껏해야 3분의 1도 되지 않았다. 평균 출근율이 4분의 1을 겨우 넘겼다.

직원들을 다시 회사 건물로 부르기 위해 회사가 제공하는 관대한 공짜 특권은 점점 필사적이기까지 하다. 음식이 그중 하나다. 기술 대기업들은 최고의 인재를 유치하기 위해 자체적으로 셰프를 고용해 고급 식사를 제공한 지 오래다. 최근에는 공짜 점심을 제안하는 회사들이 늘었다. 사무실 출근을 유도하려고 바비큐와 푸드 트럭을 유치

하기도 한다. 직장에 음식 프로그램을 제공하는 푸다(Fooda)가 조사한 바로는 공짜 점심이 제공되면 사무실로 돌아올 의향이 있다고 답한 직원은 80% 이상이었다.

알코올은 또 다른 유인책이다. 마이크로소프트는 직장으로 돌아온 직원들을 맥주와 와인 시음회에 초대했고, 맨해튼의 스타렛-리하이 빌딩(Starrett-Lehigh Building)은 입주자들을 위해 55제곱미터 규모의 주류 매장을 유치했다. 이외에도 직장 내 어린이집부터 드라이클리닝과 발레파킹 서비스까지 다양한 특전이 제공되는 곳이 많다. 구글은 팝스타 리조(Lizzo)를 초청해 직원 대상 공연을 열었다. 맨해튼에 있는 GFP 리얼에스테이트(GFP Real Estate)는 매일 풋볼 경기 입장권 추첨을 진행한다. 비즈니스 데이터 제공사 블룸버그는 하루 75달러의 통근비를 지급한다.

사무실의 매력을 더하려는 회사도 많다. 음료 바, 명상실과 직장

내 헬스장 조성에 큰돈을 투자하며 집처럼 편한 회사를 목표로 하고 있다. 반려동물 친화적인 직장 역시 늘어나고 있다. 로펌 쿨리(Cooley) 등이 위치한 런던 비숍게이트 22번지 건물은 반려동물에게 건물 출입증을 발급한다. 다른 편의 시설 역시 다양하게 제공된다. 크레디트 스위스(Credit Suisse) 은행의 직원들은 뉴욕 본사에 있는 미슐랭 레스토랑을 이용할 수 있다. 허드슨 야드에 있는 화장품 기업 로레알 건물에는 네일샵이 있다.

일부 기업은 심지어 더 즐거운 환경을 위해 일반적인 개방형 사무실 형태를 버리기도 했다. 세일즈포스(Salesforce)는 캘리포니아 스콧스 밸리의 삼나무 숲 한가운데 목장을 열어서 직원 교육 프로그램을 주관하는 한편 자연 관찰 산책, 요가와 요리 수업도 제공한다. 시티은행(Citi Bank)은 스페인 말라가 해변에 젊은 직원들의 네트워크 장소를 열었다.

전통적인 사무실의 열렬한 지지자들은 힘든 사랑을 하고 있다. 골드만삭스(Goldman Sachs)처럼 특전을 줄이는 기업도 있다. CEO 데이비스 솔로몬(David Solomon)이 원격 근무를 '일탈(aberration)'이라 칭한 이후다. 9월 골드만삭스는 사무실에서 제공하던 중요한 특전을 없앴는데, 바로 무료 커피다. 또한 전 직원에게 코로나19 프로토콜을 전면 중단하고 주5일 근무로 복귀하라고 명령했다. 다른 고용주들 역시 당근이 통하지 않으면 분노의 채찍으로 돌아설 것이다.

반려동물 친화적인 직장 역시 늘어나고 있다.

계속되는 기술 전쟁

—

지정학적 갈등은 앞으로도 글로벌 기술 산업의 판도를 바꿀 것이다

돈 웨인랜드(Don Weinland) 상하이, 〈이코노미스트〉 중국 비즈니스 및 금융 부문 편집자

중국과 미국의 기술 전쟁은 이제 겨우 시작일 뿐이다. 10월 7일 미 정부는 새로운 조처를 하며 강력한 공격에 나섰다. 중국이 인공지능(AI) 개발의 동력이 되는 여러 가지 필수 부품을 구하지 못하도록 차단한 것이다. 미국 기업들은 더 이상 최신 반도체나 이를 설계하고 만들 때 필요한 소프트웨어와 장비를 중국에 수출할 수 없게 됐다.

조 바이든 행정부는 향후 중국 기술 기업에 대한 미국의 투자 제한을 확대할 계획이다. 또한 2023년 중에 중국 기업이 운영하는 인기 숏 비디오 플랫폼 틱톡(TikTok) 등이 미국 사용자의 개인 정보를 수집하지 못하게 할 가능성도 있다.

워싱턴 정치인들은 도널드 트럼프 재임 시기를 시작으로 중국 기업에 대한 징벌적 조치를 유례없이 많이 고안했다. 트럼프는 일시적으로 미국 반도체 판매를 금지함으로써 중국 통신 장비 제조사 ZTE 통신을 사실상 무너뜨린 바 있다. 훨씬 규모가 큰 화웨이는 2019년부터 미국 부품 없이 사업을 운영하려 애쓰고 있다.

바이든 행정부에 들어선 후에도 중국 기술 분야에 대한 제한은 바뀌거나 줄어들지 않고 오히려 늘었다. 중국 기술 투자에 대한 제한 조치는 얼마나 지속될 것인가? 이미 확정된 수십 개 금지 기업 목록

을 보면 대부분 중국 정부와 관련이 깊다. 중국군에 상품을 공급할 가능성이 있는 첨단 기술 기업[이른바 '군민(軍民) 양용' 기술]으로 미국 달러가 흘러드는 사태를 막는다는 것이 미국 정부의 명분이다. 분석가들은 안면인식 및 기타 AI 기술을 연구하는 사기업 등 훨씬 광범위하게 제한 대상이 확장될 것으로 보고 있다.

미국의 새로운 조치는 세계 최대 규모인 두 경제권의 점진적 분리를 가속화할 것이다. 또한 미국은 제한 조치 부과와 동시에 보다 철저한 시행에 힘을 쏟을 것이다. 중국의 기술적 야망을 꺾으려는 미국의 노력이 늘 원했던 결과를 가져오지는 못했기 때문이다. 예를 들어

미국의 새로운 조치는 세계 최대 경제 규모를 가진 두 국가의 점진적 분리를 가속화할 것이다.

〈월스트리트저널〉의 조사에 따르면 미국 기업이 중국 기업에 판매할 수 없도록 금지 조치한 첨단기술 제품 다수가 결국은 태평양을 건너가고 있었다. 중국에 대한 강경 대응은 워싱턴에서 드물게 양당이 목소리를 같이하는 부분이다. 대만과 관련된 갈등이 계속되면 기술 분야에 대한 제한은 더욱 엄격해질 것이다.

한편 중국 정부는 쇼핑이나 식품 산업 등 소비자 중심 인터넷 서비스보다는 반도체나 AI 등 딥 테크(deep technology)●의 자국 내 혁신을 이루기 위해 중국 기술 기업들을 압박하고 있다. 기술적 자급자족이라는 목표를 이루기 위해서다. 9월 6일 시진핑 주석은 전당 대회에서 중국이 '핵심 기술 혁신을 위해 국가적 자원을 동원'해야 한다고 말했다. 자산 관리사 제프리스(Jefferies)의 분석가들은 중국의 상위권 AI 및 소프트웨어 기업이 향후 몇 달 안에 국가 보조금을 비롯해 연구 개발을 촉진하기 위한 지원책의 수혜를 입을 것으로 예상한다.

과연 효과가 있을까? 중국의 기술 분야는 이미 AI와 스마트 제조를 기반으로 시진핑 주석이 '새로운 산업혁명'이라고 칭한 단계에 들어섰다. 그러나 기술 분야에 대한 국가 차원의 개입이 지나치면 혁신과 기업가 정신이 억압될 수 있으며, 일부 분석가들은 자국 내 혁명을 장려하기 위한 중국 정부의 자원 할당이 비효율적이었다고 주장한다. 그러나 시진핑 주석이 시행하는 다른 정책과 마찬가지로 2023년 안에 중국이 경로를 바꿀 여지는 없어 보인다.

● 인터페이스나 기기처럼 사용자가 접하는 기술이 아닌 그보다 밑바탕을 구성하는 기저 기술.

오레 오군비이(Ore Ogunbiyi) 〈이코노미스트〉 헬스케어 및 소비자 부문 통신원

20 22년 6월 미 대법원은 임신 중단을 헌법적 권리로 인정했던 1973년 로 대 웨이드(Roe v. Wade) 판결을 뒤집었다. 미국의 수백 개 기업이 빠르게 여성 직원의 편에 섰다. 기업이 정치적 사건에 직접 대응해야 했던 것은 이번이 처음이 아니다. 하지만 이번 사건은 가장 최근에 민간 부문이 사회정치적 문제에 참여하는 방식의 광범위한 전환을 증명한 사례이며, 소비자와 소속 직원, 주주들에게 좋은 기업으로 인식되려면 어떻게 해야 하는지 보여준다.

대기업이 정치적, 사회적 문제에 중립을 지키기는 어려워졌다. 위에서는 투자자가, 내부에서는 직원이, 사방에서 소비자가 기업이 더욱 공개적으로 가치를 표현하고 지켜야 한다고 압박한다. 2023년 임신 중단 외에도 기후 변화 및 에너지 전환, 성소수자와 성전환자 인권, 인종 다양성, 윤리적 노동 관행에 기업이 어떻게 접근하는지 모두가 주목할 것이다. 정치적 입장 표명은 매출 증대나 언론 보도만을 노린 것이 아니다. 신뢰와 투명성을 기반으로 고객과 관계를 구축하고 유지하며, 직원 복지에 대한 약속을 지키고, 기업 전략에 목적을 녹이는 방법이다.

사회 운동에 참여하는 소비자들은 기업이 입장을 드러낼 뿐 아니라 일관성을 유지하길 기대한다. 이런 소비자들은 실망했을 때 침묵하지 않고 즉시 소셜 미디어에 게시글을 올린다. 그러나 널리 퍼진 믿음과

태도를 바꿔라

는 달리 '정치적이어야 한다'가 곧 '진보적이어야 한다'는 뜻은 아니다. 미국의 패스트푸드 체인 칙필레(Chick-Fil-A)는 동성애 혐오적으로 보일 수 있는 '전통적' 가치를 내세우는 조직들을 지원했다는 이유로 불매 운동을 마주했음에도 강력한 브랜드를 유지하고 있다. 사회 운동가 소비자들은 보수와 진보 양측 모두 용감한 일관성을 높이 산다.

직원들 역시 기업이 옹호하는 가치에 관심을 기울이며 사회 운동에 나서는 모습이다. 코로나19는 직원 복지와 관련된 논의를 중심으로 끌어냈다. 여러 기업이 흑인 인권 운동(Black Lives Matter)에 대응해 인종 다양성에 대한 접근을 재검토했다. 내부적 압박은 회사의 입장을 정하는 데 영향력이 크다. 디즈니 직원들은 2022년 3월 CEO 밥 차펙(Bob Chapek)이 플로리다의 '돈 세이 게이(don't say gay)' 법안●에 반대 의사를 표명하지 않았을 때 작업 중단으로 압박했고, 디즈니는

● 초등 교육에서 성적 지향 또는 성 정체성에 대한 교육이나 언급을 금지한 법안.

결국 반대 성명을 냈다. 또한 직원들을 위한 임신 관련 건강보험 옵션을 확장함으로써 로 대 웨이드 판결 파기에 대응한 미국 기업은 100곳이 넘었다. 직원의 요구를 수용하면 신규 고용과 이직 방지에 도움이 된다는 사실을 깨달은 것이다.

'정치적이어야 한다'가 곧 '진보적이어야 한다'는 뜻은 아니다.

주주들 역시 이러한 변화와 관련이 있다. 주주들은 기업이 입장을 표명하면 시장이 반응한다는 사실을 인지했다. 예일경영대학원의 연구에 따르면 러시아의 우크라이나 침공 이후 러시아 시장에서 즉시 철수한 기업은 꾸물거리거나 잔류를 선택한 기업보다 주가가 높아졌다. 러시아를 제외한 시장 소비자들의 반발과 주가 하락을 우려한 투자자들의 입김이 합쳐져 발 빠른 대응에 실패한 기업들을 강력하게 압박했다. 그러나 모든 관련자를 만족시키기는 어렵다. 신장 지역에 대한 중국 정부의 억압에 반대하는 기업은 서구에서 칭송받겠지만 중국 소비자와 당국의 응징을 마주할 것이다. 공화당이 우세한 주에 있는 미국 기업은 로 대 웨이드 판결 파기에 반대하기 어려울 것이다. 게다가 소비자와 직원들은 기업의 겉치레를 곧 알아챈다. 홍보 기업 브런즈윅(Brunswick)의 보고서에 따르면, 시류에 편승한다는 나쁜 인상을 주지 않으려면 '실질적이고 눈에 보이는 행동'으로 말을 뒷받침해야 한다. 동시에 '워크자본주의(woke capitalism)'●가 도를 넘었다고 생각하는 기업 대표, 투자자, 정치인 사이에서 백래시가 시작되기도 했다.

● 정치적 이슈에 적극적으로 의견을 내놓는 기업들의 경영 방식을 일컫는 말. 일부 보수주의 진영에서는 워크자본주의가 불필요한 정치권과 마찰을 발생시켜 기업 경영의 불확실성을 심화시킨다는 이유로 이에 반대하고 있다.

기업의 사회 운동이 새로운 현상은 아니다. 1960년의 베트남전과 1980년대 남아프리카공화국 인종차별 정책에 반대한 기업도 있었다. 그러나 정치인에 대한 신뢰가 낮아지고 기업이 강력한 사회적 변화의 주체로 인식되면서 기업 대표들이 입장을 드러내고 행동하기를 기대하는 사람들이 늘었다. 원래 기꺼이 참여하던 기업가가 아니라 해도 2023년에는 선택권이 많지 않을 것이다.

세월이 남긴 황금빛 얼룩
의류 수선, 재사용, 재판매의 유행이 시작됐다

이모젠 화이트(Imogen White) 〈이코노미스트〉 문화 부문 코디네이팅 편집자

예전보다 많은 옷을 사고 예전보다 적게 입는다. 1초마다 쓰레기차 한 대 분량의 옷이 쓰레기 매립지에 쏟아지거나 불태워진다. 특히 젊은 층 패션 리더들 사이에서 패션 산업이 환경에 미치는 영향에 대한 우려의 목소리가 높아지는 것도 당연하다.

2023년에는 '순환형(circular)' 비즈니스 모델을 향한 광범위한 진전이 일어나면서 패스트 패션에 대한 반발도 점점 심해질 것이다. 순환형 모델에서는 새 상품의 제조를 줄이고 재활용, 재판매, 대여 사업을 통해 수익을 창출한다. 소비자들이 손상된 옷을 버리는 대신 고쳐 입도록 수선 서비스를 강화하는 브랜드도 많아질 것이다.

세계 최대 명품 기업인 LVMH는 2023년까지 '고품격' 수선 서

비스를 새롭게 도입하겠다고 주주들에게 공언했다. 휴고보스(Hugo Boss)가 출시한 재판매 플랫폼은 곧 수선까지 가능하도록 확장될 것이다. 타미힐피거(Tommy Hilfiger) 역시 수선 사업의 규모를 키울 계획이다. 아크테릭스(Arc'terix), 바버(Barbour), 가니(Ganni), 파타고니아(Patagonia), 유니클로(Uniqlo)를 비롯한 여러 브랜드에서는 이미 관련 서비스를 운영할 수 있는 프로그램을 마련했다. 2023년에는 더 많은 기업이 동참할 것이다. 팬데믹이 이러한 추세를 부채질했다. "누구나 손봐야 할 옷을 옷장 구석에 몇 년씩 넣어두죠. 코로나 봉쇄 때문에 이 문제를 해결할 시간이 생긴 거예요." 메이크누(MakeNu)의 로라 존슨(Laura Johnson)이 말한다. 데이지 말로우(Daisy Marlow)와 함께 창업한 메이크누는 '고급' 수선 서비스를 제공한다. 도자기의 금 간 부분에 금가루를 채워 넣는 일본 전통 예술 '긴츠기'처럼 메이크누는 손상 부위의 특징을 살려 옷을 수선한다. 벌레 먹은 니트 스웨터에는 꽃을 수놓고, 스키니진을 트렌디한 나팔바지로 탈바꿈하며, 낡은 셔츠 소매에 진주를 달아 화려함을 더한다.

벤처 투자가들도 수선 사업에 큰돈을 투자하고 있다. 2022년 재단사와 고객 간에 의류를 운반할 운전기사를 배정하는 런던 기반의 앱 소조(Sojo)는 프리시드 펀딩에서 220만 유로(230만 달러)를 모금했다. 구입한 옷에 대한 애프터 서비스(사용자가 보유한 옷을 기록하고 유지 방법을 알려주는 실용적인 '디지털 옷장' 기술)를 제공하는 스타트업 세이브 유어 워드로브(Save Your Wardrobe)는 초기 투자자들로부터 300만 달러를 확보했다. 최근에 2023년까지 재판매와 재사용을 통해 최소 5,000만 개 상품의 수명을 연장하겠다고 발표한 유럽 최대 온라인 의류 소매 기업인 잘란도(Zalando)가 이들과 협업 중이다. 또한 런던의 대형 백화점 셀프리지(Selfridges)와 하비 니콜스(Harvey Nichols), 온라인 부티크 파페치(Farfetch)와 일하는 플랫폼 리스토리(Restory)는 420만 유로(430만 달러)를 모았다.

수선과 재사용이 강조된다고 해서 패스트 패션이 꽉 잡고 있던 시장 지배력이 당장 줄지는 않을 것이다. 한 연구에서는 2030년에 패스트 패션 시장 규모가 2,000억 달러로 성장하리라고 예측했는데, 이는 2020년 690억 달러보다 훨씬 높아진 수치다. 그러나 2023년에는 누구나 옷장을 뒤지며 다시 태어날 만한 물건이 있는지 찾고 있을지 모른다. 19세기 영국의 예술 평론가 존 러스킨(John Ruskin)은 '세월이 남긴 황금빛 얼룩'이 건물의 위엄을 더한다고 했다. 역사가 있는 옷도 새 옷보다 훨씬 값질 수 있다. 지구에 훨씬 바람직한 것은 물론이다.

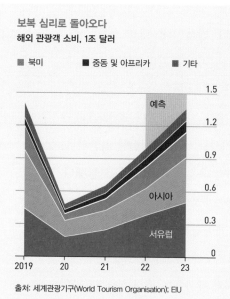

보복 심리로 돌아오다
해외 관광객 소비, 1조 달러

■ 북미   ■ 중동 및 아프리카   ■ 기타

출처: 세계관광기구(World Tourism Organisation); EIU

'보복' 관광이 시작된다

경제학자들은 '억눌린 수요(pent-up demand)'라고 한다. 그러나 팬데믹 시기 집에 박혀 있던 사람들은 2023년 계속될 여행 재개를 다른 이름으로 부른다. 바이러스에게 승리를 선언하는 '보복' 관광이라고. 2022년 60% 늘어난 해외 관광객 수는 2023년 다시 30% 증가해서 16억 명이 될 것이다. 아직 팬데믹 이전인 2019년의 18억 명에는 미치지 못하겠지만, 인플레이션의 가격 상승 영향을 받으면서 2023년 관광객들의 영수증은 2019년의 총액인 1조 4,000억 달러에 육박할 것이다. 우크라이나에서의 전쟁과 중국의 적극적 코로나19 억제 정책이 이제껏 회복을 저해했다. 팬데믹 이전 관광객 10명 중 1명은 중국인이었다. 중국 관광객 수는 2023년 590만 명으로 두 배 늘어날 예정이지만, 2019년의 기록인 1억 5,500만 명에는 훨씬 못 미친다. 해변이 다시 일광욕하는 사람들로 붐비면서 관광은 보복이 가장 활발히 일어나는 분야가 될 것이다.

2021년 말 팬데믹의 한가운데서 CEO 수십 명이 모인 포럼에 참석했는데, 잠시 '대퇴직 시대(Great Resignation)'가 화제로 떠올랐다. 유례없이 많은 사람이 직장을 그만두는 현상이다. 나는 '미국 기업의 대수정 시대(Great Rephrasing of Corporate America)'가 온 것이라 덧붙였다.

기업을 이끄는 사람으로서 보충해 설명하자면 이제 기업이 어떤 상품을 만들고 어떤 서비스를 제공하고 어떤 브랜드를 구축하는지가 전부가 아니다. 어떻게 일하는 사람들의 열정을 북돋우고 희망을 주고 힘겨운 격변의 시기에 자신이 기여하는 바에 확신을 두게 만들지가 중요하다. 이것이 '수정'의 이유다. 다시 말해 더 분명한 의미가 있는 방식으로 기업의 일에 접근해야 한다는 것이다. 문장이 효과적으로 전달되려면 수정이 필요하듯 기업도 수정되어야 한다.

나는 진정으로 뛰어난 조직은 기업 문화가 성공의 핵심이라는 사실을 알고 있다고 낙관한다. 2023년을 시작으로 리더들이 기업 환경을 수정하면서 기업의 문화와 가치에 연결되어 있다는 느낌은 직원들의 핵심 동기이자 동력이 될 것이다.

코로나 팬데믹은 사회적, 감정적으로 우리에게 심대한 영향을 미쳤다. 일상이 무너지고 안온한 소속감을 잃은 시기였다. 가족이나 같은 교회 신도를 물리적으로 만날 수 없었고 취미 모임과 운동 수업도 열리지 않았다.

그 결과 회사는 중요한 인간관계의 장으로 떠올랐으며 직장인들은 전과 달리 동료와 상사에게 마음

월그린스 부츠 얼라이언스(Walgreens Boots Alliance)의 CEO **로즈 브루어(Roz Brewer)**는 최근의 격변이 기업 문화를 다시 생각할 기회라 말한다.

기업의 운영 방식을 '수정'할 때가 왔다

팬데믹 시기 동안 회사는 중요한 인간관계의 장으로 떠올랐다.

을 열었다. 괜찮은 척하거나 가식적으로 행동하기에는 너무 무섭고 지치고 고립됐기 때문이다.

이제 팬데믹이 진정되고 서로 어떻게 관계를 맺을지 새로이 배우는 과정에서 대화는 매우 달라졌다. 직장은 직업적, 개인적 차원에서 많은 문제와 기회, 아이디어가 표면으로 드러나는 곳이다. 결혼, 이혼, 자녀의 좋고 나쁜 일, 투병 등에 대해서 들을 가능성이 더 크다.

직장 생활을 시작할 무렵의 나는 이런 논의를 일터로 들고 올 생각조차도 하지 않았을 것이다. 그러나 지금은 상황이 달라졌고, 이 편이 낫다. 개인적 삶을 이야기할 여지를 열어두지 않으면 '대퇴직 시대'를 목격하게 될 것이다.

우리는 변해야 한다. 세계백신면역연합 가비(Gavi)가 지적했듯 국제적 이동, 도시화, 기후 변화 등 앞으로도 팬데믹의 가능성을 높일 몇 가지 요소가 있다. 이러한 요인은 이제 변하지 않으므로 반드시 관련된 미래의 어려움에 대비해야 한다. 기업 보건 환경을 관리하고 삶의 경험을 더 깊이 공유하는 것이 이제 필수적이다.

그러나 완전히 비관적이지는 않다. 나는 앞으로 18개월 동안 경제 성장, 일자리와 소비가 늘어나리라고 낙관적으로 전망한다. 여행은 정상으로 돌아올 것이며, 건강과 안녕에 더 집중할 것이고, 인간관계는 부활할 것이다. 그리고 이 마지막 부분이 직장에서 매우 중요하다고 강조하고 싶다.

수년 전 기업 문화는 대수롭지 않은 부분으로 여겨졌다. 그러나 건강한 기업 문화가 실적에 영향을 미친다는 증거와 데이터가 존재하고, 이 사실이 지금보다 명백한 적은 없었다. 강력한 문화는 성과를 도출한다. 의미 있는 목적으로 묶인 기업의 80%는 시장 평균에 비해 성과가 높다. 또한 고용에도 영향을 미친다. 구직자 65%가 기업의 목적, 비전, 가치를 알고 이에 동의해야만 일자리 제안을 받아들일 것이라 답했다. 소속감에도 중요하다. 10명 중 9명은 평생 소득이 일부 줄어들더라도 직장에서 더 큰 의미를 찾을 의사가 있다고 답했다. 고객을 유치하는 효과도 있다. 소비자 87%는 가치 때문에, 또는 자신이 중요하게 여기는 문제를 기업이 지지하기 때문에 제품을 구매한다.

2023년 효율적인 리더들은 전통적이고 지적인 IQ 기반의 방식은 물론 더 진화한 공감과 관련된 EQ 수준에서도 직원들과 교감하리라 생각된다. 직원들은 자신의 목소리를 내려 할 것이고 기업의 가치와 본인의 가치가 공명하길 바랄 것이다. 미국의 기업들은 수정되고 있으며 이제 돌아갈 길은 없다. 직원들은 인간으로서의 정체성을 모두 가진 채로 일터에 올 것이며, '직장용'과 '개인용'으로 가치를 분리해 두지 않을 것이다. 리더로서 우리는 직원은 물론 더 광범위한 지역 공동체의 목소리를 들어야 한다. 이러한 접근은 사업성도 좋다. 기업들은 자사 직원과 기업을 둘러싼 세상에 선을 베풂으로써 이익을 얻을 것이다. 대수정 시대는 경청하고 행동해야 할 시대다.

갈라지는 탄소 배출 관련 규제

—

대서양을 사이에 두고 달라질 ESG 관련 기업 규제에 대비하라

헨리 트릭스(Henry Tricks) 〈이코노미스트〉 슘페터 칼럼니스트

다국적 기업 이사직을 제안받았다면 신중히 생각하자. 2023년에는 환경, 사회, 지배 구조(environmental, social and governance, ESG)와 관련된 기업 공시 요건을 두고 더욱 첨예한 대립이 일어날 확률이 높다. ESG가 근본적으로 정치적인 문제가 되면서, 위치가 미국인지 유럽인지에 따라 차이가 심한 공시 요건이 기업에 부담을 주지 않도록 표준화하려는 노력이 복잡해질 위기가 왔다.

2023년은 조화의 해가 될 예정이었다. 미국의 증권 규제 기관인 미국 증권거래위원회(Securities and Exchange Commission, SEC)와 EU, 기타 아시아의 규제 기관, 국제 표준화 기구들이 모두 기업의 기후 관련 리스크 공시를 표준화하기 위해 노력하고 있다. 어떤 기업이 기후 변화의 현실에 맞춰 의미 있게 활동을 조절하고 있는지, EU의 경우 기업이 환경에 어떤 영향을 미치는지 투자자들에게 제대로 알리는 것이 목표다.

하지만 대기업이 2023 회계연도(1년 후 제출)에 대한 기후 관련 리스크와 온실가스 배출량을 공시하도록 하자는 SEC의 제안은 공화당 의원, 공화당이 우세한 일부 주의 사법 당국, 기업 로비 집단의 격렬한 반대에 부딪혔다. 1만 4,000건 이상의 의견서가 쏟아졌다. 공화당이 예측대로 중간 선거에서 하원을 장악한다면 이 문제는 더욱 철저

한 검토를 거칠 확률이 높다. 2022년 6월 대법원은 규제 기관인 환경
보호국(Environmental Protection Agency)이 발전소 배기가스를 억제하
는 능력을 제한하는 판결을 냈다. 일부 공화당 의원들은 이를 기반으
로 SEC의 규제 역시 도를 넘어선다고 주장했다.

그러므로 법정에서 격한 전쟁이 펼쳐질 것이다. 주식 리서치 기업
번스타인(Bernstein)의 지한 마(Zhihan Ma)는 말한다. "미국에서 기후
관련 공시와 관련된 모든 논의는 '어떻게 할 것인가?'가 아닌 '왜 해
야 하는가?'로 돌아갔다."

ESG의 과녁이 흔들리면서 기업들의 공시 기준이 어떻게 정해질지 가늠하기는 더욱 어려워졌다.

모든 형태의 환경 규제에서 가장 선두에 있는 EU는 훨씬 앞서가고 있다. 2022년 말에 기업 지속 가능성 보고지침(Corporate Sustainability Reporting Directive, CSRD)을 도입할 예정이며, 이로써 거의 5만 개 기업(EU 지역에서 운영되는 해외 기업을 포함해)이 의무적으로 비즈니스 모델, 전략, 공급망에 있어 지속 가능성 관련 정보를 공개할 것이다. EU가 2023년 중순까지 발표할 새로운 기준은 1년 후면 일부 기업의 공시에 사용되기 시작할 것이다. 2023년 초에는 기후 변화 경감부터 생물 다양성 보호까지 여섯 가지 기준으로 기업 활동의 지속 가능성을 판단하는 EU 분류법이 전면 도입되어 CSRD를 뒷받침할 예정이다.

그러나 심지어 유럽에서도 ESG 규제 관련 잡음이 심해지고 있다. 러시아의 우크라이나 침공과 에너지 쇼크로 인해 에너지 안보와 폭등하는 전기, 가스비를 새삼 돌아보게 된 것이다. 관점의 전환을 반영하듯 2023년 초 도입될 EU 분류법은 천연가스와 원자력 에너지 발전을 '친환경(green)'으로 간주한다. 실망하는 사람도, 안도하는 사람도 있을 것이다.

ESG의 과녁이 이처럼 흔들리면서 기업들의 공시 기준이 어떻게 정해질지 가늠하기는 더욱 어려워졌다. 이미 막대한 비용을 각오하고 있지만 EU와 미국의 공시 요건 차이가 클수록 비용과 시간 소모도 더 클 것이다.

충전해서 나아가기

전기 픽업 트럭은 아직 내연 차량을 선호하는
미국 운전자들을 유혹한다

사이먼 라이트(Simon Wright) 〈이코노미스트〉 산업 부문 편집자

미국은 명실공히 자동차 분야의 선두 국가로 여겨진다. 포드 모델 T와 함께 최초로 자동차가 대량 생산된 곳이고, 주차료 징수, 고출력 자동차, 캘리포니아의 엄격한 환경 규정●까지 선구적인 자세로 세계의 기준을 세웠다. 또한 전기차(EV) 혁명을 이끄는 과정에서 세계에서 가치가 가장 높은 자동차 제조사가 된 테슬라(Tesla)의 고향이기도 하다. 그러니 전기차 도입에서 미국이 다소 뒤처지는 모습은 의아하다.

미국 운전자들이 전기차를 선택하게 하려면 다른 나라에서 운전자들을 구슬렸던 당근과 채찍이 필요할 것이다. 하지만 전기차에 대한 태도를 바꾸는 다른 방법이 있다. 미국인에게 강인함의 상징인 실용적이고 투박한 픽업 트럭의 전기화다. 2023년이면 포드의 F-150 라이트닝과 리비안(Livian, 전기차만 취급하는 스타트업)의 R1T 외에도 전기 쉐보레 실버라도와 출시가 늦춰진 테슬라의 사이버트럭을 포함해 다양한 새 모델이 출시될 것이다.

포드가 가장 잘 팔리는 F-150 트럭을 전기화(F-150 라이트닝은 2022년 4월에 출시)한 영향은 이미 체감할 수 있다. 리서치 기업 캐널리스

● 2035년부터 캘리포니아주 내에서 판매되는 모든 차량은 전기, 수소 또는 최소한 하이브리드 전기차여야 한다.

라이트닝 트럭

(Canalys)에 따르면 2022년 상반기 전기차는 승용차 판매의 6%를 차지했는데, 이는 2021년 상반기보다 62% 증가한 것이다. 전기차 판매 중 트럭 비율은 전혀 없다가 약 15%가 되었다. 하지만 여전히 미국이 뒤처져 있는 것은 사실이다. 유럽에서는 다섯 대 중 한 대, 중국에서는 네 대 중 한 대가 전기차다.

전기차에 회의적인 소비자 규모가 상당하다. 컨설팅 기업 딜로이트(Deloitte)의 최근 설문에 따르면 미국 운전자 10명 중 7명은 전기 트럭을 원하지 않았다. 그러나 F-150 라이트닝과 함께 생각이 바뀌고 있다. F-150 라이트닝은 핵심을 꿰뚫었고, 이는 포드 전체에도 중요한 일이었다. 미국의 '빅3' 자동차 회사인 포드, GM, 크라이슬러[2024년 전기 픽업 트럭 램(Ram) 출시 예정] 모두 트럭이 주력 상품이며 경쟁사에 자리를 내줄까 전전긍긍한다.

라이트닝의 성능은 인상적이다. 약 515킬로미터의 주행 거리를 자랑하며, 중간급 전기 모델은 동급 유류 차량보다 3분의 1 정도 비싸긴 하지만 가격 경쟁력도 있다. 견인력은 유류 차량에 댈 바가 못 되지만 4초 안에 0에서 시속 약 97킬로미터까지 가속하는 능력은 트럭으로는 대단하다. 최고가의 슈퍼카 말고는 모든 모델에 앞선다.

게다가 전기차 배터리는 작업용 도구나 피크닉용 전기 그릴과 연결해서 쓸 수 있으며, 넓은 '프렁크(앞쪽 트렁크)'에는 드릴과 삽을 넣거나 얼음을 채워 음료를 차게 보관할 수 있다(편리한 배수구도 있다). 이런 용도를 강조하는 포드의 메시지는 분명하다. 전기차는 유류 차량만큼 실용적이고 견고하다는 것이다.

하지만 미국에서 내연 기관 차량을 몰아내려면 실용적인 전기차만으로는 어렵다. 새로운 전기차 보조금 시스템은 큰돈을 주는 것 같지만 배터리와 원자재를 미국 내에서 조달한 차량으로 제한된다. 그래서 실제로는 현재 적용 대상이 없다. 최근 캘리포니아가 2035년부터 유류 차량 판매를 중지하기로 한 결정은 전기차 도입을 앞당길 것이며, 다른 주 역시 유사한 방식을 도입할 예정이다. 하지만 유럽보다 유가가 낮고 배기가스 규제가 느슨한데다 내연 기관에 대한 미국의 사랑이 있어 전기화의 길은 멀고 험할 것이다.

 WHAT IF?

서양의 십대들은 틱톡에 중독됐다. 중국의 숏 비디오 앱인 틱톡은 10억에 달하는 사용자에게 기쁨을, 서양의 라이벌 기업에는 공포를 안겨준다. 또한 정치권에서는 중국이 서양 시청자들의 데이터를 빼돌리고 서서히 프로파간다에 노출시킬 것을 우려한다. **미국 정부가 틱톡을 금지한다면 어떨까?** 틱톡의 모기업 바이트댄스(ByteDance)는 미국 시장을 잃으니 서양에 기업을 넘길지도 모른다. 중국은 이에 분노해 미국 상품에 대한 금지 조치로 보복할 수도 있다. 아이폰이 위험하다.

유니버셜로봇의 대표 **킴 포블센(Kim Povlsen)**은 로봇을 더 적극적으로 활용하면 노동력 부족을 해결할 수 있다고 말한다.

로봇을 두려워하지 말고 반갑게 맞이하자

대규모로 로봇을 도입한 국가 중 실업 문제가 있는 곳은 하나도 없다.

노동 위기가 깊어지는 가운데 2023년이 온다. 많은 국가에서 노동 인구가 줄고 고령화가 빠르게 진행되면서 노동력이 수요에 미치지 못해 기업과 산업군은 어려움을 겪고 있다.

사태는 앞으로도 나빠질 것이다. 유엔의 세계 인구 동향 전망에 따르면 2050년 생산 연령 인구는 2015년과 비교해 유럽에서만 9,100만 명이 줄어들 것이다. 2029년 말이 되면 미국 전역에서 채워지지 않은 제조업 일자리는 200만 개가 넘을 것이다.

미래 세대의 문제라고만 볼 수도 없다. 일본 인구는 이미 줄어들고 있으며, 중국에서도 노동 인구에 합류하는 사람보다 떠나는 사람이 많다. 노동력 부족은 이미 생산성을 비롯한 광범위한 경제적 성과에 영향을 미치고 있으며, 이에 대한 해결책이 시급하다. 많은 경우 기술은 유일하게 실행 가능성이 있는 선택권이다. 특히 로봇과 자동화 기술의 폭넓은 도입은 이미 시작되었어야 한다.

세계가 '로봇'의 개념과 단어 자체를 처음 접한 것은 1923년이다. 체코의 작가 카렐 차페크(Karel Capek)가 SF 연극 <로섬의 유니버셜 로봇(Rossum's Universal Robots)>에서 처음 만든 말이다. 1920년에 쓰인 이 희곡은 1923년까지 30개 언어로 번역됐고 런던에서 초연됐다.

한 세기가 지나도록 우리는 여전히 현실의 로봇에 익숙해지는 중이다. 기술적, 상업적 고려 사항도 문제지만, 기업들은 자동화에 대한 경계심을 포함한 사회적 요인 때문에 사업에 엄청난 도움이 될 해결책을 망설이는 경우가 많다.

현재의 가용 인력으로 필요 생산량을 달성하는 유일한 방법은 각 산업군과 기업이 로봇 기술을 대규모 도입하는 것이다. 모두가 이 사실을 깨달으면 필요가 전환을 부르고, 그 결과 노동력의 변화가 일어날 것이다.

근본적으로 로봇은 단순하고 반복적인 작업을 수행한다. 로봇의 도입은 반복 작업을 수행하는 데 필요한 사람 수를 줄인다. 자동화가 이뤄지면 단순 업무 대신 기술적 지식과 문제 해결력이 필요한 새로운 직종이 탄생할 것이며, 이는 이제 막 직장 생활을 시작하는 디지털 네이티브 Z세대와 훨씬 잘 맞는 일일 것이다. 자동화에 힘입어 더 나은(심지어 보기에도 멋진) 일자리가 생기면 새로운 세대를 제조업으로 유인할 수 있다.

사람들은 로봇이 인간의 직업을 빼앗을까 우려한다. 그러나 대규모로 로봇을 도입한 국가(독일, 일본, 싱가포르, 한국) 중 실업 문제가 있는 곳은 하나도 없으며, 이 국가들 모두 인력이 제조업에 고용된 비율이 미국보다 높다. 다시 말해 로봇 활용은 제조업 일자리 증가와 상관관계가 있는 것으로 보인다.

게다가 로봇은 점점 벌어지기만 하는 인력 수요와 공급의 격차를 줄일 수 있다. 일부 분야는 심각한 인력 부족에 시달리고 있다. 예를 들면 이제 로봇과 함께 일하는 전문가가 위험한 기술직이라 인력이 극히 부족한 용접을 수행할 수 있다.

이러한 현실이 와 닿으면 전 세계 기업과 산업군은 현상 유지를 위해서라도 일하던 방식을 바꿔야 한다는 사실을 배울 것이다. 로봇의 활용을 늘리고 개선해야 한다. 그러면 생산성 격차가 상쇄될 뿐 아니라 사람들이 '열심히'보다 '스마트하게' 일할 수 있다.

로봇은 또한 더 건강한 삶을 살게 해줄 것이다. 반복적인 힘든 행동으로 신체에 부담을 가하지 않아도 되고, 고위험 상황에 직접 들어가는 대신 기계를 원격 작동하면 된다.

이는 모두 다가오는 미래에 유럽 내·외부 산업의 풍경을 완전히 뒤바꾸는 것이 목표인 EU 집행위원회의 '인더스트리 5.0(Industry 5.0)' 프로젝트의 핵심이다. 조직과 산업군은 앞으로 더욱 인간 중심적이어야 하며 지속 가능하고 회복 탄력성이 있어야 한다. 적극적인 자동화가 이뤄지면 확실한 장점이 있을 것이다.

결국 시각의 전환이 필요하다. 우리 유니버설로봇(Universal Robots)에서는 세계적으로 최소 2,000만 개 일자리가 이미 협업형 로봇, 일명 '코봇(cobots)'으로 자동화할 수 있는 업무를 포함한다고 계산했다. 기존 인력을 보충할 코봇의 잠재력은 엄청나다.

앞으로 인력 공백이 생기면서 기술 활용은 사치나 신기술이 아닌 필수 요소가 될 것이다. 그러면 이어서 세계가 변화하며 고령화된 인구 구조에 대비할 수 있다. 로봇은 다가오는 것이 아니라 이미 여기 있다. 이제 제대로 활용할 시간이다.

좋은 싸움 싸우기

2023년 인플레이션을 억제하려는 중앙은행장들의
노력에 대해 최근 경제사는 무엇을 말해주는가?

라이언 아벤트(Ryan Avent) 워싱턴 D.C., 〈이코노미스트〉 무역 및 국제경제학 부문 편집자

통화 정책 세계에는 한 가지 속담이 있다. 오직 매파만이 중앙은행장이라는 천국으로 간다는 말이다. 자국 경제의 돈을 관리하는 일을 맡은 중앙은행장들에게 너무 강하게 성장하고 있는 경제에 고삐를 죄는 배짱은(한 연준 의장의 말을 빌리자면 파티의 흥이 막 오르는 시점에 술을 모두 치우는 것과 같다) 가장 존경받는 자질들 가운데 하나다. 그러나 팬데믹 이전 20년 동안 세계의 많은 대규모 경제에서 가장 시급한 거시 경제 문제는 만성적으로 약한 성장과 낮은 인플레이션이었다. 따라서 중앙은행장들은 자신들의 미덕을 보여줄 수 있는 '술을 치우는' 기회를 잔인하게 거부당했었다.

그러나 2021년에 시작된 가파르고 지속적인 인플레이션 상승은

지금의 중앙은행장들에게 별처럼 빛날 기회를 주었다. 2023년에 국가들 대부분은 인플레이션 문제를 제어하겠지만 심각한 고통이 없지는 않을 것이다. 러시아의 우크라이나 침공으로 식량과 에너지 가격이 급등한 이후 인플레이션 문제는 2022년에 고통스러운 차원으로 커졌다. 많은 국가의 경제에서는 1970년대 또는 1980년대 초 이후 볼 수 없었던 수준으로 인플레이션이 상승했다. 소비자물가 상승률은 미국에서 9%, 유로 지역에서 10.7%까지 치솟았고, 특히 문제가 많은 몇몇 신흥경제국에서는 그보다 훨씬 더 높았다.

이러한 물가 상승은 인플레이션 힘들이 결합한 결과다. 관대한 팬데믹 구제 조치들과 완화적인 통화 정책은 소비자 지출의 급증을 부채질했다. 이러한 지출은 종종 코로나19의 새로운 발발, 극단적 날씨 및 기타 충격과 관련된 공급 문제 때문에 공장과 항구들의 대응 능력을 넘어섰다. 우크라이나에서 벌어진 전쟁은 치솟은 석유, 가스, 곡물 가격에다 기름을 들이붓는 격이었다.

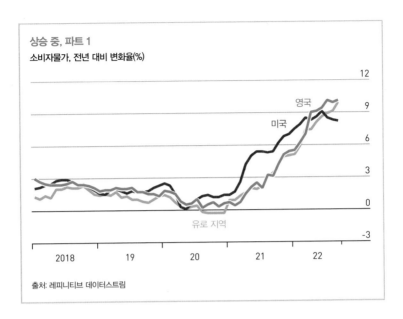

상승 중, 파트 1
소비자물가, 전년 대비 변화율(%)

영국
미국
유로 지역

출처: 레피니티브 데이터스트림

인플레이션이 상승하자 중앙은행이 물가 상승을 견제하기 위해 금리 인상과 같은 경제에 대한 제동을 얼마나 세게 걸어야 하는지를 두고 치열한 경제 논쟁이 벌어졌다. 몇몇 온건파 인사들은 나타난 인플레이션의 많은 부분이 공급 문제와 연관되어 있으므로, 대부분은 저절로 해결될 것이라고 주장하면서 가벼운 접근법을 조언했다. 다른 이들은 소비자들이 소비하고 싶어 하는 한, 경제의 한 부분에서 물가 압력이 완화되면 더 많은 돈을 가진 사람들이 다른 부분에서 더 많은 돈을 쏟아내고 결과적으로 물가가 올라갈 것이라고 주장했다.

2022년 초쯤이 되면 많은 중앙은행장은 두 번째 견해를 수용하기 시작했다. 2021년에는 물가가 저절로 가라앉기를 끈기 있게 기다렸던 연준은 주요 정책 금리를 2022년 3월에는 0.25%, 5월에는 0.5% 인상했고, 6월, 9월, 10월 그리고 11월에는 0.75% 대폭 인상했다. 그

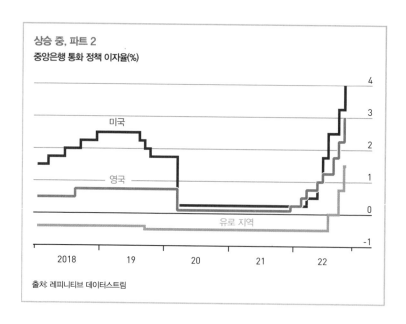

상승 중, 파트 2
중앙은행 통화 정책 이자율(%)

미국
영국
유로 지역

2018　19　20　21　22

출처: 레피니티브 데이터스트림

러나 처음에 중앙은행장들은 성장을 파괴하는 불황 없이도 인플레이션이 억제될 수 있다는 희망을 고수했다. 예를 들어 제롬 파월(Jerome Powell) 연준 의장은 3월 연설에서 연준의 '연착륙'을 조작해내는 능력에 대해 "역사적 기록이 낙관론의 일부 근거를 제공한다"라고 말했다.

그러나 8월이 되자 그의 논조는 바뀌었다. 그는 더 높은 금리는 결국 인플레이션을 끌어내리겠지만 "얼마간의 고통을 가져올 것"이라고 말했다. 다른 중앙은행장들도 이에 동의했다. 이자벨 슈나벨(Isabel Schnabe) 유럽중앙은행 집행위원회 이사는 "40년 만에 처음으로 중앙은행들이 물가 안정을 지키려는 그들의 결심이 얼마나 강한지를 입증해야 할 필요가 생겼다"라고 지적했다. 연준은 2023년부터 실업률이 상승하기 시작할 것으로 예측했다. 영국중앙은행은 영국의

GDP가 하락하리라고 봤다.

사실 세계은행은 전 세계가 2022년 동안 보여준 것처럼 동시에 성장 제한 정책으로 전환하는 모습을 지난 반세기 동안

본 적이 없다고 지적했다. 한 가지 예외는 전 세계의 정책 입안자들이 10년에 걸친 인플레이션 문제를 끝내고자 한 1982년이었다. 그들의 시도는 성공적이었지만 그 과정에서 세계적인 불황을 초래했다. 그때는 많은 사람에게 상당한 고난의 시기였지만 중앙은행장들 대부분에게는 승리로 여겨진다. 불행하게도 2023년에는 그 직업이 새로운 세대의 영웅들을 환영할 것으로 보인다.

따분한 20년대
—
팬데믹 이후 생산성 급상승에 대한 희망은 계속 깨질 것이다

캘럼 윌리엄스(Callum Williams) 〈이코노미스트〉 경제 부문 선임기자

2020년과 2021년 사이 코로나19 백신의 개발, 승인 및 배포는 미래에 대한 낙관론을 불러왔다. 만약 인간이 몇 달 안에 세계적인 전염병을 종식시킬 수 있는 도구를 개발할 수 있다면 사람들은 또 무슨 일을 할 수 있는 것일까? 많은 경제학자는 세계가 '포효하는 20년대'에 막 다다랐고, 머지않아 모두를 위한 암 백신과 무인 자동차, 가상현실 고글이 나올 것이라는 희망을 제시했다. 다른

팬데믹 이전에 약한 생산성 성장으로 이어졌던 구조적 조건이 바뀌지 않았다.

이들은 재택근무로의 전환이 통근을 중단함으로써 생산성을 높일 것이라 덧붙였다.

그 이후의 현실은 그런 높은 기대에 훨씬 못 미쳤다. 사람들이 직장에서 얼마나 많은 결과물을 생산하는지를 측정하는 생산성 성장은 2020년과 2021년에 가속화했다. 하지만 그것은 주로 저숙련 사람들이 일자리를 잃게 되면서 기계적으로 평균을 높였기 때문이다. 이후 생산성 성장은 현실적으로 변했다. 최근 데이터에 따르면 생산성이 저하되고 있다(도표 참조). 안타깝게도 2023년에 상황이 달라질 조짐은 거의 없다. 높은 생산성이 더 높은 GDP와 실질 소득의 근본 원인이므로 이것은 매우 중요한 문제다.

생산성 성장은 몇 가지 이유에서 실망스러웠다. 재택근무로의 전환은 처음 생각했던 것보다 덜 멋진 것임이 입증된 것인지도 모른다. 사실 재택근무를 하는 사람들은 시끄럽고 잡담하는 사무실에서 일하는 것보다 '몰입 근무'에 더 집중할 수 있다. 그러나 휴게실 시간을 놓침으로써 발생하는 생산성 손실은 천천히 누적될 수 있다. 조직 내, 특히 서로 다른 부서에 있는 사람들 간의 의사소통은 어려움을 겪었을 가능성이 크다.

게다가 많은 회사는 여전히 팬데믹으로 인한 여파에 대응해야 한다. 수백만 명의 사람들이 여전히 매주 코로나에 걸려서 집에 있어야만 한다. 그리고 여러 산업을 괴롭히는 극심한 노동력 부족을 알고 있는 많은 노동자는 자신들이 해고될 여지가 크지 않다는 걸 알기에 업무에 큰 노력을 기울일 이유를 찾지 못한다. 사람들이 최소한도로만 일하는 현상, 즉 '조용한 사직(Quiet quitting)'이 사업주들이 최근

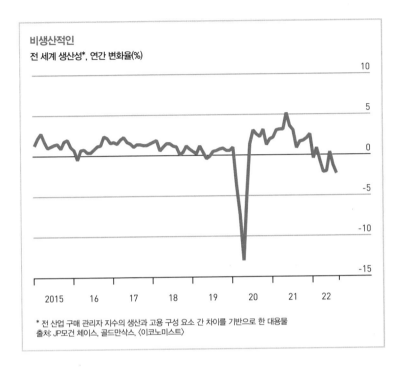

비생산적인
전 세계 생산성*, 연간 변화율(%)

* 전 산업 구매 관리자 지수의 생산과 고용 구성 요소 간 차이를 기반으로 한 대용물
출처: JP모건 체이스, 골드만삭스, 〈이코노미스트〉

가장 골머리를 앓는 이유인지를 두고 여러 의견이 나오고 있다.

또한 혁신이 늘어날 조짐도 없다. 창의성의 척도 중 하나인 전 세계 특허 출원량은 2021년에 거의 변화하지 않았다. 투자가 급증했지만 반드시 사람들의 삶을 개선하는 것들에 대한 투자는 아니었다. 일부 기업들은 2021년의 대실패, 이른바 '빈 선반'의 재발을 방지하기 위해 제조와 재고 보관 능력을 추가로 구축했다. 이러한 조치는 실제로는 비용을 증가시켜 생산성을 떨어뜨린다. 다른 기업들은 공급망 혼란으로부터 자신들을 보호하기 위해 원자재, 반제품, 완제품의 재고를 축적해왔다. 이것은 통계상으로는 투자로 여겨지지만 생산성에는 전혀 도움이 되지 않는다.

일부 경제학자들은 오랫동안 기다려온 생산성 급등이 여전히 실현될 것이라는 희망을 품고 있지만, 그것은 과한 낙관주의일 수 있다. 코로나19가 계속 만연하고 있다는 것은 노동자 결근이 2020년 전보다 영구적으로 높을 가능성이 크다는 것을 의미한다. 최근 데이터는 전 세계 자본 지출이 다시 현실적인 수준으로 돌아오고 있음을 시사한다. 높은 금리로 인해 기업들은 대규모 투자 계획에 대해 재고하게 될 것이다.

더 중요한 것은 팬데믹 이전에 약한 생산성 성장으로 이어졌던 구조적 조건이 바뀌지 않았다는 점이다. 인구는 계속해서 고령화되고 대체로 노인들은 점점 더 아이디어가 적어진다. 새로운 상업 및 주거용 부동산을 건설하는 것부터 새로운 발명품 승인 또는 이민 증대에 이르기까지 많은 생산성 향상 활동이 관료주의라는 걸림돌에 걸리고 있다. 경제 성장에 관한 한 2023년은 포효보다는 따분함이 더 어울릴 것이다.

 WHAT IF?

분석가들은 중국 정부가 결국 주택 부문에 대한 신뢰를 강화할 것으로 기대하고 있다. **하지만 부동산 시장에 대한 정부의 지원이 부족하면 어떻게 될까?** 이것은 부채가 있는 부동산 회사들의 더 많은 채무 불이행으로 이어질 수 있다. 기업들의 돈줄이 마르면서 건설은 중단될 것이다. 집 구매 자금을 지불하기 시작한 수백만 명의 사람들은 집을 얻지 못할 수도 있다. 사회 불안은 커질 것이다. 일부 분노한 주택 구매자들이 다른 도시의 사람들과 시위를 조직하면서 공산당 통치에 위협이 될 수도 있다.

매수자들의 귀환?

—

2023년 시장이 어떤 성과를 낼지는 2022년 약세장이 드러내는 비행이 무엇인지에 달려 있다

앨리스 풀우드(Alice Fulwood) 뉴욕, 〈이코노미스트〉 월스트리트 통신원

약 세장은 저마다 다른 모양과 크기를 띤다. 1950년대 이후 11가지 형태가 있었다. 2020년이 가장 짧았는데, 한 달 동안 지속되었고, 가장 긴 것은 2000년부터 2년 반 이상 지속되었다. 2007년 10월에 시작된 미국 증시 최악의 하락은 최고점에서 저점까지 57%나 폭락했고 금융 위기가 시작되었다. 가장 폭이 얇았던 것은 1990년으로 가벼운 경기 침체에 대한 반응으로 20% 하락하는 데 그쳤다. 그렇다면 역사는 2023년에 주식 시장이 계속 하락할지에 대해 우리에게 알려줄 수 있는 게 많지 않다. 하지만 몇 가지 단서는 제공한다.

금융 시장의 가장 끔찍한 장기적 침체는 일반적으로 자산 가격의 침체가 (1980년대의 저축 및 대출 위기나 2000년대 중반의 주택저당증권 문제처럼) 상황이 나빠지기 전까지 많은 금융 비행이 발생하고 있음을 드러내는 데 도움이 될 때 발생했다. 그러고 나면 소비자들이 지출을 줄이고 수익이 줄어든 기업들이 노동자들을 해고하는 가운데 나쁜 자산 순환이 심각한 경제적 고통의 시기를 촉발한다. 1960년대나 1990년대처럼 온건한 약세장은 경제 순환이 이러한 요소 중 하나를(전부가 아니라) 보일 때 발생하는 경향이 있다. 예를 들어 자산 가격이 낮거나, 침체로 드러난 금융 비행이 작은 규모이거나, 또는 소비자들이 그렇게 심한 타격을 받지 않은 경우에 발생했다.

약세장이 2023년까지 지속될까? 약세장 직전까지는 상황이 좋았다. 2021년의 강세장은 흔들림이 없었다. 주가 지수인 S&P500은 252거래일 중 68거래일 동안 최고치를 경신했다. 1995년 단 한 해에만 그보다 더 많은 최고치 경신 거래일이 있었다. 대체 불가능 토큰과 같은 암호화폐 자산에는 분명히 거품이 부풀어 올랐고, 스팍스(SPACS, 특수목적 인수회사)라는 새로운 금융 상품은 터무니없는 자본금을 모았다. 집값은 세계 금융 위기 이전 몇 년간보다 훨씬 빠르게 올랐다.

이 침체가 광범위한 금융 비행을 드러낼 것인가? 만약 그렇게 된다면 우리는 곧 그것들에 대해 알게 될 것이다. 리먼브라더스가 파산한 것은 2007년 10월 시장이 정점을 찍은 지 1년 후였다. 그리고 금융 시스템의 약점이 이미 나타나기 시작하고 있다. 영국 연기금들은 2022년 9월 그들이 보유한 일부 채권 파생 상품에 대한 마진콜에 의해 위태로워졌다. 미국 재무부 채권 시장의 변동성이 급등했다. 세계적인 대형 은행인 크레디트스위스의 채무 불이

리먼브라더스가 파산한 것은 2007년 10월 시장이 정점을 찍은 지 1년 후였다.

행에 대비한 보험 비용이 치솟았다. 그렇긴 해도 전 세계 규제 당국은 금융 시스템이 감내할 수 있는 위험을 줄이고 그것을 자본으로 된 여러 막으로 차단하는 데 15년을 보냈다. 2007~2009년의 세계 금융 위기와 같은 어떤 것이 펼쳐질 것이라 예상하기는 어렵다.

경제적 고통의 깊이는 어떠할까? 그것은 불분명하다. 깊은 고통이 수면 아래 숨어 있다고 한다면 지금 상황으로만 봐서는 전혀 나타나지 않은 것이다. 미국의 실업률은 연준의 빠른 긴축 정책에도 불구하고 수십 년 동안 가장 낮은 수준을 유지하고 있다. 여전히 통화 정책은 길고 가변적인 지연으로 작용한다. 이번 긴축으로 가계와 기업이 그 타격을 온전히 받으면 경제활동이 급격히 위축되리라는 건 예상할 수 있다. 그렇다면 어미 소가 황소 새끼를 낳기도 전에 그 수를 세는 우를 범하지 말길.

한겨울의 한가운데에서

2022년 터진 암호화폐 거품, 2023년은 무슨 일이 있을까?

앨리스 풀우드

폭락 후 암호화폐는 어떡하고 있을까? 마이애미에서 매년 열리는 암

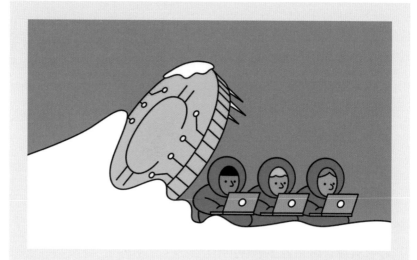

호화폐-예술 행사인 비트바젤(BitBasel)의 주최자 중 한 명인 스콧 스피겔(Scott Speigel)은 '호들(hodl)'과 '비들(buidl)' 중이라고 말한다. 암호화폐계에서 흔히 사용되는 용어인 호들은 유저들에게 침체기에 "악착같이 버텨라(hold on for dear life)"라며 격려하는 말이다. 암호화폐 커뮤니티는 이 말에 맞게 '빌드(build, 구축하다)'라는 영어 단어를 재구성해 비들이라는 말을 만들어냈다. 간단히 말해 신념을 지키자는 뜻이다.

암호화폐 가격 침체를 가리키는 말인 '암호화폐 겨울'이 본격적으로 일에 착수할 시기라는 생각은 오랫동안 있었다. 침체는 과대 광고에 빨려 들어간 사람들을 빼내고 헌신적인 핵심 인물들(애플리케이션과 블록체인 기술을 구축하는 사람들)만 남기는 경향이 있다. 현재 두 번째로 큰 블록체인 플랫폼인 이더리움은 2014년 가격 급등 이후의 첫 번째 '암호화폐 겨울' 동안 출시됐다. 그다음 겨울이 있었던 2017년에는 많은 분산형 금융 애플리케이션들이 발명되었다.

아닌 게 아니라 암호화폐는 그 어떤 때보다 최근의 냉각을 통해

'비들'할 준비가 더 잘 되어 있다. 수십억 달러 규모의 암호화폐 벤처 자금이 조달

되어 운용되고 있으며, 이는 많은 암호화폐 설립자들이 자산 가격이 낮은 상황에서 의존할 수 있는 현금 쿠션을 제공하고 있다. 모든 암호화폐 시장에서의 매도량은 여전히 2020년 말 수준을 상회한다. 대차대조표에서 80억 달러어치의 구멍이 발견되고 난 다음 11월에 벌어진 FTX의 엄청난 붕괴는 충격이었다. 하지만 바이낸스(Binance), 코인베이스(Coinbase)와 같은 거래소들은 생존할 것으로 보인다.

그러나 버티고 구축하려는 움직임과 더불어 암호화폐 업계는 규제의 맹공에 대비하고 있다. 미국 의회에서는 세 가지 주요 법안이 논의되고 있다. 두 가지는 포괄적인 노력에 관한 것들이고, 다른 하나는 자산이나 상품에 고정된 암호화폐의 일종인 스테이블코인에 초점을 두고 있다. 증권거래위원회와 같은 미국 규제 당국은 증권처럼 보이는 암호화폐 토큰의 활동을 조장한 플랫폼들을 단속 중이다.

이 모든 것이 비트코인이나 에테르와 같은 암호화폐 토큰의 가격에 대해 갖는 의미는 무엇일까? 만일 인플레이션이 진정되고 연준이 금리에 대한 통제를 완화한다면, 암호화폐 가격이 2022년 주식과 얼마나 밀접한 상관관계를 맺었는지를 고려할 때 아마도 그것은 암호화폐 가격에 호재일 것이다. 그러나 암호화폐가 커질수록 과대광고만으로 구축되는, 암호화폐 가격 상의 또 다른 호황을 예상하기란 어렵다. "모두가 실질적인 사용 예를 제공하는 데 초점을 맞추고 있습니다"라고 마이애미에 기반을 둔 한 개발자는 말한다. 이 침체에서 생겨나는 비들이 투기와 사기를 넘어 암호화폐에 대한 실질적인 사용 예를 제공하지 않는다면, 이 냉기는 충분히 지속될 수 있다.

매튜 파바스(Matthieu Favas) 〈이코노미스트〉 금융 통신원

러시아의 우크라이나 침공 여파는 에너지 사용자들에게 빛이 보이지 않는 긴 터널이었다. 서방의 제재와 러시아의 공급 삭감은 전 세계 석유·가스 거래 시스템에 압력을 가했는데, 안 그래도 이 시스템은 팬데믹 이후 수요가 급격히 반등하고 몇 해 동안 신규 생산에 대한 투자가 적었기 때문에 이미 경색된 상태였다. 이론상으로는 2023년이 조금 나아 보일 수 있다. 러시아는 서방이 더 이상 원하지 않는 석유와 가스에 대한 대체 구매자를 찾고 있다. 유럽은 이번 겨울을 잘 넘기기 위해 충분한 가스를 저장한 것으로 보인다. 2023년 겨울까지 LNG를 공급받을 수 있는 터미널이 더 많아져서 러시아의 파이프 연료에 덜 의존하게 될 것이다. 하지만 에너지 시장에서 다시 화염이 치솟을 가능성이 매우 크다. 세 가지 위험이 두드러진다.

경기 침체는 석유 수요를 억제하겠지만 공급 차질은 석유 시장의 균형을 깨뜨릴 수 있다. 이것이 첫 번째 위험이다. 유럽이 러시아의 해상 원유에 대한 보이콧을 시행하면, 12월에 중국과 인도는 2022년 물량보다 훨씬 더 많이 사들여 러시아의 원유가 시장에 남는 데 도움이 될 것이다. 하지만 유럽의 방대한 수입 물량이 아시아로 경로를 바꾸면서 새로운 병목 현상이 나타날 수밖에 없다. 미국은 러시아가 우

예전의 파이프라인

크라이나를 침공한 이후로 여러 달 동안 많은 물량을 방출해야 하는 상황에 맞닥뜨린 결과로 현저하게 고갈된 전략 비축유의 활용을 주저할 수 있다. 리비아와 같은 일부 수출국들은 훨씬 더 오랫동안 최고치의 생산 능력을 보여주지 못할 것 같다. OPEC 회원국들은 이미 생산 목표 달성에 실패하고 있다. 또한 이 카르텔은 가격을 유지하기 위한 노력의 일환으로 더 큰 폭의 물량 감소를 발표할 수도 있다.

두 번째 우려는 휘발유와 경유와 같은 정제유 제품의 희소성 증가다. 2023년 2월 유럽은 러시아로부터 그러한 연료의 수입을 금지할 예정이며 이 연료의 대부분은 이번에는 다른 곳으로 이동하지 않을 것이다. 정유 능력이 풍부한 중국과 인도는 관심이 없고 다른 예비 구매자들은 너무 멀리 떨어져 있다. 유럽은 비싼 천연가스가 경유를 만드는 데 있어서 중요한 투입물인 수소를 많이 생산할 수 없다는 것을 의미하기 때문에 이러한 고품질의 정제유 제품들을 생산하기

하지만 에너지 시장에서 다시 화염이 치솟을 가능성이 매우 크다.

위해 고군분투하고 있다. 원칙적으로 중국은 더 많은 석유 제품을 수출할 수 있고, 이것은 중국이 곧 정제하게 될 엄청난 양의 러시아산 석유를 팔아주는 격이다. 하지만 겨울이 추우면 중국 자체의 비축분이 고갈돼 수출을 제한해야 할 수도 있다. 따라서 2023년 3월 이전에 세계적인 경유 부족 사태가 발생할 수 있다.

하지만 가장 중요한 와일드카드는 아마도 가스일 것이다. 러시아가 우크라이나에서 우세를 점하기 위해 고군분투하면서 유럽의 인플레이션을 부추기고 대륙이 암울함 속에 머물게 하기 위한 술책들을 강화할 것이다. 아무도 러시아가 유럽으로 가는 주요 파이프라인인 노드스트림의 흐름을 재개할 것으로 예상하지 않는다. 이 파이프라인은 어쨌든 9월에 있었던 고의적인 파괴 이후 심하게 손상된 상태다. 그러나 러시아는 우크라이나를 통과하는 파이프라인과 같이 여전히 유럽에 가스를 공급하고 있는 다른 파이프라인을 통한 공급을 줄이고 유럽에 LNG 공급을 중단할 수 있다. 한편 유럽은 러시아 탄화수소의 가격에 상한선을 두는 것을 목표로 하는 조치를 강화할 수 있고, 그러지 않는 경우 다른 나라들이 적에게서 구매하는 것을 더 어렵게 만들 수 있다.

향후 몇 개월은 서방의 결의를 시험하게 될 것이다. 하지만 일단 겨울이 끝나면 유럽이 러시아를 상대로 벌이는 에너지 전쟁에서 휴전을 크게 기대하지 말길.

돈 웨인랜드

중국 중앙은행의 디지털 통화인 e-cny를 둘러싼 잡음이 시끄러웠다. 중국의 정책 입안자들은 2019년부터 국가가 지원하는 디지털 화폐 부문에서 혁명을 이끈 공로를 인정받았다. 다른 많은 중앙은행들도 중국의 선례를 따랐다. 그러나 진척은 제한적이었다. 중앙은행인 중국인민은행(PBOC)은 디지털 화폐를 해외에서 사용하는 것에 대해 거의 아무런 이야기도 하지 않았다. 실제로 PBOC 관계자들은 현재 e-cny 사용의 초점은 중국 내에 있다고 강조했다.

그러한 발언도 e-cny가 해외로 확산할 것이라는 추측을 막지는 못했다. 암호화폐와 분산 금융 전문가들은 중국이 무역을 많이 하는 시장으로 그 시험을 확대하는 것은 시간문제라고 말한다. 그들은 또한 러시아에 대한 제재가 그 과정을 빠르게 할 수 있다고 추측한다.

시진핑 중국 국가주석과 다른 고위 지도자들은 미국이 지원하는 세계 금융 시스템에 대한 의존을 만성적인 약점으로 여기고 있다. 미국은 외국 은행들이 그들의 명령을 어길 경우 가장 중요한 전 세계 금융 메시지 시스템인 스위프트(SWIFT)로부터 차단할 용의가 있음을 최근 증명했다. 특히 2022년 미국과 동맹국들은 푸틴이 우크라이나를 침공한 이후 벨기에에 본부를 둔 스위프트에 여러 러시아 은행과의 거래를 중단하라고 말했다. 중국 지도자들은 중국이 어느 시점에

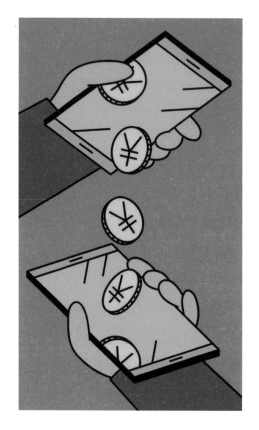

자신들의 주권 영토의 일부로 간주하는 자치 섬 대만을 침공한다면, 그들의 은행에 유사한 제재가 가해질 것을 쉽게 상상할 수 있다.

디지털 위안화의 국제 시장에서의 쓰임새는 뜨거운 토론 주제다. 이론적으로 e-cny는 달러 시스템을 완전히 회피하는 데 사용될 수 있다. e-cny 기술은 스위프트가 필요하지 않다. 그러나 비판적 입장을 가진 사람들은 제재 회피를 위한 디지털 위안화의 사용이 대폭 증가할 경우, 미국 금융 규제의 힘이 도전자 위치에 있는 디지털 위안화를 멀리하도록 외국 은행들을 설득하는 데 성공할 것으로 생각한다. 그럼에도 디지털 위안화의 발전 추이를 지켜보고 있는 여러 사람은 통화이자 결제 시스템인 e-cny가 결국 무역 금융에 사용될 수 있도록 해외에서도 출시될 것으로 추측한다. 하지만 이와 관련한 어떤 큰 움직임을 2023년에 기대하지는 말길. 중국은 여전히 코로나19에서 벗어나려 애쓰고 있고, 그 결과 점점 더 내향적으로 변하고 있다. 또한 여전히 중국 내부적으로 e-cny를 완벽하게 만들려고 노력 중이다. 2022년 9월 시험 프로그램에 여러 주가 추가되었다. 2023년에는 전국적으로 e-cny를 출시하는 일에 속도가 붙을 수 있을 것이다.

하지만 2023년에 해야 할 중요한 전 세계적 작업이 여전히 남아 있다. 중국의 디지털 화폐의 빠른 출시는 전 세계적으로 몇몇 결제 플랫폼 개발에 동인이 되었고, 그중 일부는 PBOC와 연결되어 있다. 예를 들어 중국의 중앙은행은 홍콩, 태국 및 아랍에미리트의 중앙은행들과 함께 엠브리지(mBridge)라 불리는, 국경을 넘는 지불을 위한 도매 청산 시스템을 개발하는 프로젝트에 참여했다. 한국의 테크 그룹인 카카오는 클레이튼(Klaytn)이라 불리는 소매 결제 플랫폼을 구축하고 있다. 싱가포르에서는 은행인 JP모건체이스가 국영 투자 그룹인 테마섹(Temasek)과 제휴해 자체 플랫폼 설립을 추진하고 있다. e-cny와 같은 디지털 통화가 해외 시장에 눈을 돌리기 시작하면 이러한 플랫폼은 서로 다른 관할권 간의 교류를 촉진할 수 있을 것이다.

문제는 그것은 쉬운 일이 아니다. 스위프트는 오랫동안 존재해왔다. 새로운 시스템은 국가 간의 엄청난 기술적, 규제적 차이를 메워야 한다. 2023년에는 이러한 프로젝트들 가운데 많은 것들이 성숙하기 시작할 것이다. 몇몇은 출시되어 향후 몇 년 동안 e-cny 및 기타 '중앙은행 디지털 통화'로 거래하는 데 필요한 초기 토대를 마련할 것이다.

온수 욕조 경제학

————

세계적인 충격으로 인해 몇몇 색다른 것들의 가격 변동이 심해졌다

아르준 라마니(Arjun Ramani) 〈이코노미스트〉 글로벌 비즈니스 및 금융 통신원

자산 가격의 움직임이 롤러코스터를 타는 것과 같다고 한다면 2022년에는 그 트랙이 둘로 갈라진다. 팬데믹이 시작되자마자 폭락했다가 빠르게 반등하던 주가가 2022년 상반기에 다시 폭락했다. 스포츠 관람 티켓, 대중교통과 같은 직접 서비스 가격은 팬데믹 동안 상당 부분 침체했으나 2021년과 2022년에 꾸준히 회복했다.

2023년에는 훨씬 더 많은 가격 변동이 있을 것이고, 그중 많은 것들이 낯선 곳에서 나타날 것이다. 그 규모는 경제 침체의 깊이와 우크라이나 전쟁의 지속 기간이라는 두 가지 큰 요인에 의해 좌우될 것이다. 아마도 가장 주목할 만한 움직임은 중고차일 것이다. 팬데믹 동안 공급망 대혼란은 칩과 같은 신차를 위한 중요 부품들의 부족으로 이어졌다. 이로 인해 중고 제품에 대한 수요가 증가했으며 미국 내 가격은 2021년에 60% 이상 급등했다. 온수 욕조는 훨씬 더 이상한 예다. 집에 틀어박힌 생활에다 정부의 부양책으로 인한 여윳돈이 넘쳐나면서 많은 가정은 그들의 집을 좀 더 안락하게 만드는 데 돈을 썼다. 하지만 지금은 수요가 급감하고 있다.

높은 에너지 가격은 온수 욕조에 대한 수요가 추락한다는 것을 의미한다.

석유 · 가스 주요 수출국인 러시아에 대한 제재는 에너지 가격을 상승시켜 온수 욕조의 사용 비용을 증가시켰다.

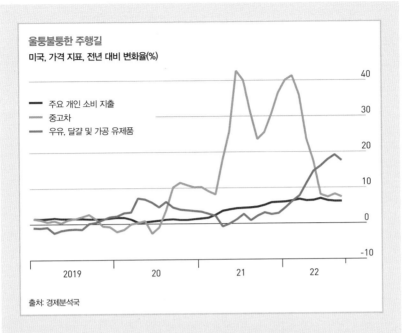

울퉁불퉁한 주행길
미국, 가격 지표, 전년 대비 변화율(%)

- 주요 개인 소비 지출
- 중고차
- 우유, 달걀 및 가공 유제품

출처: 경제분석국

한편 인플레이션은 중앙은행들이 금리를 인상하게 하고 있어서 대출이 더욱 어려워지고 있다. 시장에서는 미국 연준이 2023년 6월까지 기준금리를 4.25%에서 4.5%로 올릴 것으로 예상한다. 이것은 종종 빌린 돈으로 구입하는 자동차와 다른 내구재에는 좋지 않은 소식이다. 그나마 희망적인 부분은 저축해둔 돈이 있다면 그런 상품들이 곧 조금 싸질지도 모른다는 것이다.

하지만 당신이 오믈렛을 좋아한다면 긍정적인 하락을 찾기가 더 어렵다. 달걀 가격은 2021년에 이미 11% 올랐지만 2022년 9월까지 다시 28% 뛰었다. 우유도 2021년 초 이후 가격이 20% 급등하는 등 상황이 좋지 않았다. 두 가격 모두 전쟁의 영향을 받은 다른 것, 즉 가축 사료 비용에 크게 달려 있다. (우크라이나와 러시아는 큰 곡물 생산국이고 전 세계적으로 거래되는 열량의 12%를 두 나라가 수출한다.)

경기 침체의 깊이와 전쟁이 지속하는 기간은 예측하기 어렵다. 그러나 닭 날개부터 목재까지 여러 품목에 영향을 미친 지난 몇 년 동안의 예상치 못한 가격 변동은 계속될 것으로 보인다. 다음에 롤러코스터를 탈 색다른 품목은 무엇일까?

아프리카는 세계에서 두 번째로 크고 두 번째로 인구가 많은 대륙이지만 금융 서비스 분야에서 나머지 국가들보다 10년 이상 뒤처져 있다. 무려 아프리카인 57%는 은행 계좌를 가지고 있지 않으며, 그들 중 상당수는 경제 규모가 큰 국가들의 사람들이다. 아프리카 대륙에서 가장 인구가 많은 나라인 나이지리아의 경우 그 수치가 60%이고, 모로코는 71%다. 케냐에서는 인기 있는 모바일 머니 서비스인 엠페사(m-Pesa)의 성공 덕분에 18%다. 현금은 모든 거래의 90%에 사용되고 있어 아프리카에서는 여전히 왕이다.

아프리카 은행들은 금융 접근과 현금 사용 문제를 해결하려 노력해왔지만 소매 은행에서는 성공적이지 못했다. 이는 일차적으로 일반인들이 쉽게 이용할 수 없는 비효율적인 은행 업무 프로세스 때문이다. 일부 국가에서는 은행의 규제 요건들이 수입이 적은 아프리카 소비자들에게 제공하는 서비스를 비싸지게 한다. 아프리카의 1인당 GDP는 그 어떤 대륙보다도 낮다. 이런 측면에서 더 저렴한 비용으로 대중 소비자층에 서비스할 수 있는 혁신적인 접근법을 가진 핀테크 기업들이 나섰다.

아프리카에서는 핀테크가 아직 초창기이지만 조짐은 좋다. 중산층이 확대되고 소비자들의 욕구가 커지고 있다. 그들은 편리하게 지불할 수 있고 임대료나 주택 구매, 자동차까지 모든 것에 대한 대출에 접근할 수 있는 대안적인 방법들, 그리고 부를 증가시킬 방법들을 원한다. 모든 경제의 생명줄인 중소기업(SME)들은 비즈니스를 디지털화하고 싶어 하

아프리카의 핀테크는 고객이 어디에 있더라도 만날 수 있는 하이브리드형 온라인-오프라인 모델에 달려 있다고 파가(Paga)의 설립자이자 CEO인 **타요 오비오수(Tayo Oviosu)**는 말한다.

킹 현금에 도전하기

현금은 모든 거래의 90%에 사용되고 있어 아프리카에서는 여전히 왕이다.

며 기존 은행을 넘어서는 성장에 필요한 금융을 찾고 있다.

아프리카의 핀테크는 시장 역학이 다르므로 서양과는 그 맥락이 다르다. 오늘날 아프리카에서는 스마트폰 보급률이 여전히 낮으며(나이지리아에서는 37%에 불과하다), 데이터 비용이 많이 들며(1GB 모바일 데이터 비용이 이탈리아에서는 0.12달러인데 비해 나이지리아에서는 1.82달러에 달한다), 여전히 인터넷을 사용하지 못하는 사람이 상당히 많다. 국제전기통신연합의 자료에 따르면 사하라 이남 아프리카의 약 75%가 여전히 인터넷에 접근하지 못하거나 사용하지 못하고 있다. 성공을 위해서는 기업들은 고객이 어디에 있더라도 만날 수 있도록 하이브리드형 온라인-오프라인 사업 모델을 구현해야 한다.

아프리카의 초기 핀테크 기업들은 필수적인 금융 서비스에 초점을 맞췄고, 인프라라고 할 만한 것이 전혀 존재하지 않았기 때문에 자체 인프라를 구축해야 했다. 여기에는 모바일 데이터가 있든 없든 작동하는 디지털 월렛, 원활한 송금 및 청구서 지불을 가능하게 하는 은행 및 기업과의 연결, 동네 상점에서 사람들이 금융 서비스에 접근할 수 있도록 지역 상점 주인들에 의존하는 물리적 소매 유통 네트워크가 포함된다.

파우리(Fawry), 인터스위치(Interswithch), 엠페사, 엠티엔(mtn), 오렌지(Orange), 파가(Paga), 웨이브(Wave)와 같은 회사들이 선구자 역할을 했다. 이러한 회사들은 그들이 활동 무대가 된 경제들을 성공적으로 변화시켰다. 그들은 금융 통합, 경제 성장, 일자리 창출에 있어서 자신들이 기여할 수 있음을 입증했다. 그들은 또한 자신들과 새로 진입하는 기업들이 진일보한 차세대 서비스 제품을 제공할 때 밑바탕이 되는 금융 서비스 토대를 구축했다.

일부 추정에 따르면 아프리카의 핀테크 기업 수는 2,500개가 넘고, 온라인 결제, 직접 매장 결제, 소매 대출, 자산 관리, 보험, 오픈 뱅킹 및 암호화폐 서비스를 제공한다. 컨설팅 기업인 맥킨지(McKinsey)는 2020년 핀테크 기업들의 총수입이 40억~60억 달러라고 추정한다. 업계 단체인 GSM 협회는 아프리카에 6억 2,100만 개의 모바일 머니 계좌가 있다고 추정한다. 모바일 경제는 대륙 전체에서 직접적으로는 30만 개, 간접적으로는 110만 개 이상의 일자리를 창출했다.

2023년에는 핀테크 기업들 사이의 중요한 파트너십이 있을 것이고, 이는 소비자와 중소기업들에 대한 서비스 제공을 가속할 것이다. 스타트업들은 이미 만들어진 인프라를 기반으로 하는 더 작고 틈새화된 기회에 초점을 맞출 것이다. 예를 들어 소규모 기업 결제 시스템인 스퀘어(Square)를 따라 하려고 하는 도로키(Doroki)나 요코(Yoco)와 같은 회사는 핵심 결제 인프라를 구축하는 데 쓸데없이 시간을 낭비할 필요가 없고, 대신 다른 기업이 설치한 디지털 인프라를 사용할 수 있다. 이런 식으로 자원이 서비스 대상인 중소기업들의 필요에 집중될 수 있다.

다양한 소비자 기회를 제공하는 기업들도 마찬가지다. 우리가 아시아와 라틴아메리카에서 봤듯이, 아프리카에서는 지난 몇 년 동안 구축된 핀테크 인프라를 기반으로 하는 스타트업이 폭발적으로 증가할 것이다. 이것은 더 많은 일자리를 창출하고 경제 성장을 가속하는 데 도움이 될 것이다. 핀테크의 변혁적 영향 위에 세워진 흥미진진한 미래가 아프리카를 기다리고 있다.

THE WORLD AHEAD 2023

살찌는 코끼리, 야위어가는 용

인도는 중국을 제치고 세계에서 인구가 가장 많은 나라가 될 것이다

브루크 엉거(Brooke Unger) 〈이코노미스트〉 디지털 부문 선임편집자

중국은 수백 년 동안 세계에서 인구가 가장 많은 나라였다. 1750년 중국 인구는 약 2억 2,500만 명으로 전 세계 인구의 4분의 1이 넘었다. 당시 정치적으로 통일 국가가 아니었던 인도의 인구는 약 2억 명으로 인구 순위에서 2위였다. 2023년에는 인도가 왕관을 차지할 것이다. 유엔은 2023년 4월 14일이 지나면 인도의 인구가 중국을 넘어설 것이라 내다본다. 바로 그다음 날 인도의 인구는 14억 2,577만 5,850명이 될 것으로 예상된다.

왕관 자체는 큰 의미가 없지만 중요한 문제들의 신호가 될 수 있다. 인도는 유엔 안전보장이사회 상임이사국이 아닌 반면 중국은 상임이사국이라는 사실이 매우 변칙적으로 보일 것이다. 경제 규모는 중국

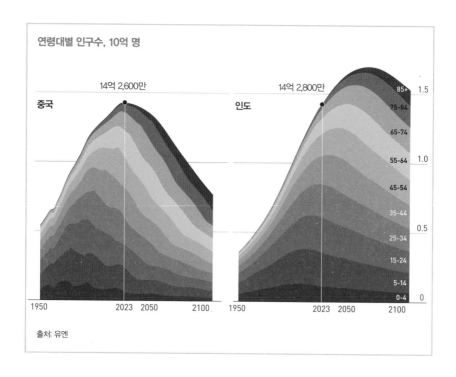

연령대별 인구수, 10억 명

중국 14억 2,600만

인도 14억 2,800만

85+ 1.5
75-84
65-74
55-64 1.0
45-54
35-44
25-34 0.5
15-24
5-14
0-4 0

1950　2023　2050　2100　1950　2023　2050　2100

출처: 유엔

이 6배 가까이 더 크지만 인도는 늘어나는 인구 덕분에 중국을 따라
잡을 수 있을 것이다. 인도는 지금부터 2050년까지 전 세계 노동 연령
층(15~64세) 증가분의 6분의 1 이상을 제공할 것으로 예상된다.

이와 대조적으로 중국 인구는 가파르게 감소할 태세를 취하고 있
다. 중국의 노동 연령 인구수는 10년 전에 정점을 찍었다. 2050년 즈
음 중국의 중위 연령은 지금보다 12세 많은 51세가 될 것이다. 나이
든 중국은 정치적, 경제적 영향력을 유지하기 위해 더 열심히 일해야
할 것이다.

중국과 인도는 20세기에 인구 증가를 제한하기 위해 가혹한 조치
를 취했다. 1959~1961년 경제 성장을 목표로 추진한 '대약진 운동'
이 불러온 기근으로 큰 대가를 치른 중국 공산당은 인구 증가 억제의

필요성을 절감했다. 10년 뒤 중국은 '더 늦게, 더 길게, 더 적게' 캠페인을 펼치기 시작했다. 결혼은 더 늦게 하고, 자녀의 터울은 더 길게 갖

고, 아이는 더 적게 낳으라는 의미였다. 영국의 인구통계학자 팀 다이슨(Tim Dyson)은 1980년에 도입돼 더 많이 알려진 '한 자녀 정책'보다 이 캠페인이 더 큰 영향을 미쳤다고 설명한다. 여성 한 명이 낳는 아이 수가 1960년대 후반 6명 이상에서 1970년대 후반 3명 미만으로 떨어진 출산율 감소 속도는 어느 인구 대국보다 빨랐다고 말한다.

인구 감소에는 이점도 있었다. 중국의 경제 기적은 부분적으로는 1970년대부터 2000년대 초반까지 어린이와 노인 대비 생산 가능한 성인 비율이 늘어난 결과였다. 먹여 살릴 입이 줄어들자 부모들은 각각의 아이에게 그렇지 않을 때보다 더 많이 투자할 수 있었다. 하지만 부모 수가 아이 수보다 더 많은 것은 아이들이 어렸을 때는 득이 되지만 부모가 나이 들수록 독이 된다. 중국은 경제 호황 세대가 은퇴하면서 이제 대가를 치러야 할 것이고 그 뒤를 따르는 인구가 더 적은 세대에 의존하게 될 것이다.

인도의 출산율 감소 시도는 덜 성공적이었다. 인도는 1950년대에 국가적으로 가족계획을 도입한 최초의 나라였다. 서방 기부자들이 장려한 대규모 불임시술 캠페인은 인디라 간디(Indira Gandhi) 총리가 계엄령을 선포한 1975~1977년 사이 매우 강력하게 시행됐다. 인디라 간디의 아들인 산제이 간디의 지시에 따라 정부는 월급이 깎이거나 실직의 고통에 신음하는 남성들을 불임 캠프로 강제로 끌고 갔다. 경찰은 기차역에서 가난한 남성들을 잡아다가 불임 수술을 받게 하기도 했다. 약 2,000명의 남성이 잘못된 수술로 목숨을 잃었다.

인디라 간디가 선거에서 패배한 뒤 강제 불임 수술은 종료됐다. 불임 캠페인은 잔혹했지만 인도의 출산율을 극적으로 떨어뜨릴 만큼 완전하지 못했다. 인도의 출산율은 떨어지기는 했지만 중국보다 낙폭이 좁고 속도도 더뎠다. 중위 연령이 28세로 노동 연령 인구가 증가하고 있는 인도는 이제 인구 배당(demographic dividend) 효과를 볼 수 있게 됐다. 최근 영국을 제치고 세계 5위 경제 대국으로 올라섰으며, 인도국영은행(SBI)의 예상에 따르면 2029년에는 3위에 오를 것이다. 다만 인도의 번영은 젊은 층의 생산성에 달려 있는데 중국만큼 높지가 않다. 중국은 성인 3분의 2 이상이 일하고 있는 데 비해 인도는 그 비율이 절반도 되지 않는다. 25세 이상의 중국인은 같은 나이의 인도인보다 평균 1.5년 더 길게 학교 교육을 받는다.

그렇더라도 중국이 스스로 판 인구 통계학적 수렁에 빠져 고통받는 것을 피할 수는 없을 것이다. 중국 정부는 2016년 한 자녀 정책을 종료했고 2021년에는 가족 규모에 대한 제한을 모두 없앴다. 하지만 출산율은 계속 떨어지고 있다. 중국의 '제로 코로나' 정책 탓에 젊은이들은 아이 낳는 것을 더욱 주저하게 됐다. 중국 정부가 세계에서 가장 낮은 54세의 정년을 연장하려는 계획은 저항에 부딪히고 있다. 주요 연기금은 2035년 무렵 바닥날 것이다. 그 와중에 중국에 가장 고통스러운 일은 인도가 지척에서 초강대국으로 떠오르는 일일 것이다.

갈 곳 잃은 사람들

—

기후 변화의 영향을 피해
어쩔 수 없이 이주하는 사람들이 늘어날 것이다

레이첼 돕스(Rachel Dobbs) 싱가포르, 〈이코노미스트〉 아시아 뉴스 부문 편집자

매일 아침 버스 수십 대가 방글라데시의 가라앉는 수도 다카로 몰려든다. 버스에서 내린 승객들은 짐 가방을 짊어지고 새로운 삶을 찾아 걸음을 옮긴다. 매일 이 도시에 약 2,000명의 이주민이 도착하는 것으로 추산된다. 대다수는 방글라데시의 다른 지역에서 왔으며 그들 대부분 (적어도 일부는) 기후 변화의 영향으로 떠밀려온 사람들이다. 갑작스러운 재앙이나 환경 변화로 생계를 유지할 수 없게 됐기 때문이다.

2023년과 그 이후에 이런 광경을 더 흔히 볼 수 있을 것이다. 사하라 이남 아프리카, 동아시아, 남아시아, 태평양 지역이 기후 변화의 영향을 가장 크게 받는다. 가장 눈에 띄는 이주민은 지구 기온 상승으로 극심해진 기상 이변 탓에 터전에서 쫓겨난 사람들일 것이다. 일례로 2022년 8월과 9월 파키스탄에서 이례적인 홍수가 발생해 난민이 3,300만 명이나 발생했다. 라니냐 현상은 전 세계 강우 패턴에 영향을 미치는데 이 홍수에도 가장 크게 영향을 준 것으로 추측된다. 가난한 나라에 재난이 거듭되면 자원이 점점 줄어서 이어지는 각 재난으로부터 더 큰 상처를 입는다.

기후 변화도 속도는 더디지만 같은 결과를 불러온다. 농작물 수확량이 점점 줄어들고 해수면이 상승해 바닷물이 마을로 흘러든다. 지

홍수를 피해 떠나는 사람들

구 온난화는 빈곤이나 분쟁 같은 다른 이주 요인을 악화시키는 '위협 증폭기(threat multiplier)'와 같다. 세계은행은 2050년 무렵 사하라 이남 아프리카, 남아시아, 라틴아메리카 지역에서 무려 1억 4,300만 명(인구의 약 2.8%)이 서서히 일어나는 기후 변화로 자국 내에서 난민이 될 것이라 예측한다.

북반구의 선진국에서 호사가들이 퍼뜨린 헛소문과 달리 기후 난민 대다수(4명 중 3명)는 자국 국경 안에 머무르고 있다. 기후 난민이 발생한 나라들은 '손실 및 피해' 기금, 즉 탄소 배출에 책임이 큰 부유한 나라들이 지불하는 배상금에 이주도 보상 요인이 돼야 한다고 점점 더 강하게 요구할 것이다(이전에는 이주 관련 요구가 대개 기후 변화 적응 대책으로 간주됐다). 손실 및 피해 기금 문제는 2023년 기후 협상에서 주요 논제가 될 것이며, 이 문제에 대한 3년간의 국제 '대화'는 그다음 해에 마무리될 예정이다.

한편 기후 난민이 많은 나라들은 보다 즉각적인 대응책을 찾으려

할 것이다. 방글라데시는 다카에 몰려 **기후 난민 대다수(4명 중 3명)는 자국 국경 안에 머무르고 있다.**
든 난민을 다 지원할 수 없다는 사실
을 깨닫고 일자리, 학교 용지, 기후에 탄력적인 기반 시설을 약속하
며 난민들을 다른 곳으로 유인하려 노력해왔다. 가장 주목할 만한 사
례는 항구 도시 몽글라다. 막대한 투자가 이뤄진 몽글라는 지난 10년
동안 인구가 세 배로 늘었다. 가나와 에티오피아에서도 비슷한 프로
그램이 진행되고 있다.

국가들은 오랫동안 관료적 사각지대에 존재해온 국경 간 기후 이
주라는 더 드물지만 계속 증가하는 현상을 해결하려 노력할 것이다.
공식적인 '기후 난민'은 아직 존재하지 않는다. 일반적으로 전쟁이나
박해와 달리 기후 변화만을 이유로 망명을 신청할 수는 없다.

하지만 호주 뉴사우스웨일스대학에서 국제난민법연구센터(Kal-
dor Centre for International Refugee Law)를 이끄는 제인 맥아담(Jane
McAdam)은 기후 난민에 대한 인식이 확대되고 있다고 설명한다. 유
엔난민기구는 2020년에 난민에 대한 지침을 업데이트하면서 환경
위험에 직면한 사람들을 보호하기 위한 광범위한 사례를 만들었다.
이 문제는 2023년 12월 글로벌 난민 포럼에서 다시 떠오를 것이다.
하지만 공식적인 변화가 일어나기는 쉽지 않다. 기후 변화에 덜 취약
한 나라들은 공식적으로 난민을 더 많이 받아들여야 하는 의무를 떠
안고 싶어 하지 않는다.

단편적인 진전은 있을 것이다. 2022년 아르헨티나는 자연재해로
난민이 된 이들을 위한 특별 비자를 만들었고, 핀란드는 기후 변화로
발생한 난민을 수용하는 계획을 고려하고 있다. 호주는 기후 변화에
가장 취약한 축에 드는 태평양 도서 국가 주민들이 계절적 일자리를

찾아 호주에 쉽게 올 수 있도록 돕는 제도를 도입하고 있다. 여러 나라에서 비슷한 조치들이 논의되고 있다. 어찌 됐든 세계가 할 수 있는 최선의 노력은 탄소 배출을 줄여 지구 온난화를 해결하는 것이다.

더 뜨거워진 공기

다가오는 해에 세계 기후와 기후 외교에서 무엇을 기대해야 할까

캐서린 브라익(Catherine Brahic) 〈이코노미스트〉 환경 부문 편집자

최근 몇 달 그리고 몇 년은 모든 대륙에서 일어난 일련의 기상 이변으로 얼룩진 시기였고, 이로 인해 사람들은 대기 중에 온실가스가 축적된 결과를 체감했다. 2023년에는 그런 기상 이변이 더 많이 일어날 것이다. 현재 지구 평균 기온은 산업화 이전 수준보다 섭씨 1.1~1.3도 더 높으며, 빈번한 홍수와 가뭄, 산불, 폭염은 기후 변화 때문에 더 악화하거나 더 자주 일어날 것이다(또는 더 악화하고 더 자주 일어날 것이다).

기후 변화가 평균 기온을 꾸준히 끌어올리고 있기는 하지만 기후 가변성이라는 자연적 요인도 이 추세에 영향을 미치고 있다. 가장 강력한 요인 중 하나는 엘니뇨 남방진동(ENSO)이다. 열대지방 주변 기후가 엘니뇨와 라니냐로 알려진 두 상태 사이를 오가는 것을 말한다. 대략적으로 설명하면 엘니뇨는 태평양 중부와 동부에 더 많은 비를 내리게 하고 호주에 가뭄을 일으키는 반면, 라니냐는 동아프리카의

가뭄과 관련 있으며 서아프리카와 남아시아에 더 많은 비를 내리게 한다.

2020년 9월 시작된 라니냐 현상은 현재까지 이어지고 있으며 이렇게 3년 연속 발생하는 것은 이례적인 일이다. 금세기 들어 처음으로 이런 '트리플 딥'이 발생했다(그래픽 디테일 참조). 계절 예측에 따르면 2022년 말까지 동아프리카에 비가 오지 않을 가능성이 매우 커서 2023년 이 지역에서 가뭄과 식량 부족이 더욱 심각해질 것이다.

엘니뇨 남방진동 주기가 기후 변화의 영향을 받고 있는지, 어떻게 영향을 받는지는 연구가 활발하게 이뤄지고 있다. 분명한 사실은 두 현상이 전반적인 온난화 추세 위에 겹쳐져 있고 라니냐 현상이 일어난 해는 예년보다 조금 더 추운 편이라는 점이다. 만일 현재의 주기가 2023년에도 불명확한 기간 동안 이어지면 지구 평균 기온은 조금 더 상승할 것이다. 그 뒤 엘니뇨가 나타나면 지구의 온도 조절기가 온도를 더 높여 지구 평균 기온은 파리 기후 협정에서 정한 상한선인

섭씨 1.5도 상승에 더 근접하게 될 것이다. 그러면 최근 몇 년 동안 겪은 재앙보다 훨씬 더 파괴적인 기상 이변이 뒤따를 수 있다.

이렇게 파괴적이고 대가가 큰 기상 이변을 억제하고 전 세계 탄소 배출을 줄여 기후를 안정시키는 것이 국제 기후 협상의 목표다. 가장 최근의 기후 회의는 2022년 11월 이집트의 휴양지 샤름 엘 셰이크에서 열렸다. 우크라이나 전쟁과 그로 인한 에너지 및 식량 위기로 그늘이 드리워진 연말에 열린 제27차 유엔기후변화협약 당사국총회(COP27)는 최악의 기후 외교가 됐다. 종종 다른 지정학적 문제들과 어느 정도 분리해 다뤄졌던 기후 정치는 더 이상 동떨어진 문제가 아니다. 장기적 탄소 배출 감축보다 단기적인 에너지 안보를 우선시하는 현상이 이를테면 석탄 사용을 늘리는 상황으로 이어졌다.

로비 단체인 유럽기후재단(European Climate Foundation)의 로렌스 투비아나(Laurence Tubiana) 대표는 "전쟁이 기존의 긴장 상태를 폭발시켰다"고 말한다. 전쟁이 미국과 중국 사이의 정치적, 군사적 실랑이 사이에서 살아남았던 이전의 합의들을 '해체'하면서 전례 없는 '정치적 혼란'을 일으켰다는 것이다.

다음 총회는 2023년 11월 아랍에미리트에서 열릴 예정이다. 이 장소는 논란의 여지가 있다. 아랍에미리트의 기후특사인 술탄 빈 아흐메드 알 자베르(Sultan bin Ahmed Al Jaber)는 아랍에미리트 국영 석유 기업인 아부다비석유공사의 사장을 맡고 있는 정부 장관이다. 그는 석유와 천연가스가 탄소 중립(net-zero) 경제에서 계속 제 역할을 할 것이며, 석유와 가스 회사들이 세계의 청정 에너지 전환에서 '적극적인 파트너'가 돼야 한다는 믿음을 공적, 사적으로 밝혀왔다. 그의 믿음이 옳은지 그른지에 대해 치열한 논쟁이 예상된다.

한편 글로벌 탄소 중립이 이뤄지더라도 일부 화석 연료는 21세기 중반에도 여전히 사용되고 있을 가능성이 크다. 자동차와 기차를 전동화하는 것은 비교적 간단한 일인 반면 비행기와 선박의 탈탄소화는 훨씬 더 복잡한 문제일 것이다. 화석 연료를 일부 사용하고 거기에서 배출되는 탄소를 다른 곳에서의 탄소 포집으로 상쇄하는 것이 그나마 나은 선택일 수 있다.

다른 한편으로 파리 기후 협정에 명시된 대로 지구 평균 기온 상승을 섭씨 1.5~2도로 제한하려면 화석 연료 사용을 극적으로 줄여야 하므로 석유와 천연가스는 세계 에너지 부문에서 미미한 역할만 할 수도 있다. 국제에너지기구는 탄소중립 목표를 이루기 위해 새롭게 화석 연료 개발을 추진하지는 않아야 한다고 촉구했다. 아랍에미리트의 기후 정상 회담은 에너지 전환에서 석유 회사들의 역할과, 그들이 정말 문제의 일부가 아닌 해법의 일부가 될 수 있는지에 관한 열띤 토론의 장이 될 것이다.

동지와 적

—

미국은 세계 질서 위에서 리더십을 유지하기 위해 동맹국들의 도움이 절실할 것이다

안톤 라과디아(Anton Laguardia) 워싱턴 DC, 〈이코노미스트〉 외교 부문 편집자

미국 곁에는 동맹이 있지만 중국과 러시아 곁에는 고객만 있다는 말이 있다. 대부분 나라들은 두 진영 사이를 불편하게 맴돌

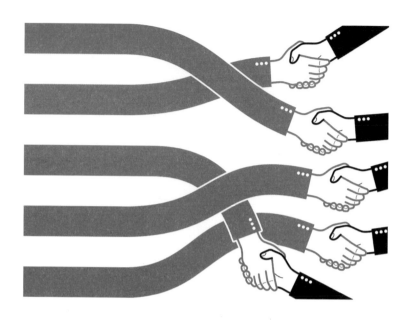

고 있다. 강력한 경쟁자들과의 경쟁이 치열해지는 상황에서 동맹과 동반자 관계라는 무적의 네트워크는 바이든 대통령에게 '가장 중요한 전략적 자산'이다. 대다수의 동맹국을 무임승차자 취급한 트럼프 전 대통령과의 가장 큰 차이점이다.

유럽의 동맹국들은 미국과 손잡고 우크라이나를 지원해 러시아의 침략을 막으려 애썼다. 핀란드와 스웨덴은 나토 가입을 서두르고 있다. 아시아에서 중국을 견제하려는 미국의 노력은 공식 동맹과 신생 파트너십에 크게 의존하고 있다. 2023년 미국은 동방과 서방 동맹국들 사이의 '연결 조직'을 강화하고 싶어 한다. 바이든 대통령은 동맹 관계를 민주주의 국가와 독재주의 국가 간 세계 경쟁의 일부로 여긴다. 다른 관점에서 보면 '주변 국가(rimland)'를 통제함으로써 유라시아의 중심(heartland)인 러시아를 억제한다는 오래된 지정학적 관념의 부활이며, 일본에서 영국까지 동맹국 들이 경계선처럼 이어져 있다.

미국의 일부 주요 인사들은 G7을 G12로 키우고 싶어 한다.

하지만 조각들을 하나로 연결하기란 쉽지 않다. 나토는 상호 방어에 기반을 두고 있어서 한 나라에 대한 공격을 모든 나라에 대한 공격으로 여긴다. 반면 미국이 아시아 국가들과 맺은 동맹은 미국 중심의 양자 방위 동맹 조약인 '바퀴와 바큇살(hub-and-spokes)' 체제로 공동 전략과 훈련이 거의 없었다. 미국은 인도 태평양에서의 동맹 관계를 특별 파트너십으로 덧입히려 노력했다. 한국, 일본과 함께 3국 미사일 방어 훈련을 실시하고 일본, 호주와 함께 해상 훈련을 실시하며 일본, 호주, 인도와 함께 다면적 협의체인 쿼드를 만들어 백신에서 해상 해적 행위에 이르는 모든 문제에 함께 대응하는 식이다.

몇 개의 새로운 힘줄이 유럽과 아시아 동맹국들을 연결하고 있다. 오커스(미국, 영국, 호주의 안보 협력체) 동맹 아래 미국과 영국은 호주에 핵추진(핵무장은 하지 않음) 잠수함을 제공하고 사이버 보안과 극초음속 미사일 같은 다른 분야에서도 협력할 예정이다. 오커스가 호주와 프랑스의 기존 잠수함 계약을 파기시킨 탓에 한때 껄끄러웠던 미국과 프랑스의 관계는 회복되고 있다. 인도 태평양 지역의 동맹국들은 러시아에 대한 서방의 제재에 동참했고 2022년 6월 마드리드에서 열린 나토 정상 회의에도 참석했다. 유럽 국가들은 태평양으로 군함을 파견해 작전을 수행하도록 했다.

미국의 일부 주요 인사들은 나토, 유럽연합 같은 기관들을 비롯해 한국, 호주, 뉴질랜드 같은 국가들을 추가해 산업화한 민주주의 집단인 G7을 G12로 키우고 싶어 한다. 우크라이나를 돕고 서방의 무기를 재비축하고 연합군을 강화하기 위한 무기 수요를 감안할 때 합동 군사 조달에 더 긴밀히 협력해야 한다는 이야기도 나오고 있다.

식량 안보와 청정 에너지 기술 개발을 위해 새롭게 떠오르는 조직에는 이스라엘, 인도, 아랍에미리트, 미국을 연결하는 'I2U2'도 있다. 결과적으로 보면 이 조직은 이스라엘과 몇몇 아랍 국가들이 맺은 아브라함 협약(Abraham accords)의 파생물이다. 이란에 대한 두려움으로 촉발됐고 미국이 후원하고 있다.

하지만 취약한 부분들도 있다. 하나는 침략 위험이 가장 높으면서도 미국의 공식적인 동맹 네트워크와 가장 멀리 떨어져 있는 대만이다. 또 다른 구멍은 인도다. 인도는 미국과 더 가까워지기는 했지만 비동맹주의라는 오랜 전통과, 러시아와의 강력한 군사적 유대를 여전히 고수하고 있다. 미국의 오랜 구애가 계속 이어질 것으로 예상된다. 한 가지 희망은 우크라이나에서 러시아 무기의 저급한 성능을 목격한 인도가 서방에서 무기를 공급받는 것으로 전환하는 속도가 빨라지리라는 점이다. 가장 심각한 취약점은 미국이 동맹들을 더 긴밀히 묶고 민감한 공급망을 중국에서 더 우호적인 국가로 바꾸는 '프렌드쇼어링(friendshoring)'을 장려하기 위한 전반적인 무역 전략이 부족하다는 점이다.

아시아 국가들은 미국이 무역 협정인 포괄적·점진적 환태평양경제동반자협정(CPTPP)으로 돌아올 수 있는 문을 열어두고 있다. 하지만 큰 기대는 하지 않아야 한다. 트럼프가 벌인 무역 전쟁의 유산과 바이든 대통령 자신의 보호무역주의가 여전히 강력하게 작용하고 있다.

중국과 러시아는 그들만의 클럽을 만들고 있다. 유라시아 국가들 단체인 '상하이협력기구' 회원국이 늘어나고 있다. 신흥 경제 대국 단체인 브릭스(BRICS)도 같은 상황이다. 걸프 지역 아랍 산유국들은 에너지 부족 시기에 원유 가격을 높게 유지하기 위한 연합체 오펙 플러스(OPEC+)를 결성해 러시아와 협력하면서 미국의 심기를 건드렸다.

바이든 대통령은 부분적으로는 남반구의 저개발국들과 관계를 재건하기 위해 세계를 민주주의 국가와 독재주의 국가로 가르는 태도를 누그러뜨렸다. 2022년 10월에는 유엔에서 투표로 판결해야 할 일이 많았다. 뉴욕에서 열린 유엔 총회에서는 러시아의 우크라이나 영토 병합을 규탄하는 투표가 실시됐고 143 대 5라는 결과가 나왔다. 하지만 그 며칠 전 제네바에 모인 유엔 인권이사회 이사국들은 신장 위구르족에게 중국이 저지른 인권 유린에 관한 유엔 보고서를 주제로 토론하는 것을 투표로 저지했다.

미국은 두 진영이 경쟁하는 세상을 추구하지 않는다고 말한다. 하지만 많은 나라들은 강대국 간의 경쟁이 새로운 냉전으로 이어질까 봐 두려워하고 있다.

 WHAT IF?

2023년 미국 연방대법원은 온라인상 표현의 자유에 관한 두 건의 주요한 사건을 심리할 것이다. **연방대법원이 소셜 미디어에서의 발언 관련 규칙을 바꾼다면 어떻게 될까?** '통신품위법'은 트위터와 유튜브 같은 플랫폼에 사용자가 게시한 콘텐츠에 대한 책임을 면제해주고 있다. 트위터 대 탐네, 곤잘레스 대 구글, 이 두 사례가 상황을 바꿀 수 있다. 만일 법원이 고소인들 편을 든다면 소셜 미디어와 많은 인터넷 사이트의 운영 규칙이 바뀔 것이다.

리얼리티 체크

2022년에 대한 우리 예측은 얼마나 그럴듯했나

2020년 (묵시록의 네 기사 가운데) 질병을 알리는 기사의 도착을 예측하지 못했던 우리는 2022년 전쟁을 알리는 기사의 접근도 포착하지 못했다. 독재주의와 민주주의의 갈등이 깊어질 것이라고는 예상했지만 그 갈등이 2월 러시아가 우크라이나를 침공하면서 발발한 유럽에서의 무력 전쟁으로 나타날 것이라고는 예상하지 못했다.

전쟁이 불러온 많은 결과 중 하나는 연료와 식량 가격을 끌어올려 인플레이션을 부추긴 것이다. 그 결과는 2021년 말 인플레이션의 급상승이 결국 일시적인 것으로 드러날 것이라던 널리 퍼진 견해를 좌절시켰다. 돌이켜보면 우리가 더 회의적으로 생각할 수 있었던 문제였다. 전쟁 탓에 이제 인플레이션은 훨씬 더 오랫동안 높게 지속될 것이다.

이 두 가지 빗나간 예측이 우리의 큰 실책이었다. 다른 측면에서는 많은 예측이 거의 들어맞았다. 예상대로 중국의 제로 코로나 정책이 성장을 가로막았지만 시진핑은 진로 바꾸기를 거부했다. 우리는 전염성이 더 강해진 코로나 바이러스 변종의 위험성과 그것이 특히 중국에 미칠 위험, 그들의 엄격한 봉쇄가 글로벌 공급망과 소비자 가격, 인플레이션에 미칠 수 있는 영향을 똑똑히 경고했다.

예상대로 중국의 제로 코로나 정책이 성장을 가로막았다.

프랑스에서 에마뉘엘 마크롱(Emmanuel Macron)이 승리하고, 브라질에서 자이르 보우소나루(Jair Bolsonaro)가 패배하며, 필리핀에서 '봉봉' 마르코스('Bongbong' Marcos)가 승리할 것이라 예측했다. 또 앙골라에서 앙골라인민해방운동(MPLA)이 계속 집권할 것이라고 정확히 짚었다. 그리고 미국 중간 선 거에서 민주당은 상원은 장악하지만 하원은 장악하지 못할 것이라 예측했다. 또한 조르자 멜로니가 '이탈리아 최초의 여성 총리가 될 수 있는 기회'를 가졌다고 언급하면서 지켜봐야 할 인물로 꼽았다. 실제로 그녀는 9월 선거 뒤 이를 실현시켰다.

영국이 스태그플레이션에 특히 취약하다는 우리의 의견은 제대로 들어맞았다. 보리스 존슨(Boris Johnson)이 야당인 노동당보다 자신의 하원 평의원들을 더 두려워해야 한다는 우리의 제안도 마찬가지였다. 예상대로 그들은 7월에 존슨을 쫓아냈다. 하지만 우리는 존슨이 떠난 뒤 그토록 심각한 정치적, 경제적 혼란이 발생하리라고는 예상하지 못했다. 6월 엘리자베스 2세 여왕의 즉위 70주년 기념 행사가 여왕의 치세 기간에 마지막으로 볼 수 있는 멋진 광경이 될 것이라는 암시도 슬프지만 옳았다.

마지막으로, 스페이스X와 스타링크의 위성 콘스텔레이션을 면밀히 주시할 가치가 있다고 정확하게 짚었다. 고립된 지역에서 고속 인터넷에 접속할 수 있게 하는 이 시스템이 우크라이나 전쟁 지원에 큰 역할을 하면서 언제든지 시스템을 끌 수 있는, 스페이스X의 변덕스러운 보스 일론 머스크(Elon Musk)에게 주어진 권력이 우려를 불러일으켰다.

더 먼 우주에서는 나사(NASA, 미국 항공우주국)가 예상대로 작은 소행성에 다트(DART) 우주선을 정확히 충돌시켜서 궤도를 바꾸는 데 성공했다. 안타깝게도 지구에서 일어나는 사건들은 천체 역학처럼 깔끔한 예측이 불가능하다.

먹을 것이 없다

—

굶주린 사람들에게 이제 식량은 가격이 문제가 아니라 확보가 관건일 것이다

애번티카 칠코티(Avantika CHilkoti) 〈이코노미스트〉 국제 부문 통신원

세계는 식량 위기 속에서 2023년에 접어들고 있다. 원조 식량 분배를 조율하는 유엔 세계식량계획(WFP)은 극심한 식량 불안정 상태에 처한 사람들 수가 2021년 말 2억 8,200만 명에서 2022년 3억 4,500만 명으로 늘어 사상 최고점을 찍었을 것이라 추정한다. 무려 5,000만 명이 굶주림 속에 2023년을 맞이할 것이다. 정부들이 여전히 코로나19 팬데믹으로 고전하며 경제 성장 둔화와 힘겹게 싸우고 있는 상황이므로 그들 다수는 앞으로도 몇 달간 굶주리게 될 것이다.

지금까지는 식량 확보 능력보다 급등하는 가격이 문제였다. 러시아와 우크라이나는 세계 5대 보리, 옥수수, 해바라기씨 수출국에 들었다. 하지만 전쟁이 터지자 이들로부터 주요 식량 공급이 갑자기 중단됐다. 가장 크게 타격을 입은 곳은 세계에서 가장 가난한 나라들이다. 예컨대 수단, 탄자니아, 우간다는 밀 수입의 40% 이상을 러시아와 우크라이나에 의존했다. 그런 영향은 어디서나 감지된다. 아르헨티나, 인도 등 여러 나라가 수출 제한으로 대응하면서 글로벌 식량 가격이 치솟았다. 세계 곳곳에서 긴급 구호 노력이 타격을 입었다. WFP가 나눠주던 밀의 절반을 주로 우크라이나에서 사들였기 때문이다.

전쟁 도중에 우크라이나는 수출을 재개했지만 곧바로 간헐적인 항구 봉쇄에 직면했다. 또 부진한 세계 경제 성장이 수요를 짓누르고 있다. 또 일부 지역에서는 인플레이션이 완화되기 시작했다. 국제 식

무려 5,000만 명이 굶주림 속에 2023년을 맞이할 것이다.

량 가격의 변동을 월별로 측정하는 유엔 식량농업기구(FAO)의 세계 식량 가격 지수는 2022년 3월 사상 최고점을 찍고 서서히 하락했다.

안토니우 구테흐스(Antonio Guterres) 유엔사무총장은 세계가 식량 가격 인플레이션으로 허덕이는 상황에서 식량이 절대적으로 부족한 상황으로 전환할 수 있다고 경고한다. 질소비료는 주요 원료인 러시아산 천연가스 수출이 줄어들면서 생산이 급감했다. 농부들은 비료를 적게 쓰고 작물을 바꾸고 생산을 줄이는 식으로 대처하고 있다.

2023년에 사람들이 굶주리는 이유는 다양할 것이다. 아프가니스탄, 에티오피아, 예멘 같은 분쟁 지역에서는 농사 짓기가 쉽지 않을 것이다. 기후 변화 탓에 파키스탄의 홍수, 아프리카 북동부 지역의 가뭄 같은 기상 이변이 더 빈번히 일어나고 있다. 미국, 영국을 비롯한 부유한 나라들과 브라질, 인도 같은 대규모 식량 생산국들에서는 돈만 있으면 식량을 살 수는 있을 것이다. 하지만 높은 인플레이션과 세계 경제 둔화가 혼합된 상황에서 많은 사람이 필요한 식량을 구입하기 위해 고군분투해야 한다.

식량 부족이 불러올 결과는 암울하다. 굶주림은 심장병과 당뇨병 같은 만성 질환의 위험을 높인다. 영양실조는 사람들이 그저 너무 적게 먹고 야위는 것만 의미하지 않는다. 특히 도시 지역에서는 영양가 있는 식사를 하지 못하는 가난한 사람들이 값싼 포장 식품을 사 먹고 비만 위험에 점점 더 노출되고 있다.

여성들의 피해가 더 클 수 있다. 남성에 비해 더 가난한데다 가족을 먹여 살리기 위해 음식을 포기할 가능성이 더 크기 때문이다.

FAO에 따르면 2021년 전 세계 여성의 31.9%가 약간 또는 심각한 '식량 불안'을 겪은 데 비해 남성의 비율은 27.6%였으며, 그 격차는 계속 벌어지고 있다. 비영리 단체 케어(Care)의 설문 조사 결과는 성 불평등과 식량 불안이 어떻게 충돌하는지 보여준다. 소말리아에서 남성들은 전보다 적은 양의 식사를 하고 있다고 답했지만 여성들은 아예 식사를 거르고 있다고 답했다. 이 보고서는 한 나이지리아 여성의 말을 인용한다. "우리는 다 먹는 양을 줄였어요. 집안의 가장인 남편만 빼고요."

굶주림은 아이들의 뇌 발달을 저해하고 면역력을 떨어뜨린다. 아동기에 영양 상태가 몇 달만 부실해도 건강하고 생산적인 삶을 살고자 바라는 마음이 위축될 수 있다. 상파울루에서 소외 계층 아동을 돌보는 어린이집을 운영하는 클라우디아 루소 원장의 증언에 따르면, 전날 유치원이 제공한 점심 식사 이후로 아무것도 먹지 않은 채 아침 식사를 하러 오는 영유아가 늘고 있다. 그 결과 그 아이들은 체구가 왜소해지고 몸이 자주 아프고 신체 발달이 더디다. 현재의 식량 위기가 그 아이들에게 미치는 영향은 공급망이 재건되고 식량 가격이 떨어진 뒤에도 오래도록 남아 있을 것이다.

칸 아카데미 설립자 **살 칸(Sal Khan)**은 교육 개혁이 학습 격차를 줄이는 데 도움이 될 것이라 말한다.

학습 결손에서 얻은 교훈

이제는 개인 맞춤과 완전 학습, 비용 사이의 긴장을 누그러뜨릴 수 있는 도구가 존재한다.

교육은 코로나19 팬데믹 이전에도 위기에 처해 있었다. 2018년 국제학업성취도평가(PISA) 데이터에 따르면 24개국 학생의 50%가 수학 성적이 부진했다. 여러 연구에 따르면 팬데믹이 닥친 이후 지난 2년 반 동안 학교에 가다 말다 한 것이 상황을 더욱 악화시켰다.

이것은 그저 시험 점수 하락에 대한 학구적인 보고서가 아니다. 수억 명의 젊은이들이 경제와 사회 전반에 참여하는 목적 있는 삶을 살아가지 못하고 있음을 보여주는 선행지표다. 게다가 교육 수준이 낮은 집단은 모든 사람에게 해를 끼치는 불안정과 선동에 더욱 취약하다.

현재가 아무리 불안하더라도 우리는 역사에서 상황을 개선할 방법에 대한 지침을 얻을 수 있다. 개인 맞춤 학습과 완전 학습이라는 과거의 모범 사례에 폭넓게 다가갈 수 있는 도구가 있는 셈이다.

기원전 4세기에는 제대로 교육받는 사람이 드물었지만 가령 마케도니아 왕의 아들이라면 대부분의 사람들보다 더 나은 교육을 받았을 것이다. 알렉산더 대왕(Alexandros the Great)은 아리스토텔레스(Aristoteles)를 개인 교사로 두고 있었다. 아리스토텔레스는 훌륭한 개인 교사라면 해줄 수 있는 일들을 했을 것이다. 토론과 연습에 집중하고 학생이 가장 필요로 하는 내용을 바탕으로 상호작용을 조정했을 것이다. 어린 알렉산더가 피타고라스 정리를 이해하는 데 여전히 어려움을 겪고 있다면? 문제없다. 거기에 시간을 조금 더 들이면 그만이다. 알렉산더가 군사 전술의 요령을 이미 터득했다면? 이미 알고 있는 내용으로 그를 지루하게 할 필요는 없다. 좀 더 흥미로운 주제로 넘어가면 된다. 대부분의 인류 역사에서 교육받을 기회가 있었던 행운아들은 이렇게 개인 맞춤과 완전 학습을 기반으로 한 변형된 형태의 학습을 경험했다.

유토피아적 자유 관념과 공교육이 도입되기 시작한 18, 19세기로 내려와도 모든 사람이 개인 교사를 두는 것은 경제적으로 불가능한 일이었다. 그 대신 사람들은 무척 광범위한 학생들에게 비용 효율이 높은 교육을 제공하기 위해 산업혁명에서 대량 생산의 개념을 빌려왔다. 학생들을 연령별로 묶고, 표준화한 교육 과정을 통해 일정한 속도로 나아가게 하고는 주기적으로 무엇을 습득했는지 평가하는 것이다. 그리고 10~20년 뒤 '제품(학생)'을 이 평가에 기초해 여러 커리어 트랙으로 분류한다. 학생이 지수를 아직 잘 이해하지 못했다면? 안됐지만 이제 로그로 넘어가야 한다. 지수에 통달하지 못하면 로그를 배우는 것은 불가능하지만 어쩔 수 없는 일이다. 부유한 가정은 조바심내지 않는다. 가정교사를 고용해서 개인 맞춤으로 완전 학습을 보장할 수 있기 때문이다.

이제는 교육의 개인 맞춤과 완전 학습, 비용 사이의 긴장을 누그러뜨릴 수 있는 도구가 존재한다. 팬데믹에서 비롯된 학습 결손 탓에 이런 도구를 사용하는 것이 그 어느 때보다 중요해졌다. 일례로 칸 아카데미(Khan Academy)는 정확히 이런 요구를 충족시키기 위한 비영리 단체로 출발했다. 독립적으로 또는 교실에서 스마트폰이나 저렴한 노트북 컴퓨터를 가지고 있는 학생은 누구나 개인 맞춤 교육 및 연습 프로그램에 무료로 접속할 수 있다. 교사들과 각 학군은 학생들이 도움을 필요로 하는 곳을 실시간으로 확인할 수 있어 어디에 추가 지원을 해야 하는지 알 수 있다. 학습 과정을 완료하지 못한 학생들에게는 따라잡을 수 있는 기회를 주고 격려와 지원을 해준다.

이런 이점은 그저 이론적인 것이 아니다. 예컨대 최근 한 공동 연구에서 우리는 2020~2021학년에 99개 학군에서 매주 한 시간씩 개인 맞춤으로 수학을 완전 학습한 학생들이 팬데믹 이전 기준에 맞춰 표준화한 시험에서 점수가 예상보다 평균 19% 더 향상된 것을 발견했다. 팬데믹 기간 동안 일주일에 15분 미만을 학습에 쏟은 동급생들은 팬데믹 이전 발달 표준치에 평균 27% 미달했다. 학생이 개인 시간의 10~20%만 개인 맞춤 및 완전 학습에 쏟으면 코로나가 없던 예년과 비교해도 학습 속도가 향상되는 결과를 얻는다.

학생들에게 서비스를 제공할 수 있는 소프트웨어 외에 무료 과외도 가능하다. 우리는 또 다른 비영리 플랫폼인 스쿨하우스닷월드(Schoolhouse.world)를 설립해 필요한 모든 사람에게 무료 과외를 무제한 제공한다(이를 실현할 수 있도록 라이선스를 무료로 제공해준 '줌' 덕분이다). 이 플랫폼은 유료로 서비스를 제공하는 대안들보다 꾸준히 더 높은 평가를 받고 있는 검증된 자원봉사자들과 도움을 필요로 하는 학생들을 연결시킨다.

학습 결손 문제가 퍽 위협적으로 보일 수도 있지만 우리를 가로막는 방해물은 오로지 냉소주의와 인식 부족뿐이다. 도구들은 이미 우리 곁에 있다. 학생, 교사, 부모들이 참여하기만 하면 된다.

버섯의 마법

환각제는 대중의 의식 속으로 더 깊숙이 확산할 것이다

나타샤 로더(Natasha Loder) 〈이코노미스트〉 보건 정책 부문 편집자

20 23년에는 환각제 시대의 도래를 알리는 수많은 이정표가 나타날 것이다. 기분 전환에 사용되는 약 MDMA가 외상 후 스트레스 장애(PTSD) 치료제에 대한 2차 3상 임상 시험을 마칠 예정이다. 만약 이번 시험으로 2021년에 진행됐던 첫 번째 임상 결과가 받아들여진다면 2023년에 MDMA는 미국 식품의약국(America's Food and Drug Administration, FDA)의 승인 심사를 받게 될 것이다. 지금까지 사회적 기업 MAPS는 MDMA 3회분을 복용하면서 18주 치료 과정을 병행했을 때 PTSD 증상에 의미 있는 감소 효과가 나타날 수 있다는 것을 보여줬다.

FDA의 심사 기간이나 승인 여부에 대해서는 알려진 바가 없다. 하

지만 현재 PTSD 치료에 사용 가능한 치료제가 너무 제한적이므로 결정 과정에 박차가 가해질 것이다. MAPS의 수석 연구소장 베라이자 크로진스키(Berra Yazar-Klosinski)는 MDMA의 PTSD 치료제 승인이 MAPS의 연구를 다른 증상에 대한 사용까지도 확장하도록 촉발할 것이라 말했다. 여기에는 식이 장애와 불안 장애가 포함될 수 있다.

MDMA는 일반적으로 환각제라기보다는 정신 활성제다. 감정적 개방성과 공감력을 일으킨다. MDMA, 케타민, 그리고 실로시빈과 LSD 같은 전통적인 환각성 약물은 모두 한 가지 공통점을 가지고 있다. 바로 뇌 기능에 급격한 행동 변화를 일으킨다는 것이다. 그들은 세로토닌 같은 감각기, 그리고 그 후에는 신경 세포의 성장에 중요한 수많은 신호를 자극한다. 뇌 장애 치료에 중요하다고 알려진 신경 가

소성을 생성하기 위해 환영을 반드시 일 으켜야 하는 건 아닐 것이다. 여러 정신 의 학 및 신경변성 질환이 '피질 위축(cortical atrophy)', 즉 전전두피질(pre-frontal cortex)에 있는 신경 세포의 연결 사이의 연결성이 떨어지면서 생기는 결과라는 이론이 있다. 환각제 는 이런 연결을 강화하고 재연결되게 해주는 것으로 보인다.

1월 1일 실로시빈의 치료 목적 사용이 오리건주에서 합법화된다.

최근 몇 년간 세계 곳곳에 정맥 주입으로 케타민을 제공하는 병원 이 늘어났다. 대체로 치료 저항성 우울증에 대한 처방이다. 이 상황 은 계속될 것이다. MDMA를 처방하는 병원은 미국 전역에 100군데 이상 있으며 유럽에도 있다. 만약 승인이 난다면 이 병원들은 PTSD 환자에게 MDMA를 보급해줄 이상적인 위치에 있다. 다른 환각제 역 시 중독 및 식이 장애와 같은 질환에 대해 실험이 진행되고 있다. 이 약품들은 환자의 뇌를 더 유연하게 만들어서 보통 환각제 치료 전후 에 제공되는 심리 치료를 더 효과적으로 받아들이도록 하는 것으로 알려져 있다.

치료 저항성 우울증(treatment-resistant depression, TRD) 치료용으로 실로시빈에 대한 실험 역시 한창 진행 중이다. 임상 결과에 따르면 치료 12주 뒤에 환자 5명 중 1명에게 차도가 나타났다. 오래 유지되 는 반응이 적다는 것과 일부 부작용은 의료 규제 기관으로부터 승인 을 받기까지 어떤 험난한 길이 남아 있는지 잘 보여준다. 환각성 약 물로 위약 통제 실험을 하면서 발생한 어려움은 엄격히 통제된 환경 에서 나타난 긍정적인 실험 결과가 실제로 되풀이될 것인가에 대한 우려를 제기한다.

어느 쪽이 됐든 이 약들은 2023년에 등장할 것이다. 1월 1일에 허가를 받은 실로시빈의 치료 목적 사용이 오리건주에서 합법화된다. 1월부터 캐나다 앨버타주에서도 치료 목적으로 환각성 약품의 통제된 사용을 허가할 예정이다. 여기에는 실로시빈, MDMA, LSD, 메스칼린, DMT, 케타민이 포함될 것이다.

환각제 사용을 가능하게 하려는 주 정부의 노력은 임상 시험과 규제 기관보다 빠르게 움직이고 있다. 빨리 사용이 가능해진다면 많은 이들에게 도움이 되겠지만, 위험할 수도 있다. 치료 저항성 우울증(TRD)의 치료를 목적으로 하는 실로시빈 실험에서 일부 환자의 자살 행동이 증가했다. 이 환자들을 더 자세히 들여다봤더니, 치료 효과가 나타나지 않았던 사람들이었다. 옥스퍼드대학 정신의학과 루퍼트 맥셰인(Rupert McShane) 교수는 TRD 환자를 케타민으로 치료하지만 기대 설정의 중요성을 강조한다. 치료 효과를 보지 못한 환자, 어떤 경우에는 수십 년씩이나 고생해온 환자가 "환각제에 너무 큰 희망을 품은 탓에 효과가 나타나지 않았을 때 더 간절해지곤 한다"고 전한다.

걱정되는 다른 요인으로는 끔찍한 환각 등의 부작용에 대한 가능성, 그리고 일부 환각제에 있는 심장 독성에 대한 우려가 있다. 약물 실험은 효과 없는 약을 가려내는 것만을 목적으로 하지 않는다. 위험에 대한 이해를 증가시키는 역할도 한다. 다가오는 해는 흥미진진한 해이지만, 동시에 조심스럽게 움직여야 할 필요성도 부각될 것이다.

백신 vs 변이

—

새로운 코로나 변이 바이러스는 더 위험할지 모르지만, 과학이 바이러스를 사정없이 파괴하며 가로막을 것이다

슬라비 찬코배(Slavea Chankova) 〈이코노미스트〉 보건 통신원

코로나19 팬데믹이 발생하고 첫 두 해가 지나자 굽이치는 파도 모양의 확진자 수와 사망자 수 예측이 상당히 순조로워졌다. 전염병 모델 연구자들은 새로운 파동이 언제 일어날지, 그리고 얼마나 큰 위험을 제기하는지에 대해 대체로 정확한 분석을 내놓았다. 하지만 이제 일이 점점 더 복잡해지고 있다.

전염성이 강해지거나 치명률이 높아진 엄청난 새 변이가 매년 평균 두 가지씩 나타났다. 미래에 등장할 변이의 모습은 세계의 방어 체계가 과거 감염으로부터 얻은 면역과 백신으로 그 변이들을 얼마나 견뎌낼 수 있는지 예측하는 것만큼 말하기 어렵다.

전염병 모델 연구자들에게 주어진 과제는 더 까다로워졌다. 하나의 국가에도 서로 다른 면역 수준이 수십 가지씩 존재하기 때문이다. 각 사람이 지닌 면역 수준은 많은 요인에 달려 있다. 예방 주사를 몇 회 접종했는가, 부스터 샷은 얼마나 맞았는가, 감염된 시기와 횟수, 감염된 변이의 종류 등이 있다. 코로나 바이러스는 이런 여러 겹의 면역과 치료에 사용할 수 있는 약품 덕분에 이전보다 훨씬 덜 치명적인 병이 되었다. 이제 치사율이 계절 독감과 비슷해졌다.

하지만 독감은 코로나와 비교했을 때 훨씬 감염력이 약하고 겨울에만 돌아온다. 코로나는 아직 계절적인 유행성 질병으로 바뀌지 않

전쟁에서 이기는 중

았고, 감염에 대한 면역이 유지되는 기간이 (약 3개월 정도로) 짧으므로 일 년에 한 번 이상 감염되는 사람이 많을 것이다. 일 년에 미국인의 5~20%가 독감에 걸린다. 일부 과학자는 이제 사람들이 모이는 것을 막을 조치가 없으므로 매년 약 50%의 미국인이 코로나에 걸릴 것이라고 예상한다. 이는 매년 10만 명의 사망자로 이어질 수 있다. 심각한 독감 유행기에 독감으로 인해 사망하는 사람의 두 배가 되는 수치다.

하지만 사람들의 행동 방식에 영향을 많이 받을 것이고, 이는 모델 연구자들이 예측하기 가장 힘든 요인이다. 런던 지하철에서는 패턴이 나타났다. 확진자가 늘어날수록 마스크 착용이 더 일상화됐다가, 파동이 진정되면 사람들이 다시 마스크를 벗었다. 그리고 코로나가 심해지면 많은 사람이 연로한 친척을 방문하기 전에 자가 테스트를 했다. 사람의 목소리와 숨소리를 분석해서 코로나 감염 여부를 89% 정확도로 확인할 수 있는 앱 등 이런 자가 테스트는 점점 더 쉬워지고 있다.

차세대 코로나 바이러스 백신이 2023년에 가장 큰 변화를 일으킬 수도 있다.

그렇지만 차세대 코로나 바이러스 백신이 2023년에 가장 큰 변화를 일으킬 수도 있다. 세계보건기구(WHO)는 임상 시험 단계에 있는 백신이 170가지 이상이라고 한다. 관심을 가지면 좋을 만한 잠재력 있는 두 가지 혁신으로는 코에 뿌리는 흡입형 백신과 어떤 변이도 방어할 수 있는 백신이 있다.

코 또는 목구멍에 뿌리는 백신은 바이러스에 처음 접촉하는 세포에 면역력을 만들어주는 것을 목표로 삼는다. 그곳에서 바이러스가 확산하는 것을 막고 몸속에서 질병을 일으키는 일련의 분자 반응을 멈춰 세우는 것이다. 더 중요한 것은 이런 백신들이 (그래도 심각한 증상이 발현되는 위험을 줄이는 데는 효과가 있었던) 1세대 코로나 주사가 실패한, 바이러스의 전파를 막을 수 있다는 것이다. 2022년 9월 인도와 중국은 코와 입에 뿌리는 코로나 백신을 승인했다. 하지만 이 백신의 효험에 대한 데이터는 발표되지 않았다. 서방에서는 수십 가지가 더 개발 중이다. 이 중 일부의 조기 임상 시험에서 좋은 결과가 나타나기도 했다.

과학자들은 앞으로 등장할 모든 코로나 변이를 방어할 수 있는 백신 개발에도 심혈을 기울이고 있다. 이 백신 중에서 몇 가지는 특정 그룹의 코로나 바이러스를 목표로 삼는다. 여기에는 계절성 감기 코로나 바이러스 4종, 기존의 SARS 바이러스와 같은 더 치명적인 유행성 질병이 포함된다. 2023년에는 이와 같은 백신 몇 가지에 대한 대규모 인간 실험이 시작될 것이다. 운이 좋으면 2024년에 넓은 범위를 포괄하는 코로나 바이러스 백신이 등장할 수도 있다.

과학자들은 이전의 바이러스보다 훨씬 치명적이고 통제할 수 없이 전염력이 강한 새로운 변이 등 예기치 못한 (하지만 정말로 실재하는) 커브볼의 가능성을 제기하며, 코로나에 대한 어떤 예측에도 재빨리 경고를 덧붙였다. 하지만 과학자들이 코로나에 맞서 이뤄낸 급격한 발전 덕분에 설령 그런 일이 벌어진다 해도 그들이 가장 크게 두려워하는 일은 발생하지 않을 것이다.

용감하게 나아가다
—
2023년 우주 탐사 임무의 범위는 저궤도 선회부터 목성의 위성까지 이를 것이다

알록 쟤(Alok Jha) 〈이코노미스트〉 과학 통신원

요즘 우주비행사들에게 주어진 가장 흥미로운 질문은 지구 너머 생명체가 있을 가능성에 대한 것이다. 태양계 최대 행성의 얼음에 뒤덮여 있는 위성은 이런 생명체를 찾을 확률이 가장 높은 곳 중 하나다. 2023년 4월 유럽우주국(European Space Agency, ESA)은 프랑스령 기아나에서 아리안 5 로켓을 쏘아 올려 목성을 향한 8년간의 탐사를 시작하는 목성 위성 탐사(Jupiter Icy Moons Explorer, JUICE) 프로젝트를 발동할 예정이다. 2031년에 로켓이 도착하면 목성의 가장 큰 세 개의 위성인 가니메데(Ganymede), 칼리스토(Callisto), 유로파

(Europa)를 탐사하기 시작할 것이다. 각각의 위성을 덮고 있는 두꺼운 얼음층 아래에 엄청난 양의 액체 상태의 물이 있다고 여겨진다. JUICE는 위성의 고해상도 지도를 만들고(경이로운 이미지가 나올 것이다), 위성의 표면 아래 놓여 있는 여러 층의 바다를 묘사할 것이다.

2023년 여름 NASA는 철이 풍부한 소행성 프시케 16을 탐험하기 위해 같은 이름의 우주선 프시케(Psyche)를 발사할 계획이다. 이 소행성은 태양계의 초기에 생겨난 원시 행성의 잔해라고 생각된다. 과학자들은 이 소행성의 (다른 것과 함께) 자기장, 구성 요소, 질량 분포를 연구해 태양계의 바위투성이 행성들이 어떻게 형성되었는지 배울 수 있길 기대하고 있다. 또 다른 우주선 야누스(Janus)는 프시케와 함께 팔콘 헤비(Falcon Heavy) 로켓으로 발사되어 아직 선정되지 않은 원시 행성 두 곳을 더 방문할 것이다.

소행성 이야기를 이어가보면, NASA의 오시리스 렉스(OSIRIS-REx) 우주 탐사선은 이미 2020년에 베누(Bennu) 소행성에서 표본 채취가 목적인 탐험을 마치고 지구로 돌아오는 중이다. 2023년 9월 베누에서 채취한 먼지 표본이 캡슐에 담겨 지구에 떨어질 것이다(유타에 있는 미 공군 기지에 착륙한다). 그리고 나서 오시리스 렉스는 2029년 지구에 근접한 소행성인 아포피스(Apophis)를 탐험하는 다음 임무를 계속할 것이다.

인도 우주연구소는 2023년 초에 다음 임무인 찬드라얀(Chandryaan) 3호를 달에 발사할 계획이다. 이는 2019년에 앞선 프로젝트 찬드라얀 2호가 달에 연착륙하는 데 실패한 시도를 잇는 임무다. 이 새로운 우주 탐사선은 달의 표면을 탐사할 로버와 착륙선을 포함할 것이다.

민간 우주 비행 역시 계속 빠르게 발전할 것이다. 스페이스X는 우주여행 비용을 대폭 줄이겠다고 약속한, 엄청난 규모의 야심 찬 새 우주선 스타십(Starship)을 유인 버전으로 개조 일본의 억만장자 마에자와 유사쿠(Yusaku Maezawa)를 태워 달 너머 우주로 내보내게 되길 바라고 있다. '디어문(dearMoon)'이라고 알려진 마에자와의 임무가 실현된다면 그는 지구를 떠날 때 무려 8명이나 되는 동행자를 데리고 갈 계획이다.

2023년에 유럽우주국은 스페이스 라이더(Space Rider)라 불리는 새 우주 비행기 역시 테스트할 계획이다. 이 우주선은 재사용이 가능한 무인 로봇 연구소가 되려 하는 것이다. 이 연구소는 몇 개월에 걸쳐 저궤도 선회의 극미 중력에서 기술을 테스트해보거나 연구를 하고자 하는 기업이 정기적으로 우주를 저렴한 비용으로 접근할 수 있게 해 줄 수 있다. 스페이스 라이더는 임무를 완수할 때마다 지구로 돌아와 활주로에 착륙한 뒤 다음번 비행을 위해 재정비될 것이다.

유럽 로켓 기업 아리안스페이스(Arianespace) 역시 2023년에 새로운 아리안(Ariane) 6호 로켓을 테스트할 계획이다. 이 로켓은 현재 부지런히 일하고 있는 유럽우주국의 아리안 5호의 자리를 대신하기 위해 만들어졌다. 아리안스페이스는 각 비행에 소모되는 비용을 절반으로 줄여서 스페이스X의 팔콘 9호 로켓과의 경쟁이 더 수월해지길 기대하고 있다.

차세대 가상 혁신은?
—
다가오는 해는 메타버스의 꿈이 실현될 수 있을지 알려줄 것이다

팀 크로스(Tim Cross) 〈이코노미스트〉 기술 사회 부문 편집자

데스크톱 컴퓨터, 소비자 인터넷, 그리고 스마트폰 호황 이후로 소비자 컴퓨터 산업의 차세대 혁신이 나타날 시기가 지난 지 오래다. 다가올 해에는 빅테크 기업들이 엄청나게 선전되고 연관된 두 가지 기대작을 완강히 밀어붙일 것이다. 하나는 가상현실(VR)과 증강현실(AR) 헤드셋이다. 주머니에 컴퓨터를 줄여서 넣었으니 다음 단계는 컴퓨터를 얼굴에 장착한다는 아이디어다. 다른 하나는 메타버스다. 2D 텍스트, 이미지와 비디오를 기반으로 하면서 아직도 대체로 평면적인 인터넷이 몰입감 있는 3D로 대체되어 전 세계를 포괄하는 비디오 게임의 형태로 경험할 준비가 됐다는 것이다.

가장 먼저, 작지만 여전히 성장하는 시장인 헤드셋부터 살펴보자. 애널리스트 기업 IDC에 의하면 페이스북과 인스타그램의 모회사인 메타가 2021년에 약 1,100만 대의 헤드셋을 판매하며 전체 판매량의 3분의 2 정도를 차지했다. 메타는 다가올 몇 개월간 신규 제품을 여럿 선보일 예정이다. 10월 11일에는 최신 헤드셋 메타 퀘스트

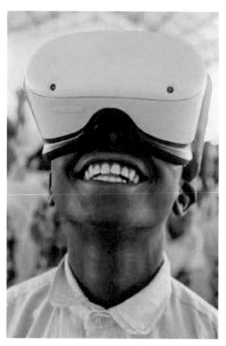
메타버스를 누비는 중

프로(Meta Quest Pro)를 출시했다. 이 제품의 가격은 1,499달러로 현존하는 메타의 제품보다 훨씬 비싸지만, 더 저렴하고 대중적인 기기들이 2023년에 뒤이어 출시될 것이다.

메타 퀘스트 프로에는 AR 기능뿐 아니라 VR 기능도 탑재되어 있다. VR은 디지털 눈가리개처럼 사용자를 컴퓨터가 생성한 세상에 몰입하게 하지만, AR은 사용자가 보는 실제 세상에 유용한 정보를 덧입히는 방식으로 작동한다. AR의 방식이 훨씬 더 어렵다는 점이 더 비싼 가격에 대한 설명이 될지도 모르겠다. 메타는 새로운 경쟁자와 맞닥뜨릴 예정이기도 하다. 세계에서 가장 큰 스마트폰 제조 업체인 애플이 2023년 첫 AR/VR을 출시할 것 같다(가격이 3,000달러일 것이라는 추측이 있다). 2016년에 출시된 플레이스테이션 VR 게임 전용 헤드셋을 500만 대 이상 판매한 소니 역시 업그레이드 모델을 출시할 예정이다.

메타의 야망은 VR 하드웨어를 생산하는 것만이 아니라 VR 사용자들이 살고 싶어 할 만한 가상 세계를 구축하는 것이다. 2021년 메타의 회장 마크 저커버그(Mark Zuckerberg)가 사명을 변경하겠다고 선언한 것은 메타버스에 집중하겠다는 메타의 의지를 반영한다. 메타는 그 이후로 이 아이디어에 270억 달러 이상을 지출했고, 컴퓨터가 생성한 사용자의 아바타 또는 사용자의 사진을 추적했다. 사용자의 아바타들은 복싱 링부터 가상 미팅룸까지, 친근하고 만화 같은 3D 환경에서 일하고 놀았다. 하지만 회의적인 애널리스트들이 많다. 특히 메타의 주식 가격이 폭락했기 때문이다.

그러나 경쟁사도 메타와 비슷한 야망을 품고 있다. 메타와 경쟁하는 테크 업계의 거인들, 예를 들어 마이크로소프트와 엔비디아는 메타버스에 대한 그들만의 야망을 자랑스럽게 세상에 알렸다. 광고 기업부터 금융업까지도 이 경기장에 뛰어들었다. 하지만 가장 멀리 나아간 산업은 수십 년간 가상 세계를 판매해온 비디오 게임 부문이다. 에픽 게임즈(Epic Games)는 자사의 인기 온라인 슈팅 게임 '포트나이트(Fortnite)'에 영화를 결부시키고 라이브 음악 공연을 개최했다. 일부 이벤트는 수만 명의 가상 낙천가들을 매료시켰다. 에픽 게임즈처럼 비디오 게임 '엔진'(소프트웨어 개발자들이 자신의 게임을 작동시키는 데 사용할 수 있다)을 만드는 기업 유니티(Unity)는 자체적으로 개최한 콘서트로 실험을 했으며, 스포츠 경기를 3D로 중계하는 실험을 하고 있다.

지금은 협업의 정신이 분위기를 장악하고 있다. 마이크로소프트는 2022년 10월 자사의 윈도(Windows) 운영 체제뿐 아니라 비즈니스용 앱, 자사의 엑스박스 게임 콘솔용으로 개발된 게임을 메타의 가상 세계에서 작동할 수 있게 만들겠다고 발표했다. 그리고 실리콘 밸리에 있는 거의 모든 대기업이 메타버스 스탠더드 포럼(Metaverse Standard Forum, MSF)에 가입했다. 이 포럼에 참여한 기업은 상호 정보 교환이 가능한 개방된 기술 표준을 따르기로 약속한다. 즉 어떤 한 기업의 가상 세계에서 사용하도록 디자인된 아바타가 다른 기업의 가상 세계에서 문제없이 작동해야 한다. (주목할 만한 예외는 애플이다. 애플은 오래전부터 다른 기업이 만든 제품과의 호환성 대신 사용자를 자신만의 '폐쇄형 네트워크 서비스' 안에 모아두는 것을 우선시해왔다.) 2023년에 MSF의 진전, 또는 부진은 메타버스가 실효성이 있는 아이디어인지 가늠하는 하나의 방법일 것이다. 메타버스 기반 서비스가 심각하게 많은 돈을 벌기 시작했을 경우 MSF의 협동 정신이 살아남을지의 여부는 지켜봐야 한다.

그 누구도 VR, AR, 또는 메타버스가 정말 컴퓨팅의 미래일지 확신하지 못한다. 회의론자들은 그런 아이디어가 새로운 것이 아니라고 지적한다. 소비자 VR 헤드셋은 1990년대부터 있었다. 스마트폰에는 이미 헤드셋 대신 스크린에 의존하는, 자동 텍스트 번역 프로그램 같은 AR 앱이 있다.

하지만 기술 혁신은 하룻밤 사이에 갑작스럽게 일어나지 않는다. 애플은 스마트폰을 허공에서 발명해내지 않았다. 애플은 경쟁자가, 예를 들면 블랙베리(Blackberry) 폰과 팜 핸드헬드(Palm handheld)라는 형태로 수년간 연구해온 공식을 마무리 지었다. 그렇다고 해서 이런

 WHAT IF?

우리에게 알려진 모든 생명체는 같은 기초 분자 생물학을 활용한다. **만약 다른 방식으로 작동하는 미생물로 구성된 또 다른 '그림자' 생물권이 있다면 어떨까?** 보통의 생물학 실험은 이 생물권을, 특히 이 영역이 깊은 지하에 있다면 알아채지 못할 수 있다. 이 실험들은 '우리가 아는 생명'과 상호작용하도록 설계되어 있기 때문이다. 따라서 만약 그런 영역이 실제로 존재한다면 우연에 의해 발견될 확률이 높다. 우주에 있는 외계인을 찾는 데 수백만 달러가 지출되고 있다. 과연 2023년에는 여기 지구에서 이 생물들을 찾는 투자가 시작될까?

최신 유행 기술로 난입하는 기업들이 반드시 성공할 것이라는 뜻은 아니다. 하지만 그들이 왜 이런 시도를 하는지는 알 수 있다.

말 안 해도 무슨 말인지 알잖아
—
성적 만족이 덜 금기시되고 웰니스가 더 강조될 것이다

슬라비 찬코바

얼마 전까지만 해도 성인용품은 후미진 곳이나 뒷골목에 숨어 있는 성인용품 가게에 가야 찾을 수 있었다. 이제 이런 기구들은 전통적인 백화점부터 시내 중심가에 있는 약국 체인점, 작은 건강식품점까지, 어디에서나 판매되는 것 같다. 소매업자들은 '성적 웰니스(sexual wellness)' 수요의 성장과 이것을 주제로 한 대화가 더 적극적으로 이뤄지는 분위기를 따라잡고 있다. 트위터에서 2018년과 2021년 사이에 이 문구가 언급된 횟수는 6배나 증가했다. 더 많은 극장가 영화와 TV 시리즈 역시 이 주제에 집중하고 있다. 침실에서 느끼는 만족은 전반적인 웰빙의 중요한 축이자 유지하고 개선해야 할 요소로 받아들여지고 있다.

2023년에는 이 트렌드에 속도가 붙을 것이다. 이미 미국, 영국, 프랑스 성인 중 25~30%는 성인용품을 소유하고 있다. 2021년에 컨설팅 기업 PWC가 진행한 설문 조사에 따르면 이들 중 3분의 1은 최근 3년 이내에 성인용품을 구매했다. 2023년에 이 시장은 계속 빠르게

침실에서 느끼는 만족은 전반적인 웰빙의 중요한 축으로 받아들여지고 있다.

성장할 것이다. 판매량은 소비자 수요뿐 아니라 신규 사용자를 끌어들일 혁신적 디자인에 의해서도 밀어 올려질 것이다. 이 중 일부는 옛날식 진동기가 성적 흥분을 떨어뜨린다고 여겼던 사용자일지도 모른다. 남근 모양의 커다란 플라스틱 모형은 이제 한물갔고, 손바닥 크기의 온갖 모양으로 제작되는 부드러운 실리콘 재질의 남녀공용 마사지 도구가 인기다.

성적 만족 부문에서 활약하고 있는 혁신적 스타트업들은 여성 고객의 수요를 특히 잘 알고 있다. 이는 이 스타트업들의 대표가 테크 업계로서는 이례적으로 여성인 경우가 많기 때문이기도 하다. 사적으로든 공적으로든 성적 만족을 주제로 하는 대화가 덜 금기시되면서 이 기업들이 제공하는 상품은 점점 더 솔로보다는 커플에 의해 많이 사용될 것이다.

이런 트렌드는 서구 세계에만 국한되지 않을 것이다. 마찬가지로 젊은 사람이나 도시에 거주하며 기술에 익숙한 고객만의 전유물로 남지도 않을 것이다. 예를 들어 인도에서는 작은 마을에 거주하는 기혼 부부들이 성생활을 다채롭게 만들려고 성인용품을 많이 구매하고 있다. 성 기능 장애 및 성적 만족에 대한 교육, 그리고 이런 주제를 가지고 파트너와 대화하는 방식 역시 개선될 것이다. 하지만 학교에서 제공해주는 성교육 프로그램을 통해 개선될 것이란 기대는 크게 하지 않는 게 좋다. 기업과 비영리 단체에서 운영하는 웹사이트와 앱은 성교육과 치료를 패키지로 묶어서 청년에게 익숙한 언어와 접근하기 쉬운 형태로 제공한다. 이 웹사이트와 앱은 사람들이 일반적으로 대화 주제로 삼기를 꺼리고 심지어 의사나 치료 전문가에게도 이야기하기 어려워하는 자위, 발기 부전 또는 오르가슴 장애 등의 주제를 다룬다.

연결된 기기(자위 펌프 또는 골반 훈련 도구 등)를 포함하기도 하는 앱 기반의 '디지털 치료법'은 점점 인기가 많아질 것이다. 이런 치료법 중 일부는 성 치료에 대한 긴 대기 리스트를 가지고 있는 영국 국립보건원 같은 의료 서비스 제공 업체의 처방으로도 구할 수 있게 될지도 모른다.

하지만 불행히도 성적 만족 비즈니스는 광고의 큰 부분을 제어하는 소셜 미디어 거인들과 규제 기관에 의해 계속해서 방해를 받을 것이다. 페이스북에서는 '잠재적인 부정적 경험'을 받아들이지 못할지도 모르는 사용자를 보호한다는 까닭으로 젤, 기구, 섹스 팁 또는 성적 만족과 관련된 어떤 광고도 허용하지 않는다. 수많은 사람이 불만족스러운 성생활을 하며 살고 있고, 적합한 정보와 단기간의 치료가 쉽게 해결할 수 있는 공통적 원인으로 너무 많은 관계가 깨지고 있으므로 이는 안타깝고 근시안적인 규제라 할 수 있다.

에어 택시 만세

전기 수송 수단을 기반으로 한 새로운 산업이 날아오르려 한다

폴 마키리(Paul Markillie) 〈이코노미스트〉 혁신 부문 편집자

2023년은 날아다니는 택시로 잘 알려진 전기 수직이착륙(electric vertical take-off and landing, eVTOL) 항공기를 개발하는 항공계의 개척자들에게 중요한 해가 될 것이다. 몇몇 기업은 2023년에 자사의 항공기가 필요한 인증을 획득해 상업적인 생산을 시작하고 여객 수송 서비스를 향한 첫 발걸음을 뗄 수 있길 바라고 있다.

에어 택시들은 일반적으로 6명 미만의 승객을 태우고 다닌다. 그들은 여러 개의 작은 회전자를 사용해 공중에 떠 있는 드론처럼 수직으로 이착륙한다. 똑똑한 소프트웨어가 회전자를 통제하므로 이 항공기는 헬리콥터보다 쉽게 비행할 수 있으며 자율 비행 또한 쉽게 할 수 있다. 회전자가 많이 있는 것은 안전에도 도움이 된다. 회전자 하나 또는 여러 개에 이상이 생겼을 때도 항공기가 계속 비행할 수 있게 해주기 때문이다.

일부 디자인은 추가 회전자 하나 또는 두 개를 뒤에 사용해 수평 비행을 할 때 항공기를 밀어주는 역할을 하도록 한다. 조비 에비에이션(Joby Aviation)이 생산한 항공기(사진)처럼 다른 것들은 앞으로 기울어지면서 프로펠러와 비슷한 역할을 하는 회전자들을 가지고 있다. 그런 다음 작은 날개 한 쌍이 항공기를 위로 들어 올려 항공기의

자율 비행을 시작하기에 앞서 유인 비행이 승인을 받아야 할 것이다.

내 택시 뒷좌석에 그 일론 머스크가 탄 적이 있다

배터리를 더 효율적으로 사용하며 범위를 확장한다.

이런 최신식 비행 기계를 어떻게 인증할지 고심해온 규제 기관은 안전 표준을 개발자들과 함께 마련하기 시작했다. 이 과정에는 여러 단계가 있다. 이 새로운 종류의 항공기가 안전하게 비행할 수 있음을 뜻하는 '종류' 인증을 획득하는 것과 별개로 대량 생산을 시작하려면 공장도 승인을 받아야 한다. 그리고 운임을 내는 승객을 수송하려면 관련 허가가 필요하다. 기업들은 이 승인을 받으려고 공을 들이고 있다. 자율 비행을 시작하기에 앞서 유인 비행이 승인을 받아야 할 것이다.

중국은 예외가 될지도 모르겠다. 중국 기업 이항(EHang)은 자국의 항공국과 자율 비행을 하는 2인용 수송기에 대한 비행 실험을 하고 있다. 이 실험에는 관광지로 승객을 수송하고 택배를 배달하는 테스트 비행이 포함될 것이다. 또 다른 중국 기업 오토플라이트

(AutoFlight)는 (최소한 초반에는) 조종사가 운행하고 3명의 승객을 태울 수 있는 에어 택시를, 독일에서의 테스트 비행 여러 번을 거쳐 인증하려는 목표를 가지고 있다. 상하이에 기반을 둔 이 회사는 유럽에서 승인을 받으면 다른 시장으로의 서비스 진입에 속도가 붙을 것이라 예상한다.

그리고 독일에서도 볼로콥터(Volocopter)가 eVTOL의 비행 실험을 할 것이다. 이 기업은 자사 제품 중에서 가장 작은 2인 탑승용 볼로시티(VoloCity)가 2024년 파리 올림픽 일정에 맞춰 통과되길 바라고 있다. 올림픽 시기에 공항과 운동선수촌 간 셔틀을 운영할 계획이다. 다른 에어 택시 기업들 역시 파리에서, 또는 2025년 일본에서 개최될 월드 엑스포에서 셔틀 서비스를 제공할 수 있게 되길 바라고 있다.

항공기 말고도 기업들은 eVTOL의 이착륙 시 사용할 작은 공간인 '버티포트(vertiport)'의 구축 작업도 시작할 것이다. 2023년에 이 새로운 산업을 땅에서 날아오르게 할 경주가 정말로 시작될 것이다.

발명의 어머니

우크라이나에서 벌어지고 있는 전쟁이
신기술 개발에 미칠 수 있는 영향

샤킬 하심(Shakeel Hashim) 프리랜서 통신원

당신이 우크라이나의 최전방에서 촬영된 비디오를 한 번이라도 본

적이 있다면 자신도 모르는 사이에 군대 기술을 사용한 것이다. 레이저, GPS, mRNA 백신처럼 인터넷은 군사 투자, 특히 최신 기술의 증진을 도모하는 미국 국방부 산하 기관 고등연구계획국(DARPA) 덕분에 생겨난 발명품이다.

러시아 침공의 결과로 신기술이 등장할 수 있다. 전쟁으로 인해 국가들이 국방비 지출을 늘리게 됐기 때문이다. DARPA의 스테파니 톰킨스(Stefanie Tompkins) 국장은 우크라이나 전쟁이 정치인에게 "추상적이었던 것들을 현실로 만들었다"라고 말한다. 미국은 이미 국방비 지출을 5% 증가시켰다. 독일은 예산을 3분의 1 증가시키겠다고 약속했다. 새로운 돈 대부분이 우크라이나에 제공된 무기와 탄약의 고갈된 재고에 대한 자본을 개편하는 데 사용될 것이다. 하지만 일부는 연구 개발 예산으로 흘러들어가 혁신적인 신기술을 생산하는 데 기여할 것이다.

현재 진행 중인 프로젝트를 통해 미래를 조금 엿볼 수 있다. 톰킨스 국장은 공급망 개선에 관한 집중 연구가 진행되고 있다고 말한다. DARPA는 냉장 보관과 병참을 걱정하면서 먼 위치에 있는 군인들에게 식량, 약, 물, 연료를 수송하기보다 현지에서 단백질과 휘발유부터 진통제까지 모든 것을 새로운 생명공학을 활용해 제조할 수 있게 되길 바라고 있다.

군사 중심의 혁신은 민간인의 생활에도 변화를 줄 것이다. 여러 국가에서 음속보다 5~25배 빠르게 이동하는 극초음파 무기를 개발하려는 노력을 들이고 있다. 미국 스타트업 비너스 에어로스페이스(Venus Aerospace)는 같은 기술을 사용해 승객이 지구 어디

증가한 국방비 지출은 연구 개발 예산으로 흘러들어갈 것이다.

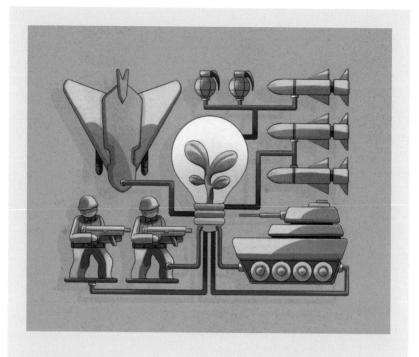

라도 한 시간 내에 날아갈 수 있게 하는 우주 비행기를 개발하고자 한다.

마찬가지로 미국, 영국, 호주, EU는 전부 일반 컴퓨터가 해결하기에 너무 어려운 문제들을 풀 수 있는 퀀텀 컴퓨터를 적극적으로 연구하고 있다. 매사추세츠공과대학(MIT)의 퀀텀공학센터장 윌리엄 올리버(William Oliver)는 지금까지 국방 및 정보 서비스 자금으로 진행된 연구가 많다고 말한다. 하지만 그 누구도 퀀텀 컴퓨터가 얼마나 유용할지 확신하지 못하며, 퀀텀 컴퓨터가 실제로 작동했을 때 확인할 방법을 모른다. 이런 이유로 DARPA에는 톰킨스 국장이 '퀀텀 컴퓨팅이 실제로 유용할 것인지' 판단하는 프레임워크를 제공해준다고 설명한 '퀀텀 벤치마킹(quantum benchmarking)' 프로그램이 있다.

애널리스트들은 군사적 연구 개발이 DARPA의 전성기였던 냉전의 절정기만큼 중요하지는 않다고 한다. 거대한 기술 산업과 대규모의 벤처캐피털은 국방비가 대체 가능하다는 것을 뜻한다. 하지만 투자자이자 DARPA 사무관으로 근무했던 경력이 있는 에이미 크루즈(Amy Kruse)는 '진정한 신규' 기술 개발에 군사 예산은 여전히 중요하다고 말한다. 푸틴의 전쟁으로 인해 예상치 못한 기술적 파생 효과가 나타날지 모른다.

샌드박스AQ의 CEO **잭 히더리(Jack Hidary)**는 퀀텀 컴퓨터가 작동하기 시작했을 때 생길 수 있는 보안 위험에 대응해야 할 시기가 도래했다고 말한다.

퀀텀 컴퓨팅을 무시할 수 없는 이유

2023년은 사이버 안보와 떠오르는 퀀텀 기술 생태계에 매우 중요한 해가 될 것이다.

원자보다 작은 영역의 알 수 없는 흐릿함을 이용하는 퀀텀 기술은 의약품과 재료과학부터 금융업과 청정 에너지까지 우리 사회에 엄청난 영향을 미칠 것이다. 퀀텀 센싱, 커뮤니케이션, 시뮬레이션, 컴퓨팅 등의 기술은 많은 혜택을 가져올 것이다. 하지만 동시에 이 기술은 글로벌 사이버 안보 구조에 극적인 변화가 필요하게 만들 것이다. 이 과정은 2023년에 본격적으로 시작될 것이다.

퀀텀 컴퓨터는 아직 개발이 진행 중이다. 하지만 이 컴퓨터가 점점 더 강력해지고 신뢰도가 높아지면서 우리가 은행 거래, 민감한 정부 정보, 지적 재산을 포함한 기밀 데이터를 저장하고 전송하는 방식에 위협을 가할 것이다. 왜냐하면 현존하는 컴퓨터와 달리 퀀텀 컴퓨터는 글로벌 경제를 뒷받침하는 암호 체계를 풀 수 있기 때문이다.

이것이 언젠가 가능해진다는 사실을 알고 있는 범죄자와 다른 적들은 민감 데이터를 손에 넣을 날을 가만히 기다리지 않고 있다. 그들은 이미 퀀텀 컴퓨터로 미래에 암호 해독을 하려고 데이터를 훔치는 '선 저장, 후 해독(store now, decrypt later, SNDL)' 공격을 시도하고 있다. 미국 국토안보부(America's Department of Homeland Security)에 따르면 이 데이터의 해독은 2030년만큼이나 이른 시일 내에 실현될 수 있다. 만약 이 우려가 현실이 된다면 적이 지금 저장해둔 암호 데이터의 최대 비밀 유지 기한은 8년일 것이다.

범죄 조직은 해독할 몇 년 뒤까지 가치가 유지될 지적 재산과 다른 데이터를 목표로 삼고 있다. 이는 퀀텀 컴퓨터의 규모가 커지면서 데이터 보물 상자의 '잠수함 해독'이 물속에 잠긴 잠수함처럼 예상치 못하게 수면 위로 드러날 것이라는 뜻이다.

이건 미래의 문제가 아니다. SNDL 공격은 지금 당장 일어나고 있다. 한 번 도난당하고 나면 암호화된 데이터를 보호할 방법은 없다. 예를 들어 항공 우주 산업 회사는 자사의 독점적 디자인을 도난당하면 향후 수입을 수십억씩 잃을 수 있다. 정부의 계획이 적의 손에 들어간다면 군사 정보 작전이 실패할지도 모른다(여러 국가에서 공개키 암호화 방식을 물리치고 자국의 중요한 시스템과 데이터를 안전하게 유지하겠다는 하나의 목적을 위해 퀀텀 컴퓨팅 하드웨어를 적극적으로 개발하고 있다).

최근 연구자들이 이에 대한 대책으로 퀀텀 방지 암호화 방안을 만들었다. 이 방안은 미래의 퀀텀 컴퓨터조차 해독할 수 없는 새로운 형태의 암호다. 이것은 '포스트 퀀텀' 암호화(post-quantum cryptography, PQC)라고 알려져 있다.

2022년 7월에 미국 국립표준기술원(National Institute of Standards and Technology, NIST)에서 새로운 PQC 표준을 세우기 위해 6년간 진행된 다국적 프로세스의 결과를 발표했다. 이 알고리즘을 개발하고 유효하게 만드는 데 25개국이 넘는 국가 출신의 전문가가 참여했다. 여기에 더해 NIST는 국가 사이버보안 우수센터(National Cybersecurity Centre of Excellence)를 발족시켰다. 전 세계의 선두 기업 12곳으로 구성된 이 센터는 미래 하드웨어와 소프트웨어 솔루션을 위한 PQC 마이그레이션(migration) 전략과 모델을 개발한다.

분수령이 된 이 사건 덕분에 정부와 기업, 기술 제공자들은 드디어 PQC로의 전환을 시작해야 한다는 명확성과 확신을 찾았다. 앞으로의 2년은 정부와 기업이 그 과정을 시작하면서 중요해질 것이다.

업그레이드가 필요한 모든 기기와 시스템을 확인하고, 복수 개의 NIST 알고리즘 중 어떤 것이 각각의 경우에 사용되어야 하는지 알아내고, 미래에 손쉽게 업그레이드될 수 있도록 '크립토애자일(crypto-agile)'하게 시스템을 만드는 것은 수년이 걸릴 벅찬 과제다. 모든 휴대전화, 노트북, 데스크톱, 서버, 웹사이트, 모바일 앱 등 전 세계에 있는 200억 대 이상의 기기 그리고 자동차, 선박, 비행기, 운영 인프라에 설치된 부가 시스템까지 PQC 소프트웨어 업그레이드가 필요하다.

이런 이유로 2023년은 사이버 안보와 떠오르는 퀀텀 기술 생태계에 매우 중요한 해가 될 것이다. 이번 해는 떠오르는 목전의 위협에 맞설 필요성에 의해 민간 기업과 공공 기관이 마이그레이션 프로세스를 시작하는 해가 될 것이다.

사이버 안보의 위협에는 한 줄기 희망이 있다. 이 위협은 퀀텀 기술에 대한 인식을 개선하고 다른 영역에서의 퀀텀 기술 활용에 박차가 가해지게 만들 것이다. 금융 서비스, 건강 관리, 제약, 통신, 수송, 방위 등의 산업에서 미래를 준비하는 기업은 연구 개발 속도를 높이고, 자사가 제공하는 서비스 및 제품을 개선하고, 시장에 새로운 혁신을 불러일으키기 위해 퀀텀 컴퓨팅의 잠재성을 탐구할 것이다. 2023년, 그리고 그 이후에도.

역사를 바라보는 다른 방법

한 뭄바이 박물관의 야심 찬 프로젝트가
전 세계 문화 기관 간의 새 협력 모델을 제시한다

피아메타 로코(Fiammetta Rocco) 〈이코노미스트〉 선임편집자, 문화 통신원

동 서쪽으로는 바다가, 북쪽으로는 눈 덮인 산맥이 경계를 이루는 인도는 늘 세계와 단절된 듯 보였다. 새로운 사상이 흘러들어가긴 해도 나오는 경우는 드문 듯했다. 2017년 뭄바이 남부의 차트라파티 시바지 마하라즈 바스투 상그라할라야(Chhatrapati Shivaji Maharaj Vastu Sangrahalaya, CSMVS) 박물관에서 열린 전시 '인도와 세계'는 이러한 인식에 이의를 제기했다. 예를 들어 도시 청결에 대한 발상이 인더스 계곡의 하라파(Harappa) 문명에서 발전해 초기 청동기 시대부터 전 세계로 전파됐으며, 후추가 말라바르(Malabar) 해안에서 로마 제국으로 수출됐다는 점을 입증한 것이다. 사비아사치 무케르지(Sabyasachi Mukherjee) CSMVS 박물관장은 전시 개막 직전 이렇게

말했다. "전시품 측면에서나, 전시 연출 측면에서나 이런 전시는 지금껏 인도에서 시도된 적이 없습니다."

이 전시의 영향 덕분에 1922년 개관한 CSMVS 박물관은 이제 매년 100만 명의 관람객을 맞이하고 있다. 2023년에는 캘리포니아 소재 게티재단(Getty Foundation)이 후원한 220만 달러의 기금으로 '고대 세계 갤러리 프로젝트(Ancient World Gallery Project)'에 착수해, 다양한 전시와 대학생과 초중고생을 위한 교육 계획을 선보일 예정이다. 전 세계 여러 박물관도 이 프로젝트에 참여한다.

CSMVS 박물관은 대영 박물관과 베를린 주립미술관(Berlin State Museums)에서 장기 대여한 유물을 인도 조각품, 도자기, 동전, 도장과 나란히 전시해 상업이나 종교, 죽음에 대한 관념의 뿌리가 세계 어디서나 같다는 점을 조명할 것이다. "사람들이 하려는 일은 어딜 가나 똑같다는 점을 상기시켜주죠." 대영 박물관 전 관장이자 이 프로젝트 건으로 게티재단의 고문을 맡은 닐 맥그리거(Neil MacGregor)는 이렇게 말한다. "문명이란 다른 사람들과 늘 함께하는 무언가를 말합니다."

이 프로젝트는 인도의 미래 발전에 중요한 역할을 한다. 인도의 14억 인구 중 절반가량은 25세 이하다. 2026년이면 스마트폰 보급 대수가 약 10억 대에 이른다. 하지만 인문학 교육은 부실하다. 학교나 대학 내 정규 과정도 거의 없고, 박물관 교육 프로그램도 찾아보기 어렵다. 이러한 교육 공백 상태에서 나렌드라 모디(Narendra Modi) 총리가 이끄는 집권당 인도국민당(BJP)의 선전으로 인도에는 맹렬한 문화적 민족주의가 팽배하다.

CSMVS 박물관과 다른 박물관들의 협업은 인류 지식, 혁신, 전통의 창조와 교류에 기여한 인도의 역할 외에도 세계 문화사를 보여주는 새로운 방법을 제시하며 유용한 균형추 역할을 할 것이다. "너도 나도 민족 정체성을 시끄럽게 외치는 세상에서, 인도 문화를 훨씬 더 큰 틀 안에 놓는 것은 문화가 세계적으로 공유된다는 강력하고도 긍정적인 주장"이라고 맥그리거는 말한다.

모든 시대를 망라하는 세계 유수의 박물관들은 여전히 유럽과 미국에 집중돼 있고, 이 박물관들은 대개 세계 문화사가 지중해나 근동에서 시작한다고 본다. 뭄바이, 또는 앞으로 예상되듯 멕시코시티나 상하이의 관점에서 세계사를 다시 서술한다면 다른 관점을 얻을 수 있을 것이다. 또한 이 프로젝트의 핵심에 있는 협력은 전 세계 보물을 욕심스럽게 그러쥐고 있다고 너무도 자주 평가받는 선진국 박물관들과, 부족한 소장품으로 세계사를 들려주려 애쓰는 남반구의 신생 박물관들 간의 관계를 재구성할 것이다. "박물관은 책을 대출해주는 도서관 같아야 한다"고 한 큐레이터는 제안한다.

"문명이란 다른 사람들과 늘 함께하는 무언가를 말합니다."

프로젝트 첫 단계로 2023년 가을에 열릴 전시에서, 런던과 베를린에서 온 종교 조각품들은 CSMVS 박물관의 원형 홀에 전시된 인도 신들, 예를 들어 머큐리 같은 풍요의 신인 락슈미(Lakshmi)나 (아테네의 여신이 아테나이듯) 뭄바이의 여신인 뭄바(Mumba) 곁에 자리할 것이다. 유럽이나 미국과 달리 인도에서는 신들이 여전히 활발하게 숭배된다는 점도 강조될 것이다. "인도 관람객은 인도 조각 전시관을 사원처럼 여긴다"고 한 인도 큐레이터는 말한다. 2024년에 열릴 다음 단계의 전시는 더 깊게 들어가, 인더스 계곡에 집중하며, 인더스강을 비롯해 나일강, 황허강 유역의 문화가 어떻게 전 세계적으로 상업 발전과 사상 전파, 세력 투사를 촉진했는지 살펴볼 것이다.

이번 고대 세계 갤러리 프로젝트는 게티재단이 소장품 공유 프로그램을 확대하는 계기가 될 것이다. 문화재 반환 요구가 거세지는 시점에서, 이 프로젝트는 인류 공동 유산을 어떻게 공유할지 하는 논의에 새로운 활력을 불어넣길 희망한다.

쇼를 다시 시작하자
—
2023년에 주목할 새 박물관과 전시회

레이첼 로이드(Rachel Lloyd) 〈이코노미스트〉 문화 부문 부편집자

암스테르담 국립미술관(Rijksmuseum)은 많은 박물관과 마찬가지로 코로나19 팬데믹 기간에 어려움을 겪었다. 2020년 연간

관람객이 67만 5,000명밖에 안 돼 1960년대 이래 최악의 해를 보내나 했더니, 2021년에는 암스테르담의 보물들을 보러 온 사람이 62만 5,000명에 그쳤다. 하지만 2023년 2월이면 직원들은 미술관을 다시 찾을 어마어마한 인파를 맞이할 준비를 하고 있을 것이다. 곧 선보일 요하네스 베르메르(Johannes Vermeer) 전시는 베를린, 더블린, 헤이그, 뉴욕, 워싱턴에 소장된 베르메르 추정 작품 약 35점 중 27점을 한데 모은 역대 최대 규모의 전시가 될 것이다. 이 전시에서는 1660년경 작품인 〈우유를 따르는 여인(The Milkmaid)〉을 과학적으로 분석해 베르메르의 화법을 조명하는 최근 연구 결과도 공개된다. 이 전시는 2023년의 블록버스터급 미술전이 될 것이다.

19세기 말과 20세기 초 작품을 선호하는 사람이라면 런던 내셔널 갤러리에서 3월에 열리는 '인상주의 이후(After Impressionism)' 전시 입장권을 예매해야 한다. 이 전시는 폴 세잔(Paul Cezanne), 빈센트 반 고흐(Vincent van Gogh), 구스타프 클림트(Gustav Klimt), 앙리 마티스(Henri Matisse), 에드바르트 뭉크(Edvard Munch), 파블로 피카소(Pablo Picasso), 오귀스트 로댕(Auguste Rodin)의 작품을 한데 모아 입체주의와 표현주의 같은 미술 사조가 어떻게 유럽 전역의 도시들에서 발달했는지 탐구한다. 피카소를 좋아한다면 이외에도 기대할 만한 전시가 많다. 피카소 서거 50주년에 맞춰 미국과 유럽에서 기념전이 다수 열릴 예정이다.

2023년에는 영국의 여러 문화 기관도 다시 문을 연다. 돌아오는 여름, 빅토리아앤드앨버트(V&A) 어린이 박물관은 작품 2,000여 점이 있는 전시관 세 곳을 새로 열고 '영(Young) V&A'라는 새 이름으로 관람객을 맞이한다. 국립 초상화 미술관(National Portrait Gallery)도

누가 그래?

3년간의 보수 공사 끝에 일반에 다시 공개된다. 과학 박물관(Science Museum)은 에너지 혁명(Energy Revolution) 전시관을 처음으로 공개할 예정이나, 반응은 그리 뜨겁지 않을 것이다. 전시관의 주제는 기후 변화를 어떻게 멈출 것인가 하는 시급한 내용을 담고 있다. 하지만 주요 후원사가 석탄 광업에 관여하고 있는 인도 대기업 아다니그룹(Adani Group)이라는 사실을 두고 비판이 쏟아졌다.

전시 공간을 새롭게 단장한 경우도 있지만 완전히 새롭게 개관하는 곳도 있다. 2019년 한국 정부는 2023년까지 박물관과 미술관 186개를 설립하겠다는 계획을 발표했다. 아마 그중에서 가장 흥미로운 곳은 2023년 하반기 개관 예정인 서울 로봇 인공지능 과학관일 것이다. 이 박물관은 기계의 정교함을 안팎으로 증명할 것이다. 설계를 맡은 멜리케 알티니시크(Melike Altinisik)에 따르면 로봇은 전시만 되는 것이 아니라 과학관의 설계와 제작, 건설에도 관여해왔다고 한다.

이처럼 로봇이 첫 로봇 박물관 설립을 도울 것이다.

다른 박물관들은 인간사에 더 집중할 것이다. 1월에는 2000년 처음 제안됐던 국제 아프리카계 미국인 박물관(International African-American Museum, IAAM)이 사우스캐롤라이나주 찰스턴에서 개관한다. IAAM은 약 10만 명의 아프리카인 노예가 상륙했던 개즈든 부두 (Gadsden's Wharf) 옛터에 자리 잡고 있다. 관람객들이 '험난하고 비인도적이었던 중간 항로(Middle Passage)'에 관심을 갖고, 아프리카인 노예들과 그 후손들의 '노동, 저항, 독창성이 우리가 사는 세상의 면면을 만들었다'는 점을 돌아보게 하는 것이 박물관의 목표다. 관람객들은 또한 가족사를 되짚어보고 아프리카계 미국인 문화의 영향력을 생각해보거나, 박물관 내 정원에서 조용히 깊은 생각에 빠질 수도 있을 것이다.

IAAM과 정신을 공유하는 한 박물관도 마침 2023년에 개관한다. 전직 저널리스트이자 정치인인 코조 아쿠아 얀카(Kojo Acquah Yankah)는 1994년 미국 노예무역 375주년 행사에 참석한 뒤 아프리카 문화와 역사를 다루는 박물관에 대한 아이디어를 떠올렸다. 범아프리카 유산 박물관(Pan African Heritage Museum)은 사하라 이남 아프리카의 유럽 식민지 중 처음으로 독립을 이룬 국가인 가나에 자리 잡았다. 건물 외관은 특별한 일이나 사람을 알릴 때 주로 쓰는 악기인 뿔 나팔 모양을 닮았다.

박물관 소장품(일부는 이미 온라인에서 볼 수 있다)은 잘 알려지지 않은 아프리카 대륙의 왕국들에 이목을 집중시키고, 역사적 인물들을 기리며, 아프리카 제국들이 세계 문명에 미친 영향을 강조할 것이다. 이 박물관의 야심

로봇이 첫 로봇 박물관 설립을 도울 것이다.

찬 목표는 관람객들이 아프리카 역사와 문화, 문명에 대해 잘못 알고 있던 지식을 버리고, '인류의 기원부터 현재까지 다시 배워볼 수 있는 성지 순례지'가 되는 것이다.

다음 에피소드

—

할리우드 100주년, 관객 취향은 제작사들이 내놓는 결과물보다 빠르게 변하고 있다

톰 웨인라이트(Tom Wainwright) 〈이코노미스트〉 기술 및 미디어 부문 편집자

19 23년 캘리포니아의 부동산 개발 업체 우드러프앤드숄츠(Woodruff and Shoults)는 새로 조성한 주택단지를 홍보할 아이디어를 떠올렸다. 노새 무리를 동원해 높이가 각각 15미터인 거대한 흰 글자 13개를 언덕 위로 끌어올려 새 개발지를 광고하기로 한 것이다. 이것이 바로 '할리우드랜드(HOLLYWOODLAND)'였다.

100년이 지난 지금도 할리우드 사인은 건재하다(다만 'LAND'는 1949년 보수 작업 중에 떼어냈다). 하지만 그 아래서 돌아가는 영화 산업은 대대적인 변화를 겪고 있다. 사람들이 찾는 콘텐츠와 시청 방식은 지난 한 세기 동안보다 앞으로 더 많이 바뀔 것이다.

1923년에 영화관을 자주 찾던 사람이 현재에 뚝 떨어진다면 당시만 해도 실험적이던 컬러 화면, 영상과 딱 맞아떨어지는 소리에 감탄할 것이다. 하지만 익숙하게 느껴지는 부분도 많을 것이다. 지구가 그려진 유니버설 로고나 산꼭대기 위에 별이 둥글게 떠 있는 파라마

운트 로고 등 제작사 로고는 오늘날 그렇듯 1920년대에도 매우 성공적인 일부 영화에 등장했다. 디즈니와 워너브라더스는 모두 1923년에 설립돼 2023년에 100주년을 맞는다.

극장 경험도 눈에 띄게 유사하다. 영화와 음향의 품질이 팝콘 통크기와 마찬가지로 월등히 좋아지긴 했다. 하지만 3D 영화나 휘어진 '시네라마' 스크린, 영상 속 냄새를 전달하는 '스멜오비전(Smell-O-Vision)' 등 더 큰 혁신은 완전히 실패했다. 영화 산업은 TV 유통이라는 부가 시장에서 얻는 수익 없이 손익분기점을 넘기기 어렵기 때문에 가정에서 쉽게 재현될 수 없는 기술은 지속되기 어렵다.

하지만 나머지는 많이 바뀌었고 앞으로도 더욱 그럴 듯하다. 오늘날 영화관이 1923년에서 온 관객들에게 익숙해 보일지는 몰라도, 요즘 사람들이 영화관을 이용하는 방식은 이전과 꽤 다르다. 1930년에는 미국인의 3분의 2가 영화뿐 아니라 뉴스나 드라마, 만화를 보관객들은 수백만 달러의 제작비가 들어간 영화를 외면하고 자체 제작 콘텐츠를 선택하고 있다.

러 적어도 일주일에 한 번 극장에 갔다. 이후로 수십 년간 '장편' 영화를 제외한 모든 콘텐츠가 TV로 옮겨 오면서 영화 관람은 특별한 일이 됐다. 2019년에 미국인이 영화관을 찾은 횟수는 평균 3.5번이었다.

전 세계 영화 흥행 수익은 코로나19가 초래한 대변동으로 2020년 82% 감소했으며, 이 추세는 일시적이지 않을 것이다. 한 제작사 대표는 극장가 수익이 영영 회복되지 않을지도 모른다고 인정하며, 일부 영화관이 락다운 기간에 폐업한 것과 스트리밍 서비스의 도입 속도가 빨라진 것을 원인으로 꼽는다. 후자의 경향은 많은 '할리우드' 작품이 이제 북쪽에 있는 기술 기업들의 감독 아래 놓이게 된다는 뜻이기도 하다. 해안을 따라 480킬로미터 북쪽인 쿠퍼티노에 있는 애플의 경우, TV플러스(tv+) 서비스를 출시한 지 단 3년 만인 2022년 오스카 작품상을 수상했다. 최근 세계 최대 규모의 자본을 들여 〈반지의 제왕: 힘의 반지〉를 제작한 아마존은 훨씬 더 북쪽인 시애틀에 있다.

1923년에서 온 시간 여행자가 후손들이 6미터 스크린을 버리고 50센티미터 화면을 택하는 모습에 놀란다면, 다음 최신 경향은 훨씬 더 이해하기 어려울 것이다. 미국 영화협회(Motion Picture Association)에 따르면 오늘날 미국인은 토머스 에디슨(Thomas Edison)이 발명한 초기 영화 영사기 화면보다 약간 더 큰 모바일 화면으로 하루 평균 50분 동안 영상을 본다. 아이들은 더해서, TV 프로그램 한 편 전체를 적어도 일주일에 한 번 모바일로 본다는 비율이 60%다. 영국 미디어 규제 기관인 오프컴(Ofcom)에 따르면 16~34세의 영국인은 유튜브 모바일 앱에서만 하루 1시간 이상을 쓴다.

한 세기 전 관객들에게 더욱더 당혹스러울 현상이 있다. 요즘 소비자들은 큰 화면을 버리고 작은 화면을 선택하기만 하는 것이 아니다. 1920년대 영화보다 제작 품질이 떨어지는 자체 제작 콘텐츠를 보느라 수백만 달러의 제작비가 들어간 영화를 외면하고 있다. 2023년에는 기술이 더 발전하고 결과물도 더 화려해지겠으나, 관객들은 어깨를 으쓱하고는 작은 모바일 화면 위에 스트리밍되고 있는 흐릿한 자체 제작 영상으로 돌아갈 것이다.

인형과 슈퍼히어로

—

〈바비〉부터 〈인디아나 존스〉까지 신작 영화들로 풍성한 잔칫상이 차려진다

레이첼 로이드

2022년 여름 바비 인형의 첫 실사 영화 〈바비〉의 촬영 현장이 사진으로 공개되며 인터넷을 뜨겁게 달궜다. 사진에는 바비 역할을 맡은 마고 로비(Margot Robbie)와 켄 역할을 맡은 라이언 고슬링(Ryan Gosling)이 형광색 의상을 맞춰 입고 롤러블레이드를 타는 모습이 담겼다[이 패션은 이후 '바비코어(Barbiecore)'라는 이름을 얻었다].

2023년 7월이면 관객들은 호기심을 충족할 수 있을 것이다. 영화는 바비가 '충분히 완벽하지 않다'는 이유로 마을에서 쫓겨나며 시작된다. 〈레이디 버드〉, 〈작은 아씨들〉의 감독이자 오스카 감독상 후보에 올랐던 그레타 거윅(Greta Gerwig)이 각본을 공동 집필하고 연출을

80대가 된 해리슨 포드가 〈인디아나 존스〉로 돌아온다.

맡았으니, 천연덕스러운 위트가 넘칠 것을 기대해도 좋을 것이다.

물론 〈바비〉가 2023년에 개봉하는 유일한 프랜차이즈 영화는 아니다. 슈퍼히어로의 세계관이 계속 확장되는 가운데 신작 〈더 마블스〉, 〈블레이드〉와 〈가디언즈 오브 갤럭시 3〉가 극장가를 찾는다. 액션 장르에서는 톰 크루즈(Tom Cruise)가 일곱 번째 불가능한 미션에 착수하며, 키아누 리브스(Keanu Reeves)는 〈존 윅: 챕터 4〉로 돌아온다. 마이클 B. 조던(Michael B. Jordan)은 〈크리드 3〉(〈록키〉 프랜차이즈의 스핀오프)에서 또다시 링에 올라 치열한 한 판 승부를 벌인다.

아마도 가장 놀라운 소식은 이제 80대가 된 해리슨 포드(Harrison Ford)가 〈인디아나 존스 5〉로 돌아온다는 사실일 것이다. 1960년대 우주 경쟁을 배경으로 한다는 이번 모험은 전편 이래 15년 만에 개봉할 예정이다(해리슨 포드가 촬영장에서 중상을 입어 영화 촬영이 연기됐다).

다가오는 해에는 인물의 일대기를 그린 드라마 장르의 영화도 넘쳐날 것이다. 미국의 게이 정치인 하비 밀크(Harvey Milk)를 조명한 전기 영화로 오스카 감독상을 수상한 더스틴 랜스 블랙(Dustin Lance Black)이 이번에는 1963년 워싱턴 대행진을 조직한 게이 민권 운동가 바야드 러스틴[Bayard Rustin, 사진 속 콜먼 도밍고(Colman Domingo)가 연기한다]을 그린 영화 〈러스틴〉의 각본을 집필했다. 브래들리 쿠퍼(Bradley Cooper)는 〈마에스트로〉에서 존경받는 작곡가 레너드 번스타인(Leonard Bernstein) 역할로 출연하며, 킬리언 머피(Cillian Murphy)는 크리스토퍼 놀란(Christopher Nolan) 감독의 최신작에서 흔히 원자폭탄의 아버지로 여겨지는 이론 물리학자 J. 로버트 오펜하이머(J. Robert

더스틴 감독의 〈러스틴〉

Oppenheimer) 역할을 맡는다.

문학적 감수성이 있는 사람이라면 기대할 만한 작품이 많다. 앨리스 워커(Alice Walker)의《컬러 퍼플》, 크리스틴 해나(Kristin Hannah)의《나이팅게일》, 로알드 달(Roald Dahl)의《기상천외한 헨리 슈거 이야기》가 영화로 각색된다. 마틴 스코세이지(Martin Scorsese)는 2017년 출간된 베스트셀러 논픽션을 바탕으로 1920년대 오클라호마에서 오세이지(Osage) 부족민들이 연달아 살해된 사건을 다룬 〈킬러스 오브 더 플라워 문〉을 연출한다[출연진에는 감독이 아끼는 레오나르도 디카프리오(Leonardo DiCaprio)와 로버트 드 니로(Robert De Niro)가 포함됐다]. 또한 2023년은 브램 스토커(Bram Stoker) 팬들에게 특히 즐거운 한 해가 될 것이다. 〈렌필드〉와 〈데메테르호의 마지막 항해(The Last Voyage of Demeter)〉가 개봉하니 팬들은 〈드라큘라〉에서 영감을 얻은 영화를 두 편이나 감상할 수 있을 것이다.

엘리스 버(Elise Burr) 〈이코노미스트〉 프리랜서 통신원

7세기 아라비아 공주 힌드(Hind)는 황제의 후궁이 되길 거부하고 사막으로 도망친다. 공주는 한 방랑자의 도움을 받아 반목하던 부족들을 연합해 자신이 거부한 황제와 전투에 나선다. 사우디아라비아 최대 미디어 기업인 MBC와 할리우드 제작사인 AGC 스튜디오가 공동 제작한 영화 〈데저트 워리어(Desert Warrior)〉의 줄거리는 이렇게 흘러간다. 아이샤 하트(Aiysha Hart)가 주인공 '힌드'로 나오며, 현재 마블의 슈퍼히어로 유니버스에서 캡틴 아메리카를 맡고 있는 앤서니 매키(Anthony Mackie)도 함께 출연한다.

중동은 영화와 TV 산업에서 오랫동안 빛을 발하지 못했다. 2023년에는 다를 것이다. 시장 조사 업체 옴디아(Omdia)의 수석 분석가인 콘스탄티노스 파파바실로포울로스(Constantinos Papavassilopoulos)에 따르면, 스트리밍 서비스를 위해 제작된 아랍어 TV 시리즈는 2019년에 비해 두 배로 증가할 것이다. 사우디 정부는 2030년까지 적어도 100편의 영화를 자국에서 제작하길 바라며 재정을 지원할 용의도 있다.

사우디아라비아는 중동의 미디어 허브로서 지위를 구축하려 한다. 한때 중동의 영화 중심지였던 이집트에서는 권위주의 통치가 산업 발전을 가로막았다. 사우디 정부는 지난 5년간 영화관 영업 금지를

해제하고 MBC의 지배 지분을 확보하는 한편, 영화제를 개최하고 영화 산업에 640억 달러 투자를 약속하는 등 이집트와 다른 방향으로 가고 있다는 것을 보여주려 노력해왔다.

아랍 영화의 예산도 늘어날 것이다. 〈데저트 워리어〉는 지금까지 사우디아라비아에서 만든 영화 중 제작비가 가장 많이 들었다고 알려졌다. 마찬가지로 MBC에서 제작한 〈마녀들의 부상(Rise of the Witches)〉도 사우디아라비아에서 제작비를 가장 많이 쓴 TV 프로그램이라고 한다. 두 작품은 모두 2023년에 공개될 것이다.

넷플릭스도 성장을 회복하기 위해 새로운 시장에 눈을 돌리면서 아랍권 콘텐츠 투자에 나섰다. 2022년에는 아랍어로 된 첫 오리지널 영화 〈퍼펙트 스트레인저스(Perfect Strangers)〉와 한 이집트 엄마가 이혼 이후 인생을 헤쳐나가는 드라마 〈잃어버린 올라를 찾아서(Finding Ola)〉를 내놓았다. 이 드라마는 2023년에 총 6화로 구성된 두 번째 시즌이 나올 예정이다.

수십 년 동안 아랍 드라마는 신성한 달인 라마단 기간에 가족들이 함께 모여 매일 밤 한 부씩 시청하는 라마단 연속극(Ramadan serial)을 중심으로 돌아갔다. 스트리밍이 부상하면서 이제는 10부작 이하로 제작되는 드라마가 늘어날 것이다. MBC도 미국처럼 결말이 정해지지 않은 드라마 형식에 투자하고 있다.

장애물은 여전히 남아 있다. 현지 영화인들이 제작 경험이 부족한 탓에 사우디 영화 산업은 외국 노하우에 의존하고 있다. 하지만 할리우드에서 사람들을 불러들이기란 어려울지도 모른다. 2022년 사우디아라비아는 〈토이 스토리〉의 스핀오프인 픽사의 〈버즈 라이트이어〉에 게이들의 키스 장면이 나온다는 이유로, 또 마블의 〈닥터 스트

레인지: 대혼돈의 멀티버스)에 레즈비언 캐릭터가 등장한다는 이유로 두 영화의 상영을 금지했다. 이성애자 간의 애정 신마저도 대부분 검열된다. 게다가 대규모 예산과 스타 배우가 찬사를 보장하는 것도 아니다. 사우디 정부의 영화 산업 투자가 결실을 맺을지는 다가오는 해에 관객들이 결정할 것이다.

수직 생활
———
유명 건축가들이 세운 고층 건물들이 키토의 스카이라인을 바꿔놓을 것이다

클레어 매큐(Claire McQue) 〈이코노미스트〉 문화 부문 부편집자, 소셜 미디어 부문 편집자

길고 좁은 안데스 고원을 따라 눈 덮인 화산 아래 세계에서 두 번째로 높은 수도가 펼쳐진다. 하지만 키토(Quito)가 품은 아름다움의 원천은 도시 계획가들에게는 골칫거리다. 집을 새로 지을 공간이 제한적이기 때문이다. 그래서 키토는 위로 가고 있다.

2023년 새로운 초고층 건물 두 채가 키토의 스카이라인을 이미 바꿔놓고 있는 고층 구조물의 대열에 합류한다. 유명 건축 회사 비야케 잉겔스그룹(Bjarke Ingels Group, BIG)이 설계한 건물이 키토 중심부에서 100미터 위로 솟아오를 것이다. 24층 타워 '콴바스(Qanvas)'도 근처에서 공사가 마무리될 것이다. 이 두 건물은 2022년 BIG가 키토에 처음 세운 마천루이자 키토에서 가장 높은 건물인 '아이콘(IQON)'의 뒤를 잇는다.

키토에서 초고층 건물은 아직 생경하다. 아이콘이 들어서기 전 도시의 스카이라인에서 가장 두드러지는 건축물은 19세기 바실리카 성당이었다. 그러다 2013년 공항이 수도 밖으로 이전되면서 더 높은 구조물이 들어설 수 있게 됐다. 2016년 새로 도입된 법에 따르면 건물 부지가 2022년 하반기 개통될 전철역에 가까울 경우 개발 업체는 건축물 높이를 두 배까지 높일 수 있다. 다만 친환경 건설 규정을 준수해야 한다는 단서가 붙는다.

높은 곳에서 누리는 생활

결국 의도는 대중교통 중심지를 위주로 도시를 계획하겠다는 것이다. 부동산 개발 업체 유리베 슈바르츠코프(Uribe Schwarzkopf)의 대표인 조셉 슈바르츠코프(Joseph Schwarzkopf)는 키토 곳곳에 들어설 초고층 건물을 유명 건축가 열 명에게 의뢰했으며, 키토를 '15분 도시', 즉 시민들이 집에서 15분 거리 내에서 업무와 식사, 사교 활동을 모두 할 수 있는 도시로 만들고 싶어 한다. 그러면 대기를 오염시키는 차량 이동이 사라지고 삶의 질이 개선되리라는 것이다.

나무로 뒤덮인 '수직 생활'용 건물은 알바니아의 수도 티라나부터 중국 후베이성의 황강에 이르기까지 전 세계 여러 도시에 세워지고 있다. 하지만 에콰도르 수도 내 건설 작업에 일류 건축가들이 집중된 것이 눈에 띈다. 정글을 닮은 싱가포르 공항의 설계를 지휘한 모셰 사프디(Moshe Safdie), 프리츠커(Pritzker)상을 수상한 프랑스 건축가 장 누벨(Jean Nouvel)도 여기에 포함된다.

일부 키토 시민은 당혹스러운 시선을 보내며, 이런 호화로운 아파트가 누구에게 도움이 되겠냐고 걱정한다. 현지의 한 건축가는 도시 계획가들이 아니라 민간 개발 업체들이 키토에 큰 영향을 미치고 있는 것을 우려한다.

비슷한 우려는 다른 곳에서도 나온 적이 있다. 콴바스를 설계한 건축 회사의 곤살로 디에스(Gonzalo Diez)는 이것이 도시가 발달하며 겪는 자연스러운 현상이라 말한다. 1970년대와 1980년대 건축가들도 키토의 저층 주택들을 고층 구조물들로 바꿔놨다는 것이다. "우리는 그들과 같은 일을 하고 있습니다. 규모가 다를 뿐이죠."

새로운 체제는 대개 예고 없이 나타난다. 무엇이 될지 모르기 때문에 미리 알릴 수 없는 것이다.

지금 우리는 유례없는 규모와 범위의 움직임을 경험하고 있다. 인류 역사에서 가장 큰 과제에 직면해 인류 역사에서 가장 큰 움직임이 나타나고 있다. 이 움직임을 '기후 변화 운동'이라 부르되, 이것이 기후 변화에 관한 것만은 아니며 각종 뜨거운 쟁점에 영향을 준다는 점을 인식하자. 몇 가지 예를 들면 민주주의, 선거 제도, 경제, 이주, 불평등, 농업, 여성 인권, 자원 채굴, 공동 소유, 개인의 생활 방식 선택 문제를 재검토하자는 움직임도 일고 있다.

2022년 9월 나는 바르셀로나에서 열린 '픽싱 더 퓨처(Fixing the Future)'라는 모임에 참석했다. 100여 개 단체 사람들이 모여 앞서 말한 각종 주제를 논의했으며, 참여 단체로는 유럽 재야생화(Rewilding Europe), 바다의 관찰자들(Observadores del Mar), 새로운 시민권 프로젝트(The New Citizenship Project), 기후 정의를 위한 방글라데시 청년 네트워크(YouthNet for Climate Justice Bangladesh), 가나 플라스틱 펀치(Plastic Punch Ghana) 등이 있었다.

다들 무슨 이야기를 나눴냐고? 관계, 그러니까 사람들 간의 관계와 인간과 지구의 관계를 이야기했다. 실제로 기능하는 지구를 만들려면 어떻게 해야 할지 논의했다.

이런 자리에서는 새로운 아이디어가 나오고, 새로운 관계도 생긴다. 내가 새로 알게 된 사람이 적어도 20명이니, 다른 참석자들도 모두 마찬가지라고

음악인, 아티스트이자 활동가인 **브라이언 이노(Brian Eno)**는 지구를 지키려는 조용하지만 결연한 움직임이 전 세계에서 나타나고 있다고 말한다.

명예로운 배지

2022년 10월 브라이언 이노의 앨범 〈포에버앤드에버노모어(ForeverAndEverNoMore)〉 [버브(Verve) / UMC 제작]가 발매됐다.

가정하면 이곳에서만 약 1만 개의 새로운 관계가 만들어졌을 것이다. 이처럼 같은 생각으로 뭉친 사람들의 관계가 바로 사회 운동의 발판이다.

아마 그 주에 같은 주제로 열린 회의가 전 세계적으로 100개는 될 것이다. 한 주 동안 기후 변화 문제와 관련해 새로 만들어진 관계가 100만 개인 셈이다. 공식 행사만 고려해도 이 정도다. 우리는 모두 같은 이야기를 하고 있다. 얼마나 많은 이들이 함께하고 있는지 아는 사람은 거의 없다(나는 우리가 서로 알아볼 수 있도록 '우리는 같은 편'이라 쓰인 작은 녹색 배지를 달고 다녀야 한다고 생각한다).

미래를 둘러싼 담론이 이렇게 전 지구적으로 일어나고 있는데, 왜 언론에는 더 크게 보도되지 않는지 의아할지도 모르겠다. 문제는, 다들 알다시피 좋은 소식은 신문 판매 부수나 기사 클릭 수를 올리지 못한다는 것이다. 기후 관련 뉴스 중 TV에 나올 만큼 극적인 것은 이목을 끄는 큰 사건(홍수와 화재)뿐이라 우리는 나쁜 소식만 접하게 된다. 하지만 뉴스의 이면을 들추면 장기적 안목으로 사회 구조를 다시 생각하자는 움직임이 저 아래 깊은 곳에서 느리게 일어나고 있다. 움직임이 거세지기 전에는 주의를 끌지 못한다. 그러다 여러 갈래의 뿌리가 튼실하게 자라나면서 첫 새싹이 땅을 뚫고 돋아나기 시작한다.

이런 담론에 참여하는 사람 중 상당수는 예술가다. 왜 그럴까? 우리는 세상을 안전하게 경험하려 할 때 예술을 찾는다. 예술 안에서는 강렬한 감정을 경험할 수 있다. 원한다면 언제든 책을 덮을 수도 있다. 목숨이나 건강을 잃을 위험 없이 다른 세상에 빠져들어 이 세상이 불러일으키는 감정을 오롯이 느껴볼 수 있다. 아이들이 놀이를 통해 세상의 원리를 배우는 것과 마찬가지다. 어른들에게는 예술이 놀이다. 조지 오웰의 《1984》를 읽으면 실제로 가보지 않고도 전체주의 사회에서 산다는 것이 어떤 느낌인지 알 수 있다.

예술은 무엇이 가능한지 상상하게 하고 그 상황에서 어떤 느낌이 드는지 살펴보게 한다. 전 세계적으로 댄스 열풍을 일으킨 '예루살레마(Jerusalema)'라는 히트송이 있다. 수많은 사람이 이 노래에 맞춰 제각기 춤을 추고 영상을 촬영해 유튜브에 올렸다. 수사와 수녀 100명이 춤추는 모습을 찾아보라. 폴란드 건설 노동자 25명이나, 나이지리아 초등학생 200명이 나오는 영상도 좋다. 이것은 역대 최대 규모의 공연 예술 행사일지도 모르겠다. 여기서 얻을 수 있는 메시지는 무엇일까? 우리는 세계 각지에서 함께, 또 즐겁게 무언가를 할 수 있다는 것이다.

이런 메시지를 잘 전달하는 것이 예술이다. "이런 세상도 있을 수 있다. 자, 어떤 느낌이 드는가?" 느낌은 아직 언어를 얻지 못한 생각과 같다.

나는 파릇파릇한 새싹들이 훨씬 더 많이 올라오길 기대한다. 이를테면 시민 의회 형태의 새로운 민주적 의사 결정 방식이나 에너지 생산에 대한 새로운 접근법이 있겠다. 인간은 어떤 존재이며 지구에는 무엇이 필요한지 재인식해볼 수도 있다. 국제 협력 형태가 다양해질 수도 있다. 때로는 재미 삼아, 때로는 진지하게 시도해야 한다. 재미가 있어야 진지한 논의도 할 수 있다.

다음 단계는 이런 움직임이 구석구석으로 퍼져나가 새로운 동력을 얻는 것이다. 자신의 삶뿐 아니라 생명 자체를 사랑하는 사람들 말이다. 변화는 하루아침에 일어나지 않을 것이다(거센 반대에도 부딪힐 것이다). 하지만 우리 같은 사람은 생각보다 많다. 그래서 우리에겐 배지가 필요하다.

PART

2

THE WORLD AHEAD 2023

빅4

미국의 미래를 알고 싶다면
4대 '메가스테이트(mega-states)'에 주목하라

알렉산드라 스위치 배스(Alexandra Suich Bass)
댈러스, 〈이코노미스트〉 정치·기술·사회부 수석기자

정치광들이 워싱턴 DC에서 일어나는 일에 촉각을 곤두세우는 것은 당연하다. 하지만 미국이 어디로 향하고 있는지 진정으로 이해하려면 각 주, 특히 인구가 가장 많은 4대 주를 눈여겨봐야 한다. 캘리포니아, 플로리다, 뉴욕, 텍사스의 4대 주에 미국 인구 3분의 1 이상이 살고, 네 주의 GDP를 합치면 국가 GDP의 3분의 1을 넘어선다.

비단 규모가 커서 중요하다는 것은 아니다. 4대 주에서 앞장서서 행하는 정책 실험은 다른 주와 워싱턴 DC로 확산되며 대세를 결정한다. 사상적 노선이 다른 4대 주는 미국이 향할 길에 대해 상반되는 비전을 제시하며 국내 분열이 심해지고 있음을 상징적으로 보여준다.

연방제의 설계상 특징 덕택에 각 주는 나름대로 실험을 수행할 수 있다. 전 대법관 루이스 브랜다이스(Louis Brandeis)의 말을 빌리면 주 하나하나가 '민주주의의 실험실(laboratories of democracy)'인 셈이다. 캘리포니아와 뉴욕은 세율이 높고 규제가 엄격한 만큼 사회안전망이 견고한 모델을 채택하고 있다. 플로리다와 텍사스에서는 세율이 높고 규제가 느슨하다.

캘리포니아와 뉴욕에서는 민주당이, 플로리다와 텍사스에서는 공화당이 집권당이다. 4개 주 모두 단일 정당이 입법부의 상원과 하원에 주지사 자리까지 장악하고 있는 '3연승(trifecta)' 주에 해당한다. 단일 정당의 지배는 이제 광범위한 추세다. 오늘날은 1992년에 비해 두 배 많은 37개 주가 '3연승'을 자랑한다. 그래서 여러 주에서는 유권자의 의지를 반영하기보다 정당의 정책을 실험하곤 한다. 예를 들면 텍사스에서는 강간과 근친상간도 예외 없이 수정 시부터 낙태를 금지하는 법안을 채택하고 있지만 텍사스 **4대 주 사이에서 일어나는 직접적 충돌에 주목하자.** 주민들은 대부분 이 정도로 가혹한 규제에 는 반대한다.

4대 주는 미국 전체가 그렇듯 양극단을 향하고 있으며 정면으로 대립하는 정책들을 내놓는다. 캘리포니아와 뉴욕은 진보적인 녹색에너지 정책을 도입해 캘리포니아는 2035년부터 화석 연료 사용 자동차의 판매를 금지한다. 반면 텍사스는 최근 석유·가스 추출 사업을 지원하지 않는 금융 기업의 텍사스 내 사업 운용을 규제했으며, 플로리다는 ESG 원칙을 기반으로 투자 결정을 내리는 것을 금지했다.

세 가지 측면에서 4대 주를 지켜보도록 하자. 먼저, 인구 측면이다. 세율이 높은 캘리포니아나 뉴욕 등에서 플로리다와 텍사스처럼 소득세가 없는 주로 대규모 인구 이동이 일어났다. 인구 확보는 미래를 좌우한다. 인구 증가는 경제의 동력이며 연방 전체에서의 정치력을 결정하기 때문이다. 2020년 인구 조사 이후 캘리포니아와 뉴욕이 각각 의석 1석씩을 잃는 사이 텍사스는 2석, 플로리다는 1석을 얻었다.

둘째, 각 주가 선택하는 정책 이슈에 관심을 기울이자. 이는 보통 국가적 논제의 예고편이다. 캘리포니아는 늘 선봉에 서서 민주당 의제를 다룬다. 정도는 덜하지만 뉴욕도 마찬가지다. 이미 낙태와 기후 변화, 불법 이민자에 대한 혜택과 관련된 정책을 시험했으며, 2023년에는 환경, 사회복지, 노동법 측면에서도 급진적인 입장을 취할 것이다. 플로리다와 텍사스는 공화당 정책을 최전선에서 도입하고 있으며 사회와 선거 측면에서 분열을 초래하는 새 법안을 내놓을 것이다.

세 번째로는 4대 주 사이에서 일어나는 직접적 충돌에 주목하자.

플로리다와 텍사스가 최근 도착한 이민자들을 민주당 집권 도시로 이송한 사례가 있다. 전투는 이주 강요부터 낙태까지 여러 전선에서 벌어질 것이다. 2023년에는 4대 주 주지사와 법무장관들이 여러 차례 언쟁을 벌이리라 예견된다.

캘리포니아 주지사 개빈 뉴섬(Gavin Newsom)과 플로리다 주지사 론 디샌티스(Ron DeSantis)가 격렬한 논쟁의 중심에 서게 될 것이다. 대통령 후보로 나설 가능성이 큰 두 정치인이 자신의 주를 통해 '미국인에게 무엇을 제공할 수 있는지 상징적으로 표현'할 것이라고, 캘리포니아 클레어몬트 맥케나대학의 켄 밀러(Ken Miller)가 말한다. 유권자들은 2024년 '골든 스테이트(Golden State)' 캘리포니아와 '선샤인 스테이트(Sunshine State)' 플로리다 중 어느 쪽이 미국 전체의 비전으로 바람직할지 골라야 할지도 모른다.

칼날 위를 걷는 듯

분열된 정부가 항상 정치적 교착 상태의 원인은 아니다

이드리스 칼룬(Idrees Kahloon) 워싱턴 DC, 〈이코노미스트〉 워싱턴 지부장

바이든 대통령의 임기 첫 2년은 당내에서 옥신각신하는 의원들의 합의를 끌어내려다 소모되고 말았다. 다음 2년간 그 과업은 불가능에 가까운 일로 변할 것이다. 11월 8일 중간 선거의 여파 속에 공화당이 (비록 근소한 차이지만) 하원의 지배권을 되찾았다. 2023년 1월 정부는

견제와 균형이 과도했나?

분열된 채 출발할 것이고 이 상황이 2024년 대통령 선거까지 이어질 것이다. 그다지 생산적인 결과가 있으리라 보기 힘들다.

한때는 야당에서 하원의장이 나온다고 해서 생산적인 입법 과정이 전혀 불가능해진다는 뜻은 아니었다. 하지만 최근 하원의장의 역할은 중재 역할을 하는 의원[로널드 레이건 시절의 팁 오닐(Tip O'Neill)처럼]보다는 고문에 앞장서는 사람으로 바뀌었다.

공화당에서 낸시 펠로시(Nancy Pelosi)의 뒤를 이어 하원의장 자리에 앉을 것으로 추정되는 케빈 매카시(Kevin McCarthy)가 예외일 거라고 희망할 근거는 거의 없다. 기술 대기업과 중국에 대한 회의론을 제외하고 민주당과 공화당이 뜻을 같이하는 부분은 찾기 힘들다. 공화당원들은 정책에 대한 선호보다는 민주당과 민주당을 지지하는 재계·문화계 인사에 대한 경멸로 똘똘 뭉친 것처럼 보인다.

국방비 지출액을 합의해 책정하는 등 중요하지만 관심을 받지 못하는 의회 업무는 진행되겠지만, 분열된 정부에서 다른 일은 모두 매

바이든 대통령이 2022년 말까지 끝내지 못한 일이 성취될 가망은 없어 보인다.

우 느릴 것이다. 바이든 대통령이 2022년 말까지 끝내지 못한 일이 성취될 가망은 없어 보인다.

그래서 민주당은 더욱 좌절할 것이다. 민주당 급진파는 의회 장악을 기회로 삼아 바이든이 사회복지와 기후변화 억제 관련 지출에 있어 새로운 시대를 열길 바랐다. 급진파가 원한 만큼은 아니지만 실제로 어느 정도 성공을 거두기도 했다.

바이든 대통령은 입법 대신 환경오염 및 대기업과 관련해서 광범위한 규제를 새로 도입하는 방향으로 돌아설 것이다. 하지만 엘리자베스 워런(Elizabeth Warren) 상원의원의 말을 빌리면 '거대한 구조적 변화'를 기대했던 당원들을 이 정도로 달래기는 어려울 것이다. 내부적 갈등이 여전한 가운데 공화당의 끈질긴 조사가 이어지면서 고령의 바이든이 2024년 대통령 후보로 부적합하다고 생각하는 민주당원이 많아질 것이다.

그렇다면 후계자 경합이 시작된다. 2020년 예비 선거에서 깊어졌던 민주당 중도파와 급진파 사이의 갈등이 이번에도 드러날 것이다. 부통령 카멀라 해리스(Kamala Harris)는 바이든의 후계자로 예상되지만 매력이 없다. 도전자들의 다툼이 2023년 민주당을 지배하게 될 것이다.

제임스 베넷(James Bennet) 워싱턴 DC, 〈이코노미스트〉 렉싱턴 칼럼니스트

미국은 새 정치 시대의 흥분을 눈앞에 두고 있다. 그러나 대신 아무도 원치 않는 피 튀기는 설욕전이 벌어질지도 모른다. 마침내 도널드 트럼프를 떠나보내는 사람이 그 미래를 결정할 것이다. 당내 경선에서 트럼프를 꺾을 후보가 나올까? 혹 2024년 대선까지 가게 된다면 상대는 바이든 대통령일까, 아니면 민주당의 새로운 방향을 제시하는 대표일까?

아무튼 당장은 트럼프의 나르시시즘이라는 블랙홀을 중심으로 미국 정계가 돌아갈 것이다. 정치적인 만큼이나 법적이고 심리적인 동기로, 트럼프는 다시 대선에 출마할 수밖에 없다고 느낀다. 그렇지 않으면 현재 그를 상대로 제기된 여러 형사·민사 사건에서 취약한 위치에 놓이게 될 것이다. 트럼프가 더 걱정할 문제는 심지어 따로 있다. 서서히 정치권과 무관한 사람이 되면서 먼저 스포트라이트가 사라지고, 이어서 기부자와 핵심 지지자들이 이탈하는 것이다.

그러나 중간 선거 결과 트럼프는 한 번 더 패배를 맛봤다. 유권자들은 그가 지지한 후보 다수를 외면했다. 반면 유력한 경합 대상인 론 디샌티스(Ron DeSantis) 플로리다 주지사는 새로운 공화당의 실세로 떠올랐다. 오랜 시간 트럼프로부터 자유로워지기를 바랐던 공화당 후원자와 요직자들은 디샌티스에게로 돌아설 것이다.

글렌 영킨(Glenn Youngkin) 버지니아 주지사에게 기대를 거는 사람들도 있다. 영킨은 플로리다 주지사보다 공화당의 문화적, 사회적 운동을 친절하고 부드럽게 이끌 수 있다고 평가된다. 마이크 펜스(Mike Pence)의 지지자도 보인다. 트럼프 정권 부통령이었으나 2020년 선거에서 트럼프의 폭동 동참 요구를 받아들이지 않은 덕에 공화당 복음주의 유권자들에게 정통성 있는 후보로 자리매김할 수 있었다. 이것이 얼마나 중요한 문제일지도 흥미로운 부분이다.

어쩌면 그다지 중요하지 않을지도 모른다. 트럼프를 빼놓을 수 없기 때문이다. 트럼프는 자기 영향력을 잘 알고 있어서 오랫동안 승산이 없는 싸움을 하며 충격을 몰고 왔다. 잠재적인 반대파와 비판 세력에 맞서 자신의 공격적인 지지자들을 진압봉처럼 휘둘렀고, 2021년

1월 6일의 국회 폭동이 특히 파괴적이었다. 트럼프 입장에서는 당내 경선에서 더 많은 상대 후보가 반트럼프 표를 갈라놓을수록 좋다.

그러나 이런 식의 접근은 결국 대선에서 제약으로 작용할 것이다. 트럼프가 '뉴욕 한가운데에서 사람을 쏴도 지지자를 잃지 않을 것'이라며 지지자들의 충성도를 확신한 이야기는 유명하지만, 그 이면이 존재한다. 트럼프 역시 지지자들에 대한 자신의 충성을 끝없이 증명해야 하니까. 그는 심지어 코로나19 백신 접종을 자랑할 수도 없었다. 부스터 샷을 맞았다고 언급한 집회에서 트럼프는 야유 세례를 받았다. 광신도를 구축하는 데 집착하는 행위는 왜 트럼프가 과반의 지지를 받은 적이 없는지 설명한다. 물론 지금은 가망이 없는 이야기다. 미국인 대부분은 트럼프의 행동에 진심으로 질렸다.

한편 민주당 캠프에서 바이든 대통령은 다음 임기에 후보로 나서지 말라는 압박을 받을 것이다. 고령인데다 지지율도 낮아서다. 다른 민주당 후보? 캘리포니아 주지사 개빈 뉴섬(Gavin Newsom), 미시간 주지사 그레천 휘트머(Gretchen Whitmer), 콜로라도 주지사 자레드 폴리스(Jared Polis) 중 누구라도 출마를 선언하면 다른 민주당 후보가 앞다투어 뛰어들 것이다. 역사는 당내 경선에서 격전을 치른 대통령에게 너그럽지 않았으나 바이든은 험난한 도전에 나설 수도 있다. 그렇다면 미국인들은 너무나 달갑지 않은 고령의 두 악당 사이에서 한 명을 선택해야 할지도 모른다.

바이든이 물러서는 지혜를 발휘한다면 카멀라 해리스는 부통령 직위와 흑인 여성이라는 정체성을 내세워 민주당을 집결하려 할 것이다. 일부는 이에 따르겠지만 행정부의 다른 인사들은 생각이 다르다. 교통부장관 피트 부티지지(Pete Buttigieg)와 중도파의 열렬한 지지를 받는 상무부장관 지나 러몬도(Gina Raimondo) 등은 경쟁에 나설 것이며 민주당의 방향을 놓고 격한 논의가 뒤따를 듯하다.

미국에서는 한동안 민주주의의 건전성에 대한 우려가 깊었다. 그러나 공화당과 민주당 양쪽에서 후보 자리를 놓고 다툴 차세대 리더들이 민주주의가 무엇인지 인상적인 그림을 보여줄지도 모른다.

권위를 회복하다
—
러시아에 대한 우크라이나의 승리는 미국에 이점뿐 아니라 복잡한 문제와 새로운 위험도 안길 것이다

앤턴 라 가디아(Anton la Guardia) 워싱턴 DC, 〈이코노미스트〉 외교 부문 편집자

윈스턴 처칠(Winston Churhcill)이 말하길, 전쟁은 세속적 역사의 이정표다. 러시아의 우크라이나 침공은 강대국 간 경쟁의 위험한 새 시대를 신호한다. 바이든 대통령은 러시아 침공을 물리치려는 우크라이나를 돕기 위해 무기를 모으고 제재와 외교적 압박을 가하는 등 훌륭하게 대처했다. 그러나 2023년에는 다가오는 승리와 관련된 복잡한 문제와 위험 때문에 고심하게 될지도 모른다.

바이든은 2020년대를 세계를 좌우하는 '결정적 10년'이라 선언했으며 그런 현 시기에 고려해야 할 잠재적 갈등은 여러 가지다. 먼저 바이든 행정부는 중국이 대만을 침공할 경우 행동에 나설 것을 다짐

외교 10만 톤

했다. 이란의 핵무기 획득을 막는다는 맹세는 거의 성공 단계에 접어들었다. 북한은 이미 보유하고 있는 핵무기를 사용하기 위한 미사일 테스트에 박차를 가했고, 이에 따라 미국과 남한이 군사 훈련에 나서면서 우발 전쟁의 위험이 높아지고 있다.

바이든이 기대했던 세상은 아니다. 대통령직을 맡을 당시에는 미국 경제에 투자하고, 이란과의 핵 협정을 이뤄내고, 중동의 전쟁에서 빠져나오고, 러시아와 안정적인 관계를 맺으며 전임 대통령들처럼 아시아로 눈을 돌릴 예정이었다. 그러나 푸틴 때문에 미국은 다시 유럽으로 주의를 돌릴 수밖에 없었다.

바이든 대통령은 세계 패권을 장악한 미국의 세계적 이해관계를 다시금 상기했을 것이다. 10월 발표된 국가 안보 전략에 따르면 세계 어딘가에서 혼란이 일어나면 미국은 어떤 식으로든 피해를 입는다. 그래서 바이든은 우크라이나에서의 성공이 이익으로 돌아오길 바란

바이든은 우크라이나의 중요한 후원자로서 언제, 어떤 조건으로 전쟁이 멈춰야 하는지에 강력한 발언권을 가지고 있다.

다. 러시아가 약해지고, 나토가 강화되고, 유럽의 회복력이 개선되며, 전 세계 독재자들에게 미국의 힘을 과시하며 경고할 수 있다면 더할 나위 없을 것이다.

그러나 먼저, 우크라이나는 승리해야만 한다. 바이든이 국내외에서 해결해야 할 문제가 많다. 올 겨울 에너지난이 유럽을 강타할 것이다. 미국에서는 공화당이 다시 하원을 장악했다. 미국제일주의 지지자들이 우크라이나에 적대적이라는 점을 생각하면 미국이 수백 억 달러가 드는 군사 및 경제 원조를 지속하기는 어려울 수 있다.

우크라이나가 2023년 굳건히 버틴다는 전제 하에 승리는 또 다른 문제를 일으킬 것이다. 특히 핵무기는 중요한 문제다. 러시아에 대한 우크라이나의 승리가 가까워질수록 핵무기의 유혹은 강해진다. 어떤 계기로 푸틴 대통령이 선을 넘지는 않을까? 아무도 모르는 일이다.

푸틴이 핵무기 대신 정치적 합의로 문제를 해결하려고 해도 우크라이나 쪽에서 어떤 타협안도 받아들이려 하지 않는다. 우크라이나는 러시아가 1991년 국경으로 완전히 물러나는 한편 배상과 전범 재판도 이뤄져야 한다고 주장한다. 유럽 일부 동맹국은 이런 요구가 과하다고 우려한다. 바이든은 아직 패를 꺼내지 않았지만 우크라이나의 중요한 후원자로서 언제, 어떤 조건으로 전쟁이 멈춰야 하는지에 강력한 발언권을 가진 것은 분명하다.

그러나 어떻게 합의가 이뤄지든 지속되는 평화보다는 깨지기 쉬운 휴전에 가깝다. 나토와 EU는 즉시 가입을 원하는 우크라이나 요구를 수락할지 결정해야 한다. 용기 있게 러시아에 맞서고 있는 우크라이나의 요구를 서구에서 거부하기는 힘들다. 그러나 나토 회원국이 된다면 미국이 우크라이나까지 핵우산을 확대해야 한다. 이는 평화를 지키는 데 도움이 될까, 아니면 러시아와의 직접 분쟁 위험을 높일까?

바이든 행정부에 따르면 러시아는 '즉각적이고 지속적인 위협'이다. 그러나 가장 골치 아픈 문제는 중국이다. 세계 질서를 다시 쓸 의지와 힘이 있는 유일한 국가이기 때문이다. 바이든은 러시아에 대항해 대리전을 추진하면서도 대중국 '반도체 전쟁(chip war)'의 고삐를 늦추지 않았다. 중국은 빠르게 군사력을 보강하고 있으며 향후 몇 년 안에 대만을 침공할지도 모른다. 이를 고려할 때 일부 전략가들은 우크라이나에서의 전쟁이 힘을 분산하는 위험 요소라고 우려한다.

바이든 행정부는 타의 추종을 불허하는 동맹 네트워크 덕에 러시아와 중국을 모두 막아낼 수 있다고 반박한다. 군사적으로 유럽 동맹국을 보호하는 것은 주로 육군의 일인 반면 아시아를 지원하려면 공군과 해군의 힘이 필요하다. 그러나 심지어 미국처럼 국방력이 대단한 국가에서도 군사 예산에는 늘 한계가 있다.

중간 선거에서 공화당이 득세하면서 미국 군대는 인플레이션을 웃도는 예산 지원을 받게 될 공산이 크다. 우크라이나에서 성공하면 미국의 지정학적 딜레마는 완화될 것이다. 러시아를 KO시키지 못하고 판정승만 거둬도 중국은 대만에서 질지도 모를 전쟁을 일으키는 도박을 걸 이유가 없다고 판단하게 될 수 있다.

비, 때때로 맑음

미국 경제는 위기가 아닌 침체기를 향해 가고 있다

사이먼 라비노비치(Simon Rabinovitch) 워싱턴 DC, 〈이코노미스트〉 미국 경제 부문 편집자

나쁜 소식부터 시작하자. 미국은 2023년 불황을 맞을 것이다. 지난 50년간 물가 상승률이 연 5%를 넘어서면 인플레이션을 제거하기 위한 불황이 찾아왔다(도표 참조). 현재의 인플레이션도 다르지 않을 것이다. 미국의 성장이 마이너스로 돌아서야만 걷잡을 수 없는 가격 상승 압박을 억제할 수 있을 것이다.

2022년 상반기에 미국의 경제 성장률이 이미 마이너스였다고 지적하는 사람도 있겠지만, 이 수치가 하락하는 중에도 노동 시장은 놀랄 만큼 활발했다. 그래서 공식적으로 불황을 파악하는 전미경제연구소(National Bureau of Economic Research)는 경기 침체를 선언하지 않았지만, 다가오는 2023년에는 침묵을 지킬 수 없을 듯하다. 성장이 둔화되며 실업률이 올라가 미국 경제는 반박의 여지없이 위축된 양상을 보일 것이다.

가장 큰 불황의 원인은 2023년 통화 긴축 정책을 펼 연준이다. 2022년 9월 연준 임원의 중간 예측에 따르면 현재 3%인 금리를 2023년 최소 4.6%로 인상할 예정이라고 한다. 그러나 2023년 초 인플레이션이 답답할 만큼 심각하게 지속되면 연준은 그 이상인 약 5%까지 금리를 올릴 수도 있다. 2022년 금리 인상으로 인해 이미 압박을 받고 있는 금융 시장은 부채가 있는 기업과 낭비가 심했던 가구가

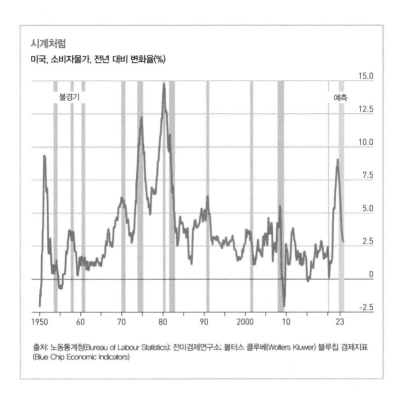

시계처럼
미국, 소비자물가, 전년 대비 변화율(%)

불경기

예측

출처: 노동통계청(Bureau of Labour Statistics); 전미경제연구소; 볼터스 클루베(Wolters Kluwer) 블루칩 경제지표
(Blue Chip Economic Indicators)

늘어난 이자 지출을 감당하지 못하면서 새로운 걱정거리를 마주할 것이다.

그러나 전망이 어둡기만 한 것은 아니다. 다가오는 불황이 가볍게 지나갈 것이라고 생각할 만한 근거가 있다. 2022년 내내 구인 공고는 구직자 수보다 훨씬 많았다. 성장이 위축되며 기업들이 고용 계획을 축소한다 해도 대규모 구조 조정이 일어날 가능성은 낮다는 뜻이다. 실업률은 2022년 최저치보다는 다소 높아지겠지만 이전의 일반적인 경기 침체기처럼 치솟지는 않을 것이다.

미국은 불황의 영향을 완화할 여러 완충 장치를 보유하고 있다. 코로나 팬데믹 시기 부양책의 효과가 지속된 덕이 크다. 2021년 말 주

2023년 말이면 미국 경제는 심각하지 않았던 불황에서 벗어날 것이다.

정부의 현금 보유액은 2019년의 두 배에 달하는 2,500억 달러였다. 코로나 이전과 비교했을 때 가구 초과 저축액은 약 1조 5,000억 달러다. 기업에서도 비상금을 탄탄하게 쌓아두었다. 불황이 오면 이러한 보유고는 줄어들겠지만 성장 둔화 가운데 대규모 지출 삭감이 일어나는 것을 방지하기에는 충분하다.

미국 경제의 풍경은 2023년을 거치며 눈에 띄게 달라질 것이다. 인플레이션은 결국 완화되고, 불황이 오면 전월 대비 디플레이션으로 완전히 돌아설 것이다. 이로써 중반기에는 연준의 금리 인상이 마무리되고 긴축 정책을 언제 완화할지로 논제가 바뀔 것이다. 연준은 물가를 잡기 위해 크게 애쓴 만큼 금리를 급히 대폭 인하하지는 않을 것이다. 그러나 경기 침체와 함께 인플레이션이 빠르게 사라지면서 2023년 연말 전에는 불황의 압박을 완화하기 위한 금리 조정이 있을 것이다.

미국의 단기적인 어려움이 2023년 헤드라인을 지배하겠지만, 가장 중요한 발전의 영향은 장기적으로 나타날 것이다. 바이든 대통령은 인프라, 기후, 기술 관련 투자 법안을 통과시키며 중대한 입법적 승리를 거뒀다. 이러한 청사진을 도입하는 큰 과업이 2023년 본격적으로 시작될 것이다.

대규모 정부 지출은 열매를 맺을 것이다. 성장이 둔화될 때도 대규모 프로젝트를 수행할 작업자를 찾기 어려워 임금이 높아질 것이다. 또한 특히 세계적인 공급 부족에서 공급 과잉으로 돌아선 반도체와 관련해 정부의 야심 찬 투자가 낭비라는 비판의 목소리도 높아질 전망이다.

2023년 말이면 미국 경제는 심각하지 않았던 불황에서 벗어나고 인플레이션도 사라질 것이다. 대신 미국 정부가 나서서 거액을 들여 산업의 풍경을 재설계하려는 계획이 영리한 전략이 될지, 오만한 실수가 될지는 더 지켜볼 일이다.

교육바우처를 주세요

학교 선택 운동이 힘을 얻고 있다

타마라 길크스 보어(Tamara Gilkes Borr) 워싱턴 DC, 〈이코노미스트〉 미국 정책부 통신원

현재 미국 학령 아동의 약 90%가 공립학교에 다니고 있으나 앞으로는 상황이 달라질 수도 있다. 비판적 인종 이론(critical race theory)● 금지와 트랜스젠더 아동이 출생 시 성별에 따라 스포츠 경기에 참여하도록 하는 정책이 논란을 불러일으키는 가운데, 또 다른 운동이 추진력을 얻고 있다. 학교에 대한 선택권을 허용하라는 것이다. 지난 2년간 17개 주가 학교에서 비판적 인종 이론 교육을 금지했고, 18개 주에서는 트랜스젠더 스포츠에 대한 엄격한 규칙을 도입했다. 그러나 2021년 학교 선택 프로그램을 만들거나 확대한 주는 22곳에 달한다.

학교 선택(school choice)은 각 가정에 공공 비용을 투입해 추가적

● 사회에서 인종과 인종주의가 어떤 기능을 하는지 탐구하는 이론.

학교 선택을 선택하지 않는다

인 교육 선택권을 제공하는 정책을 설명하는 용어다. 가장 약한 단계는 주 체계 안에서 비용 지출을 제한하는 것이다. 대부분 주에서 학생들은 주소지 인근 학교에 다니게 되어 있는데, 학생들이 시 또는 주 내에서 전학을 가도록 허용하는 것이다. 애리조나 등 일부 주에서는 1994년 공립학교가 등록을 원하는 주 내 학생을 (수용 인원 내에서) 등록금 없이 받아야 하는 법안을 도입했다.

그다음 단계에서는 부모들이 공교육 체계에서 특정 금액을 빼내 사교육 목적으로 쓰는 것을 허용한다. 2022년 7월 공화당인 더그 듀시(Doug Ducey) 애리조나 주지사는 가정에서 학생 1인당 연간 7,000 달러를 공교육 시스템에서 빼내어 등록금, 홈스쿨링, 가정교사 등 다른 교육 수단에 사용할 수 있는 법안을 통과시켰다.

애리조나의 최근 움직임은 10년 이상 확대 중인 프로그램의 연장이다. 실비 제공은 원래 위임 장학금(Empowerment Scholarship Accounts)의 이름으로 특정 조건을 만족할 경우에만 허용되어 부모가 군인이거나, 위탁 보호 중이거나, 다른 고려 사항이 있는 학생에게 적용됐다. 보다 제한적이었던 기존 제도를 이용하는 학생은 1만 1,800명이었다. 새로운 법안은 학령 아동 110만 명 모두에게 시스템을 개방했다. 미국에서 가장 광범위한 학교 선택 프로그램이다.

학교 선택 프로그램 지지자들은 사회적 지위와 관계없이 모든 가정에 선택권을 준다고 주장한다. 반대파는 사실상 이미 높은 사교육비를 감당할 수 있는 부유층에만 혜택이 돌아간다고 반박한다. 공교육에서 빼낸 금액으로 미국의 평균 사립학교 등록금(연간 약 1만 2,000달러) 일부를 충당할 수 있는데, 이 제도의 결과로 공교육 예산이 축소되면 남은 학생들을 위한 교육 시스템이 약화된다는 것이 반대파의 주장이다.

지금까지 애리조나 시스템의 가장 큰 수혜자는 기존 사립학교 학생들이다. 애리조나 교육부에 따르면 8월 공교육 기금의 사적 사용에 지원한 학생 6,500명의 75%는 주 내 공립학교에 다녔던 적이 없다.

공화당 지지자들은 공립학교 시스템이 좌편향적이고 인종과 성별 등의 문제에서 논란의 소지가 있는 입장을 교육한다며, 학교 선택 프로그램을 전국으로 확대해야 한다고 주장한다. 2021년 7월 도널드 트럼프 정권에서 교육부장관을 역임했던 베치 디보스(Betsy DeVos)는 〈폭스 뉴스(Fox News)〉에 '학교 선택 프로그램을 통해 인종적 세뇌로부터 아이들을 해방하자'라는 제목의 기고문을 썼다. 2022년 2월 보수파 싱크탱크 헤리티지재단(Heritage Foundation)의 보고서에 따르면 "학교 선택 운동은 현재의 문화적 전쟁에 대한 해결책을 제시하며 점점 단단한 지지층을 확보하고 있다".

　이러한 정치적 압박은 성과를 거둘지도 모른다. 갤럽(Gallup)에 따르면 공립학교를 신뢰하느냐는 질문에 '매우 그렇다' 또는 '그렇다'로 대답한 비율은 2020년 41%에서 2022년 28%로 떨어졌다. 공화당 지지자의 경우 이 수치는 34%에서 14%로 급락했다.

　민주당이 우세한 주에서는 당연히 반발하고 있다. 캘리포니아는 모든 4세 아동을 위한 예비 유치원 프로그램과 전면 점심 무료 급식을 포함한 1,240억 달러 규모의 교육 프로그램을 도입했다. 개빈 뉴섬(Gavin Newsom) 주지사는 메시지를 전달하려고 플로리다의 광고 지면을 사들이기까지 했다. 대통령 출마를 위한 포석이라고 보는 사람들도 있지만 뉴섬은 이를 부인했다. 캘리포니아 관방부장관 벤 치다(Ben Chida)는 공화당의 압박에 대응해 공립학교를 지지할 이유가 있음을 증명하기 위해 새로운 정책이 설계됐다고 설명한다. 양측 모두 본격적으로 나서면서 2023년에는 논의가 더 뜨거워질 것이다.

백래시
—
로 대 웨이드 판례의 폐기로 민주당에 이득이 돌아간다

미안 리지(Mian Ridge) 〈이코노미스트〉 사회부 통신원

미　국에서 여성의 재생산권 침해는 몇 년째 진행 중이다. 남부와 중서부 전역에 엄격한 규제가 도입되며 병원이 문을 닫았고

맞서 싸우다

임신 중단을 원하는 여성들은 멀리 다른 주까지 이동해야 한다. 1973 년 낙태를 헌법상 권리로 인정했던 역사적인 로 대 웨이드 판결을 6월 대법원이 뒤집으면서 이 과정은 더욱 가속화됐다.

다시 각 주에서 낙태법에 대한 결정권을 갖게 되면서, 7월 말까지 11개 주가 대부분 경우의 낙태를 금지했고 43개 병원이 낙태 시술 제공을 중단했다. 이 추세는 2023년에도 계속될 전망이다. 미국 주의 절반은 낙태를 금지하거나 접근을 극히 제한할 것이다.

부담은 고스란히 저소득층 여성에게 돌아간다. 제대로 된 건강보험이 없어 의도치 않게 임신할 확률이 더 높은 사람들이다. 집을 떠나 수백 킬로미터 밖에서 낙태 시술을 받으려면 비용과 시간 소모가 크다. 그래서 임신 후반으로 시술을 미루게 되고, 비용은 더 커지고, 빈곤은 더 깊어진다. 낙태가 필요한 건강상 문제가 있는 여성이 적시에 시술받지 못하면 이미 선진국 중 가장 높은 미국의 임산부 사망률은 더 높아질 수도 있다.

그러나 2023년에 임신 중단권 운동가들이 다시 우위를 차지할 가능성도 있다. 로 대 웨이드 판례가 폐기된 이후 낙태를 금지하려는 시도에 반대파가 법적으로 대항하며 무수한 소송이 촉발됐다. 일부 법원에서는 일시적이라 해도 금지를 차단할 것이다. 연방 정부와 진보적인 주 정부는 더 쉽게 피임에 접근할 수 있는 정책을 도입할 예정이다. 미국 의약품을 규제하는 FDA는 2023년 피임약을 일반의약품으로 분류하는 방안을 고려 중이다. 집에서 쉽게 임신 중단을 할 수 있는 낙태약 사용에 대한 제한 역시 완화할 수도 있다. 물론 보수파에서는 이런 방식이 빈번히 사용되는 상황을 막기 위해 최선을 다할 것이다.

정치적 영향으로 낙태 금지 법안의 흐름이 느려질 기미도 보인다. 민주당은 로 편에서 힘을 얻고 있다. 판결 며칠 후 50%에 조금 못 미쳤던 투표 등록 여성 비율은 55%로 늘었다. 유권자들이 판결에 분노하고 있음을 보여주는 여론 조사까지 발표되면서 일부 공화당원들은 극단적인 낙태 반대 입장에서 한발 물러섰다. 중간 선거에서 공화당 의석이 기대에 미치지 못했으니 이런 현상은 추가로 발생할 것이다. 한편 일부 주 의회 의원들이 낙태를 돕고 사주하는 다른 주 시민을 벌하려 하면서 민주당 지지 주와 갈등이 일어날 것이다. 이런 조치에서 주 시민을 보호하기 위한 법안을 통과시키려는 주도 있다. 보수주의 주와 자유주의 주 사이에 이미 깊게 팬 골은 더욱 벌어질 것이다.

늑대 전쟁, 털이 곤두선다

미국 늑대 전쟁이 다시금 시작된다. 2020년 콜로라도는 2023년 말까지 주에 회색늑대를 다시 들여오는 법안을 통과시켰다. 언뜻 보아서는 정치적인 문제와 거리가 멀어 보이지만, 늑대들조차 당파 정치를 피하지는 못한다. 와이오밍, 아이다호, 몬태나 등 공화당이 우세한 주에서는 이 결정을 목장 주인에 대한 위협으로 간주하며, 늑대를 보호하는 법안이 정부의 과잉 개입이라고 본다. 콜로라도 등 민주당 우세 주는 회색늑대 복원이 중요한 보호 조치라고 판단했으며, 19~20세기 콜로라도에서 거의 멸종 직전까지 갔던 과거에 대한 속죄라고도 본다. 이러한 정치적 차이는 콜로라도에 늑대가 들어왔을 때 문제가 될 수 있다. 늑대를 반기지 않는 땅을 어슬렁댔다간 죽을 것이다. 트럼프는 2020년 멸종 위기종 목록에서 회색늑대를 제외했다. 그렇다고 콜로라도 계획을 중단하지는 않겠지만, 바이든 행정부가 트럼프의 결정을 되돌린다면 서부 공화당 지지자들은 분노로 울부짖을 것이다.

하한선 갱신
—
저수지가 마르면서 친환경 에너지로의 전환에 문제가 생겼다

아린 브라운(Aryn Braun) 로스앤젤레스, 〈이코노미스트〉 서부 통신원

미국 서부 전역에서 20년 이상 이어진 극심한 가뭄으로 이 지역 땅에는 쩍쩍 갈라진 상처가 뚜렷하다. 관광객들은 한때 물속에 잠겨 있었던 애리조나의 협곡을 오르내릴 수 있다. 재배에 물이 많

이 드는 알팔파콩으로 뒤덮여 있던 캘리포니아 들판은 휴경 중이다. 오래전 저수지를 만드느라 생겼던 유령 마을들이 다시 모습을 드러낸다.

〈네이처 클라이밋 체인지(Nature Climate Change)〉의 논문에 따르면 현재의 가뭄은 1,200년 만에 가장 건조한 22년이다. 8월 16일 연방 정부가 네바다와 애리조나에 대한 추가 물 공급량 제한을 발표했을 때, 서부의 86%는 최소 '약한 가뭄'을 겪고 있었으며 절반은 '극심한 가뭄' 또는 '매우 심한 가뭄'에 해당했다(지도 참조). 서부에는 옛날부터 매우 건조하고 열악한 지역도 있었지만 인간이 초래한 기후 변화는 건기의 잔혹함을 더했다.

서부의 가뭄은 비단 농업과 생태계에만 피해를 입히는 것이 아니다. 에너지 인프라 역시 위협받고 있다. 대규모 저수지의 댐에서 수력 발전으로 전기를 생산하는데, 이는 수십 년간 안정적인 재생 에너지였다. 2021년 미국 재생 에너지의 약 32%가 수력 발전으로 생산됐고, 이 중 44%는 캘리포니아, 오리건, 워싱턴주의 몫이었다. 과학자들은 수력의 유연성을 칭송한다. 전기 수요가 치솟으면 발전량을 쉽게 늘릴 수 있다.

그러나 서부 저수지의 수위가 낮아지면서 수력 발전의 가용 범위도 줄었다. 최근 비정부 기구 WWF의 연구원들이 분석한 바에 따르면 미국 서부의 수력 발전 프로젝트는 점점 심해지는 물 부족 현상에 세계에서 가장 취약한 것으로 나타났다.

서부 저수지의 수위가 낮아지면서 수력 발전의 가용 범위도 줄었다.

이미 그 영향을 체감하는 곳도 있다. 2021년 캘리포니아는 주 최대 저수지 중 하나인 오로빌호(Lake Oroville) 수위가 전기 생산

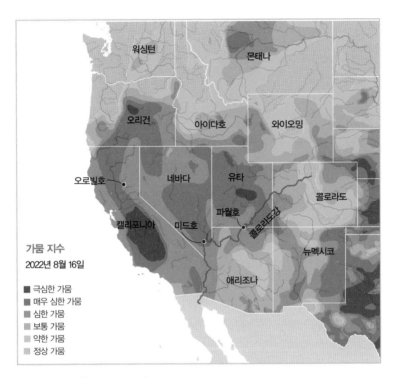

가물 지수
2022년 8월 16일

- 극심한 가뭄
- 매우 심한 가뭄
- 심한 가뭄
- 보통 가뭄
- 약한 가뭄
- 정상 가뭄

출처: 미국 가뭄감시원(US Drought Monitor)

에 필요한 정도보다 떨어지자 발전소를 폐쇄했다. 이 발전소는 보통 8만 가구에 충분한 전력을 공급했다. 유타와 애리조나 경계에 있는 파월호(Lake Powell) 역시 같은 운명을 맞을 위기다. 콜로라도강을 가로지르는 거대한 콘크리트 댐은 7개 주 500만 가구에 전기를 공급한다. 오크리지 국립연구소(Oak Ridge National Laboratory)의 연구는 아이다호, 오리건, 워싱턴에 있는 정부 소유 저수지의 전력 생산량이 여름에 줄어들 수 있다고 경고한다. 연구원들은 앞으로 해당 지역에 고온이 계속되면 증발로 인해 '심각한' 물 손실이 일어날 수 있다고 밝혔다.

수력 발전의 상실은 간단한 문제가 아니다. 전력망은 이미 부담을 느끼고 있으며 난방 장치나 자동차가 전기로 바뀌면서 에너지 수요는 계속 늘어날 것이다. 정부는 수력 발전에서 손실된 전력 생산량을 궁극적으로는 다른 재생 에너지와 에너지 비축량으로 온전히 대체하기를 희망하지만, 단기적으로는 오염을 유발하는 에너지원을 써야한다. 캘리포니아의 수력 발전은 2019년 이후 62% 감소했고, 이를 보완하기 위해 천연가스를 더 태우고 있다.

2023년 여름이면 저수지 수위가 전력 생산은 둘째치고 하류로 물이 흘러가지 않는 수준까지 낮아지면서 '극심한 가뭄'으로 '죽은 호수'라는 말까지 사람들의 입에 오르내릴 듯하다. 이미 서부는 오랜 시간 물 부족으로 고통받고 있지만 앞으로 가뭄은 더 심해질 것이다.

 WHAT IF?

정계에서는 대체로 2024년이 2020년 대선의 반복일 것이라고 본다. **그러나 바이든이나 트럼프가 심각한 건강 문제를 겪는다면?** 2023년 바이든 대통령은 81세, 트럼프는 77세(우연히도 현재 미국인의 평균 기대수명)가 된다. 둘 다 젊은 후보에게 자리를 양보하라고 압박받고 있다. 둘 중 하나가 대권에 도전할 수 없게 된다면 권력 쟁탈전이 뒤따를 것이다. 둘 다 물러난다면 2024년 선거에는 다양한 가능성이 열릴 것이다.

뉴욕에서 자란 나는 옷이 든 쓰레기봉투를 들고 학교에 다녔다. 집 자물쇠가 바뀌어서 미리 말 한마디 없이 길거리로 내쫓길까 봐 어머니가 걱정하셨기 때문이다. 주거 불안정은 국가의 경제 수준과 위치를 초월하는 세계적 위기다. 오늘날 수백만의 아이와 가족이 어린 날의 나처럼 주거 불안에 처해 있다. 안정적인 주거가 건강, 교육, 고용, 점진적 생활 수준 개선에 필수적이라는 연구 결과가 있다.

주거 불안은 대도시의 문제만은 아니다. 미국에는 최소 380만 호의 주택이 부족하다. 그래서 임금 상승률을 훨씬 뛰어넘는 수준으로 임대료와 주택 가격이 치솟았다. 주택 위기는 우리 모두에게 영향을 미친다. 노숙을 경험하는 사람부터 부모님의 집에서 독립하지 못하는 청년 층, 너무 작은 집에 여러 명이 사는 가족까지.

이 문제에는 여러 요인이 있지만 핵심은 주거 공간을 충분히 짓지 않았다는 것이다. 이유는 간단하다. 미국 전역에서 좋은 집에 사는 사람들은 수 세대에 걸쳐 인근에 집을 더 짓지 못하도록 싸워왔다. 이 이야기를 뒤집을 때가, 주택 신축에 '예스(Yes)'라고 말해야 할 때가 왔다. 그러려면 먼저 어떻게 여기까지 왔는지 인지해야 한다.

인종주의가 '노(No)'를 말했다. 흑인과 라틴계 가정에 대한 주거 분리 정책은 그들을 더 나은 삶으로 가는 길에서 사실상 배제했다. 교외와 도심 지역에 고밀도 주거 공간을 지을 수 없게 만든 주거 밀도 제한 등의 제도와 규제의 장벽은 계급주의와 인종

뉴욕 시장 **에릭 애덤스(Eric Adams)**는 우리가 이웃에게 '예스'라고 말할 때 주택 대란이 끝날 것이라고 말한다.

님비에서 임비로

**우리는 '예스'의
도시가 될 것이다.
내 뒷마당에도 예스,
우리 지역에도 예스,
우리 이웃에도 예스.**

주의의 잔재다.

관료주의와 타성이 '노'를 말했다. 뉴욕시에서 구역 분리 규칙을 바꾸려는 시도는 복잡한 행정 절차와 요식의 늪에 빠졌다. 완료까지 몇 년이 걸리고 실제 개발 과정에 수백만 달러가 더 들어갈 것이다.

마지막으로 정치적, 문화적 주장이 '노'를 말했다. 규모는 작지만 목소리가 큰 집단이 '내 뒷마당은 안 돼(not in my backyard, NIMBY)'라고 외치며 신규 주택 건설을 반대한다. 정말 필요한 사람들에게 혜택을 주는 새로운 투자를 제안할 때마다 진보와 보수 진영을 가리지 않고 어떤 이들은 사람보다 정치적 이해관계를 택한다.

뉴욕에서는 연금 수급자들과 참전 용사들을 위한 저렴한 주택을 포함해 브롱크스에 아파트 350가구를 지으려는 소규모 계획을 소수의 주택 보유자 집단이 반대했다. 지역 공동체 회의에서는 인종 관련 발언이 난무하는 아귀다툼이 벌어졌고, 지역 선출직 공무원들은 위협에 노출됐다.

2022년 5월 할렘에 새 아파트 900가구를 건설하려는 계획이 지역 주민들의 반대로 취소됐다. 이에 필요한 구역 변화를 승인하는 데 필요한 표를 모으지 못한 것이다. 수백 가구에 합리적인 가격으로 주거 공간을 제공하는 대신 그 부지는 이제 슬레이트가 덮인 트럭 주차장이 될 예정이다.

나는 취임 이후 새로운 미래를 계획하고 있다. 뉴욕은 '예스'의 도시가 될 것이다. 내 뒷마당에도 예스(yes in my backyard, YIMBY), 우리 지역에도 예스, 우리 동네에도 예스.

다양한 경제적 배경의 가족을 품을 새로운 주택을 건설하고 과거의 인종주의적 잘못을 바로잡기 위해 도시 전체의 구역 규칙에 대한 수정안 수십 가지를 제안했다. 새로운 기술과 혁신적인 절차로 승인 과정에 속도를 붙여 정부 기관에 의한 새로운 개발을 실행한다. 또한 더 큰 프로젝트를 승인하는 정치적 절차를 개정하려 노력 중이다. 소수의 개발 반대 주민뿐만 아니라 많은 뉴욕 시민이 고향이라고 느끼는 이 도시에서 계속 살아갈 수 있을지를 좌우하는 결정에 목소리를 낼 수 있길 바란다.

향후 10년간 220억 달러의 공공 투자로 앞서 언급한 변화를 추진할 예정이다. 뉴욕 역사상 최대 금액이다. 노숙 중인 개인과 가족을 위한 주거 공간 건설도 서두르려 한다.

뉴욕은 외롭지 않다. 보스턴 시장 미셸 우(Michelle Wu)는 최근 새로운 주택 건설을 가속하는 행정 명령을 발표했다. 캘리포니아 주지사 개빈 뉴섬(Gavin Newsom)과 주 의회 의원들은 캘리포니아 모든 지역에 주택 추가 건설을 요구하고 있다. 나 역시 주 의회와 협업해 뉴욕 전역의 주택 건설에 박차를 가하길 희망한다.

그러나 이러한 노력은 우리 모두 뭉쳐야 가능하다. 언제나 '노'를 외치는 목소리가 가장 크다. 우리는 '예스'의 합창으로 이에 대답해야 하며, '임비(YIMBY)'로 '님비(NIMBY)'를 극복해야 한다. 주거 위기는 우리 모두에게 영향을 미친다. 이 문제를 함께 해결해야 한다.

THE WORLD AHEAD 2023

상충하는 가능성

우크라이나 전쟁의 3가지 시나리오

샤상크 조시(Shashank Joshi) 〈이코노미스트〉 안보 부문 편집자

2022년 3월에 어떤 노련한 정세 분석가가 8개월 뒤 우크라이나가 여전히 독립된 국가일 것이라는 말을 들었다면 비웃었을지 모른다. 우크라이나 군대가 8만 명의 러시아인을 죽이거나 다치게 했다는 말, 러시아 흑해 함대의 기함이 바다 바닥에 가라앉아 있을 것이라는 말, 우크라이나 공군이 아직도 하늘을 날고 있을 것이라는 말도 마찬가지다. 우크라이나는 예상을 뛰어넘고 전쟁에서 승리를 거두고 있다. 하지만 겨울이 오고 있고 러시아가 군대를 동원하고 있다. 2023년에 일어날 것이라 예상할 수 있는 시나리오에는 다음 3가지가 있다.

첫 번째 시나리오는 러시아가 패배의 문턱에서 승리를 쟁취하는

것이다. 러시아군은 겨울 몇 달 동안 최전방을 안정시키고 동시에 새롭게 모집한 군사로 새 부대를 구축한다. 미국 공화당은 유럽에서 보내준 보급품이 고갈되는 동안 우크라이나에 보낼 새로운 무기 상자를 가로막는다. 러시아의 안보 산업은 반도체와 특수 장비가 부족하지만 신규 병력을 무장시킬 만큼의 기본적인 군용 차량과 대포를 충분히 대량 생산하고 있다.

봄이 될 때쯤 러시아의 신규 부대가 공격을 시작하면서 수개월간의 공격에 지친 우크라이나 부대를 뒤로 밀어낸다. 러시아 드론이 우크라이나의 에너지와 수자원 기반 시설을 계속 쳐부순다. 여름이 가까워질수록 우크라이나는 불리해진다. 러시아는 헤르손(Kherson) 북쪽 지역에 있는 핵심 공업 도시 크리비리크(Kryvyi Rih)와 도네츠크(Donetsk)에 있는 슬로뱐스크(Slovyansk), 크라마토르스크(Kramatorsk)를 손에 넣는다. 서방국이 러시아의 정전 제안을 받아들이라고 우크라이나를 압박한다. 우크라이나의 볼로디 미르 젤렌스키 대통령은 러시아의 제안 을 수락하는 것 말고는 달리 방도가 없다.

푸틴 대통령은 멈추지 않으면 핵무기를 사용하겠다는 최후통첩을 보낸다.

이어지는 몇 개월간, 어쩌면 몇 년간 러시아는 키이우(Kyiv)로 또 한 번의 침공을 떠나기 위해 부지런히 재무장한다.

더 가능성이 큰 두 번째 시나리오는 교착 상태에 빠지는 것이다. 러시아는 수십만 명의 청년을 군대로 동원하지만 그들을 효과적인 싸움꾼으로 바꾸는 데 실패한다. 최고의 트레이너들은 모두 최전방 에 나가 있다. 경험이 많은 장교는 사망했거나 이미 배치된 상태다. 신병들은 장갑차 없는 기본 경보병대로 들어가서 공격하기에 부적합 하지만, 참호와 인간 요새를 채우는 데 활용될 수 있다.

11월에 헤르손에서 후퇴하라는 명령을 받은 러시아군은 드네프르 강 서안 지구에 있었던 약 3만 명의 병력을 안전하게 대피시킨다. 그 들은 엄청난 양의 무기를 남겨둔 채 동쪽으로 후퇴한다. 우크라이나 의 승리지만, 궁극적으로는 강이 좌측을 보호해준 덕분에 러시아가 더 강력한 군사적 위치에 서게 된다. 우크라이나군의 전진 속도가 둔 화한다. 우크라이나군이 영토를 1킬로미터 획득할 때마다 엄청난 규 모의 사상자가 나온다.

전쟁터에서 전쟁을 승리로 이끌 수 없게 된 푸틴은 우크라이나의 경제가 약해질 때까지 전쟁을 연장하려고 노력하며, 민간 기반 시설 에 공습을 가하면서 사기를 꺾고 우크라이나의 동맹국들을 지치게 만든다. 2023년에 유럽은 가스 저장소를 채우는 데 고전하고 겨울이 오자 정전 사태가 일어난다. 푸틴은 트럼프가 백악관을 탈환하고 우 크라이나에 대한 지원을 끊길 바라며 2024년 말까지 버틴다. 하지만

출처: 전쟁 연구 기관; AEI의 주요 위험 프로젝트

이것은 위험이 큰 도박이다. 러시아 여론이 전쟁에 등을 돌리고 경제가 위축되면서 푸틴 대통령은 그 어느 때보다 약해진다.

세 번째는 가장 유망하면서도 어쩌면 가장 위험한 시나리오다. 우크라이나가 모멘텀과 주도권을 쥐고 헤르손을 떠나는 러시아군에 엄청난 피해를 입힌다. 그런 다음 처음으로 크림반도의 범위 안쪽으로 장거리 고속기동용 포병 로켓 시스템(HIMARS)을 가져온다. 루한시크(Luhansk)의 러시아 전선이 무너지고 우크라이나가 셰베로도네치크(Severodonetsk)를 탈환한 뒤 더 동쪽으로 빠르게 이동한다. 러시아인 부상자 수가 늘어날수록 신병들은 전투를 거부한다. 서방 국가들은 서둘러 우크라이나에 새로운 방공 시스템을 보내 러시아의 테러 전략이 미치는 영향을 약화한다. 러시아 테러 전략의 기반이 되는 정밀 유도탄의 무기고가 빠르게 줄어든다.

봄이 되자 젤렌스키 대통령이 자포리자(Zaporizhia)에 새로운 전선을 열라고 지시한다. 5개 여단이 러시아 전선을 뚫고 지나가서 크림반도까지 이어지는 푸틴 대통령의 해륙 수송로를 끊어버리고 여름이 될 때까지 마리우폴을 둘러싼다. 우크라이나는 자국의 고속기동용 포병 로켓 시스템(HIMARS)의 발사대를 남쪽으로 이동시켜서 러시아군이 점령하고 있는 크림반도의 항구와 기지, 창고를 목표물로 삼는다. 우크라이나는 반도에 들어가겠다고 협박한다. 푸틴 대통령은 멈추지 않으면 핵무기를 사용하겠다는 최후통첩을 보낸다. 승리가 눈앞에 보인다. 하지만 승리가 가져올 위험도 같이 나타난다.

러시아에 다음으로 닥칠 일은?
—
러시아는 통치할 수 없는 상태가 되고 혼돈에 빠질 위험에 놓여 있다

아르카디 오스트로브스키(Arkady Ostrovsky) 〈이코노미스트〉 러시아 담당 편집자

20 22년 2월 24일 러시아 대통령 푸틴이 우크라이나에 침입했을 때 그의 목표는 우크라이나의 영토를 차지하고, 자주권을 박탈하고, 민족 주체성에 대한 아이디어 자체를 완전히 파괴하며 남아 있는 주체성마저 실패한 국가로 바꾸는 것이었다. 수개월간 이어진 우크라이나의 격렬한 저항 끝에 우크라이나의 국가적 지위와 정체성은 그 어느 때보다 강력하고, 푸틴 대통령이 우크라이나에 가하려 했던 모든 것이 푸틴 자신의 나라를 괴롭히고 있다.

푸틴 대통령의 전쟁으로 인해 러시아는 통제되지 않는 국경, 민간 군사 형성, 피난민, 도덕적 부패, 민족 갈등의 가능성을 가진 실패한 국가로 바뀌고 있다. 우크라이나에 푸틴의 테러를 견뎌낼 능력이 있다는 것에 대한 서방 리더들의 확신이 커지는 반면, 러시아가 전쟁에서 살아남을 능력이 있는지에 대한 우려가 커지고 있다. 러시아는 통치할 수 없는 상태가 되고 혼돈으로 빠져들 수 있다.

국경을 살펴보자. 러시아가 우크라이나 4개 지역(헤르손, 도네츠크, 루한시크, 자포리자)을 완벽히 통제하기도 전에 부조리하고 불법적인 방식으로 합병한 것은 러시아를 불법 영토와 유동적인 국경을 가진 나라로 만든다. 정치학자 에카테리나 슐먼(Ekaterina Schulmann)은 "우리가 알고 있는 러시아 연방은 스스로를 유동화시키고 실패한 국가의 단계로 진입하고 있다고 본다"라고 말했다. 그리고 러시아 정부가 기본적인 기능을 실행하지 못하고 있다고 지적했다. 합병은 우크라이나 세력을 단념시키지 않고, 오히려 북부 코카서스공화국처럼 러시아가 다루기 힘들어 하는 지역에 선례를 남길 것이다. 이런 지역들은 중앙 정부의 고삐가 느슨해지기 시작하면 러시아의 손아귀에서 빠져나가려 시도할 것이다.

몰락하는 국가의 또 다른 특징은 물리력의 사용에 대한 독점적 지위를 상실하는 것이다. 사병과 용병은 러시아에서 공식적으로 금지되어 있지만 번창하고 있다. '푸틴의 요리사'라는 별명을 가진 전과자이자 민간 용병 기업 와그너(Wagner) 그룹의 수장인 예브게니 프리고진(Yevgeny Prigozhin)은 죄수를 공개적으로 모집하고 자신의 용병 부대에 합류하는 대가로 사면을 주고 있다. 프리고진은 와그너가 '합법화'되거나 군대에 통합될 생각이 없다고 말한다. 체첸의 전임 군지도자이자 현 체첸공화국 대통령인 람잔 카디로프(Ramzan Kadyrov)가 이끄는 세력에 대해서도 똑같은 말을 할 수 있다. 러시아의 정부 보안 기관마저도 점점 더 자사의 이익을 위해 일하고 있다.

러시아는 무엇보다 가장 중요한 기본 기능도 수행하지 못하고 있다. 러시아 국민의 생명을 보호하기는커녕 국민을 총알받이로 사용하면서 국민의 최대 위협이 되고 있다. 9월 21일에 우크라이나의 전쟁터에서 군사적 패배를 마주하자 푸틴 대통령은 대략 30만 명의 사람들을 동원하라고 명령했다. 제대로 된 훈련도 받지 못하고 무장도 하지 못한 그들의 유일한 기능은 우크라이나 군대의 전진을 가로막는 것밖에 없었다. 그중 많은 이들이 2023년 이맘때쯤이면 살아 있지 못할 것이다.

이 동원령은 전쟁의 시작 자체보다 러시아에 훨씬 큰 충격을 일으켰다. 그 효과의 일부는 이미 나타나고 있다. 징병 센터에 누군가가 불을 질렀고 (전쟁이 일어난 첫 주에 도망친 30만 명 외에) 최소 30만 명의 사람들이 해외로 도망쳤다. 대부분은 고학력의 젊은 재원이다. 러시아의 경제와 인구에 그들의 이탈이 미칠 영향은 아직 완전히 드러나지 않았지만 사회적 긴장은 커지고 있다.

도시인들이 도망치는 동안 더 가난한 그들의 동포 수만 명은 징집되어 참호로 보내지고 있다. '특수 군사 작전'을 자국에 들여옴으로써 푸틴 대통령은 국민이 가만히 내버려두는 조건으로 전쟁에 반대하지 않겠다고 동의한 연약한 합의를 깨뜨렸다. 이제 그들은 푸틴 정권을 위해 싸우고 죽으라는 명령을 받고 있다.

푸틴 대통령은 이길 수 없지만 이 갈등을 끝낼 수도 없는 상황이다.

많은 사람을 이 전쟁에 끌어들이고 자신의 유독한 파시스트 선전에 더 시달리게 만들어 상황을 더 오래 끌고 갈 수 있길 바라고 있을지 모른다. 푸틴이 성공할 것인지, 또는 넘쳐나는 시체 운반용 부대와 엘리트 계층의 불만이 결부되어 몰락할 것인지에 따라 얼마나 더 많은 사람이 죽고 러시아가 얼마나 깊게 추락할 것인지가 결정될 것이다.

감옥에 갇혀 있는 야당 지도자 알렉세이 나발니(Alexei Navalny)는 그의 법원 심리에서 다음과 같이 말했다. "우리는 재앙을 막지 못했고, 우리는 더 이상 재앙을 향해 미끄러져 내려가는 것이 아니라 날아 들어가고 있다. 이제 문제는 러시아가 바닥으로 얼마나 세게 곤두박질칠 것인가, 그리고 러시아가 무너져 내릴 것인가뿐이다." 그 암울한 질문에 대한 대답의 징후가 2023년에 드러날 것이다.

평화의 대가
—
우크라이나 전쟁에서 생겨난 악영향이 유럽 외교를 괴롭힐 것이다

크리스토퍼 록우드(Christopher Lockwood) 〈이코노미스트〉 유럽 담당 편집자

2022년이 유럽 정부가 우크라이나에서 푸틴의 침략에 맞서 놀랍고도 다소 예상치 못했던 통합을 발견한 해였다면, 2023년은 이 통합이 시험대에 오르는 해다. 이 테스트가 어떤 모습으로 나타날 것인지는 전쟁의 진행 상황에 달려 있다.

우울하면서도 가능성이 큰 시나리오 하나는 러시아가 꾸준히 뒤

로 밀려나지만, 우크라이나가 잃어버린 영토를 되찾지 못하면서 2023년까지 전쟁이 계속되는 것이다. 그렇게 된다면 유럽 내부에서 우크라이나를 향해 협상으로 평화를 이루라고 조심스럽게 압력을 가하는 목소리가 나오기 시작할 것이다.

일부 국가는 가스 판매 재개 및 에너지 보조금 비용 감축이라는 아이디어에 이끌릴 것이다. 일부는 미국의 2024년 대통령 선거와 우크라이나에 대한 군사 및 경제적 지원이 감소하면서 유럽이 고통을 짊어지게 될 것을 두려워하기 시작할 것이다. 그리고 일부, 어쩌면 에마뉘엘 마크롱 대통령 같은 이들은 러시아가 늘 옆집에 있을 것이므로 커뮤니케이션 채널이 다시 열려야 한다고 강조할 것이다. 유럽의 문 앞에 전쟁이 계속 일어나게 둘 수 없다고 말할 것이다. 이런 목소리가 대세가 되지는 않겠지만 유럽 내부에 긴장감을 조성할 가능성이 있다. 특히, 예를 들어 폴란드나 리투아니아 등 최전방 국가의 리더들이 프랑스의 마크롱 대통령이나 독일의 올라프 숄츠(Olaf Scholz) 총리 같은 이들이 푸틴 대통령에게 결정적인 패배를 안겨줘야 한다는 생각에 덜 헌신적이라는 것을 두려워하기 시작한다면 긴장감은 더 심해질 것이다.

이 논쟁의 열쇠를 쥔 국가는 이탈리아일 것이다. 바로 지금, 신임

이탈리아는 어느 순간에 입장을 홱 바꾸고 협상의 미덕을 극찬하기 시작할 수도 있다.

국무총리 조르자 멜로니는 나토와 우크라이나를 견고하게 지지하고 있다. 하지만 이탈리아 경제는 심각하게 위태로운 상태다. 현재 이탈리아의 채무 2조 5,000억 유로(2조 4,000억 달러)는 이탈리아 GDP의 150%가 넘는다. 이탈리아가 가진 큰 제조업 부문은 높은 에너지 가격으로 절뚝거리고 있다. 손쉽게 현금을 모아 기업이 위기를 헤쳐나가도록 지원해줄 수 있는 독일과 달리 이탈리아는 자국의 기업을 보호하는 데 어려움을 겪을 것이다. 따라서 이탈리아는 어느 순간에 입장을 홱 바꾸고 협상의 미덕을 극찬하기 시작할 수도 있다. 멜로니 총리의 연정 파트너인 마테오 살비니(Matteo Salvini)는 이미 그렇게 하고 있다.

그런 일이 일어나지 않는다고 하더라도 점점 더 많은 국가가 침체기에 빠져들고 부유한 국가에서만 지원금을 나눠줄 수 있게 되면서 에너지에 대한 깊어지는 의견 대립은 2023년에 있을 유럽 국가 간 긴장의 가장 큰 근원이 될 예정으로 보인다. 2020년 통과된 7,500억 유로 규모의 펀드와 비슷한 범유럽 에너지 펀드에 대한 요청이 증가할 것이다. 이 요청은 아마 받아들여지지 않겠지만(무정한 북부 국가들이 이 아이디어에 단호하게 반대하고 있다) 그 자체로 상당한 씁쓸함을 남길 것이다.

만약 갈등이 정말 매듭지어진다면 어떻게 될까? 갈등이 전쟁터에서 해소되지는 않겠지만, 푸틴이 일으킨 전쟁으로 얻을 수 있는 이익보다 생명과 재산으로 치러진 비용이 훨씬 크다는 사실이 그 어느 때보다 더 명확해지면서 크렘린 궁전의 심경 변화 또는 리더 교체에 따른 결과로 나타날 수 있다. 그렇게 된다면 또 다른 종류의 긴장감, 즉 우크라이나 재건 비용을 누가 얼마나 지불할 것인지에 대한 긴장감이 유럽에 조성될 것이다.

미국은 자국이 우크라이나 무장 비용(그리고 우크라이나가 무너질 뻔했던 몇 개월간 우크라이나 경제를 지원하는 비용) 중 가장 큰 몫을 지불했다고 솔직하게 말할 것이다. 세계은행과 IMF 같은 다국적 조직 역시 그들의 몫을 하겠지만, 이제 유럽의 차례일 것이다. 하지만 이는 온갖 국제적 논쟁을 불러일으킬 것이다. 우크라이나 재건은 개발도상국에 있는 더 가난한 국가들이 간절하게 필요로 하는 자금을 먹어 치울 것이다. 다국적 조직 안에서 일어나는 논쟁은 날카로울 것이고 선진국의 편견이 담긴 비난이 오갈 것이다. 어찌 됐든 유럽은 앞으로 수년간 전쟁 때문에 생긴 결과를 붙잡고 싸워야 할 것이다.

인플레이션 재앙
—
에너지 가격과 금리가 오르면서 유럽 경제는 힘겨운 한 해를 맞이할 것이다

크리스찬 오덴달(Christian Odendahl) 〈이코노미스트〉 유럽 경제 부문 편집자

인플레이션은 오랫동안 높은 상태로 유지되어왔다. 하지만 1922년 여름에 물가가 극적으로 오르기 시작했다. 독일에서 1914년에 0.30마르크였던 빵 한 조각이 1922년 6월에 8마르크에 판매됐고, 그해 말에 160마르크에 판매됐다. 그 후 바이마르 독일에서 초인플레이션이 일어났다. 초인플레이션은 통화의 붕괴만으로 끝나

지 않았다. 1942년에 소설가 슈테판 츠바이크(Stefan Zweig)가 말한 것처럼 "인플레이션만큼 독일인을 씁쓸하게 만들고, 증오에 차게 하고, 히틀러를 맞이할 준비를 시킨 것이 없다".

정확히 100년 뒤 유럽은 유럽 전쟁으로 인해 일어난 높은 인플레이션으로 다시 고심하고 있다. 초인플레이션은 다행히도 매우 먼 미래에 대한 전망이다. 유럽 경제는 강하고, 정책 입안자들은 빚을 지속 가능한 상태로 유지하며 인플레이션과 맞붙는 데 전념하고 있다. 하지만 2023년에 가격이 경제에 미치는 전체적인 영향이 커지고 그 영향을 일으킨 주요 요소인 에너지 위기가 유럽 전반에서 느껴질 것이다. 이는 가장 먼저 침체를 초래한 뒤 고통스럽게 느린 회복으로 이어질 것이다.

에너지부터 시작해보자. 우크라이나와의 전쟁에서 러시아는 유럽으로의 가스 수출을 대폭 줄이고 가스 가격을 솟구치게 하며 에너지를 키이우의 서방 지원국에 대항하는 무기로 휘둘렀다. 불행히도 많은 프랑스 원자력 발전소가 수리 작업을 위해 가동이 중단된 상태였고 유럽 전역에 발생한 가뭄이 가용한 수력 발전량을 감소시켰다. 눈물 날 정도로 비싼 가스를 연료로 삼는 공장들은 그 공백을 메꿔야 했다.

2023년에 에너지는 계속 비쌀 것이다. 유럽은 LNG의 수입량을 늘렸지만 국제 공급은 많이 증가하지 않을 것이다. 가스 저장 시설은 거의 가득 차 있고, 가을이 따뜻한 덕분에 봄까지 완전히 소진되지 않을 것이다. 하지만 석유 생산국들은 서방의 외교적 압력에도 불구하고 석유를 부족하고 비싼 상태로 유지하겠다고 결심한 것 같다. 프랑스 원자력 발전소는 생산을 재개할 예정이지만 에너지 가격을 많

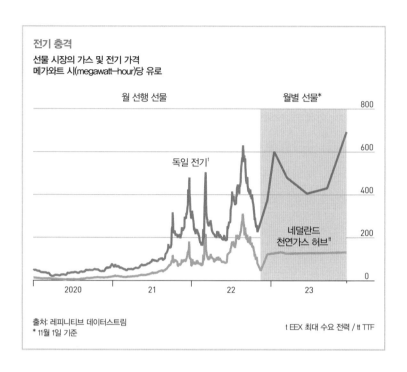

전기 충격
선물 시장의 가스 및 전기 가격
메가와트 시(megawatt-hour)당 유로

월 선행 선물   월별 선물*
                                    800

독일 전기†   600

                                    400

            네덜란드
            천연가스 허브‖   200

                                    0

2020   21   22   23

출차: 레피니티브 데이터스트림   † EEX 최대 수요 전력 / ‖ TTF
* 11월 1일 기준

이 내릴 만큼 충분한 양을 생산해내지는 못할 것이다.

　이러한 상황은 인플레이션을 많은 사람의 기대보다 높은 수준으로 둘 것이다. 물론 2023년에는 미가공 에너지의 가격 상승이 멈추면서 전년과 비교했을 때 인플레이션이 자동으로 줄어들긴 할 것이다. 하지만 일부 에너지 가격은 한도가 정해져 있거나 장기 계약을 기준으로 설정되어 있으므로 아직 완전히 다 상승하지 않았다. 경제의 나머지 부문에서 에너지 가격 쇼크는 계속 가격을 밀어 올릴 것이다. 임금은 실질 소득의 손실에 대한 보상으로 상승할 것이고, 이는 기업이 짊어져야 할 비용을 배가시킬 것이다. 기업들은 이윤을 보호하기 위해 커진 비용 부담을 소비자에게 전가할 것이다. 에너지와 관련성이 떨어지는 서비스 가격의 상승세가 둔화하려면 시간이 필요할

이전의 불황과 달리, 이번에는 글로벌 경제가 유럽을 구출하러 올 수 없다.

것이다.

소비자와 기업은 날카로운 공격을 느끼면서 뒤로 물러나기 시작할 것이다. 코로나 시대 이후 회복하는 해였던 2022년에는 햇볕이 환하게 내리쬐는 곳에서 보내는 휴가와 멋진 레스토랑에서 먹는 식사에 대한 억눌린 수요가 경제를 부양시켰다. 기업들은 포스트 코로나 시대의 수요 급증과 공급망 혼란으로부터 흘러나온 주문 대장의 혜택을 입었다. 하지만 2023년에 가계들은 인플레이션과 맞서 싸우기 위해 금리가 높은 상태로 유지되면서 높아진 담보 대출금과 에너지 청구서라는 이중고를 직면하게 될 것이다. 기업들도 마찬가지로 압박을 받음에 따라 투자를 줄일 것이다. 이 모든 것은 유럽 경제를 침체기로 기울게 할 것이다.

이전의 불황과 달리, 이번에는 글로벌 경제가 유럽을 구출하러 올 수 없다. 높아진 금리, 글로벌 에너지 위기, 강달러로 전 세계의 성장과 수요가 약화하면서 유럽 산업의 수출 주문량은 2023년 내내 낮게 유지될 것이다. 에너지 가격이 하락하고 미국의 인플레이션이 통제 가능한 범위에 들어와서야 글로벌 성장이 유럽의 회복을 지원할 수 있을 것이다. 하지만 2023년에는 그런 일이 벌어지지 않을 것이다.

한편 노동 시장은 희망적이다. 유럽 경제는 나이 든 집단이 은퇴하고 인구가 적은 젊은 세대가 노동 시장에 진입하면서 점점 더 노동자가 부족해지고 있다. 기업들은 직원을 정리해고할 때 다시 한번 생각하게 될 것이고 넉넉한 지원 대책이 일자리 보전에 도움을 줄 것이다. 2023년에 많은 소비자가 에너지 청구서와 담보 대출을 걱정하겠지만 해고당할 걱정을 하는 사람은 많지 않을 것이다.

가계 및 기업에 대한 공공 지원은 2023년 유럽에 더 심각한 침체가 오는 것을 막는 데 도움을 줄 것이다. 유럽 대륙의 정부들은 투표자를 감당할 수 없는 에너지 청구서가 미칠 영향으로부터 보호하려고 노력하고 있다. 정부의 노력은 국민의 실질 소득 밑에 바닥을 형성하고 에너지 위기로부터 나타날 경제적 악영향을 감소시킬 것이다. 또한 역사가 가르쳐준 대로 인플레이션이 가져올 수 있는 정치적 분열을 감소시키는 데도 도움이 될 것이다.

100번째 생일을 맞이한 튀르키예

100주년은 에르도안 시대가 막을 내리는 해가 될지 모른다

피오트르 잘레우스키(Piotr Zalewski) 앙카라, 〈이코노미스트〉 튀르키예 담당 편집자

2023년에 케말 아타튀르크(Kemal Ataturk)가 오스만 제국의 잔재에서 구성한 근대 국가가 100번째 생일을 맞이한다. 아마 축제 분위기는 아닐 것이다. 2010년에 튀르키예의 권위주의적 대통령 레제프 타이이프 에르도안은 2023년까지 GDP를 2조 달러로 부양하고 튀르키예의 경제를 세계의 상위 10위권에 들게 만들겠다고 약속했다. 하지만 80%의 인플레이션과 통화 가치 하락(에르도안이 펼친 정책이 이 두 가지 현상의 주원인이다)에 얻어맞고 나라는 그가 약속했던 결과 대신 19번째 자리에 처박혀 있다. 달러 기준으로 GDP는 2013년 9,570억 달러에서 8,150억 달러로, 실질적으로 하락했다.

온갖 부스러기들

경제는 물론 부패와 제도적 기반에 대한 우려는 에르도안이 실패한 원인일 수 있다. 대통령 선거와 국회의원 선거는 6월로 예정되어 있다. 아직 야당에서 대통령 후보를 내놓지는 않았지만, 여론 조사 결과는 에르도안이 결승전에서 후보 도전자 각각에 패할 것이라 나타났다. 여당인 정의개발당(Justice and Development, AK)과 연대 파트너인 민족주의 행동당(Nationalist Movement Party)은 야당 연맹에 쉽게 질 것 같다. 대통령의 정치적 사망 선고는 이전에도 쓰인 적 있었지만 지금은 같은 편까지도 대통령에게 가장 힘든 선거가 될 것이라 인정한다.

많은 튀르키예인이 에르도안 대통령이 패배를 피하려 극단적인 조치를 할지도 모른다고 걱정하고 있다. 그는 분명히 구멍에서 빠져나오려 할 것이다. 국제적으로 통용되는 통화에 굶주린 튀르키예는 러시아, UAE, 사우디아라비아로부터 신규 투자를 받기 위해 환심을 사려 하고 있다. 이미 부채 사면 프로그램을 개시했고 최저 임금을 급격하게 올렸다. 경기 부양 지출이 더 커진다면 공식적인 인플레이션율을 세 자릿수로 몰고 갈 수 있다.

에르도안은 시리아의 쿠르드 반란군이나 오랜 숙적인 그리스와 영공 및 해상권에 대한 분쟁에 정면으로 부딪치며 쇠약해가는 자신의 운명을 뒤집으려 시도할 수도 있다. 그리스 선거도 곧 있을 예정이므로 대립이 격해질 위험은 실재한다.

하지만 그렇게 해도 에르도안이 살아남지 못할 수 있다. 10월 즈음 공식적인 축하 행사가 시작되면 에르도안의 시대가 막을 내릴 가능성이 실제로 있다. 하지만 이런 일이 벌어지지 않게 막기 위해 그가 얼마나 멀리까지 갈지를 과소평가하지는 마라.

스페인에 있는 지역
—
정권이 바뀔 것 같긴 하지만 불가피한 일은 아니다

레인 그린(Lane Greene) 마드리드, 〈이코노미스트〉 스페인 담당 통신원

스페인은 바쁜 2023년을 앞두고 있다. 5월에는 지방 자치 단체 선거가 있다. 이 선거는 2023년 말에 있을 일반 선거를 위한 비공식적인 첫 대결로 본다. 또한 2023년 하반기에는 유럽 국가들이 돌아가면서 맡는 EU의 의장직을 스페인에서 맡을 예정이다. 이번 정

부는 2018년 사회당(Socialist Party)이 중도우파 국민당(People's Party, PP)에 대한 불신임 투표를 진행하면서 정권을 잡았다. 사회당의 페드로 산체스(Pedro Sánchez)가 총리가 됐다. 하지만 사회당은 2019년에 있었던 두 번의 선거에서 과반을 확보하는 데 실패했다. 사회당은 극좌파 포데모스(Podemos)와 절대 연대하지 않겠다는 약속을 깨면서 강제로 연대를 이루고도 여전히 다수를 차지하지 못했다. 스페인에서 처음으로 구성된 현대의 연대 정부는 때로 서툴렀다. 하지만 작은 정당과 상당히 능숙하게 협상하면서 기후, 교육, 노동 시장, 남녀평등, 그리고 그 외 여러 가지 법을 통과시켰다.

그렇긴 하지만 스페인은 다른 유럽 국가와 마찬가지로 힘든 2022년을 보냈다. 팬데믹이 약화하는 동안 우크라이나 전쟁으로 인해 촉발된 인플레이션이 소비자를 괴롭혔다. 정부는 여러 가지 대안을 내놓았다. 이 중에는 다른 것보다 현명한 대안도 몇 가지 있었다.

그 와중에 국민당은 그들의 전투적인 리더 페드로 카사도(Pedro

Casado)를 버리고 오랫동안 북서부의 갈리

시아 지역을 통치해온 알베르토 누네즈 페

이주(Alberto Núñez Feijóo, 사진)를 리더의 자

리에 올렸다. 페이주의 단호한 어투와 인플레이션으로 고통받는 정부의 상황 덕분에 국민당은 여론 조사에서 앞장설 수 있었고, 2023년에 국민당이 정권을 잡을 것이라는 관측이 많다. 9월에 있었던 토론에서 산체스 총리가 이 국민당의 리더를, 마치 그가 총리인 것처럼 공격했다. 페이주는 "당신이 야당에 들어가고 싶다면, 다음 선거 때까지 기다리기만 하면 된다"라고 답했다.

하지만 우파들은 아직 몬클로아 궁전(Moncloa Palace)에 들어갈 채비를 시작하지는 말아야 한다. 국민당은 완전한 과반수로 승리하진 못할 것이다. 페이주가 정권을 잡으려면 극우 정당 복스(Vox)의 지지가 필요할 것이다. 복스가 정권을 잡을 가능성이 좌파를 자극할 것이다. 패배했다가 리더의 자리를 되찾은 경험이 있는 산체스는 예상치 못한 정치적 복귀를 하는 방법을 좀 안다.

7월 1일을 시작으로 1년에 걸쳐 진행될 캠페인은 스페인이 EU 의장직에 있는 기간과 겹칠 것이다. (EU에 이제 고정된 유럽 이사회장이 있으므로) 이 자리가 예전만큼 중요한 역할을 하지는 않지만, 스페인은 이 의장직을 활용해서 다른 유럽 국가보다 특히 스페인에 오랫동안 우선순위가 되는 곳인 라틴아메리카와의 관계를 강화하려 할 것이다.

더 가까운 곳에서는 유럽의 에너지 연합을 개선하려는 노력이 있을 것이다. 스페인과 포르투갈은 다른 국가와 거의 연결되지 않은 '에너지 섬'이다. 하지만 2002년 말에 스페인, 포르투갈, 프랑스는 바르셀로나와 마르세유 사이에 해저 가스관을 건설해서 처음에는 가

스, 나중에는 수소를 수송하겠다고 합의했다. 어려운 부분은 예산과 프로젝트 계획일 것이다.

다가오는 해에 카탈루냐는 불안정할 수 있다. 2017년의 헌법에 어긋나는 독립 국민투표 이후 독립을 찬성하는 2개의 지역 정부가 뒤를 이었다. 하지만 2021년 선거에서 등장한 정부는 2022년 말에 무너졌다. 카탈루냐공화당(Republican Catalan Left, ERC)은 중앙 정부와 조심스럽게 협상을 해왔는데, 이로 인해 더 공격적인 분리주의 정당인 카탈루냐연대당(Junts)이 바르셀로나 정부를 떠났다. 마드리드에 있는 리더들이 ERC를 가까이 두려고 노력하면서 독립 캠프가 분열될지도 모른다. 하지만 소수인 ERC 정부가 무너지면서 선거가 시작될 수도 있다.

어디로 가십니까(Quo vadis*)?
이탈리아인들은 조르자 멜로니의 실체를 알게 될 것이다

존 후퍼(John Hooper) 로마, 〈이코노미스트〉 이탈리아 담당 통신원

멜로니는 도대체 어떤 사람일까? 2023년 이탈리아인들은 이 질문에 대한 답을 찾게 될 것이다. 가장 중요한 첫 번째 질문은 '9월 총선거에서 승리를 거둔 새로운 총리가 정말로 믿는 것은 무엇

● "주여, 어디로 가시나이까?(요한복음 6:15)"라는 의미의 라틴어 문구.

역사의 그림자

인가?'다.

그녀가 이끄는 이탈리아 형제당(Brothers of Italy)의 기원은 제2차 세계대전 이후의 신파시즘(neo-fascism)으로 돌아간다. 이 정당은 포퓰리즘이 주입된 우파 연대를 좌우하고 있다. 그녀는 일부 과거 연설, 특히 해외 연설에서 명백한 극보수주의를 내비쳤던 트럼프식 선동가가 될 것인가? 아니면 우크라이나 문제에 대해 이탈리아의 나토 파트너와 같은 길을 걷고, 존경받는 전임자 마리오 드라기(Mario Dragi)에게 조언을 구하고, 공공 재정 관리를 신중하게 하라고 주장한, 부끄러움 없는 보수주의의 합리적 리더일 것인가?

여기에서 더 나아간 질문은 멜로니 총리의 생각이 정말 중요한가다. 일부 사람들은 그녀의 새 정부에 가해진 제한이 너무 강해서 이 정부가 전통적인 한 방향으로만 갈 수 있다고 주장한다. 그녀의 정부는 EU가 포스트 팬데믹 회복 기금으로 이탈리아에 할당한 거대한

그녀가 정말로 믿는 것은 무엇일까, 그리고 그녀의 정부는 얼마나 오래갈까?

2,000억 유로(2,010억 달러) 규모의 지출에 대해 브뤼셀의 선의에 의존해야 한다. 게다가 가을에 영국의 재정을 황폐하게 만든 폭풍을 피하려면 시장의 승인이 필요하다. 인플레이션, 생계비 위기, EU의 국경선에서 일어나고 있는 전쟁 등 처리할 다른 문제가 너무 많은 멜로니가 폴란드와 헝가리처럼 시민의 자유를 제한하는 것은 고사하고 문화 전쟁을 일으키는 것은 미친 짓이라는 주장이 나오고 있다.

이 주장이 맞을지는 2023년에 답할 수 있는 또 다른 질문, '그녀의 정부는 얼마나 오래갈까?'라는 질문에 대한 답에 달려 있을지 모른다. 지난 30년간 이탈리아 정권의 평균 지속 기간은 20개월도 넘기지 못했다. 정권의 꼭대기에 있는 사람이 얼마나 미쳤건, 악했건, 무관심했건 간에 그 시간 동안 달성할 수 있는 일에는 한계가 있다.

얼핏 보면 이탈리아의 새 정부는 짧은 생애를 위한 모든 필요조건을 충족시키고 있다. 이탈리아 형제, 북부 동맹(Northern League), 실비오 베를루스코니(Silvio Berlusconi)가 창당한 포르자 이탈리아(Forza Italia) 정당은 러시아부터 재정 정책까지 다양한 주제에서 공개적으로 불협화음을 일으키고 있다. 하지만 이들이 연대를 이뤄서 달성한 완벽한 과반수는 2001년 베를루스코니가 압도적인 득표수로 승리를 거두며 5년간의 통치를 이어간 이래로 처음이다. 만약 멜로니가 그를 따라갈 수 있다면, 조만간 실용주의를 버리고 앞서 불같은 연설에서 징후를 보였던 정책들을 실험해볼 수 있을 만큼의 충분한 자유를 얻었다고 느낄지도 모른다.

WHAT IF?

그리스와 튀르키예가 둘 다 자기 것이라고 주장하는 해저의 탄화수소 덕분에 동쪽 지중해에 팽팽한 긴장감이 조성됐다. 양국은 2023년에 선거가 있고, 재임 중인 양국의 리더는 고전하고 있다. 격양된 언쟁 중에 튀르키예의 에르도안 대통령은 그리스 영토를 장악할 수도 있다고 넌지시 말했다. **튀르키예가 그리스로부터 에게해의 섬을 빼앗는다면 어떻게 될까?** 이는 튀르키예에서 인기를 끌 것이고 선거에서 달리 우승할 방도가 없어 보이는 에르도안 대통령에게 도움이 될 것이다. 하지만 나토 역사상 최악의 내부적 위기를 촉발할 것이다.

THE WORLD AHEAD 2023

좋아질 일만 남았다

지난 6년 동안 보수당은 5명의 지도자를 배출했다
총리가 된 리시 수낵에게 2023년은 어떤 한 해가 될까?

던컨 로빈슨(Duncan Robinson) 〈이코노미스트〉 정치 부문 편집자 겸 배저트 칼럼니스트

20 23년 영국 정치는 이교도적 분위기로 시작될 것이다. 노동쟁의가 확산되는 가운데 리시 수낵(Rishi Sunak)이 이끄는 보수당 정부의 운명은 유권자나 하원의원, 파업 중인 운송 노동자들이 아닌 날씨에 의해 결정될 가능성이 크다. 계절에 맞지 않게 따듯한 가을을 보낸 뒤 갑작스러운 한파가 찾아와 대규모 정전 사태가 발생한다면 정부가 위태로워질 수 있다. 반면 푹한 날씨가 이어져서 에너지 요금이 낮아지면 공공 재정의 구멍이 작아질 것이다.

날씨를 관장하는 신들이 수낵 총리에게 미소를 짓는다고 상상해 보자. 봄이 되면서 그는 상황이 예상보다 조금 나아 보인다고 깨닫는다. 2022년 10월 그가 총리에 취임했을 때 노동당의 지지율이 30포

인트 앞서고 있었다. 지금은 제러미 헌트(Jeremy Hunt) 재무장관이 내놓은 가혹한 증세와 지출 삭감안에도 불구하고 일부 여론 조사에서 보수당이 겨우 5포인트 뒤처져 있다.

모기지(주택담보대출) 비용 급등의 책임을 불운한 전임자 리즈 트러스(Liz Truss)에게 떠넘기는 데 성공한 수낙 총리는 자신의 정당보다 높은 지지율을 얻는다. 경제 부문에서도 키어 스타머(Keir Starmer) 노동당 대표보다 더 큰 신뢰를 얻고 있다. 차기 총선은 2025년 1월이 돼야 치러질 예정이므로 그의 참모들이 조기 총선 가능성을 내비치기 시작한다. 하지만 몇 주 동안 고민을 거듭한 수낙 총리는 위험을 무릅쓰지 않기로 결정한다.

수낙 총리는 머지않아 그 결정을 후회한다. 봄이 되니 매일 5,000명의 불법 이민자가 배를 타고 영불해협을 건너온다. 이로 인해 영국은 밀항 집단을 소탕하기 위해 연간 20억 파운드(23억 달러)를 지출하면서 프랑스 측에 합의를 촉구한다. 에마뉘엘 마크롱 프랑

스 대통령이 말한다. "영국과 프랑스 사이에 역사적인 합의가 이뤄졌습니다. 우리는 2023년에 어업권 논의에서 우정이 더욱 돈독해지기를 기대합니다." 9월이 되자 브렉시트 찬성파인 나이절 패라지(Nigel Farage)가 영불해협 채널제도의 건지 섬 앞바다에 어선을 띄우고 갑판 위에서 신당을 출범하면서 선언한다. "저들에게 배를 계속 띄우라고 해요. 물고기는 우리 겁니다."

6월에 의사들이 잇따라 파업하면서 불만 가득한 여름이 시작되고 급하지 않은 모든 수술이 취소된다. 불행한 여름을 끝내기 위해 한 보수당 의원이 원내를 가로질러 노동당에 입당한다. "키어 경이 이끄는 노동당이야말로 저를 당선시킨 보수당이 2019년 성명서에서 찬양한 가치를 대변하는 정당입니다." 그는 포장상자에서 막 꺼낸 붉은 장미꽃을 자랑스럽게 가슴에 꽂고 이렇게 선언한다.

노동당에 대한 보수당의 공격은 기대에 못 미친다. 보수당은 스타머에게 [강경 좌파 전임자인 제러미 코빈(Jeremy Corbyn)의 이름을 따서] '코빈의 아류' 이미지를 씌우려 한다. 하지만 수낵 총리는 보리스 존슨이 사용한 전술을 따라 하고 싶어 하지 않는다. 존슨은 스타머가 왕립검찰청장 시절 전 방송인 지미 새빌이 사망 후 소아성애자로 밝혀진 사건을 제대로 처리하지 않았다고 비난했다가 역풍을 맞았다.

노동당을 이기기에 수낵 총리가 너무 나약하다는 견해가 평의원들 사이에서 뿌리내린다. 비참하게 몇 달을 보내고 해임된 수엘라 브레이버만(Suella Braverman) 전 내무장관이 이끄는 토리당 반군은 정

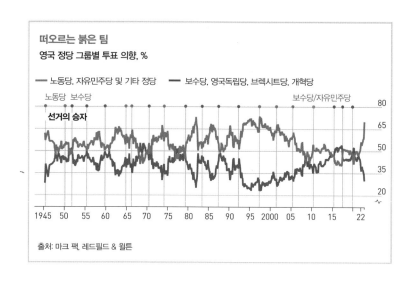

떠오르는 붉은 팀
영국 정당 그룹별 투표 의향, %

—— 노동당, 자유민주당 및 기타 정당   —— 보수당, 영국독립당, 브렉시트당, 개혁당

노동당 보수당   보수당/자유민주당

선거의 승자

출처: 마크 팩, 레드필드 & 윌튼

부의 실질적인 과반을 거의 0으로 줄인다.

2023년 말 찾아온 갑작스러운 한파 탓에 점점 더 메시아적 소비자 금융 전문가처럼 행동하는 마틴 루이스(Martin Lewis)는 국민들의 에너지 요금을 또 깎아주지 않으면 사회적 불안이 찾아올 것이라고 경고한다. 천연가스 가격은 1년 전과 비슷하다. 노동당에 대한 보수당의 지지율은 다시 20포인트 차이로 뒤처졌고 스타머는 1997년 같은 압승을 기대한다. "굶주리는 사람들을 위해 난방 온도를 낮추자"라는 에너지 절약 캠페인을 시작한 뒤 실내에서 스키 재킷을 입고 있는 수낵 총리는 어쩌면 조기 총선이 그렇게 나쁜 발상은 아닌 것 같다고 속으로 생각한다.

다시 유럽의 병자

—

영국은 부진한 투자에 활기를 불어넣기 위해 힘겹게 노력할 것이다

소우마야 케인스(Soumaya Keynes) 〈이코노미스트〉 영국 경제 부문 편집자

새 총리가 취임하고 EU와의 무역 협상 준비를 마친데다 팬데믹 관련 불확실성이 사라져가는 상황에서 2023년은 영국이 장기적인 문제들을 해결하는 한 해가 될 수도 있을 것이다. 정말 그럴 수만 있다면 더 바랄 것이 없겠지만, 수낵 총리는 에너지 공급 위기, 금리 상승, 부진한 성장 등 어려운 거시 경제 상황을 마주하고 있다. 그가 몸을 굽히고 공공 재정을 손질하는 사이 값비싸고 넉넉지 않은 에너지는 국가의 고질적인 생산성 문제를 해결하는 데 쓰일 것이다. 그것은 잃어버린 기회가 될 것이다.

수낵 총리는 이 문제를 예리하게 인식하고 있다. 2010년대 영국의 생산성은 암울한 수준이었다. 영국 통계청에 따르면 1997~2007년 사이 영국의 시간당 생산량 증가는 G7 국가 중 두 번째로 높았다. 하지만 2009~2019년 사이 두 번째로 낮은 국가로 주저앉았다. 2019년 영국 노동자들의 시간당 생산량은 프랑스 노동자들보다 18% 적었다. 그 결과는 미미한 임금 인상으로 이어졌다. 인플레이션에 맞춰 조정된 2019년 임금(상여금 포함)은 2009년보다 1% 증가하는 데 그쳤다.

이 문제를 해결하기 위해 가장 먼저 해야 할 일은 영국의 부진한 투자 실적을 끌어올리는 것이다. 영국 싱크탱크인 레졸루션재단의 발표에 따르면 영국과 프랑스 노동자의 근로 시간당 GDP 차이는

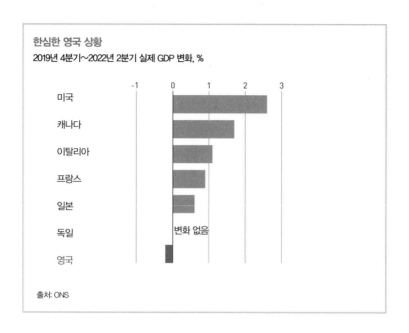

한심한 영국 상황
2019년 4분기~2022년 2분기 실제 GDP 변화, %

	-1	0	1	2	3

미국
캐나다
이탈리아
프랑스
일본
독일 ── 변화 없음
영국

출처: ONS

거의 전적으로 자본의 차이에서 비롯된다. 대부분 부유한 국가들인 OECD 회원국들의 2019년 총 고정 자본은 평균적으로 GDP의 22%였다. 영국은 18%에 그쳤다.

얼마 전까지만 해도 2023년 영국에서의 비즈니스 투자가 상대적으로 건실할 것이라고 기대하는 것이 타당해 보였을 것이다. 영란은행(BOE)은 브렉시트가 2021년까지 5년간의 투자를 25% 가까이 위축시켰다고 추산하면서, 주로 불확실성이 커졌기 때문이라고 분석했다. 팬데믹으로 인한 공급망 붕괴도 일부 기업의 투자 계획을 좌절시켰다. 지난 두 번의 충격에도 불구하고 억눌린 투자가 마침내 풀릴 것이라는 기대는 그럴듯해 보였다.

안타깝게도 그런 원대한 희망은 산산조각이 났다. 미니 예산이 실패한 탓에 경제를 강타한 거대한 충격을 공공 재정으로 흡수하려는 장관들의 의욕이 줄어들었다. 조기 사임한 리즈 트러스 전 총리는 2022년 9월 기업들의 에너지 요금을 지원하기 위한 6개월짜리 계획을 발표했지만 그 뒤 무슨 일이 일어날지는

비용 부담이 늘어난 모기지와 더 높아진 에너지 요금 때문에 소비 심리가 위축됐다.

알 수 없다. 이는 기업 경영진이 볼 때 변동성과 불확실성이 더 커졌다는 것을 의미한다.

각 가정에 드리운 암울한 분위기는 수요 전망도 불확실하다는 것을 의미한다. 영란은행은 인플레이션이 깊이 뿌리내릴까 봐 너무 우려한 나머지 금리를 급격히 올려서 주택 시장을 냉각시키고 수요를 억누르고 있다. 영국 정부는 4월까지 각 가정의 연평균 에너지 요금을 2,500파운드(2,890달러)로 고정시킬 것이라고 발표했지만 비용에 대해 걱정하는 것을 보면 그 이후의 개입이 그리 넉넉하지는 않을 것 같다. 비용 부담이 늘어난 모기지와 더 비싸진 에너지 요금이라는 이중 위협 때문에 소비 심리가 위축된 것은 놀라운 일이 아니다.

2022년 2월 당시 재무장관이었던 수낵 총리는 다른 세금 정책이 투자 활성화에 도움이 될 수 있다고 제안했다. 그는 2010년대 주요 법인세율 인하는 실망스러웠고 자본 투자에 대한 영국의 세금 혜택은 'OECD 평균보다 훨씬 인색하다'고 주장했다. 세제 개혁을 위한 그의 계획에는 투자에 대한 인센티브를 늘리고 주요 법인세율은 올리는 안이 포함됐다. 하지만 정부가 세금 인상과 지출 삭감안 발표 계획을 11월 17일로 잡은 까닭에 선물을 나눠줄 겨를이 없었다.

이것은 영국 기업들을 침체에 빠뜨릴 위험이 있다. 싱크탱크인 정부연구센터(Institute for Government)의 자일스 윌크스(Giles Wilkes)는 투자 활성화라는 난제에서 순환성을 강조한다. 투자는 건전한 경제

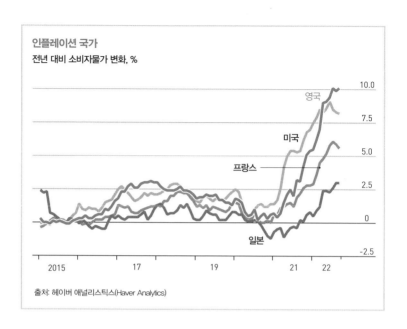

인플레이션 국가
전년 대비 소비자물가 변화, %

출처: 헤이버 애널리스틱스(Haver Analytics)

의 원인이자 결과라는 것이다. 강력한 수요의 산물이자 견고한 공급의 원동력이기도 하다. 달리 말해 아무리 좋은 의도의 정책일지라도 외부 충격에 의해 탈선할 수도 있다는 뜻이다. 또 다른 불편한 진실은 미래를 위한 투자를 늘릴수록 현재의 소비는 줄어든다는 것이다. 이는 다른 비용이 가파르게 증가하는 상황일 때 특히 가혹한 절충안이다.

수낵 총리는 적극적인 투자가 성장을 뒷받침하고 공공 재정의 건전성에도 도움이 될 것이라고 분명히 인식하고 있다. 하지만 남아 있는 불확실성, 전 세계적 수요 약화, 잘못된 방향으로 움직이는 금리는 투자 활성화를 어렵게 할 것이며 임금 인상을 절실히 원하는 사람들을 실망시킬 것이다.

파이프라인에 없다

—

영국 정부는 새로운 에너지 흐름을 우선시할 것이다

할 호드슨(Hal Hodson) 〈이코노미스트〉 특별 프로젝트 통신원

2022년 영국 정치의 최대 관심사는 에너지 비용이었다. 팬데믹 이후 수요가 반등하면서 급등했던 에너지 가격이 러시아의 우크라이나 침공으로 맹렬히 치솟았다. 보수당 리더가 되기 위해 경쟁하던 리즈 트러스와 리시 수낵은 어떤 영국인도 '추위와 배고픔' 중 하나를 선택해야 하는 상황에 놓이지 않도록 하기 위한 에너지 요금 지원 수준을 놓고 논쟁을 벌였다.

고통스럽고 비용이 많이 드는 겨울이 지나고 나면 2023년에는 에너지 가격을 낮게 유지하기 위해 영국 내 에너지 공급을 확대하는 데 관심이 쏠릴 것이다. 2022년 영국 정부가 발표한 에너지 안보 전략은 향후 30년 동안의 신규 에너지 기반 시설 건설 계획을 담고 있으며 2023년은 모든 것이 시작되는 해다.

새로운 원자력 발전소의 위치는 2024년 무렵 정해질 예정이지만 금리 인상 탓에 프로젝트 비용이 늘어날 전망이다. 서머셋에 짓고 있는 원자력 발전소 '힝클리 포인트C' 건설 비용의 절반 이상이 자본 비용이다. 이 비용도 오를 예정이다.

영국은 해상 풍력 터빈을 이용해 전기를 생산하는 성과를 발판으로 삼을 것이다. 2030년까지 해상 풍력 발전량을 지금의 네 배인 50 기가와트로 늘릴 계획이다. 이는 (바람이 잘 분다면) 영국의 모든 가정에

전기를 공급하기에 충분한 양이다. 이 목표를 이루기 위해 영국 정부는 2023년 3월부터 에너지 기업들이 새로운 터빈 설치와 운영비로 최저가를 제시하며 입찰하도록 하는 일종의 경매를 매년(지금처럼 2년마다가 아니라) 진행할 것이다. 지금까지 몇몇 경매로만 제공되던 태양광 발전 계약도 2023년부터 매년 가능해진다.

에너지 공급 확대 퍼즐에서 재생 에너지가 유일한 해답은 아니다. 스코틀랜드 해안에 있는 잭도(Jackdaw) 같은 신규 유전 및 가스전은 1년 내내 공사가 진행될 것이다. 2023년 하반기에 잭도의 첫 유정(油井)에서 시추가 시작될 예정이다. 2017년 폐쇄됐던 잉글랜드 동부 해안의 러프(Rough) 가스 저장 시설이 다시 가동될 것이다. 몇 주간 가스 공급이 끊겨도 영국 전체가 충분히 견딜 수 있는 양의 천연가스를 저장할 수 있다.

새로운 석유 및 천연가스 시설이 반드시 많은 양의 탄소를 배출하지는 않을 것이다. 잭도 가스전 개발 사업을 추진하고 있는 기업 셸(Shell)은 가스가 연소될 때 발생하는 이산화탄소를 포집해 북해에 있는 고갈된 가스전인 골든아이에 다시 주입할 계획이다. 영국 정부는 유사한 계획 아래 화석 연료의 새로운 공급이 이뤄지기를 희망한다.

2023년 영국 정치는 에너지 공급 문제와 뒤얽힐 것이다. 신규 원자력 발전소를 착공하려면 정부가 자금 조달에 관여해야 한다. 노동당은 집권하게 되면 프랑스와 같은 국영 에너지 회사를 설립하겠다고 약속했었다. 보수당과 노동당은 글로벌 충격에 덜 취약한 에너지 시스템을 만들기 위해 많은 비용을 지출해야 한다는 데 동의한다.

가장 확실한 길을 택하라
—
다가오는 해는 스코틀랜드의 독립을 위해 중요한 한 해가 될 것이다

매튜 홀하우스(Matthew Holehouse) 〈이코노미스트〉 영국 정치 통신원

2023년에는 스코틀랜드가 선택할 수 있는 매우 다른 두 갈래 길이 있다. 한쪽 길을 따라가면 2023년 10월 19일은 기념비적인 날이 될 것이다. 미래의 모든 스코틀랜드 학생들에게는 영국이 끝나고 새로운 국가가 탄생한 날로 알려질 것이다. 다른 쪽 길로 가면 이날 하루는 아무 일 없이 지나갈 것이다. 일부 스코틀랜드인들은 이날을 씁쓸하게 주목할 테지만 미래 세대에게는 술 마시다 퀴즈로 다룰 법한 이야깃거리에 지나지 않는다. 이날 아무 일도 일어나지 않기 때문이다.

나는 당신 앞에서 대법원의 판결 대상이 될 것이다

10월 19일은 스코틀랜드 자치 정부의 첫 번째 수반인 니콜라 스터전(Nicola Sturgeon) 제1장관이 독립을 두고 두 번째 국민투표를 실시하고자 희망하는 날이다. 2014년 열린 첫 번째 국민투표에서 스코틀랜드인들은 55% 대 45%로 영국 연방에 남아 있기를 희망했다. 지금 여론 조사는 그들이 반반으로 갈렸음을 보여준다.

분리주의자들이 승리한다면 길고 고통스러운 이혼 협상이 뒤따를 것이다. 이는 10년 동안 스코틀랜드와 영국 정부의 에너지를 소모시킬 것이다. 브렉시트 협상, 유럽의 천연가스 위기 대처, 공공 재정 확대 같은 문제들은 선진 경제를 둘로 쪼개는 문제에 비하면 단풍놀이처럼 보일 것이다. 정확히 그 협상들이 어떻게 진행될지, 어떤 타협안이 나올지, 새로운 국가가 어떤 모양새나 분위기로 모습을 드러낼지는 여전히 흐릿하다. 유력한 운명의 날이 이렇게 가까워지고 있는 데도 분리주의자들은 자신들이 제안한 새로운 국가의 청사진을 내놓는 데 소극적이다. 그들은 구체적인 계획을 내놓아야 한다는 압박을 받을 것이다.

국민투표가 실시되더라도 문제는 남는다. 스코틀랜드가 어떤 길을 택할지는 스터전 제1장관의 손을 떠난다. 에든버러가 아니라 런던에 앉아 있는 영국 대법원 판사 5명의 판결에 결과가 달라질 것이다. 스코틀랜드 의회가 국민투표를 실시할 권한이 있는지 그들이 판결하기 때문이다. 결과는 전혀 갈피를 잡을 수 없다. 이 문제는 2022년 10월 이틀 동안의 청문회에서 논의 끝에 결론 내려졌다. 영국 정부는 이 문제가 두 정부의 연합과 관련이 있으며, 스코틀랜드 위임 의회의 권한을 넘어섰으므로 영국 의회가 결정할 문제라고 했다. 많은 법학자들이 이 견해에 동의하고 있다. 하지만 스터전 제1장관의 변호사들은 국민투표는 엄밀히 말해 권고일 뿐이므로 합법적이라고 주장했다.

《2023 세계대전망》 편집이 마감됐을 때도 대법원은 여전히 심의 중이었다. 하지만 영국 정부의 승인 없이 국민투표를 강행하려는 스터전 장관에게 유리한 판결이 나온다면 충격이 클 것이다. 최근 몇 년간 대법원이 위임 의회의 권한에 유난히 제한적인 입장을 취했으며 영국 정부에 순종적인 편이었다고 비평가들은 주장한다.

스터전 제1장관은 국민투표가 법적으로 흠집 없는 투표가 되기를 바라므로 대법원이 실제로 승인을 거부한다면 행동을 중단하고 2024년에 예정된 차기 영국 총선을 스코틀랜드 독립을 위한 대리 국민투표로 이용할 것이다. 이 시나리오에서는 양측이 2023년 내내 각자의 주장을 펼치며 또 다른 장기전을 벌일 것이다. 대법원의 국민투표 승인 거부는 스코틀랜드가 자기 것을 잃지 않으려고 애쓰는 영국의 포로라는 또 다른 증거가 될 수 있다.

영국 의회에서 어떤 일이 일어나는지에 따라 스코틀랜드인의 마음이 바뀔 수 있지만 스터전 제1장관에게 꼭 유리하지는 않다. 대법원이 이 사건을 심리한 시기는 트러스의 정부가 단기간에 무너지고 수낙이 보수당 대표 겸 총리로 선출되기 겨우 일주일 전이었다. 최근 일어난 사건들은 스코틀랜드가 영국 의회의 혼란으로부터 벗어날 수 있는 길은 독립뿐이라고 분리주의자들에게 증명해준 것과 같다.

하지만 보수당의 지지율 하락은 스코틀랜드 국민당(SNP)을 골치 아프게 한다. 그들은 스코틀랜드를 보수당의 지배에서 해방시키는 방법은 독립뿐이라고 몇 년 동안 광고해왔다. (가능성이 점점 더 커지고 있듯이) 보수당이 다음 선거에서 패배하고 오랫동안 정권을 잡지 못하면 많은 스코틀랜드인들이 분리 문제를 훨씬 덜 긴급하게 느낄 수 있다. 스타머가 이끄는 안정적이고 사회민주적인 노동당 정부의 출현은 아주 열성적인 독립주의자들을 제외한 모든 사람들에게 더 구미가 당기는 일일지도 모른다. 2023년에도 보수당의 지지율이 계속 떨어진다면 스코틀랜드 독립에 대한 지지가 사그라지는지도 주의 깊게 살펴봐야 한다.

다음엔 거리로
—
경찰에 대한 신뢰가 무너짐에 따라 시민들의 소요가 예상된다

조엘 버드(Joel Budd) 〈이코노미스트〉 사회 부문 편집자

지난 10년은 유난히 평온했다. 프랑스에서는 연료세 인상 때문에, 홍콩에서는 민주주의를 수호하느라, 미국에서는 경찰의 잔혹한 행동 때문에 폭동이 일어났지만 영국 본토는 대체로 평온을 유지하고 있다(끊임없이 종파적 갈등을 겪고 있는 북아일랜드는 슬프게도 예외다). 영국의 평화로운 질주는 2023년에 끝날 것으로 보이지만 많은 사람들이 생각하는 이유 때문은 아니다.

유명한 소비자 옹호자인 마틴 루이스(Martin Lewis)는 에너지와 식량 가격이 가파르게 오르는 것으로 보아 영국에서 시민들의 소요가 '멀지 않았음'을 의미한다고 밝혔다. 하지만 경제적으로 힘든 시기에 나쁜 행동이 거침없이 뒤따르는 것은 아니다. 1981년과 2011년 끔찍한 불경기 뒤에 영국인들이 폭동을 일으킨 것은 사실이다. 하지만 1985년과 2000년 경제 호황기에도 폭동은 일어났다.

반세기 전 급진적 역사학자인 E. P. 톰슨(E.P. Thompson)은 폭동에 대한 '비정상적인 견해', 즉 빵 값이 오르면 사람들이 쇠스랑을 들고 나온다는 가정을 비웃었다. 다음 두 가지 설명이 과거와 현재의 폭동을 더 적절히 묘사한다. 첫째, 사람들은 당국(특히 경찰)이 참을 수 없는 행동을 한다고 느낄 때 폭동을 일으킨다. 둘째, 폭동에 대한 책임을 면할 수 있다고 생각할 때 폭동을 일으킨다. 두 가지 가능성 위에

폭동이 예상된다

서 경고등이 깜빡이고 있다.

폭동이 널리 확산되기 전에 대체로 런던에서 먼저 시작되기 때문에 이곳은 가장 중요한 도시다. 따라서 지난 몇 년간 경찰에 대한 런던 시민들의 태도가 급격히 악화한 것은 걱정스러운 일이다. 런던 시장실이 실시한 설문 조사에 따르면 경찰을 신뢰할 수 있다고 생각하는 런던 시민의 비율은 2014년 12월 77%에서 2022년 3월 57%로 떨어졌다. 경찰이 모든 사람을 공정하게 대한다고 믿는 사람의 비율도 떨어졌다.

그 이유를 확실히 아는 사람은 없다. 2018년 초 런던 경찰청 조직 개편이 순찰 경찰관과 지역 사회의 유대를 약화하면서 상황을 악화시켰을 수도 있다. 2021년 한 경찰관이 사라 에버라드라는 여성을 납치하고 살해한 사건을 비롯해 일련의 범죄가 경찰의 이미지 추락에 일조한 것은 확실하다.

사람들이 일상적인 상호작용에서 경찰에게 고통받고 있을 가능성도 있다. 2017~2018년 이후 잉글랜드와 웨일스에서 불심 검문을 받은 사람들 수는 1년에 30만 명 미만에서 약 70만 명으로 급증했다. 체포로 이어지는 불심 검문(주로 마약 때문에) 비율은 17%에서 11%로 떨어졌다. 특히 모든 불심 검문의 5분의 3이 일어나는 런던에서 많은 사람들이 짜증을 느낀다.

경찰의 총격 사건, 누구도 달가워하지 않는 법안, 스포츠의 승패, 다른 장소에서의 폭동 등 많은 일들이 폭동을 유발할 수 있다. 하지만 폭동이 커지고 확산되는 이유는 사람들이 (약탈품, 권력을 얻은 느낌, 또는 순전히 파괴하는 재미 때문에) 폭동에 가담할 때의 이익이 예상되는 비용보다 더 크다고 계산했기 때문이다. 2011년의 폭동을 연구한 범죄학자들은 경찰이 약탈과 방화를 막지 못한 채 대기하고 있는 모습을 보이면서 영국 도시들의 범죄 균형점이 갑자기 올라갔다고 주장한다.

폭동의 참가자들은 계산을 아주 잘못했다. 경찰은 보안 카메라 영상을 활용해 결국 수천 명의 폭도들을 체포했고 법원은 그들에게 무거운 징역형을 선고했다. 약탈자들은 고통스럽게 교훈을 얻은 셈이다. 하지만 2011년의 폭동과 처벌은 기억에서 점점 사라져가고 있다. 2023년에는 폭동이 일어날 가능성이 높다. 10년 넘게 일어나지 않았기 때문이다.

병약한 조직
—
영국 국민 보건 서비스는 여느 때보다 더 힘들어질 것이다

캐서린 닉시(Catherine Nixey) 〈이코노미스트〉 영국 통신원

자기 몸을 잘 돌보지 못하는 여느 74세 노인들처럼 국민 보건 서비스(NHS)도 상태가 좋지 않다. 팬데믹 이전에 420만 명이었던 진료 대기자 명단이 680만 명으로 늘었다. 병동은 미어터지고 사람들은 구급차를 몇 시간씩 기다리며 대중의 만족도도 떨어졌다. 2023년에 이런 상황이 더 악화할 것이다. 생계비 위기가 사람들의 신체적, 정신적 건강을 위협하기 때문이다.

건물 붕괴에 대한 두려움은 그저 단순한 비유가 아니었다. 90억 파운드(104억 달러) 규모의 건물 수리 적체는 일선 서비스 비용을 감당하느라 뒤로 밀렸다. 노퍽에 있는 퀸엘리자베스 병원에서는 천장을 지

탱하기 위해 1,528개의 강철과 목재 지지대를 사용해야 했다.

이런 상황은 1948년 영국 정부가 나라의 '빈곤, 질병, 무지, 불결, 게으름' 퇴치 계획의 일환으로 NHS를 설립해 모든 사람에게 무료 의료 서비스를 제공하려 했던 낙관론과 거리가 멀다. NHS를 탄생시킨 어나이린 베번(Aneurin Bevan, 사진)은 치료를 원하는 수요가 '모든 예상을 뛰어넘었다'고 말했다. 설립 첫 해에만 안경 800만 개가 제공됐다.

베번은 무슨 말을 할까?

하지만 그 뒤 수십 년 동안 기대 수명이 늘어나면서 급성 질환을 처치하기 위해 고안된 시스템은 증가하는 만성 질환을 다루는 데 적합하지 않다는 사실이 입증됐다. 팬데믹이 결정타가 됐을 수도 있다.

NHS의 문제 중 하나는 회전이 잘 되지 않는다는 것이다. 병원과 '사회적 돌봄'(입원을 예방하기 위해 또는 입원 직후에 지역 사회에서 환자를 돌보는 것) 사이의 융합이 제대로 이뤄지지 않았다는 것은 환자가 병원에서 치료 과정을 제대로 거치지 않았다는 뜻이다. 싱크탱크인 너필드 트러스트(Nuffield Trust)의 헬렌 버킹엄(Helen Buckingham)은 이렇게 말한다. "응급실이 꽉 차 있어서 구급차도 환자들로 가득합니다. 병원이 만원이니 응급실도 만원이고, 환자를 퇴원시키기 어려우니

NHS의 문제 중 하나는 회전이 잘 되지 않는다는 것이다.

병원은 늘 만원일 수밖에 없습니다." 하지만 사회적 돌봄 기금은 NHS가 아니라 기금을 제공하기 위해 고군분투하는 지방 당국을 통해 들어온다.

또 다른 큰 문제는 직원 채용이다. 의사 1만 1,000명과 간호사 4만 6,000명의 자리가 비어 있다. 이런 상황은 2023년 더 나빠질 수 있지만, 정부가 교육에 돈 쓰기를 꺼리며 NHS 인력 충원을 계획하지 않고 있어서 아무도 상황을 예측할 수 없다. OECD 내 EU 회원국들은 인구 1,000명당 평균 3.7명의 의사를 두고 있다(호주는 5.4명). 영국은 2.9명이다. 빈자리를 채우고 있는 이들은 지나치게 비싼 임시직 의사들이다.

보건사회부장관 출신인 제러미 헌트(Jeremy Hunt) 재무장관은 "NHS는 노동 시장을 통제하지 못하는 독점 서비스"라고 말한다. 여기에 돈을 쏟아붓는다고 문제들이 해결될지도 명확하지 않다. 조만간 근본적인 구조 변화가 필요할 수도 있다. NHS는 앞으로도 정부에 정치적 문제로 남아 있을 것이다. 여느 노인과 마찬가지로 늙고 병든 몸을 빨리 고칠 수 있는 방법은 없다.

로열 스탬프

새 왕의 대관식은 많은 상품에 활력을 불어넣을 것이다

캐서린 닉시

2023년 5월 6일 토요일 찰스 3세 국왕이 웨스트민스터 사원에서 대관식을 치를 것이다. 대관식은 천 년 넘게 이어온 전례를 따를 것이며 계피, 재스민, 사향이 들어간 성유가 필요할 것이다. 역사적으로 살펴보면 예상치 못한 일부 소비재 판매도 급증했다. 국왕, 연연방의 수장, 신앙의 수호자 같은 왕실의 오랜 역할들과 더불어 새 군주는 사실상 왕실 마케팅 이사회의 수장 자리도 떠맡은 셈이다.

왕실은 진열대의 물건이 날개 돋친 듯 팔려나가게 하는 놀라운 힘이 있다. 1953년 엘리자베스 2세 여왕의 대관식은 텔레비전 판매를 급격히 늘렸다. 당시 대관식에 내놓은 요리로 여전히 인기 있는 '대관식 치킨'에 쓰인 카레 가루도 놀라운 판매를 기록했다. 지난 70년 동안 제왕답게 신중히 제품을 배치해온 여왕이 사망하자 그가 가장 좋아한 견종인 '웰시코기'의 구입 비용이 두 배로 올랐고 가장 좋아한 술 '듀보네(Dubonnet)'는 영국 전역에서 품절됐다.

가장 영향력이 큰 것은 '왕실 조달 허가증(Royal Warrant)'일 것이다. 왕실 고위층에 정기적으로 공급되는 상품과 서비스에 수여되는 일종의 작위다. 왕실 조달 허가증을 받은 기업은 위스키 병이나 말 사료, 토마토케첩에 'By Appointment'라는 문구와 함께 왕실

> 왕실은 진열대의 물건이 날개 돋친 듯 팔려나가게 하는 놀라운 힘이 있다.

문장을 뽐낼 수 있다.

찰스 3세의 대관식에서 어떤 제품들이 혜택을 볼 수 있을까? 제국에 대한 새로운 왕의 현재 태도와 친환경적 성향을 고려할 때 그의 대관식 연회는 카레를 넣은 음식보다는 소박한(하지만 분명 유기농인) 파이를 내놓을 가능성이 크다. 왕실 조달 허가증의 경우 건강에 이로운 식물성 제품들이 인증을 받을 것으로 보인다. 만년필은 인증 가능성이 낮을 것이다. 9월 찰스 3세가 방명록에 서명하는 도중 펜의 잉크가 흘러 손을 적시는 영상이 화제가 됐다. 국왕은 "빌어먹을 잉크"라고 소리쳤다.

내가 이 지면에 글을 썼던 2015년 이후 국제적 사건들이 어떤 방향으로 나아갈지 예측하기란 거의 불가능한 일이었다. 우리는 브렉시트, 트럼프 전 미국 대통령의 당선과 그가 남긴 해로운 유산, 세계적인 팬데믹, 러시아의 잔인하고 불법적인 우크라이나 침공으로 유럽 대륙에 찾아온 전쟁을 목격했다. 영국은 수십 년 동안 보지 못한 규모의 생계비 및 전반적인 경제 위기를 겪고 있다.

이들 중 어느 하나만 일어났어도 충분히 불안했을 것이다. 잇따라 일어난 이 사건들은 주변 세계를 현대에서 거의 볼 수 없는 가변적 상태로 몰아넣었다. 내가 이끄는 스코틀랜드 정부는 우리가 직면하고 있는 심각한 경제 문제에 맞서 국민들을 보호하기 위해 최선을 다하고 있다. 하지만 영국 정부의 경솔한 행동 탓에 그런 문제들이 더욱 악화했다. 그들의 정책은 달러 대비 파운드화 가치를 사상 최저치로 떨어뜨리는 동시에, 경기 부양을 위해 중앙은행이 개입하도록 유도해 금리가 치솟는 결과를 불러왔다. 그 결과는 인플레이션이 약 40년 만에 이미 최고 수준으로 치솟은 이 시기에 일반 시민에게 거의 징벌적인 영향을 미치고 있다.

어떤 사람들은 이렇게 힘든 상황에서 왜 스코틀랜드 정부가 국민에게 독립 국가가 되는 선택권을 주려고 애쓰는지 물을 것이다. 대답은 간단하다. 현재 상황을 고려할 때 스코틀랜드가 독립의 기회를 잡지 않을 수 없기 때문이다.

2014년 이 문제를 두고 국민투표가 실시됐을 때 당시 영국 정부는 스코틀랜드 국민들에게 EU에서

스코틀랜드의 **니콜라 스터전** 제1장관은 최근 사건들이 스코틀랜드가 독립해야 하는 이유를 제대로 보여준다고 말한다.

스코틀랜드가 자유로워져야 할 때다

영국 정부의 통치 아래 남아 있는 한 스코틀랜드의 미래가 안전하다고 주장할 수 있는 사람은 아무도 없을 것이다.

스코틀랜드의 위치를 보호하는 방법은 독립을 거부하는 것뿐이라고 주장했다. 2014년 독립 반대 캠페인 중에 나온 다른 많은 약속과 마찬가지로 그 공약도 공허한 울림일 뿐이었다. 우리의 의지와 상관없이 스코틀랜드는 EU에서 제외됐으며 영국보다 약 7배 더 큰 세계 최대 단일 시장에서 퇴출당했다.

최근 혼란스러운 영국 정치 상황을 감안할 때, 특히 최근 몇 달간 일어난 혼란에 비춰볼 때 영국 정부의 통치를 받는 한 스코틀랜드의 미래가 안전하다고 진지하게 주장할 수 있는 사람은 아무도 없을 것이다. 2023년에는 제재를 받고 있는 러시아를 제외하면 영국이 G20 국가 가운데 가장 더딘 경제 성장을 기록할 것이라는 예측이 이런 사실을 뒷받침한다.

이 글을 쓰는 시점에, 2021년 스코틀랜드 의회 선거에서 확보한 압도적인 민주적 권한에 따라 영국 정부의 동의 없이 국민투표를 실시할 수 있는 스코틀랜드의 권한은 영국 대법원의 손에 넘어가 있다. 영국 정부가 선거권을 막으려고 한다는 이유만으로 대법원은 어떤 판결이든 내려야 한다.

우리는 독립을 위해 계속 긍정적인 입장을 취할 것이다. 최근 스코틀랜드 정부는 독립이 가져다줄 기회를 보여주는 다양한 문서를 만들면서 독립한 스코틀랜드 안내서 개요를 작성하고 있다.

우리는 많은 유럽 국가들의 사회적, 경제적 성과를 보여주는 다양한 성적표에서 영국이, 따라서 스코틀랜드가 그들을 앞서고 있음을 이미 보여주었다. 그중 많은 나라들이 면적과 인구 면에서 스코틀랜드와 비슷하지만 대부분 우리와 같은 천연자원은 가지고 있지 않다. 그래서 이 의문이 점점 더 커지고 있다. '다른 나라들도 그런 성공을 거둘 수 있는데 스코틀랜드는 왜 안 될까?'

독립은 노동자의 권리를 보호하고 환경 기준을 지키며 기후 위기에 시급히 대처하는, 모두를 위한 경제를 창출할 기회를 우리에게 제공할 것이다. 브렉시트로 수십 년 동안 의존해온 무역 연계를 잃은 영국이 손실을 벌충하려고 애쓰면서 이 모든 사안이 뒤로 밀려나고 있다.

독립이 만병통치약은 아닐 것이다. 독립한 스코틀랜드는 전 세계의 크고 작은 경제를 강타하고 있는 21세기의 도전에 여전히 직면할 것이다. 하지만 지금 우리가 처한 상황과 달리 국익을 위해 스스로 결정 내릴 수 있는 자격을 얻고 그 어려움을 헤쳐나갈 것이다.

그것은 스코틀랜드뿐만 아니라 나머지 영국과 국제 사회에도 좋은 일일 것이다. 영연방의 다른 나라들과 동등한 파트너십을 맺고 EU에 확고하게 기반을 둔 독립 스코틀랜드는 협력, 상식, 안정의 모델이 될 것이다. 이 모두가 최근 영국의 국가 운영에서 부족했던 자질이다.

THE WORLD AHEAD 2023

룰라의 귀환

돌아온 브라질 대통령은 첫 임기 때보다
더 어려운 상황을 마주하고 있다

사라 매슬린(Sarah Maslin) 상파울루, 〈이코노미스트〉 브라질 통신원

열대우림을 파괴하고 팬데믹을 '가벼운 독감' 취급했던 극우 포퓰리스트 자이르 보우소나루 치하에서 비참한 4년을 보낸 브라질은 2023년 새로운 대통령을 맞이할 것이다. 좌파 노동자당 (Workers' Party) 창립자이자 2003년에서 2010년까지 브라질 대통령을 지낸 루이스 이나시우 룰라 다 시우바(Luiz Inácio Lula da Silva)는 부도덕하고 때로는 폭력적인 선거 운동을 펼친 뒤 다시 나라를 통치할 것이다. 룰라는 10월 30일 대선 결선 투표에서 50.9% 대 49.1%로 보우소나루 대통령을 이겼다.

보우소나루는 선거를 앞두고 추종자들이 자신의 승리 말고는 그 어떤 것도 '사기'라고 믿도록 사전 공작을 펼쳤다. 결과가 발표된 뒤

거의 이틀 동안 발언을 거부했지만 결국 헌법을 준수하겠다고 밝히며 정권 교체의 길을 열었다.

보우소나루가 물러나면 브라질은 다시 기후 변화와 맞서 싸우고 라틴아메리카, 특히 가장 중요한 이웃나라인 베네수엘라의 평화와 민주주의를 확립하려는 세계의 노력에 다시 동참할 것이다. 한편 룰라 다 시우바는 좌파의 경제, 사회적 어젠다를 추진하면서 곤경에 처한 브라질의 기관들을 정상으로 되돌리려 노력할 것이다. 하지만 보수적인 의회를 관리하고 양극화한 나라를 통합하기 위한 힘겨운 싸움이 예상된다. 많은 브라질인들은 라바자투(Lava Jato, 세차용 고압 분사기)로 알려진 대규모 부패 스캔들과, 아직 완전히 회복되지 않은 2014~2016년의 경기 침체를 이유로 여전히 그의 노동자당을 비난하고 있다.

룰라 다 시우바는 가난한 사람들을 돕는 것이 가장 우선적인 과제라 말한다. 현금 지원을 확대하고 부채를 탕감해주며 성장을 촉진하고 일자리를 제공하기 위해 대규모 인프라 구축 사업에 착수하겠다고 약속했다. 하지만 브라질 경제는 2003년 대통령에 취임

했을 때보다 훨씬 더 어려운 상황에 처해 있다. 만일 그의 정부가 지출 제한 법안을 보다 유연한 재정 준칙으로 대체하는 계획을 추진하더라도 그는 돈을 흥청망청 쓰지는 않을 것이라고 시장을 확신시켜야 할 것이다. 그렇지 않으면 금리가 치솟고 통화가 타격을 입을 것이다. 과세 제도를 보다 간소하고 진보적인 제도로 고치려 하는 그의 계획은 성장에 도움이 될 수 있지만 의회를 통과하기는 힘들 것이다. 민영화와 공공 부문 개혁은 그보다 훨씬 더 어려울 것이다.

환경에 대한 진보 측면에서는 상황이 조금 나을 것이다. 룰라 다 시우바의 첫 번째 과제는 보우소나루가 예산을 삭감하고 직원 수를 줄인 연방 기관들을 복원하는 일일 것이다. 많이 이들이 바라는 일은 특히 아마존에서 기후 변화를 늦추는 데 결정적인 역할을 하는 삼림의 벌채율을 강력한 법 집행으로 낮추는 것이다. 룰라 다 시우바는 아마존 국가들 간의 긴밀한 협력과, 지속 가능한 경제 발전을 위한 국제적 자금 지원을 늘리려 할 것이다. 이는 아마존 인근 가난한 사람들이 불법으로 채굴과 목축, 벌목에 참여하는 것을 막기 위해 필요한 일이다. 다만 브라질의 '녹색 경제'는 여전히 희망에 지나지 않는다. 이것을 현실화하려면 특히 과학 기술 부문에서 연구와 투자가 필요할 것이다.

룰라 다 시우바는 노련한 정치인이지만 의회에서 집권 연정을 유지하기 위해 고전할 것이다. 보우소나루의 정당은 상하 양원의 최대 정당이며 그의 협력자들은 좌파 대통령의 의제를 사사건건 막으려 할 것이다. 룰라 다 시우바는 중도우파 정당들과 거래를 성사시키려

노력할 것이며 그 정당들은 지원의 대가로 예산과 정부 일자리 일부를 요구할 것이다. 상하 양원 지도부를 뽑는 2월 선거가 보우소나루 추종자들이 키를 잡은 결과로 끝나지 않는다면 룰라 다 시우바는 임기를 훨씬 더 수월하게 보낼 것이다.

보우소나루주의(Bolsonarismo)는 어쩌면 2023년이 지난 뒤에도 한참 동안 브라질 사회에서 강력한 세력으로 남아 있을 것이다. 보우소나루에게 표를 준 사람은 5,800만 명이었다. 룰라 다 시우바의 승리로 수천 명의 보우소나루 추종자들이 도로를 봉쇄하고 '군사 개입'을 요청했지만 사회 불안 탓에 마지못한 사임에 뜻을 굽힐 수밖에 없었다. 하지만 팬데믹을 부실하게 관리한 혐의로 기소되더라도 명령으로 동원할 수 있는 충성스러운 추종자들이 많이 있다. 그들 대다수는 주류 언론과 대법원 같은 기관을 더 이상 신뢰하지 않으며 우파의 에코 챔버 안에 머무르는 것(같은 입장을 지닌 정보만 지속적으로 되풀이해 수용하는 현상)을 선호한다. 룰라 다 시우바는 그들의 환심을 사기 위해 애쓸 것이며 브라질은 앞으로 수년간 양극화한 상태가 유지될 것이다.

두 발로 투표하다

여전히 공산당이 장악하고 있는 쿠바에서는 고난이 끈질기게 이어질 것이다

사라 버크(Sarah Birke) 아바나, 〈이코노미스트〉 멕시코·중앙아메리카·카리브해 제도 지국장

2023년 3월 쿠바인들은 덮어놓고 찬성만 하는 의회를 위해 투표할

것이다. 하지만 단일 정당 국가에서 많은 변화가 있으리라 기대하지 않아야 한다. 2021년 시민들은 경제 상황 개선과 정치적 자유를 요구하며 대규모 시위를 벌였고 그로 인해 많은 사람들이 장기 징역형을 받았다. 정부는 경제에 민간 부문을 위한 공간을 조금 늘리는 식으로 대응했지만 정치는 공산당이 어느 때보다 철저히 통제하고 있다.

쿠바인들은 선거의 가장 초기 단계에만 결정권을 갖는다. 국회의원의 절반은 지방의회가 후보를 지명하고, 지방의회 선거인은 그 이전에 지역 사회 회의를 거쳐 선출된 이들이다. 나머지 전국구 후보들은 노동조합, 농민 단체, 여성 단체, 학생연합회 등 공식 단체들이 지명한다. 국회의원 투표용지가 인쇄될 때쯤이면 의석마다 한 명씩 후보가 정해진다. 그들 모두는 이미 당의 승인을 받았고 과반수의 표만 얻으면 의석을 차지하게 된다. 그러면 그들은 당이 선택한 대통령을 승인할 것이다. 그 주인공은 2019년부터 대통령 자리에 앉아 있는 미겔 디아스카넬(Miguel Díaz-Canel)이 거의 확실하다.

쿠바인들은 투표를 기권하거나 후보자를 거부하는 식으로 반대 의사를 표시할 수 있다. 하지만 그들은 정치적 변화는 선거가 아니라 당내 권모술수에서 비롯된다는 사실을 알고 있다(국회는 1년에 단 두 번 열린다). 더욱이 정치에는 변화도 거의 없다. 공산당만 허용되고 정치 캠페인은 불법이다. 하지만 한 원로 인사가 자리를 내주면 상황이 좀 더 흥미로워질 것이다. 2016년 피델 카스트로(Fidel Castro)가 사망하자 동생 라울 카스트로(Raul Castro)가 최고 권력자 자리인 당의 제1서기직을 물려받았다. 2021년 라울은 디아스카넬을 대통령 자리에 앉히는 동시에 제1서기로 임

2023년 쿠바인의 마음에는 정치적 자유가 아니라 경제적 어려움이 맨 앞자리를 차지할 것이다.

쿠바의 자유?

명했다. 적어도 서류 상으로는 1959년 혁명 이후 처음으로 카스트로가 아닌 다른 사람이 제1서기직을 맡았다. 디아스카넬 대통령은 당의 충실한 일꾼이지만 혁명 이후에 태어난 인물이다. 이런 상황은 앞으로 보편적인 일이 될 것이다.

2023년 쿠바인의 마음에는 정치적 자유가 아니라 경제적 어려움이 맨 앞자리를 차지할 것이다. 최근 몇 년 동안 허리케인에서부터 저렴한 석유를 공급해 쿠바 정부에 도움을 주던 베네수엘라의 붕괴에 이르기까지 잇따른 충격이 쿠바를 덮쳤다. 트럼프가 시행한 미국의 제재에 이어 코로나19 팬데믹으로 관광과 송금도 위축됐다. 정부의 부실 관리가 상황을 더 악화시켰다.

그 결과는 인플레이션과 식량 부족이다. 쿠바 공산당은 경제 규제를 조금 더 풀어줄 가능성이 있지만 국민들을 만족시키기에 충분하지 않다. 기록적인 수치가 나왔다. 2021년 10월에서 2022년 8월 사이 거의 20만 명이 멕시코 국경을 넘어 미국으로 들어가려다 붙잡혔다. 더 많은 사람들이 뒤따를 것이다. 선거에서 투표로 의사 표현할 기회를 거부당한 사람들은 계속 두 발로 투표할 것이다.

오른쪽으로 기울다

—

유권자들은 저성장이 또 한 해 이어지면 불만을 표시할 가능성이 크다

마이클 리드(Michael Reid) 〈이코노미스트〉 선임편집자, 벨로 칼럼니스트

선거에서 잇따라 승리한 라틴아메리카의 좌파는 2023년 우파의 복귀를 보게 될 것이다. 이런 예측은 초라한 경제 성장과 사회적 불만으로 채워질 또 다른 힘든 해에 직면한 라틴아메리카에서 현직 권력자의 인기가 계속 떨어지고 있음을 반영한다. 중앙은행들이 조기에 금리 인상 조치를 취한 덕분에 대부분의 나라에서 인플레이션만큼은 하락할 것이다. 대부분의 나라는 2022년 팬데믹 이전의 생산과 고용 수준을 회복했다. 하지만 임금은 여전히 정체된 상태고 재정 확대 정책을 감당할 수 있는 정부는 거의 없다. IMF에 따르면 2022년 3.5% 성장한 이 지역 경제가 2023년에는 2% 성장에 그칠 수 있다. 2019년 이후 여러 나라를 뒤흔들었던 사회적 폭발이 추가로 발생할 위험이 있지만 라틴아메리카 사람들은 먹고살기 바빠서 크게 저항하지 못할 것이다.

2023년 10월 아르헨티나의 대선에 정치적 관심이 쏠릴 것이다. 페

론주의 정부가 분열되고 인플레이션이 치솟는 상황에서 중도우파 야당이 단합된 상태를 유지한다면 승리할 것이다. 그러려면 그들은 후보부터 정해야 한다. 호라시오 로드리게스 라레타(Horacio Rodríguez Larreta) 부에노스아이레스 시장은 유능하고 온건하다. 그는 범죄에 대한 강경한 메시지로 인기를 끌고 있는 패트리샤 불리쉬(Patricia Bullrich) 전 안보국장관의 도전을 받을 것이다. 전면에 나서고 있지는 않지만 2015년부터 2019년까지 대통령을 지낸 마우리시오 마크리(Mauricio Macri)도 있다. 그의 정부는 실패로 끝났지만 그는 아직 야망을 버리지 않았다. 극우 잔소리꾼 하비에르 밀레이(Javier Millei)도 지켜봐야 할 인물이다. 페론주의 좌파 포퓰리스트 진영 지도자 격인 크리스티나 페르난데스 데 키르히너(Cristina Fernández de Kirchner)도 후보로 내세울 사람을 찾을 테지만 그녀는 분열을 초래하는 인물이다.

파라과이에서도 4월에 선거가 있고 과테말라에서는 6월에 선거가 치러질 예정이다. 파라과이에서는 지난 70년 중 5년을 제외하고 줄곧 집권한 보수 성향의 콜로라도당(Colorado party)이 거대하지만 이질적인 야당의 강력한 도전에 직면해 있다. 콜로라도당은 주요 인사

두 명이 부패 혐의로 미국의 제재를 받으면서 당의 이미지에 흠집이 났다(그들은 혐의를 부인했다). 콜로라도당의 유력한 후보인

산티아고 페냐(Santiago Peña) 전 재무장관은 그에게 쏟아진 불만에도 불구하고 근소한 차이로 경쟁에서 앞서고 있다.

과테말라에서는 선거가 자유롭고 공정하게 치러질 것 같지 않다. 친정부 성향 인사들이 선거 당국과 법원을 통제하고 있으며 2019년처럼 좌파 후보의 출마를 금지할 수도 있다. 마리오 콘데(Mario Conde)나 주리 리오스(Zury Rios)는 보수주의 통치를 이어갈 것이다. 지난 선거에서 패배한 중도 포퓰리스트 산드라 토레스(Sandra Torres)도 다시 출마할 가능성이 있다.

한편 멕시코의 오브라도르 대통령은 이전 집권당인 제도혁명당(PRI)의 거점인 멕시코주 주지사 선거에서 자신의 모레나(Morena)당이 승리하기를 희망할 것이다. 그곳에서 승리하면 모레나당은 2024년 대통령 선거 출마에 유리한 위치에 설 것이다.

2023년에는 독재자 니콜라스 마두로(Nicolás Maduro) 대통령이 통치하는 베네수엘라에 국제 회담의 기회가 주어질 것이다. 마두로 대통령이 2024년 예정된 대통령 선거를 자유롭고 공정하게 치르겠다고 약속하면 그 대가로 미국이 제재를 완화할 수도 있다. 하지만 양측이 그렇게 할 가능성은 크지 않다. 현재 중국이 라틴아메리카에서 크게 떠오르고 있는 상황에서 EU는 스페인이 EU 의장국이 되는 2023년 말 정상 회담에서 영향력을 되찾고 싶어 할 것이다. 라틴아메리카에서 독재자들이 진격함에 따라 민주주의자들은 또다시 힘든 시기를 보낼 것이다.

거꾸로 가는 에너지 정책

—

멕시코의 퇴행적 에너지 정책은 자국은 물론이고 지구에도 해롭다

사라 버크

2023년 멕시코의 에너지 정책은 세계 다른 나라들의 정책과 점점 더 보조를 맞추지 못할 것이다. 1970년대와 1980년대 석유 매장량 덕분에 번영했던 타바스코 출신 안드레스 마누엘 로페스 오브라도르(Andrés Manuel López Obrador) 대통령은 2018년 집권한 이후 멕시코 시장을 개방하는 계기가 된 2014년의 에너지 개혁을 완화하려고 노력했다. 나라의 성장 동력인 국영 기업들을 우선순위에 두었으며 에너지를 수입하기보다 자체적으로 생산해야 한다고 판단했다. 그가 추진한 정책과 법안들은 법원의 명령으로 대부분 마비된 상태지만 어떤 대가를 치르더라도 그 목표를 향해 계속 나아갈 것이다.

멕시코 정부는 정유 공장을 건설하는 데 이미 수십억 달러를 썼고 석탄 화력 발전소를 계속 가동하기로 했다. 국영 전기 회사와 석유 회사들에는 민간 기업들보다 우선권을 주면서 지원을 아끼지 않았다. 또 산업 규제 기관들을 끌어들여서 민간 기업이 허가를 신청하는 과정을 방해해 그들의 전력 생산이나 석유 탐사를 어렵게 만들고 있다. 현재 멕시코는 원유를 수출하고 천연가스는 수입하고 있다. 이제 그들의 계획은 원유를 보존해서 국가의 전력 생산에 사용하는 것이다.

타바스코의 에너지원

우크라이나 전쟁으로 전 세계가 에너지 자급자족으로 돌아서게 됐다. 하지만 멕시코가 전기를 충분히 생산할 능력이 있는지는 불분명하다. 더욱이 전기는 지금보다 더 비싸질 것이다. 국영 기업인 연방전력청(CFE)의 운영 비용은 민간 전력 공급 업체보다 훨씬 많이 들어간다. 낡고 비효율적인 공장들에 유지 관리 비용이 많이 들어가기 때문이다. 이런 비용은 소비자가 직접 떠안거나 정부가 보조금으로 더 많은 비용을 부담해야 한다.

환경도 훼손될 것이다. CFE는 재생 가능한 자원 가운데 특히 수력 발전으로 일부 전기를 생산한다. 하지만 멕시코 정부는 풍력이나 태양광 발전에는 관심이 거의 없다. 정부가 막대한 투자를 한 국내외 민간 기업들을 압박한 탓에 멕시코에서 재생 에너지에 대한 투자는 줄어들 것이다. 이런 변화로 미뤄보아 멕시코는 2024년까지 전력의 35%를 청정 자원으로 생산하겠다는 약속을 이행하기 힘들 것이다.

에너지 개혁은 제조업을 멕시코로 불러들이는 계기가 됐다. 지금은 불확실성이 투자자들을 가로막고 있다.

이런 에너지 정책의 영향은 경제 부문에서 더욱 폭넓게 체감될 것이다. 에너지 개혁은 전기를 이전보다 저렴하고 안정적으로 만들 수 있게 해서 제조업을 멕시코로 불러들이는 계기가 됐다. 지금은 불확실성이 투자자들을 가로막고 있다. 멕시코 내 법원에서 여러 에너지 정책에 대해 이의가 제기되고 있다. 또 지역 간 다툼도 일어나고 있다. 미국과 캐나다는 멕시코의 에너지 정책이 3국간 자유무역협정(USMCA)을 위반해 자국 기업에 불이익을 주었다고 소송을 제기했다. 이 문제는 2023년 판결이 날 것 같다. 멕시코에 불리한 판결이 내려지면 제재가 가해질 수 있다.

기회비용이 엄청나다. 전문가들은 멕시코가 목표로 정한 2050년보다 훨씬 빨리 재생 가능한 자원에서 거의 절반의 전력을 생산할 수 있으리라고 예상한다. 미국 시장에 서비스를 제공하는 기업들은 팬데믹 기간 동안 공급망 문제가 불거진 뒤 멕시코를 중국의 대체 장소로 보고 있다. 하지만 멕시코의 퇴행적 에너지 정책 탓에 2023년에 그런 기업들은 다른 곳을 찾아갈 것이다.

 WHAT IF?

아르헨티나는 연말 즈음 인플레이션이 100%에 도달할 가능성이 크다. **2023년 아르헨티나가 초인플레이션을 겪는다면 어떤 일이 벌어질까?** 2001년 이 나라의 경제 붕괴 때와 마찬가지로 폭동과 약탈이 일어날 수 있다. 집권하고 있는 좌파 포퓰리스트 연정이 해체되고 아마 대통령도 물러날 것이다. 그러면 우파 자유주의자인 하비에르 밀레이(Javier Milei)나 외부의 다른 포퓰리스트 지도자가 2023년 대선에서 승리할 수 있는 기회가 생길 것이다. 수만 명이 나라를 떠나려고 할 것이다.

마약과의 전쟁 끝?

—

라틴아메리카에 새로운 지도자들이 나오면 미국의 동맹은 줄어들 것이다

에마 호건(Emma Hogan) 〈이코노미스트〉 미주 담당 편집자

라틴아메리카와 북쪽 초강대국의 관계는 평탄했던 적이 없었다. '마약과의 전쟁'을 시작한 1971년 리처드 닉슨(Richard Nixon) 전 미국 대통령은 "라틴아메리카는 중요하지 않다. (…) 사람들은 이제 라틴아메리카를 전혀 신경 쓰지 않는다"고 말했다. 2023년 안보와 이주라는 영원한 문제와 특히 마약 정책을 두고 양측의 긴장이 고조될 것이다. 라틴아메리카의 새로운 좌파 지도자들이 이 문제들을 어떻게 다루는지가 앞으로 몇 년 동안 미국과의 관계를 결정지을 것이다.

이 지역 민주주의의 쇠퇴는 미국의 오랜 골칫거리이며 남부 국경에서 이주민 위기를 부채질하고 있다. 쿠바, 아이티, 니카라과, 베네수엘라뿐만 아니라 라틴아메리카의 '북부 삼각지대' 나라들(엘살바도르, 과테말라, 온두라스)에서 필사적으로 탈출하는 사람들이 늘어나고 있다. 2022년 1월에서 9월까지 미국의 남쪽 국경에서 억류된 이주민 수는 200만 명이 넘으며 이는 2021년보다 3분의 1이 늘어난 수치다.

라틴아메리카의 정치 변화 조류는 여러 문제를 복잡하게 만들고 있다. 페루에서는 페드로 카스티요(Pedro Castillo)가, 칠레에서는 가브리엘 보리치(Gabriel Boric)가 대통령 자리에 앉아 있는 가운데 브라질에서 룰라 다 시우바의 당선은 라틴아메리카가 얼마나 광범위하게

콜롬비아에서 코카인 생산을 기소 대상에서 제외시키는 작은 실험이라도 한다면 세계에 커다란 영향을 미칠 것이다.

좌파로 돌아섰는지 보여주는 가장 최근 사례다. 룰라 다 시우바는 특히 중국과 '남남' 협력을 강화하고 싶어 할 것이다. 이 일은 바이든 대통령을 비롯한 서구 지도자들을 성가시게 할 가능성이 크다. 2018년부터 2022년까지 브라질의 포퓰리스트 대통령이었던 보우소나루는 반중국 정서를 부채질했지만 그의 말이 현장에서 항상 일치하지는 않았다(2021년 브라질과 중국 간 무역 규모는 1,350억 달러로 사상 최고치를 기록했다).

한편 콜롬비아에서 최초의 좌파 대통령이 된 구스타보 페트로(Gustavo Petro)의 당선은 긴장감을 높일 수 있는 또 다른 요인이다. 그는 마약과의 전쟁이 '비합리적'이라고 비난하며 반대 목소리를 높였다. 마약 정책에 대한 그의 계획에는 갱단과의 협상, 코카인을 재배하는 가난한 농부들을 처벌하지 않겠다는 약속, 코카인을 의료용 환경에서만 소비하도록 통제하는 것 등이 포함된다(개인적 마약 사용은 이미 처벌 대상에서 빠졌지만 마약을 사용하는 콜롬비아인은 거의 없다).

다른 정부 인사들은 더 나아가자고 제안한다. 페트로 정부의 마약 정책 책임자인 펠리페 타스콘(Felipe Tascón)은 코카인을 완전히 합법화할 가능성을 언급했다. 네스토르 오즈나(Nestor Ozuna) 법무장관은 코카인 관련 규칙을 만들어야 한다고 주장했지만 합법화는 배제했다. 이런 의견들은 꽤 최근에 나오기 시작했다. 이반 마룰란다(Iván Marulanda) 상원의원이 콜롬비아의 모든 코카인을 나라가 시장 가격으로 매점할 수 있도록 하는 법안을 제안한 것이 2020년 일이었다. 이제 그런 의견들이 설득력을 얻어가고 있다.

콜롬비아에서 코카인 생산을 기소 대상에서 제외시키는 작은 실

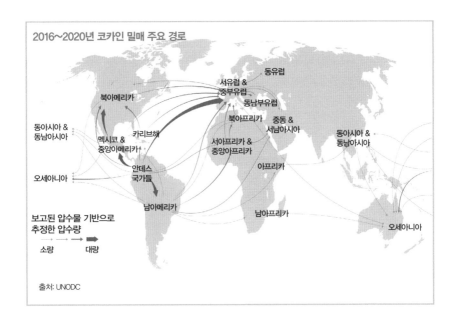

2016~2020년 코카인 밀매 주요 경로

북아메리카

동아시아 &
동남아시아

멕시코 &
중앙아메리카

카리브해

안데스
국가들

오세아니아

남아메리카

서유럽 &
중부유럽

동유럽

동남부유럽

북아프리카

서아프리카 &
중앙아프리카

중동 &
서남아시아

아프리카

동아시아 &
동남아시아

남아프리카

오세아니아

보고된 압수물 기반으로
추정한 압수량

소량   대량

출처: UNODC

험이라도 한다면 세계에 커다란 영향을 미칠 것이다. 콜롬비아는 전 세계 마약 공급량의 60%를 생산한다. 북미 지역이 가장 큰 소비처다. 유엔 마약범죄사무소(UNODC)에 따르면 2020년 북미 거주민의 2%가 마약을 사용했다.

미주 지역 조직범죄 전문 매체인 '인사이트 크라임(InSight Crime)'의 제러미 맥더모트(Jeremy McDermott)에 따르면 이런 사실은 수십 년 동안 미국이 옹호해온 '금지 규범'이 어느 때보다 더 약해 보인다는 것을 의미한다. 그는 "미국 정부가 콜롬비아 마약 퇴치 투쟁에서 가장 중요한 동맹을 잃었을 뿐만 아니라 멕시코, 베네수엘라, 칠레도 잃었다"고 말한다. 미국의 한 전직 관리는 멕시코 정부가 미국 마약 단속국(DEA)의 운영을 매우 어렵게 만들었다고 주장한다. "브라질은 딱히 가담하고 있지 않으며 파나마만 미국 진영에 확고하게 남아 있다"고 맥더모트는 말한다. 닉슨이 마약과의 전쟁을 선포한 지 50년이 지난 지금 라틴아메리카는 그 어느 때보다 미국의 말을 귀담아듣지 않고 있다.

20 23년 신흥 시장은 심화하는 경제적, 사회적 위기를 마주하고 있으며 그 위기는 국제 금융 무대에서 모두가 협력해야만 해결할 수 있다. 우리는 기다리지 말고 지금 행동에 나서야 한다. 그렇지 않으면 빈곤에 빠진 수백만 명에게 도움의 손길이 너무 늦게 닿을 것이다. 기후, 공중 보건, 교육 및 기타 지속 가능한 개발 목표를 위한 중요한 조치도 불필요하게 늦춰질 수 있다.

다가오는 위기의 조짐은 2022년 하반기에 나타났다. 달러가 강하게 상승하면서 많은 중간 소득 국가들의 부채 상환 비용을 지속 불가능한 수준으로 끌어올렸다. 위기는 코로나19 팬데믹에 대한 서로 다른 대응 방식에서 비롯됐다. 세계 경제 활동은 2020년 중반부터 거의 18개월 동안 급격히 둔화했다. 최악의 시기에 바베이도스의 GDP는 14% 하락했고 비공식 실업률은 40%에 이르렀다. 2018년 우리는 성공적인 채무 재조정을 통해 고용 및 복지 프로그램을 위한 임시 자금을 확보하고 예산을 늘릴 수 있었다. 다른 많은 나라들은 높은 비율의 부채에 짓눌렸다. 중국, 인도 같은 최대 규모의 신흥 시장조차 경기 부양에 GDP의 5.5% 이상 지출할 수 없었고 많은 나라가 그보다 더 적게 지출했다.

이와 대조적으로 국제준비통화를 발행하는 소수의 나라들은 매우 다른 팬데믹을 겪었다. GDP 대비 추가 재정 지출 및 세입 축소 비율이 미국은 25%, 영국은 19%, 일본은 16%, 독일은 15%를 초과했다. 어떻게 이것이 가능했을까? 그들의 국고는 지출 자금을 마련하기 위해 채권을 판매했지만 중앙은행

바베이도스의 **미아 모틀리(Mia Mottley)** 총리는 국제 금융 시스템의 변화가 빈곤과 기후 변화 대처에 보탬이 될 수 있다고 말한다.

기후 변화에 함께 대처하는 새로운 방법

바베이도스는 열대지방의 다른 나라들과 마찬가지로 기후 변화의 최전선에 서 있다.

은 발행된 화폐로 국채를 사들였다. 팬데믹 최악의 2년 동안 그런 양적 완화의 가치는 12조 달러를 넘어섰다.

이런 '경기 부양국들'의 경제가 먼저 회복됐다. 2022년 중반 미국의 실업률은 주기적 최저치인 3.6%로 돌아왔다. 공급망 병목 현상과 인플레이션이 발생하자 미국 연준은 통화 부양책을 철회하고 금리를 올리기 시작했다. 2022년 연준이 이례적으로 급격하게 긴축 정책을 펼치면서 달러 가치가 치솟았다. 달러 대비 자국 통화 가치가 하락하는 것과 인플레이션 압박이 증폭하는 것을 막기 위해 다른 나라들도 일제히 금리를 올리기 시작했다. 달러 강세는 이런 식으로 미국의 긴축 통화 정책을 전 세계로 전파했다.

이 정책은 미국에는 옳은 경제 대응책이었을 수 있지만 나머지 나라들에는 옳지 않은 정책이었다. 높은 금리는 일반적으로 통화 가치를 뒷받침한다. 하지만 시장이 판단하기에 금리가 지속 불가능할 정도로 높으면 그 결과 약한 통화는 높은 금리로, 높은 금리는 약한 경제로, 약한 경제는 약한 통화로 이어지는 악순환이 일어날 수 있다.

그렇다고 연준이 방향을 바꿔야 한다는 뜻은 아니다. 국제 정책 입안자들은 미국의 금리 인상과 달러 강세가 국제적으로 미치고 있는 영향을 인식하고, 유동성이 필요한 국가에 대량의 유동성을 공급해서 그들이 부적절한 긴축 정책 안에 갇히지 않도록 해야 한다.

IMF는 신속 금융 제도를 코로나19 위기 수준으로 되돌리고, 대규모 차입에 대한 금리 할증을 일시적으로 유예하고, 국제준비통화를 발행하지 않는 국가들에 미사용 특별인출권(SDR)의 최소 30%를 다시 할당해야 한다. 국제준비통화를 발행하는 나라에서는 SDR이 호기심의 대상일 뿐이지만 나머지 나라들에서는 요긴하게 쓰인다. SDR은 한 IMF 회원국이 다른 회원국의 준비금을 오버나잇(overnight) 차입 금리로 빌릴 수 있는 권리를 부여한다. 아프리카와 카리브해 국가들은 최근 할당받은 SDR을 75% 넘게 사용했다.

이런 접근법은 기후 변화 완화처럼 누가 제공하는지에 관계없이 모두에게 이익이 되는 글로벌 공공재에 자금을 조달하는 데 쓰일 수 있다. 바베이도스는 열대지방의 다른 나라들과 마찬가지로 기후 위기의 최전선에 서 있다. 우리는 기후 완화가 너무 더디게 진행되고 있어서 깊이 우려하고 있으며 교착상태가 타개되기를 바란다.

6,500억 달러 규모의 SDR을 새로 발행해 자본을 마련한 '글로벌 기후완화신탁(Global Climate Mitigation Trust)'은 공공 및 민간 완화 프로젝트를 위해 저렴한 금융상품을 경매에 부칠 수 있다. 그러면 과학, 기술, 돈의 경쟁이 촉발되면서 지구 온난화를 가장 빨리 줄이는 프로젝트가 우승자가 될 수 있다. IMF와 유엔의 녹색기후기금은 지원 프로젝트가 기술적으로나 재정적으로 건전한지 확인하는 심사를 할 것이다.

이 아이디어는 2023년 바베이도스를 혁신하기 위해 내가 옹호하고 있는 '브리지타운(바베이도스의 수도) 이니셔티브'의 일부를 구성한다. 집단적으로 대처할 방법을 찾기보다 나라들끼리 손가락질하며 계속 무기력한 상태로 지낸다면 우리는 다 같이 가라앉을 것이다. 나는 감히 그러지 않기를 바란다.

THE WORLD AHEAD 2023

예측 불허의 상황

중동 지역의 복잡하게 뒤엉킨 동맹 관계는 계속 전개될 것이다

잰 스마일리(Xan Smiley) 〈이코노미스트〉 선임기자

소용돌이치는 중동 외교 상황에서 최근 몇 년간 가장 눈에 띄는 변화는 2020년 이스라엘, 아랍에미리트(UAE), 바레인이 서명한 아브라함 협정(Abraham accords)●과 뒤이어 모로코, 수단이 맺은 유사 협약 덕분에 이스라엘과 여러 아랍 국가들 사이에 더욱 굳건한 평화가 찾아온 것이다. 그 후 이스라엘은 특히 아랍에미리트와 모로코를 상대로 무역 및 기술 분야의 유대를 활발히 확장해왔다. 이 신생 경제 블록이 앞으로도 번영하고 확장할 것인가, 이것이 2023년의 핵심 질문이다.

● 2020년 9월 15일 미국의 중재로 이스라엘이 바레인, 아랍에미리트와 정식 외교 관계를 수립한 협정.

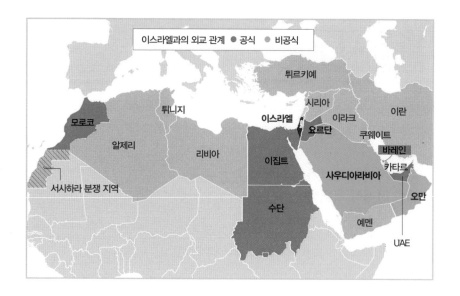

이스라엘이 요르단, 이집트와 맺은 평화 협정이 굳건히 유지되는 상황에서, 이제 지켜볼 나라는 이스라엘과 은밀한 협력 관계를 갖출 것으로 전망되는 사우디아라비아다. 실례로 사우디아라비아의 왕세자이자 실질적 통치자인 무함마드 빈 살만(Muhammad bin Salman)은 이스라엘의 신생 기업들에 투자하기 위해 20억 달러를 할당했다고 한다. 비록 아브라함 협정에 가입할 다음 국가로 흔히 사우디아라비아가 언급되지만, 늙어가는 살만 빈 압둘아지즈(Salman bin Abdulaziz) 국왕이 왕위에 있고 이스라엘과 팔레스타인 사이의 '두 국가 해법(two-state solution)'•에 진전이 없는 한 공식적으로 인정받을 만한 관계 개선은 이뤄지지 않을 것이다.

● 이스라엘과 팔레스타인을 1967년 3차 중동전쟁 이전의 경계를 기준으로 별도 국가로 공존 하도록 하자는 구상.

(2023년 88세가 되는) 마흐무드 압바스 **이란과의 핵 협정이 부활할 가능성은 적지만, 아예 없는 것은 아니다.**
(Mahmoud Abbas)의 미약한 지도력 아래 어느 때보다 비참한 삶을 살아가는 팔레스타인인들에게 국가를 부여하라고 이스라엘 향해 압력을 넣는 일은 아브라함 협정으로 인해 줄어들었다. 현재 대부분의 아랍 정부는 자국민과 관련된 일이 아니면 팔레스타인 대의(Palestinian cause)에 믿음을 잃은 상태다. 그러나 이 협정은 예루살렘에서 충돌 사태가 격발하거나 이스라엘과 팔레스타인 무장 세력 간의 교전이 재개된다면 시험대에 오를 것이다. 협정 회원국들은 무역 관계가 이스라엘과 팔레스타인 간의 분쟁으로부터 분리되기를 바란다. 그러나 협정의 본질은 주로 경제적 이익 추구지만 이란이라는 공동의 적에 대항하기 위한 것이기도 하다.

아랍인들 사이에서 지배적 종파로 자리 잡은 수니파와 이란이 지지하는 시아파, 그리고 시리아와 예멘에 널리 퍼진 시아 분파 간의 분열은 여전히 중동 지역의 가장 큰 위험 요소다. 그러나 이 해묵은 갈등은 불변의 것이 아니다. 오랫동안 이란에 적대적이었던 걸프 지역의 일부 아랍 국가들은 이란과 타협점을 찾을 수도 있다. 이에 관해서는, 상인들이 아주 오래전부터 바다를 건너 유대 관계를 맺고 있는 아랍에미리트와 카타르를 보면 알 수 있다. 반면 사우디아라비아는 우정의 손길을 뻗는 것에 완강히 반대할 것으로 보인다.

아야톨라(ayatollah)●가 집권을 이어나갈 시 이란의 핵 계획을 둘러싸고 서구 강대국들과 이란의 협정이 부활할 가능성은 적다. 2022년

● 이슬람 시아파에서 신앙과 학식이 높은 고위 성직자에게 수여하는 칭호.

11월 1일 이스라엘 총선 이후로 베냐민 네타냐후(Benjamin Netanyahu)가 집권 연합을 구성할 경우 그 가능성은 더 적어질 것이다. 그러나 지속해서 벌어지는 대규모 시위로 이란 정권이 무너진다면 걸프만 전체의 긴장이 완화되어 모든 국가에 이익이 될 것이다. 이스라엘 역시 이란과 대화를 재개할 수도 있다.

중동 지역에서 이란과 긴밀한 관계를 유지하는 시리아의 바샤르 알아사드(Bashar al-Assad) 대통령은 서구가 우크라이나 전쟁에 주의를 빼앗긴 동안은 살아남을 가능성이 크다. 튀르키예, 이라크와의 접경 지대에서 주기적으로 폭력 사태가 발생할 수도 있지만, 현재 그가 지배하고 있는 영토 대부분에 대한 주도권을 계속해서 재확인할 것이다. 아랍에미리트와 카타르 등 그를 끌어내리려던 아랍 국가 통치자들이 다시 우호적인 자세를 취하고 있다. 튀르키예도 그렇다. 러시아는 우크라이나와 교착 상태에 빠졌지만 동맹국 시리아가 무너지는 것은 바라지 않을 것이다.

예멘은 2023년에도 중동에서 가장 피비린내 나는 나라 중 하나일 수 있지만, 2022년 4월에 체결된 아랍 동맹군과 후티 반군 간의 휴전 협정이 되살아날 가능성이 있다. 리비아 역시 유엔이 일종의 합의를 끌어낼 방법을 모색하더라도, 불만족스러워하는 최소 두 편(리비아 통합 정부와 리비아 국민군)이 주기적으로 서로 전쟁을 벌이는 관계로 이 문제에 갇혀 있을 공산이 크다.

이집트, 수단, 이라크에 이어 인구가 가장 많은 아랍 국가인 알제리와 이웃 모로코의 관계는 인산염이 풍부한 서사하라 지역을 둘러싼 다년간의 분쟁으로 인해 얼어붙은 상태가 유지될 것이다. 서사하라 지역은 영유권을 주장하는 모로코를 상대로 알제리가 분쟁을 벌이고 있는 곳이다. 모로코가 전 세계적으로 외교적 입지를 다지고 있을지는 모르지만 알제리는 쉽게 양보하지 않을 듯하다. 인접한 아랍 국가들의 국민이 서로의 국경을 넘을 수조차 없다는 것은 터무니없는 일이다. 그러나 이 지역 아랍인들의 해묵은 적대감은 쉽게 사라지지 않는 편이다. 지금 당장 이스라엘에 대한 적대감은 예외다.

빚의 수렁에 빠지다

—

아랍 국가들은 부족 사태, 치솟는 물가, 잠재적 불안을 헤쳐나갈 수 있길 바란다

그레그 칼스트롬(Gregg Carlstrom) 두바이, 〈이코노미스트〉 중동 통신원

31대 미국 대통령 허버트 후버(Herbert Hoover)는 "젊은이는 복이 있나니 저희가 국가 빚을 물려받을 것이다"라고 말했다. 중동의 국가 부채는 특히나 신성시되는 것임이 틀림없다. 석유 수입국들은 무서울 정도로 많은 액수의 부채를 떠안은 채로 2022년을 떠나보낼 것이다. 이집트, 요르단, 튀니지는 모두 GDP의 약 90%를 빚지고 있다. 2020년 채무를 이행하지 못한 레바논은 경제를 위축시키는 엄청난 부채를 아직 구조 조정하지 못하고 있다.

몇몇 국가들이 (이 중 두 국가는 단골손님이다) IMF에 도움을 요청하거나 프로그램을 시작하면서 부채는 2023년에도 지배적인 문제가 될 것이다. 외부 지원이 있다 하더라도 중동 지역은 부채라는 함정에서

환(換)의 운명

벗어나기 위해 고군분투할 것으로 보인다. 2023년에는 수천만 명의 아랍인들이 긴축 예산, 더 많은 부족 사태, 어려움을 겪을 것이다.

이집트는 10월 IMF와 30억 달러의 구제 금융 거래를 발표했다. 이는 채무 상환만으로 2023년 나라 수입의 거의 절반이 증발할 이집트에 절실히 필요한 투입액이다. 하지만 이 금액으로는 충분하지 않을 것이다. 이집트 정부는 자본을 조달하기 위해 일부 국영 기업을 매각하고, 전력 소비량을 줄여 천연가스 수출을 늘리려고 애쓸 것이다. 2022년처럼 공격적이지는 않겠지만 수입을 계속 억제할 것이다. 교육이나 의료 부문에 쓸 돈은 거의 없을 것이다.

이집트는 IMF와의 협정 조건을 이행하기 위해서 자국 통화를 평가 절하했고, 2022년 화폐 가치는 35% 떨어졌다. 이는 수입품의 가격이 감당하지 못할 정도로 치솟는 상황에서 수입액을 줄이는 데 도움이 될 것이다. 일부 투자자들은 이집트 파운드화가 좀 더 떨어질 여지가 있다고 본다. 9월 물가 상승률은 15%, 식료품 가격 상승률은 22%로 정점을 찍었다. 2023년에는 물가가 훨씬 더 오를 것이다.

레바논은 4월 IMF와 실무자급 합의에 도달했다. 그러나 30억 달러의 국채를 풀기 위해서는 예산안을 통과시키고, 자본 통제를 시행하며, 은행 비밀보호법을 점검하고, 금융 분야를 정비해야 한다. 2022년 예산이 9월 말에야 통과된 것에서 알 수 있듯이, 레바논은 이 중 해결한 것이 거의 없고 2023년에도 진전을 보이지 못할 확률이 높다. 부패한 정치인과 부실 은행 모두 현실을 직시하길 원하지 않기 때문이다.

레바논은 보조금을 받아 근근이 먹고살 모양새다. 각지에 퍼진 디아스포라(diaspora)●의 송금으로 약간의 경화(hard currency)●●가 투입되고, 이란이 보내는 연료로 매일 두어 시간 전기를 공급할 것이다. 빈곤이 악화하고 범죄는 늘어날 것이다. 중산층은 비행기를 타고, 빈곤층은 목숨을 건 채로 배를 타고 타국으로 이주하는 시민의 수가 증가할 전망이다.

튀니지의 상황은 이집트와 레바논의 중간 정도가 될 듯하다. 영향력 있는 공공 노동조합 UGTT(Union Générale Tunisienne du Travail, 튀니지 노동연맹)는 IMF와 협상을 지속해서 반대할 것으로 여겨지는데,

---

● 본토를 떠나 타국에서 살아가는 공동체 집단, 또는 이주 그 자체.
●● 미국 달러, 스위스 프랑 등 언제든 금이나 다른 나라 화폐로 바꿀 수 있는 화폐.

그 협상으로 인해 임금과 보조금이 삭감되어 빈곤 악화가 우려된다는 이유다. 권위주의 성향의 카이스 사이에드(Kais Saied) 대통령은 노조를 위협해 협조하도록 만들 것이다. 그에게는 선택지가 별로 없을 듯하다. 튀니지는 주식(主食)을 수입하기 위해 고군분투하고 있는데, 실제로 동요가 발생할 수 있기 때문이다.

모든 이들이 페르시아만 인근 국가들(Gulf states)●로부터 도움을 바라게 될 것이다. 만약 고유가가 유지된다면 페르시아만 인근 국가들은 그 지역에 수십억 달러를 쓸 수 있을 것이다. 그러나 동맹국에 아낌없이 자원을 베푸는 시대는 지났다. 도리어 그들은 이집트와 같은 나라들을 부실 자산 취급한다. 국부펀드는 전략 부문의 지분을 덥석 사들이겠지만 수표 발행에 대한 주권자들의 열의는 대폭 줄어들 것이다.

이집트는 의심스러운 거대 프로젝트들을 수행하려, 튀니지는 어마어마하게 밀린 공무원 임금을 지급하려다 빚더미에 파묻힌 상태다. 레바논 경제는 거대한 폰지 사기(Ponzi scheme)●● 집단으로 변했다. 이 중 어느 국가도 진지한 개혁 계획을 세우고 있지 않다. 그럭저럭 해내는 것이 이 중 어느 국가라도 2023년에 바랄 수 있는 최선일 것이다.

● 페르시아만과 맞닿아 있는 7개국(이라크, 바레인, 오만, 쿠웨이트, 카타르, 사우디아라비아, 아랍에미리트).
●● 단기간에 투자자들에게 높은 수익을 약속하는 사기 수법.

서두를 것 없다
—
우크라이나 전쟁은 중동에서 러시아의 영향력이 약해질 것을 의미한다

그레그 칼스트롬

불과 1년 전만 해도 푸틴은 중동에서 떠오르는 세력으로 여겨졌다. 2019년 12월 러시아와 이집트는 지중해에서 합동 해상 훈련을 개최하며 더 많은 협력을 약속했다. 아부다비 소유의 주요 국부펀드인 무바달라(Mubadala Investment Company)는 러시아 석유화학 대기업 시부르(Sibur)의 지분 1.9%를 사들이며 러시아에 최대 규모로 투자를 했다. 푸틴의 용병 조직인 바그너(Wagner)의 수장 예브게니 프리고진(Yevgeny Prigozhin)은 리비아 선거를 앞두고 결과에 대해 공개적인 예측을 하기도 했다.

빠르게 1년이 흘렀고 러시아 군대는 교착 상태에 빠졌다. 무바달라는 투자를 중단했다. 프리고진은 우크라이나 죄수들을 최전방으로 끌고 가 참전시키는 데 여념이 없는 관계로 리비아 정치 판세를 분석할 시간이 없다. 러시아의 우크라이나 침공은 중동에서 러시아의 역할을 감소시켰고, 이 현상은 2023년에도 이어질 전망이다.

돈독하지 않았던 경제적 유대 관계부터 다시 구축해야 한다. 침공 이전에도, 사우디아라비아는 러시아보다 경제 규모도 작고 인구도 9분의 1에 불과한 네덜란드에서 수입하는 양의 절반 정도만 러시아로부터 들여왔다. 전쟁을 치르고 있는 러시아는 제공할 것이 그보다 훨씬 적다. 페르시아만 인근 국가들은 투자에 대해 조심스러운 태도

상처받지 마세요

를 보일 것이다. 햇빛에 굶주린 러시아인들을 끌어들였던 이집트와 같은 나라들은 새로운 관광객을 유치하기 위해 노력하고 있다.

아이러니하게도 탄화수소가 몇 안 되는 성장 시장 중 하나가 될 것이다. 러시아산 석유와 석유 정제품은 EU에서는 수입이 금지되겠지만 열성적인 중동 고객의 수요는 있을 것이다. 이 지역 기업들은 할인된 값에 석유와 정제품을 사들인 다음 내수용으로 쓰거나 원산지 증명서를 바꿔 시장 가격으로 해외에 재판매할 것이다.

무기에 관한 한 러시아는 미국에 이어 중동 지역에서 두 번째로 큰 무기 판매국이지만, 우크라이나를 상대로 벌이고 있는 전쟁이 사업에 악영향을 미칠 것이다. 그러나 우크라이나에서 일부 러시아 무기의 성능이 떨어진 사실이 드러났다 해서 아랍 구매자들이 등을 돌리지는 않을 것이다. 러시아산 군사 장비의 장점은 결코 품질이 아니라 판매에 덧붙여지는 요구 조건이 많지 않아서였다. 도리어 러시아가 판매할 무기의 양이 줄어들 거라는 점이 문제다. 러시아의 전쟁 무기 일부는 여러 제재로 인해 사용할 수 없을 것이다. 러시아에서 생산 가능한 무기는 우크라이나와의 전쟁에 써야 할 듯하다. 따라서 아랍 군대는 무기 수입을 위해 미국이나 중국, 튀르키예와 같은 대체 국가로 눈을 돌려야 할 것이다.

페르시아만 인근 국가들은 러시아와 우호적 관계를 유지하겠지만 그 관계에 거는 기대는 거의 없을 가능성이 크다. 사우디아라비아는 러시아와 마찬가지로 고유가 유지에 관심이 있으므로 OPEC+ 협정을 그대로 유지하려 노력할 것이다. 아랍에미리트는 푸틴의 공포 정치에 의해 해외로 내몰린 러시아 부호들의 이민을 적극적으로 수용하면서도 그와의 대화를 이어나갈 것으로 예상한다.

이란과는 복잡한 관계가 예상된다. 특히 병력이 고갈된 러시아 군대가 이란에 드론과 다른 장비 원조를 요청하며 무역량이 증가할 것이다. 하지만 이란과 러시아는 시장 가격보다 싸게 불법적으로라도 원유를 팔아야 할 처지다. 이에 따른 석유 가격 전쟁으로 이란은 고통을 겪을 것이다.

아랍 국가들은 미국이 무관심을 보일 때를 위한 대비책으로 중국과의 관계에 더 많은 공을 들일 것이다. 에르도안 튀르키예 대통령도 영향력이 약해지는 러시아를 이용하려 할 것이다. 그는 아랍 연맹이 반대 진영을 지지하는 리비아에서는 대화를 추진하려 하는 한편, 시리아에서는 바샤르 알아사드 정권과 관계를 재정립할 가능성이 있다. 러시아나 튀르키예 모두 이란이 그들의 공백을 메우는 것을 원하지 않기 때문이다.

혁명을 위한 조언

—

매우 다른 두 시나리오 중 하나가 이란에서 전개될 것이다

니콜라스 펠햄(Nicolas Pelham) 〈이코노미스트〉 중동 통신원

낙관론자 집단과 비관론자 집단이 있다. 낙관론자 집단은 정권 교체를 눈앞에 두고 있다. 그들은 2023년 3월 20일 노루즈(Nowruz) 봄맞이 축제를 앞두고 이란인들이 테헤란 공항에 모여, 히잡 착용 의무 폐지 운동을 벌인 여성 인권운동가 마시 알리네자드(Masih Alinejad)와 인기 축구선수 알리 카리미(Ali Karimi) 등 추방당한 반체제 인사들이 탄 비행기의 귀환을 환영하는 모습을 상상한다. 군중들은 1979년 아야톨라 루홀라 호메이니(Ruhollah Khomeini)의 테헤란 귀환을 연상시키는 장면을 연출하며 그들을 맞이하기 위해 거리에 늘어설 것이다. 그리고 며칠 후 히잡을 '제대로' 착용하지 않았다는 이유로 구금되어 있던 중 사망해 혁명을 촉발한 22세의 쿠르드계 여성을 기리며, 이맘 호메이니(Imam Khomeini) 공항은 마흐사 아미니(Mahsa Amini) 공항으로 이름이 바뀔 것이다.

많은 물라(mullah)●가 달아났을 것이다. 물라 중 일부는 이라크, 시리아, 레바논에서 그들이 육성한 민병대의 보호를 받을 것이다. 연줄이 더 좋은 사람들은 오만이나 아랍에미리트로 향할 것이다. 자리에서 물러나며 괴로운 기색이 역력한 최고 지도자 아야톨라 알리 하메

● 이슬람교의 법과 교리에 대해 정통한 종교학자나 성직자를 가리켜 쓰는 존칭.

네이(Ali Khamenei)는 베이징으로 도망갈 것이다. 젊은 이란인들로 구성된 의회는 새로운 헌법 초안을 작성하고, 국기 중심부에 있는 상징, 즉 "신은 무엇보다 위대하다"라는 문구 표현을 "여성, 삶, 자유"라는 혁명 슬로건으로 대체할 것이다.

전 정권에서 외무부장관을 지낸 자바드 자리프(Javad Zarif)는 에브라힘 라이시(Ebrahim Raisi)가 대통령직에서 물러난 후에도 원활한 인수인계를 위

하메네이는 최고 지도자로 남을 것인가?

해 임시 대통령으로 남을 것이다. 그는 서구 대학에서 취득한 박사학위를 지닌 망명자들로 그의 정부를 채워나가며 국외의 환심을 살 것이다. 그는 러시아에 이란산 드론 공급을 중단하고, 이란의 핵 프로그램과 제재 종료뿐만 아니라 40년 만에 테헤란에 미국 영사관을 재개관하는 문제도 미국과 직접 협상하는 방안을 모색할 것이다. 서구의 에너지 회사들을 다시 계약 입찰에 초대할 것이다.

국내에서 자리프는 물라가 여성들에게 부과한 복장 제한을 폐지함으로써 시위자들을 달래려고 할 것이다. (머릿수건을 쓰지 않은) 신임 대변인은 "이것은 문화적인 문제입니다"라고 이유를 댈 것이다. 자리프는 또한 이란이 이슬람공화국 체제를 유지해야 할지에 대한 국

민투표를 시행할 것이다. 서구 언론들은 자리프를 새로운 고르바초 프(Gorbachev)라고 명명할 것이다.

그렇지만 이란인들의 마음은 그다지 풀리지 않을 것이다. 많은 이들이 구정권의 옹호자들을 상대하고 싶지 않을 것이다. 시위자들은 계속 거리에서 모여 "재판을 받게 하자"라고 외칠 것이다. 모하마드 칼리바프(Mohammad Qalibaf) 국회의장 등 개혁파와 협상을 시도했던 일부 인사들은 하는 수 없이 공개적으로 자백할 것이다. 운이 덜 좋은 사람들도 있을 수 있다. 라이시가 1980년대 말 판사 시절 수천 명에게 사형을 선고한 일을 철회하더라도, 그의 피를 요구하는 이란인은 여전히 많을 것이다. 수도 밖에서는 폭도들이 선동하고, 어떤 경우에는 불운한 신학생들에게 린치를 가하며, 차도르를 입은 여성들을 성추행할 것이다. 영국의 이란 정치학자 알리 안사리(Ali Ansari)의 말이 파문을 일으킬 것이다. 그는 이란 체제 붕괴 전날 "이란 지도부는 동정심을 보인 적이 없었다. 때가 됐을 때 그들이 돌려받을 동정심도 없을 것이다"라고 말했다.

비관론자들은 매우 다른 시나리오를 상상한다. 정권은 몇 달간 망설이다가 정예 부대를 파견해 반대자들을 처리할 것이다. 사망자 수는 수천 명에 이를 것이다. 감히 전복적인 구호를 외쳤던 여학생들을 재교육 기관으로 보내면서 학급 수가 줄어들 것이다. 쿠르디스탄과 발루치스탄에서 분리주의자들의 봉기가 일어나, 불안정과 내전에 대한 두려움이 커지며 정권 교체 분위기는 더욱 위축될 것이다. 의무적 얼굴 가리개 시행을 잠시 중단해 평온을 되찾고 나면 도덕 경찰이 복수심을 품고 돌아올 것이다. 수년간 이어진 불확실성을 종식하고 승리한 하메네이는 그의 아들 모즈타바(Mojtaba Khamenei)를 후계자로 선언할 것이다.

엄중한 단속은 국외에서도 느껴질 것이다. 국내에서 궁지에 몰린 정권은 일련의 지역 군사 작전을 개시해 국내 반대 세력으로부터 관심을 돌리고 국외의 적에 맞서서 단결을 촉진할 것이다. 이스라엘 정보망을 은닉한 혐의를 받는 아제르바이잔 국경 침입, 친이란 민병대가 장악하고 있는 이라크 남부 유전 주변에서 갑작스러운 전투 유발, 또는 텔아비브, 사우디 파이프라인이나 바레인에 있는 미국의 제5함대에 미사일 발사 등을 목표로 삼을 수 있겠다. 석유 1배럴의 가격이 200달러 이상으로 치솟을 것이다.

많은 사람이 중도를 바랄 것이다. 그러나 이란의 양극화 상황을 고려할 때, 양측의 강경파는 점진주의자들을 몰아냈을 것이다. 어느 쪽이 이기든, 총을 든 남자들은 이슬람 혁명 또는 세속 혁명을 수호한 대가를 요구할 것이다. 성직자, 국민, 군대라는 이란 정치의 세 기둥 사이의 불안한 균형 속에서 이란의 미래가 아야톨라와 함께할지, 아니면 혁명적 여성과 함께할지 결정할 캐스팅 보트를 쥐고 있는 사람은 군인일 것이다.

 WHAT IF?

전 세계는 이란의 핵 프로그램에 대해 추측해왔다. **하지만 만약 이란이 핵무기를 개발했다고 선언한다면 어떤 일이 벌어질까?** 그렇게 발표한다면 중동 지역 힘의 균형에 극적인 변화가 생길 수도 있다. 핵전쟁으로 확대될 위험 때문에 이스라엘이나 미국의 공격 가능성은 줄어들 가능성이 크다. 이란의 상황은 비핵화를 하라는 국제적 압력의 대상이 된 북한처럼 될 수도 있다. 미국 역시 이란의 핵 보장 연장을 고려해야 할 텐데, 그렇게 하지 않으면 지역 동맹국들이 핵폭탄 제조하는 것을 지켜보는 위험을 감수해야 할 것이다.

THE WORLD AHEAD 2023

생계의 새로운 원천

천연가스 매장량을 활용하면 아프리카가 기아를 피하는 데 도움이 될 수 있다

조녀선 로젠탈(Jonathan Rosenthal) 〈이코노미스트〉 아프리카 담당 편집자

"우리는 고군분투하고 있습니다." 말라위의 수도 릴롱웨의 한 시장에서 달랑 말린 콩 네 통을 앞에 두고 선 26세의 상인 에녹 반다(Enock Banda)는 말한다. "쓸 돈이 있는 사람은 거의 없고 농부들은 평소보다 적은 양의 곡물을 공급하고 있습니다." 그는 한탄한다. 시장에서 그리 멀지 않은 곳에서는 운전자들이 연료를 얻기 위해 줄을 서는 바람에 차들이 주유소에서부터 인근 도로까지 긴 줄을 만들고 있다. 한번은 경유가 도착하기를 기다리는 트럭들이 3일 동안 꼼짝하지 못했던 적도 있었다. 이곳에서도 아프리카의 많은 지역과 마찬가지로 러시아의 우크라이나 침공 영향은 치솟는 식량 가격과 허기진 배로 알 수 있다.

언뜻 보기에 그것은 이상해 보인다. 사하라 이남 아프리카인의 60% 이상이 소규모 농장 땅을 경작하고 주로 그들이 재배한 것을 먹으며 생계를 유지하고 있다. 말라위와 같은 일부 국가에서는 인구의 80%가 자급자족하는 농부다. 더 큰 규모의 농부들을 포함하면 사하라 이남 아프리카는 전체적으로 그들이 필요로 하는 식량의 94%를 생산한다. 그리고 이 지역은 국제적으로 곡물 거래를 거의 하지 않으므로 높은 국제 가격으로부터 영향을 받지 않아야 한다.

확실히 나이지리아와 같은 일부 국가들은 대규모 식량 수입국이고, 그래서 세계 시장의 변동에 취약하다. 이집트와 수단은 식량의 약 절반을 밀 수입에 의존하기 때문에 특히 영향을 받는다. 하지만 식량 가격은 이들 국가뿐 아니라 사하라 이남 아프리카 전역에서 대부분 크게 올랐다. 국제통화기금(IMF)은 2020년과 2022년 사이 이 지역의 주요 식량 가격이 평균 24% 상승했다고 집계한다. 여기에는 현지에서 재배된 식량들도 포함된 것이다. 예를 들어 가나에서는 카사바의 가격이 78%나 뛰었다.

비싸진 식량은 기아를 확산하는 데 기여하고 있는데, 대부분 이미 수확량이 적다는 사실이 확인되고 있는 곳에서 그렇다. 2020년 중반까지 말라위 사람들 8명 중 1명은 이미 식량이 극도로 부족하거나, 유엔이 식량 안보 차원에서 인도주의적 비상사태를 선포할 수 있는 수준보다 한 단계 낮은 상태였다. 이런 사람들의 숫자는 빠르게 증가하고 있다. 2023년 초까지 대략 말라위 사람 5명 중 1명은 국가적 추수가 시작되는 4월이나 5월까지 극심한 식량 부족을 겪을 것이다. 비슷한 추세는 대륙 전역에서 나타날 수 있다. 2022년 중반까지는 아프리카에 사는 약 3억 4,600만 명의 사람들이 다소간 식량이 부족했다. 분석가들 대부분은 그 숫자가 2023년에도 계속해서 급격히 증가할 것으로 예상한다.

왜 국내에서 생산된 식량의 가격이 그렇게 빨리 뛰었는지, 그리고 왜 그런 추세가 2023년에도 계속될 것인지를 이해하려면 석유와 천연가스 시장만 살펴봐도 충분하다. 높은 에너지 가격은 운송과 비료 비용을 증가시켰는데, 이 둘은 모두 농업에 필수적인 투입물이다. 아프리카 내 많은 지역의 비료 가격은 팬데믹이 시작된 이후 두 배 이상 뛰었다. 상황이 아주 좋은 시기에도 현금이 부족한 수백만 명의 자급자족 농부들은 그저 비료 사용량을 줄이는 수밖에 없었다. 컨설팅 회사 벨레아프리카(Vele Africa)는 "2023년은 비료 부족으로 인한 최악의 영향이 나타날 것으로 보인다"라고 말한다. "현재 소비되고 있는 식량은 4~6개월 전에 생산되었고 1년 전에 구매한 비료를 사용한 것이다."

그러나 가스와 비료는 2023년에 아프리카에 기회를 제공할 수도

아프리카는 세계 천연가스 매장량의 13%를 보유하고 있다.

있다. 2010년과 2020년 사이 전 세계에서 발견된 천연가스의 40% 이상이 아프리카에서 발견되었다. 그 결과 아프리카 대륙은 현재 세계 천연가스 매장량의 13%를 보유하고 있다. 그러나 아프리카는 그중 매우 작은 부분만 이용하는데도 불구하고 어려움을 겪어왔다고, 대체로 부유하면서 에너지를 수입하는 국가들의 모임인 국제에너지기구는 말한다.

러시아 가스에 대한 의존을 줄이기 위한 유럽의 노력은 이미 아프리카에서의 움직임에 박차를 가하고 있다. 알제리는 지중해 밑의 송유관을 통해 더 많은 가스를 퍼내고 있다. 이집트는 유럽에 더 많은 LNG를 보내겠다고 약속했고, 모리타니아와 세네갈에 새로운 LNG 공장이 건설되고 있다. 더디게 진행되어온 프로젝트들도 속도를 내고 있다.

대체로 아프리카는 향후 몇 년 동안 유럽 부족량의 약 20%를 충족할 수 있는 위치에 있을 수 있다. 상황이 달랐다면 개발되지 않았을 수도 있는 가스전이 이제 가동될 가망성이 있고, 이러한 주력 수출 프로젝트는 아프리카 내 가스 공급을 증가시킬 것이다. 그리고 나면 이 가스는 2022년 초 나이지리아에 문을 연 아프리카 최대 비료 공장을 포함한 새로운 비료 공장에 공급될 것이다. 이는 또한 새로운 발전소 가동을 촉진할 것이며 어려운 해에 빛이 되어줄 것이다.

일어나라, 일어서라

—

선거로 바쁜 한 해를 보낼 아프리카에서는 현직자들이 압박을 받을 것이다

존 맥더모트(John McDermott) 요하네스버그, 〈이코노미스트〉 아프리카 선임통신원

투표함을 통한 권력 이양은 한때 아프리카에서 보기 드문 현상이었다. 아프리카 대륙에서 일당 독재가 흔했던 1960년대, 1970년대, 그리고 1980년대에 새로운 지도자들은 쿠데타, 전임자들의 사망 또는 엘리트들 간의 거래를 통해 권력을 잡았다. 아프리카 국가들이 잇따라 다당제 선거를 받아들인 1990년 이후에도 유권자들은 현직자들을 거의 내쫓지 않았다. 유권자들이 그들의 집권당에 만족했기 때문인 경우도 더러 있었지만, 대개는 이미 권력을 잡은 사람들이 선거를 조작하고 유권자들을 위협하기 위해 국가 기구를 사용했기 때문이었다.

민주주의 국가에 사는 사하라 이남 아프리카인의 절반 정도만이 민주주의 형태의 정부에 만족을 표하는 것은 놀랄 일이 아니다. 그러나 한 가지 좋은 조짐은 야당들이 점점 더 경쟁력을 갖춰가고 있다는 점이다. 2011년부터 2022년까지 42명의 새로운 아프리카 지도자들이 선거 후에 취임했다. 이 중 17명이 집권 정당의 후계자들이었다. 나머지 25명은 야당 정치인으로, 이 수치는 지난 30년 동안 그 어느 때보다 높은 것이다. 무엇보다도 이러한 변화는 최근 케냐, 말라위, 잠비아에서 일어났다.

설령 야권 인사들이 권력을 잡지 못했을 때라도, 그들은 앙골라와

당신의 권리를 찾아 일어서라

남아프리카공화국에서 볼 수 있듯 많은 경우 집권 여당이 걱정할 만큼의 표를 획득했다. 2023년에는 더 좋은 성과가 있을 것으로 믿을 만한 이유가 있다.

이러한 추세의 배경에는 무엇이 있을까? 여기에는 몇 가지 요인이 있다. 야당들은 더 똑똑하게 선거 운동을 펼치고 있다. 아프리카인들은 점점 더 교육받고, 정보에 밝아지고, 도시화하고 있어서 정치인에 대한 경의가 덜하다. 젊은 세대들은 독립 투쟁에서 자신들의 뿌리를 찾는, 집권당들의 향수를 불러일으키는 선전에 크게 반응하지 않는 대신 부패하고 퇴폐적인 엘리트들을 확인한다. 가장 중요한 것은, 경제 상황이 점점 더 어려워지고 있고 아프리카인들이 그 책임을 지도자들에게 부분적으로나마 묻고 있다는 것이다.

이 모든 요인은 2023년 투표가 열리는 일부 국가들에서 변화를 초

래할 수 있다. 시에라리온과 서아프리카 이
웃 라이베리아의 현직자들은 그들의 경제
관리와 부패 혐의에 항의하는 여러 시위

에 직면해야 했다. 나이지리아에서는 무함마두 부하리(Muhammadu
Buhari)가 8년간 실정을 저지른 뒤 반정부 감정이 팽배해 있다.

각성이 야당들이 승리하리라는 걸 의미하지는 않는다. 나이지리
아의 여당인 진보의회당(APC)은 정부 조직 운영보다 조직 정치에 훨
씬 더 능하다. 진보의회당 후보로서 나이가 많은 볼라 티누부(Bola
Tinubu)는 노익장을 과시해야겠지만 경쟁자들이 이겨야 할 남자다.
마다가스카르에서는 야당이 분열되어 있어 안드리 라조엘리나(Andry
Rajoelina) 대통령이 재선에 성공할 가능성이 매우 크다.

다른 나라에서는 현 정권이 패배를 받아들이지 않을 것이기 때문
에 반대파들을 좌절시킬 위험이 있다. 짐바브웨의 집권당인 Zanu-
PF(짐바브웨 아프리카 민족 연맹-애국전선)는 선거를 앞두고 경쟁자들을
감금하고 유권자 명부를 조작하고 있는데, 그렇게 하지 않으면 그들
이 선거에서 패배할 것이기 때문이다. 40년 넘게 이어온 재앙적인 도
둑 정치 이후 짐바브웨는 정권 교체가 절실하다. 그러나 Zanu-PF
가 보안군과 지역 패권국인 남아프리카공화국의 지지를 유지하는
한, 짐바브웨 국민은 고통을 겪을 것이다. 이름부터가 잘못된 콩고민
주공화국에서는 2018년 부정 선거 후 취임한 펠릭스 치세케디(Félix
Tshisekedi)가 점점 인기가 시들해지고 있다는 여론 조사에도 불구하
고 권력을 유지할 것으로 예상된다. 이 나라가 가진 풍부한 광물의
중요성은 외부인들이 속임수를 모른 척하리라는 것을 의미한다.

몇몇 국가에서는 지연된 선거가 심지어 실시되지 않을 수도 있다.

남수단은 2015년에 선거 투표를 하기로 되어 있었지만 지도자들은 그러는 대신 서로 싸우는 것을 반복적으로 선택했다. 2020년과 2021년 쿠데타 이후 말리 군사 정권은 2022년 2월 선거를 실시할 것이라 말했다. 하지만 말리 국민은 여전히 선거를 기다리는 중이다. 차드에서는 또 다른 [2021년에 사망한 오랜 독재자 이드리스 데비(Idriss Déby)의 아들이 이끄는] 군사 정권이 2022년 하반기에 선거를 개최하겠다고 약속했지만, 10월 '과도기적' 군사 통치를 2년 더 연장했다.

그러나 이러한 사례들이 54개국으로 구성된 복잡하고 다양한 대륙인 아프리카 전체를 대표하는 것은 아니다. 여러 아프리카 국가에서 시민들은 변화에 투표하고 있다. 다른 곳에서는 불안해하는 수천만 명의 사람들이 그런 기회가 주어지길 바라고 있다.

느릿느릿 움직이는 가운데 고통받는 거인

나이지리아 경제는 계속 어려움을 겪을 것이다

킨리 새먼(Kinley Salmon) 다카, 〈이코노미스트〉 아프리카 통신원

사하라 이남 아프리카의 운명은 나이지리아의 운명과 얽혀 있다. 사하라 이남 아프리카인 6명 중 1명은 나이지리아인이며, 이 나라 경제는 아프리카 대륙에서 가장 크다. 번영하는 나이지리아는 이웃 국가들의 상승에 도움이 된다. 휘청거리는 나이지리아는 그들을 끌어내린다. 그렇다면 2015년부터 2020년 사이 나이지리아 경

제가 너무 느리게 성장해서 평균적인 나이지리아인이 실질적으로 더 가난해졌다는 것은 문제다.

2015년의 상품 가격 폭락이 문제의 일부였다. 그러나 많은 피해는 나이지리아가 자초한 것이었다. 2019년 나이지리아 정부는 지역 생산자들과 경쟁하는 밀수업자들을 막기 위해 모든 상품에 대한 국경을 폐쇄했다. 그 결과는 더 높은 인플레이션이었다. 달러에 대한 접근을 제한함으로써 환율을 지지하려는 노력은 기업들의 기본 투입물 수입을 어렵게 만들었다. 하지만 중앙은행은 나이지리아 화폐 나이라를 반복적으로 평가 절하할 수밖에 없었다. 그리고 팬데믹이 찾아왔다.

어둠 속에서도 몇 줄기 빛이 있다. 2021년과 2022년에는 팬데믹 이후 반등과 유가 강세에 힘입어 성장세가 소폭 상승했다. 상업 수도인 라고스는 스타트업들로 붐빈다. 2022년 첫 6개월 동안 나이지리아 스타트업들은 2021년 같은 기간보다 두 배 이상 더 많은 투자를 모았다. 나이지리아판 할리우드인 놀리우드(Nollywood)는 연간 약 2,500편의 영화를 제작하며, 생산량으로 따지자면 세계에서 두 번째로 큰 영화 업계다. 버나보이(Burna Boy)부터 위즈키드(Wizkid)까지 나이지리아 음악가들이 전 세계의 스타디움을 채울 만한 사람들을 끌어모은다.

그러나 경제 분야의 스타들은 너무 소수이고 2억 2,000만 명의 인구를 끌고 가기에는 라고스에 너무 집중되어 있다. 더 넓은 범위의 붐을 촉발하는 것은 대폭적인 경제 개혁을 요구할 것이다. 2023년 2월 대통령 선거를 통해 무함마두 부하리의 실패한 대통령직은 분명 끝날 것이다. 하지만 제3당 후보인 피터 오비(Peter Obi)가 예상치 못

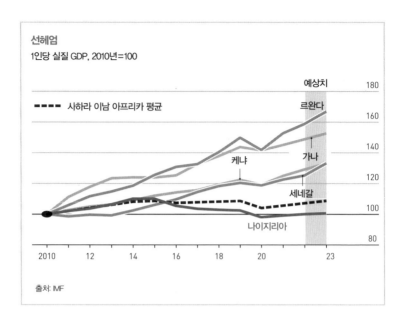

선혜엄
1인당 실질 GDP, 2010년=100

---- 사하라 이남 아프리카 평균

예상치
르완다
케냐
가나
세네갈
나이지리아

2010 12 14 16 18 20 23

180
160
140
120
100
80

출처: IMF

한 승리를 거두지 않는다면 승자는 다 같은 도둑 정치 엘리트들 사이의 파벌에서 나올 것이다. 그리고 두 주요 정당 모두 대체로 유사한 "국가주의적, 보호주의적, 그리고 종종 자멸적인 정책들"을 추구한다고 싱크탱크인 채텀하우스(Chatham House)의 매튜 페이지(Matthew Page)는 경고한다.

광범위한 불안은 또한 성장을 방해한다. 2022년 상반기에는 6,000명의 나이지리아인이 무력 충돌로 사망했다. 북동부에서는 지하디스트 단체인 이슬람국가(IS) 서아프리카 지부가 수도 아부자를 향해 확장했다. 북서부의 민병대는 정기적인 강탈과 납치를 위해 민간인들을 목표로 삼고 있다.

좀 더 일상적인 경제 문제 또한 징조가 좋지 않다. 인플레이션이 9월에 거의 21%에 달했는데, 이는 17년 만에 최고치였다. 인플레이션을 낮추는 것은 금리 인상을 요구할 것이고, 이는 경제를 냉각시킬 것이다. 정부가 거둬들이는 세수가 너무 적은 관계로 빚을 갚는 일도 걱정이다. 심지어 장기적인

연료 보조금을 포기하는 것은 인프라와 교육에 대한 지출을 자유롭게 해줄 것이다.

유가 호황도 도움이 되지 않을 수 있다. 약간이나마 성장을 부양하는 게 맞지만 고유가는 공공 재정을 해친다. 아프리카 최대 산유국인 나이지리아는 연료에 보조금을 지급하고 있다. 자이납 아흐메드(Zainab Ahmed) 재무장관에 따르면 그렇게 하는 비용은 유가 상승으로 인한 추가 수입보다 더 크고 결과적으로 순효과는 '거의 없거나' 오히려 '부정적'이다. 만연한 도둑질은 상황을 더 악화시킨다.

이 모든 것은 언젠가 정부가 보조금을 포기하도록 자극해 인프라나 교육과 같은 성장을 촉진할 가능성이 더 큰 것들에 대한 지출을 자유롭게 할 수 있다. 장기적으로 석유의 중요성이 감소함에 따라 나이지리아는 엘리트들이 시민들을 무시한 채 오일 머니를 놓고 다투는 현재의 모델에서 벗어날 수 있다. 손쉬운 오일 현금이 없다면 그들은 경제의 나머지 부분을 확장해야 할 것이다. 하지만 2023년에는 기껏해야 이 모든 것으로 향하는 발걸음이 멈칫거리는 모습을 목격하게 될 것이다. 안타깝게도, 가망성이 더 큰 것은 파괴적인 폭력에 의해 중단되는 느린 성장의 한 해다.

아프리카에는 더 많은 재생 에너지가 필요하다고 기후 운동가, 유니세프 친선 대사이면서 《더 큰 그림(A Bigger Picture)》의 저자인 **바네사 나카테(Vanessa Nakate)**는 말한다.

가난과 싸우는 것이 기후에 도움이 될 때

재생 에너지는 사하라 이남 아프리카의 높은 수준의 에너지 빈곤을 퇴치하기에 가장 적합하다.

러시아의 우크라이나 침공으로 악화한 에너지 위기의 결과로 심판에 직면한 곳은 유럽만이 아니다. 전 세계적으로 석유와 가스 가격이 상승하면서 아프리카 전역의 지역 사회와 기업들도 피해를 보고 있다.

아프리카 대륙 전체에 걸쳐 이미 높은 수준에 있는 에너지 빈곤(사하라 이남 아프리카에 사는 약 6억 명의 사람들이 전기에 대한 접근성 측면에서 어려움을 겪고 있다)은 더욱 악화할 것이다. 이것은 사람들의 일상생활에 파급 효과를 일으켜 건강 악화, 교육 손실 및 생계에 대한 피해로 이어질 것이다.

여기에 더해 아프리카는 일부 지역에서 4년간 지속된 가뭄과 우크라이나 전쟁으로 인해 전 세계적인 식량 위기를 겪고 있고, 이로 인해 수백만 명이 굶주리고 있다. 이에 따른 불안정은 여러 아프리카 국가를 위기에 빠뜨리고 있다. 이런 쌍둥이 문제는 2023년과 그 이후에도 계속될 것으로 예상된다.

그러나 아프리카 국가들이 화석 연료 가격의 변동에 시달리는 현상은 최근에 나타난 것이 아니다. 전력을 가스에 크게 의존하는 코트디부아르에서는 2016년의 전기 가격 인상이 경찰이 많은 시위자를 살해하고 상처를 입힌 시위로 이어졌다. 가장 가난한 공동체가 상품에 의존할 때, 그것들의 가격 변동이 심해지면 결국 가장 큰 고통을 겪는 건 가난한 공동체 사람들이다.

이에 대해 일부 아프리카 지도자들은 전기를 사용할 것을 시민들에게 권장하고 있다. 유가 충격에 대한 취약성을 줄이려는 방안으로 전기차로의 전환과 같은 정책들이 제시되고 있다. 전력망과 충전 인프라는 이런 정책들의 지원에 필요한 수준에서 한참 떨어져 있지만, 에너지 위기의 결과로 청정 기술로 전환하라는 요구가 커질 것이다.

그러나 변혁의 가장 큰 잠재력은 재생 에너지에 있다. 태양광과 풍력에서 나오는 전기는 가스 전기보다 저렴하며 앞으로도 계속 그럴 것이다. 그리고 대부분의 경우 재생 에너지의 가격은 이러한 위험한 변동에 영향을 받지 않는다.

지금의 에너지 위기와 미래에 있을 수 있는 위기로 인한 예상치 못한 가격 변동으로부터 보호받을 수 있도록 아프리카에서 재생 에너지에 대한 투자가 더 많이 이뤄져야 한다는 목소리가 국제에너지기구를 포함해 여러 곳에서 이미 커지고 있다. 동일한 논리가 전 세계에 적용되지만, 아프리카에서는 높은 수준의 에너지 빈곤과 싸우기 위해 그러한 요구에 주의를 기울이는 것이 훨씬 더 중요하다. 재생 에너지는 이러한 목표를 달성하는 데 가장 적합하다. 아프리카 시골 지역의 사용 지점 인근에 있는 재생 가능한 전력원은 가스 화력 발전소에서 생성된 전기를 위해 장거리 송전선을 건설하는 것(어쨌든 이것은 장기적인 관점에서 지속 가능하지 않다)보다 경제적으로 실용적인 것으로 밝혀졌다.

실제로, 재생 에너지 개발은 안정적인 기후의 가능성을 위해 아프리카가 취해야 할 필수적인 단계이기도 하다. 안토니우 구테흐스 유엔사무총장은 화석 연료를 위한 새로운 인프라 개발을 '도덕적, 경제적 광기'라고 불렀다.

이 모든 것에도 불구하고 아프리카는 재생 에너지에 대한 전 세계 투자의 2%만을 받고 있다. 이는 아프리카 대륙이 전 세계 재생 에너지 잠재력의 39%를 보유하고 있는 점과 대조된다. 아프리카 국가들은 재생 에너지 생산 능력의 확장에 필요한 자금을 확보하려면 북반구의 부유한 국가들로부터 막대한 민간 및 공공 투자가 필요하다. 국제재생에너지기구(International Renewable Energy Agency)는 아프리카 대륙 전체에 청정 에너지를 공급하려면 2030년까지 아프리카 내 재생 에너지 프로젝트에 매년 700억 달러의 투자가 필요할 것으로 추산한다.

2022년 9월 나에겐 유니세프와 함께 케냐를 방문해 극심한 가뭄으로 고통받는 지역 사회를 마주할 기회가 있었다. 그들은 혹독하고 극단적인 날씨를 견뎌야 하는 와중에도 세계 다른 나라들과 마찬가지로 치솟는 식량과 에너지 가격에 직면해야만 한다. 기후 위기의 영향은 이러한 서로 중첩되는 사건들 전반에 걸쳐 분명히 보이며, 대처할 자원이 가장 적은 세계의 가장 가난한 사람들이 가장 큰 타격을 받고 있다.

그들은 또한 기후 변화에 가장 적게 기여한 사람들이다. IEA는 6월 보고서에서 "아프리카 대륙은 현재까지 전 세계 에너지 관련 CO_2 배출량의 3% 미만을 차지한다"라고 밝혔다.

더 많은 탄소 배출을 유발하지 않으면서도 개발을 촉진하고 지역 사회가 끊임없는 위기에 더 탄력적으로 대처할 수 있게 해주는 청정 에너지 솔루션에 대한 수요는 점점 더 커질 것이다. 아프리카의 연료를 포함해 화석 연료의 추출과 연소로 개발이 추진되었던 지구 북반구의 국가들, 개발은행들, 그리고 민간 기관들은 이제 투자 요청에 답해야 한다.

최고의 훼방꾼

—

에리트레아는 앞으로도 아프리카의 뿔에서
가장 위험한 국가가 될 것이다

톰 가드너(Tom Gardner) 〈이코노미스트〉 아프리카 통신원

5년 전 아프리카의 뿔에 새로운 정치적 여명이 밝아오고 있는 것처럼 보였다. 이 지역에서 가장 크고 중요한 국가인 에티오피아에서 벌어진 시위는 아비 아머드(Abiy Ahmed) 총리의 임명으로 이어졌고 민주적인 개방이 뒤따랐다. 아비 총리는 아프리카에서 가장 비밀스럽고 독재적인 나라이자 이웃 국가인 에리트레아와 빠르게 평화적인 관계를 맺었다.

이 에티오피아 지도자는 그간의 노력을 인정받아 2019년에 노벨 평화상을 수상했다. 곧이어 수단에 변화가 찾아왔다. 시위대는 2019년 오마르 알바시르(Omar al-Bashir)를 쓰러뜨렸고, 그의 30년 폭정은 끝이 났다. 시민들과 군대 간의 협상을 도운 아비 총리로부터 일부 도움을 받은 수단은 자신들만의 희망에 찬 민주적 전환을 시작했다.

2023년으로 시간을 빨리 돌려보면 상황은 확실히 더 암울하다. 에티오피아는 2년 넘게 처절한 피비린내 나는 내전에 빠져 있다. 11월에 평화 협정이 체결되긴 했어도 상황이 불안정하고, 국가의 많은 부분이 여전히 무력 충돌에 시달리고 있다. 심지어 이런 상황은 에티오피아 국경을 넘어 이웃 국가들로 퍼질 수도 있다.

수단에서는 2021년 군대가 쿠데타로 권력을 잡았고, 이를 양보하지 않고 그대로 유지하기로 마음먹은 것으로 보인다. 수단의 실질적

러시아 그리고 중국과의 관계는 문제를 복잡하게 만든다.

대통령인 압델 파타흐 알부르한(Abdel-Fattah al-Burhan)은 빠르면 2023년 7월에, 아니면 더 일찍 선거를 실시할 계획이다. 이것은 이집트와 걸프만에 있는 그의 후원자들 외에는 아무도 만족시키지 못할 것이다. 다른 한편으로는 알부르한 대통령과 그의 주요 라이벌인 모하메드 함단 다갈로(Muhammad Hamdan Dagalo) 사이의 긴장이 악화할 수도 있다. 부통령인 다갈로는 알부르한 대통령이 국군에 통합하기를 원하는, 악명 높은 준군사 부대를 이끌고 있다. 다갈로 부통령은 반대하고 있고, 이는 문제의 원인이 될 수 있다. 이 지역에서 유일하게 긍정적인 곳은 소말리아로, 하산 셰이크 모하무드(Hassen Sheikh Mohamud) 신임 대통령은 무장테러 단체 알샤바브(al-Shabab)의 지하디스트들을 물리치고 진전을 이뤘다.

그러나 이 지역에서 최근 경주되고 있는 노력의 중심에는 에리트레아가 있다. 2020년에 베테랑 독재자인 이사이아스 아페웨르키(Isaias Afwerki)는 그가 티그라이주 반란군과 전쟁을 벌이고 있던 싸움의 일환으로 아비 총리에게 도움을 주기 위해 에티오피아 내전에 대규모 징집군을 투입했다. 그는 자발적으로 그들을 철수시키지 않을 것이다. 아페웨르키는 에리트레아의 남쪽 국경을 따라 티그레이주를 장악하고 있는 정당이자 민병대인 티그라이 인민해방전선(Tigrayan People's Liberation Front)을 실존적 위협으로 간주한다(티그라이 사람들도 그에게 같은 적대감을 느끼고 있다). 그는 아머드가 그들과 맺을 수도 있는 평화 협정을 망치려 들 것이다.

아페웨르키의 위협은 티그라이 지역을 넘어선다. 아페웨르키에게 우호적이었던 모하무드 대통령의 전임자가 비밀 훈련을 위해 에리트

레아로 보낸 수천 명의 소말리아 군대는 아직 집으로 돌아오지 않았다. 에리트레아 대통령은 그들을 모하무드에 대한 지렛대로 사용하기를 원하는 것 같다. 그리고 수단의 지도자들은 에리트레아군이 티그레이에서 우위를 가질 경우 아페웨르키가 수단 동부 쪽으로 시선을 돌릴 수도 있다고 우려하고 있다. 에리트레아는 그곳에서 수단 반군 단체를 지원한 역사가 있다.

서방 국가들은 2023년에 아페웨르키를 예의 주시할 것이며 경제 제재를 강화할 수도 있다. 하지만 러시아 그리고 중국과의 관계는 문제를 복잡하게 만든다. 중국은 에리트레아의 가장 중요한 해외 금융 지원국이며 에리트레아의 핵심 산업인 광업 부문에 대한 통제권을 확대하고 있다. 그리고 홍해에서 해군 기지를 구하고 있는 러시아는 무기를 보내고 있는 것으로 여겨진다. 아프리카의 뿔의 최고 훼방꾼은 그런 강력한 친구들의 후원을 받는 동안 행동을 바꿀 것 같지 않아 보인다.

 WHAT IF?

에티오피아는 내전에 휘말려 있다. 이집트 경제는 휘청대고 있다. 수단은 이제 군부가 통치한다. 세 나라 모두 나일강의 새로운 대형 댐에 대한 통제권을 주장한다. **이 지역이 '그랜드 에티오피아 르네상스 댐'을 놓고 전쟁을 벌이면 어떻게 될까?** 그건 재앙이 될 것이다. 이집트와 에티오피아는 대규모 군대를 보유하고 있다. 수단에는 민병대가 많다. 세 나라 경제가 모두 심하게 손상될 것이다. 유럽으로의 난민 탈출도 뒤따를 것이다. 따라서 이집트와 수단이 에티오피아 반군을 지원하고 에리트레아는 에티오피아 정부를 돕는 것과 같은 대리전의 가능성이 더 크다.

식 민주의를 탓하든, 아니면 그 이후의 독재자들을 탓하든, 아프리카는 너무 오랫동안 절망적인 대륙으로 치부되어왔다. 전 세계가 팬데믹에서 벗어나고 있는 지금, 우리는 코로나19의 경험을 기반으로 삼으며 글로벌 공급망의 붕괴와 아프리카인들이 백신을 위한 줄에서 뒤로 밀려난 일에서 교훈을 얻을 수 있을까? 아프리카는 구걸용 그릇을 버리고 자신들의 미래에 대한 책임을 져야 한다.

AI 및 로봇과 같은 새로운 기술은 새로운 가능성을 제공한다. 우리는 기술적 파도에 휩쓸려서는 안 되며 그것에 올라타야 한다. 우리 대륙은 젊고 역동적인 대륙이며 거대한 미개척 시장을 가지고 있다. 위대함과 포용적 번영에 대한 우리의 잠재력이 매우 큰 상황에서 우리는 우리 과거에 의해 평가될 수 없고, 그래서도 안 된다.

이전의 기술 혁명들에서는 아프리카는 기껏해야 구경꾼이지 참가자가 아니었다. 이제 아프리카의 젊은 인구는 매우 가치가 높은 인구학적 배당을 제공할 것이다.

지금은 우리가 아프리카 문제에 대한 아프리카의 해결책에 집중해야 한다고 하는 내향적이고 노쇠한 생각을 버릴 때다. 코로나19는 우리가 서로 얽히고설킨 하나의 인류라는 점을 가르쳐주었다. 중요한 것은 과학과 기술에 현명하게 투자하고 아프리카인들이 진보의 선두에 서도록 하는 것이다. 아프리카인들은 전 세계적 문제에 대한 전 세계적 해결책을 찾는 데 적극적이고 의미 있는 역할을 할 수

아프리카는 개발을 추진하기 위해 기술을 활용해야 한다고 매스마트(Massmart)와 아스펜 파마케어(Aspen Pharmacare) 회장인 쿠세니 들라미니(Kuseni Dlamini)는 말한다.

대륙적인 재설정이 필요한 시간이다

견고한 산업 기반을 구축하기 위해 우리는 녹색 광물이라는 우리에게 주어진 보고를 사용해야 한다.

있고, 또 해야만 한다.

세계 경제의 긴급하고 불가피한 탈탄소화를 뒷받침할 미래 광물을 예로 들어보자. 그런 광물들은 주로 아프리카에 있다. 그렇다면 우리는 아프리카의 기여와 이익을 극대화하기 위해 그것들을 어떻게 활용할 수 있을까? 우리는 더 이상 아프리카가 자원 면에서 가장 부유한 대륙이지만 인간 개발 측면에서는 가장 가난하다는 역설을 용납할 수 없다. 우리는 견고한 산업 기반을 구축하고 기후 변화에 대한 전 세계적 싸움에 기여하기 위해 녹색 광물이라는 우리에게 주어진 보고를 사용해야만 한다.

에너지 안보 문제가 부상하고 있는데, 우리는 아프리카에서의 친환경 에너지에 초점을 맞춰야 한다. 이는 광물 공급을 통해서뿐만 아니라 태양광과 풍력 발전, 그리고 친환경 수소와 같은 최첨단 기술에서 우리의 잠재력을 활용함으로써 가능하다. 한편 아프리카에서 사용되는 백신의 1%만이 아프리카에서 생산된다는 것은 받아들일 수 없다. 아프리카가 남아프리카공화국에 있는 아스펜 파마케어(Aspen Pharmacare)의 최첨단 시설을 통해 세계적인 백신 제조사로서의 능력과 역량을 입증한 지금, 세계는 왜 아프리카에서 더 많은 백신을 공급하고 조달하지 않는 것일까?

아무도 이런 대륙적인 재설정을 시행하는 일이 쉬울 것으로 생각하지 않는다. 도전들은 만만치 않다. 우리는 일할 수 있는 기관, 유능한 지도자, 그리고 자격 있고, 훈련되고, 능력 있고, 교육받은 공무원과 민간 부문 전문가가 있어야 한다. 그리고 부패의 소지가 없어야 한다. 불가능한 일일까? 물론 그렇지 않다. 그런 일을 해내는 싱가포르와 같은 나라들을 보라. 그런 나라들은 아프리카 일부 지역에 만연한 정치적 임명자들이 아니라 적절한 관리 기술을 가지고 올바른 자리에서 올바른 일에 종사하는 사람들을 갖고 있다.

우리는 아프리카인들에게 신뢰와 확신을 불어넣는 기관들로 우리의 통치 시스템을 개선해야 한다. 아프리카가 도약하기 위해서는 민간 부문도 더 적극적으로 참여할 필요가 있다. 우리는 아프리카의 공공 부문 문제에 대해 더 많은 민간 부문 해결책이 필요한데, 지역에서부터 권역 그리고 국가까지, 모든 수준에서 일이 진행되게 하려면 그렇다.

한편 아프리카는 세계와의 관계를 재설정해야 하며 역사적으로 비효율적이고 종종 부패했던 원조 수혜자에서 전략적 파트너로 전환해야 한다. 지금은 아프리카가 원조에서 무역과 투자로 방향을 전환할 때이며, 이것은 전 세계와의 전략적이고 상호 이익이 되는 새로운 파트너십을 위한 기초가 된다.

아프리카는 해외 직접 투자를 유치하고 보유하는 자석이 되어야 한다. 아프리카가 전 세계 해외 직접 투자에서 가장 낮은 비중을 차지하는 것은 잘못된 일이다. 과학과 기술에 대한 투자를 통해 아프리카는 나머지 세계와의 관계를 재설정할 수 있다. 이것은 아프리카 인재의 유지를 요구한다. 아프리카의 많은 뛰어난 기업가들이 그들의 직업적인 꿈을 실현하기 위해 다른 곳으로 이주한다. 많은 경우 우리 기관에 대한 신뢰를 잃었다는 것이 그 이유다.

다른 사람들이 아프리카를 발전시켜야 한다는 것은 오류다. 유럽과 북미, 아시아는 모두 내부적으로 발전했고, 이제 아프리카는 친구들로부터 약간의 도움을 얻어 스스로의 발전을 추진해야 한다. 우리의 운명은 우리 자신의 손에 달려 있다. 필요한 일을 할 수 있는 비전과 용기가 있다면 아프리카는 우리가 살아 있는 동안 제1세계 대륙이 될 수 있고 또 그렇게 될 것이다.

THE WORLD AHEAD 2023

살아남은 인도

2022년 남아시아 경제는 힘든 시기를 보냈지만,
인도는 여전히 전도유망하다

레오 미라니(Leo Mirani) 뭄바이, 〈이코노미스트〉 아시아 통신원

전 세계에서 남아시아처럼 절뚝거리며 2023년을 맞을 곳도 없을 것이다. 이 지역의 2022년이 어땠는지 생각해보라. 스리랑카에서는 경제가 붕괴해 인플레이션이 70%에 달했고, 식량과 연료 부족에 시달렸으며, 민중 봉기가 일어나 대통령이 국외로 쫓겨나기도 했다. 파키스탄은 채무 불이행 선언을 두고 갈팡질팡했고, 320억~400억 달러 상당의 피해를 남긴 최악의 홍수를 겪었다. 그리고 나라를 통제할 수 없는 상태로 만들고 있는 민중 선동가 임란 칸(Imran Khan) 전 총리의 지속적인 분열 시도를 견뎌야 한다. 한편 방글라데시에서는 끔찍한 산업 사고들이 발생했고, 파키스탄보다 더 많은 홍수가 났으며, 100만 명의 로힝야 난민에 지지를 보내야 하지

만 대중의 인내심은 바닥났다. 네팔은 줄어드는 외화 보유액 문제에 직면했다.

그러나 이 모든 어둠 가운데 밝게 빛나는 곳이 있다. 일반적인 기준으로 봤을 때, 인도는 2022년을 비교적 아무 탈 없이 넘겼다. 코로나19 팬데믹 제한 조치의 해제로 인해 정상적인 생활이 재개되었고, 이주민들은 다시금 전국을 돌아다니게 되었다. 인도 중앙은행의 금리 인상은 부유한 나라들의 금리 인상보다 덜 잔인했다. 약 7%대 인플레이션은 파키스탄이나 스리랑카는 말할 것도 없고, 미국과 영국에 비해서도 분명 차분해 보였다. 경제는 2022년 한해 6.8%의 상당한 성장률을 기록할 것으로 예측되었는데, 이는 사우디아라비아를 제외한 모든 주요 경제국을 앞지르는 수치다. 현재 달러 가격으로 환산했을 때 인도는 이제 영국을 제치고 세계 5위의 경제 대국이다. 두 국가의 격차는 2023년 더 벌어질 것이라고 IMF는 예상한다.

집권당인 인도인민당(Bharatiya Janata Party, BJP)이 규모가 큰 우타

르 프라데시(Uttar Pradesh)주와 다른 소규모 주에서 재선에 성공함으로써 다루기 힘든 지역에 안정이 찾아왔다. 해외에서는 나렌드라 모디 총리가 전통적 동맹국인 러시아와 조금씩 가까워지고 있는 서구 국가들 사이에서 교묘하게 균형을 유지했다. 인도는 자국의 이익을 우선시할 권리가 있다고 자이샨카르(S. Jaishankar) 외무장관은 능숙하게 옹호했다.

인도의 놀라운 질주는 2023년에도 계속될 것으로 보인다. 중국은 경기 둔화를 자초해 고통받고, 일부 서구 국가는 경기 침체의 경계선에서 서성대겠지만 인도의 성장 속도는 좀처럼 느려지지 않을 것이다. 인도 경제는 6.1% 성장할 것으로 예상한다. 부분적으로는 해외에서 보이는 관심 때문에 벌어지는 현상이다. 서구와 중국의 관계가 점점 더 적대적으로 바뀔수록 제조 기반을 다른 곳으로 옮기는 것을 고려하는 기업들이 늘어날 것이다. 인도는 큰 수혜국이다.

인도의 발전을 이끄는 또 다른 요인은 국내 투자다. 인도의 대기업들은 태양열, 풍력, 수소 에너지를 비롯한 청정 에너지에 돈을 쏟아 붓고 있다. 전자 제품·의약품·드론·배터리 등 14개 '핵심 산업' 분야의 제조를 장려하려고 마련한 정부 보조금에 끌리는 기업들이 많다. 아다니(Adani), 릴라이언스(Reliance) 같은 인도 거대 기업들뿐만 아니라 승차 공유 서비스 및 전기 스쿠터 스타트업인 올라(Ola)와 같은 신생 기업들도 혜택을 얻고 있다.

그러나 인도는 명예로운 고립 속에서 성장하지 않을 것이다. 나머지 남아시아 국가들과 마찬가지로 인도 역시 통제 불가능한 사건과 추세로 인한 위험에 직면해 있다. 세 가지 원인 때문에 2023년 인도 지역은 불안정을 겪을 위험이 있다. 첫 번째는 생활 물가 문제다. 경

인도 전역이 러시아의 우크라이나 전쟁에 대한 대가를 치르고 있다.

제 및 기후 위기로 스리랑카와 파키스탄의 많은 사람은 경제난을 겪어왔지만, 현재는 인도 전역에 걸쳐 러시아-우크라이나 전쟁의 여파로 식료품비와 연료비가 치솟았다. 미국의 급속한 통화 긴축 정책에 의해 강화된 초강력 달러는 다른 모든 것의 가격을 상승시키고 있다. 인도의 인플레이션이 다른 나라만큼 심각하지 않을지도 모르지만 여전히 거슬리는 문제다.

두 번째 큰 걱정거리는 점점 더 예측 불가능해지는 기후다. 파키스탄과 인도 북부에서는 3월과 4월에 기록적인 폭염이 이어졌다. 권고에 따라 사람들은 집 안에만 머물렀고, 도시는 완전히 멈춰 섰다. 양국은 극심한 폭우에도 시달렸다. 이 지역은 변화하는 기후에 특히 취약하다. 기록적인 폭염, 가뭄, 홍수가 더 자주 발생할 것으로 예상한다. 세 번째 불안정 요인은 지정학적 이슈다. 인도와 중국은 2020년 라다크(Ladakh) 갈완계곡에서 발생한 국경 분쟁을 아직도 해결하지 못했다. 특히나 인도가 서구에 더욱 가까워지는 상황에서, 서로를 의심하면서 작은 결전을 벌이다가는 큰 싸움으로 번질 수 있다.

1년간 이어진 격변으로 타격을 입은 남아시아 국가들은 2023년이 더 조용하고, 더 안정적이며, 더 번영하는 해가 되기를 바라고 있다. 경제 전환점에 도달한 인도도 비슷한 희망을 품을 것이다.

모디의 크리켓 정치

인도에서 개최될 크리켓 월드컵은 단순한 게임 그 이상이 될 것이다

제임스 아스틸(James Astill) 〈이코노미스트〉 아시아 담당 편집자

외국인들은 1991년 만모한 싱(Manmohan Singh)이 재무부장관으로 임명되어 개혁 경제를 이끌었던 것을 인도가 세계 경제와 다시 연결된 순간으로 여기지만, 인도인들은 1987년 인도 아(亞)대륙에서 열렸던 크리켓 토너먼트를 떠올리는 경우가 많다.

영국 밖에서 열린 첫 월드컵이었고 어마어마하게 모인 관중들은 행복감에 도취했다. 대회의 첫 번째 타이틀 스폰서인 릴라이언스 인더스트리(Reliance Industries)라는 섬유 회사 덕분에 참가 팀들은 7만 5,000파운드(당시 환율로 12만 7,000달러)라는 막대한 상금을 받기도 했다.

1987년 이후 인도 아대륙에서 (하루 동안 경기가 진행되는) 크리켓 월드컵이 열린 경우가 두 번 있었는데, 매번 인도의 새로운 자신감과 부를 과시하며 그들의 나라와 그들이 가장 좋아하는 운동 경기인 크리켓이 얼마만큼 발전했는지 보여주었다. 2023년 10월 크리켓 월드컵은 12년 만에 인도로 돌아와 개최된다. 크리켓 월드컵 역사상 가장 사치스럽고, 화려하며, 총선 6개월 전에 치러지므로 가장 정치적인 행사가 될 것이다.

2011년보다 9,000만이 늘어난 약 2억 1,000만의 방대한 인도 크리켓 시청 가구 수는 훌륭한 미디어 포획물의 하나로 자리 잡았다. (현재 자산 규모 약 2,080억 달러, 석유에서 유통, 통신까지 다방면의 사업을 영위하

는 거대 기업) 릴라이언스는 국내에서 가장 큰 규모의 토너먼트 대회인
인도 프리미어리그(IPL) 경기의 온라인 스트리밍 판권에만 26억 달러
를 쏟아부었다. 외국 크리켓 선수들에게 월드컵은 그들의 인생을 바
꿀 IPL 계약을 위한 오디션을 볼 기회다.

나렌드라 모디 총리에게는 3선 주장을 압박할 기회가 될 것이다.
인도 정치인들은 항상 크리켓의 인기에 편승해왔다. 그러나 모디 총
리와 그의 인도인민당은 이를 새로운 차원으로 끌어올렸다. 13만
2,000명을 수용할 수 있는 인도에서 가장 큰 크리켓 경기장은 모디
총리의 이름을 따서 지어졌다. 또한 그는 인도 유명 크리켓 선수들을
칭찬할 (또는 그들에게서 자신을 향한 찬양을 얻을) 기회를 놓치지 않는다.
최근 은퇴하고 현재는 인도인민당 소속인 전직 크리켓 선수 고탐 감
비르(Gautam Gambhir)는 "모든 인도인을 위해 인도인의 존재 의미를
재정의하신 분의 생일을 진심으로 축하드립니다"라고 트위터에서
굽실거리기도 했다.

크리켓이라는 운동 경기가 인도의 정치 경제에 흡수되려면 비용이

든다. 릴라이언스와 다른 인도 기업들은 크리켓 경기에 투자하며 전 세계적으로 경기 방식과 장소를 정하는 데 통제력을 늘려가고 있다.

인도 기업들의 투자는 전 세계적으로 경기 방식과 장소를 정하는 데 통제력을 늘려가고 있다.

대부분 인도 팬들은 가장 흥미진진하고 소요 시간이 짧은 경기 방식을 선호한다. IPL에 사용되는 방식으로, 대략 두 시간 동안 난타전을 벌이는 T20을 말한다. 따라서 하루 동안 경기를 치르는 국제 크리켓 경기 방식과 5일간 진행되는 테스트 매치는 인도가 후원하는 프랜차이즈 기반 T20 토너먼트라는 거대한 힘에 밀려 물러나고 있다. 여기에 두 리그가 추가된다. 2023년에 아랍에미리트 T20 리그와 남아프리카공화국 T20 리그가 (인도인 소유의 팀들로 꾸려져) 출범할 예정이다. 이러한 국면에 대한 많은 크리켓 애호가들의 우려를 2023년 크리켓 월드컵을 향한 숨 막히는 마케팅만으로 누그러뜨리기엔 역부족일 것이다.

국가의 재구성
—
인도는 다수결주의 쇼비니즘의 길을 계속 갈 것이다

레나 쉬퍼(Lena Schipper) 델리, 〈이코노미스트〉 남아시아 지국장

나렌드라 모디 총리는 대다수의 세계 지도자들보다 나은 2022년을 보냈다. 여러 차례 찾아온 세계 경제 위기에도 불구하고

7% 이상의 경제 성장률을 기록한 인도 총리는 세계에서 가장 빠르게 성장하는 국가의 수장이라는 타이틀을 얻으며 한 해를 마무리할 것으로 여겨졌다.

러시아와 우크라이나의 전쟁은 유럽을 에너지 위기로 몰아넣고 서구 동맹국 간의 긴장 관계를 고조시켰다. 그에 반해 인도에서는 전쟁의 여파로 값싼 러시아 석유를 구매할 수 있게 되었고, 모디 총리의 국제적 위상은 높아졌다. 서구 국가들이 인도의 지지를 얻기 위해 앞다퉈 나서자 모디 총리는 표면상으로는 평화적 분쟁 해결의 중립적 옹호자라는 모습을 갖추는 데 성공했고, 동시에 반러시아 연합에 영구적으로 가입하라는 서구의 간청을 뿌리치며 어렵사리 푸틴을 나무랐다.

하지만 해외에서 기대주로 떠오른 모디 총리의 활약이 2023년 인도인들에게는 좋은 소식이 아닐 가능성이 크다. 외교 관계에서 모디 총리의 영향력이 커짐에 따라 서구 지도자들의 인도 정부를 향한, 안 그래도 한정적인 비판 욕구가 더욱 줄어들 것이다. 그로써 모디 총리의 국내 권력에 대한 견제 요소가 하나 더 사라지는 셈이다. 힌두 민족주의 단체인 인도인민당과 약 100년 전 결성된 준(準) 군사 의용조직이며 인도인민당의 이념적 동맹인 민족의용단의 지지를 받는다는 이미지 속에서, 그는 어느 때보다 자유롭게 인도를 재구성해나갈 것이다.

모디 정부를 비판하는 사람들은 총리를 비판하는 것만큼이나 자국의 절망적인 제1 야당에 관해 불평을 늘어놓는다. 2022년 초 비평가들은 소니아 간디(Sonia Gandhi)가 이끄는 제1 야당인 국민회의당(Indian National Congress, INC)이 재결집해 주의회 선거에서 인도인민당의 우

3선을 향해?

위에 흠집을 내길 기도했다. 하지만 그런 일은 일어나지 않았다.

인도인민당이 현직으로서 경쟁한 모든 선거에서 권력을 유지하고, 정치적 위기 타개를 도와준 부유한 마하라슈트라(Maharashtra)주 정부를 장악했지만, 인도인민당 의회는 펀자브(Punjab)에서 치러진 중요한 선거에서 평민당(Aam Aadmi Party, AAP)에 패배했다. 수도 델리의 집권당인 평민당은 국가 차원에서 봤을 때 인도인민당의 또 다른 잠재적 맞수로 여겨진다. 그러나 펀자브 선거 승리 이후에도 평민당은 지역 통치를 위해 고군분투하는 한편 델리의 부패 수사를 포함한 여러 위기를 처리해야 했다.

2023년 모디 정부는 2024년 국회의원 선거를 앞두고 국가 정치에 대한 통제를 공고히 하기 위한 노력을 심화할 것으로 보인다. 또한 모디 정부는 위조로 부정부패 사건을 제기해 시간이 오래 걸리는 법적 절차에 연루시키거나 국가보안법을 사용해 재판 전 구금으로 무력화시키는 등 중앙 정부 기관을 이용해 정부 비판자들을 계속 따라다니며 괴롭힐 것이다.

공공 기관 및 학술 기관을 충성파 사람들로 채워 넣고, 정적들과 소수 집단 구성원들, 특히 이슬람교도들을 위한 공간을 줄여나갈 것이다. 모디 총리의 억만장자 협력자인 고탐 아다니(Gautam Adani)는 인도의 마지막 남은 주요 독립 TV 채널인 NDTV의 인수를 곧 마무리 지을 것이다.

인도에 대한 모디 총리 개인의 견해가 국가를 대표하는 것으로 인정받게 하려는 캠페인도 벌일 것이다. 수브라마냠 자이샨카르(S. Jaishankar) 외무장관은 "더는 인도에서 승리할 수 없게 되어" 좌절한 세력이 해외에서 담론을 형성하려 한다 말하며, 해외 관측자들에게 그들을 믿지 말라고 경고했다. 인도 정치가 세계 무대로 나아갈수록 반대자들의 목소리를 억누르려는 시도도 증가하고 있다.

 WHAT IF?

파키스탄은 여러 번 위기를 겪고 휘청거리고 있다. 부채에 짓눌리고, 홍수로 국토가 황폐해지고, 치솟는 식량과 에너지 가격에 허덕이면서, 동시에 고조되는 정치적 불안정에 직면하고 있다. **만약 쫓겨났던 전 총리 임란 칸이 정부를 무너뜨리는 데 성공한다면 어떻게 될까?** 그 결과로 정치 및 경제 거버넌스(관리 체계)의 전면적인 붕괴가 초래될 수 있다. 영토 대부분에 관한 통제력을 잃을 가능성도 있다. 폭력 사태와 기근 문제가 증가해 인도, 아프가니스탄과의 국경 상황이 불안정해질 것이다.

갈수록 나빠지는 상황

—

탈레반이 발버둥치며 통치하는 동안 아프간인들에게 더 많은 불행이 다가올 것이다

아반티카 칠코티(Avantika Chilkoti) 〈이코노미스트〉 국제 통신원

아프가니스탄 문제는 사람들 기억에서 지워진 비극이며 앞으로도 그럴 것이다. 서구 지도자들은 우크라이나 전쟁과 경기 침체 전망에만 사로잡혀 있다. 그리고 서구가 탈레반의 통치를 인정할지도 모른다거나 국가 예산의 75%를 충당했던 해외 원조가 재개될 것이라는 신호가 없다면, 신정 체제로 회귀를 선언한 폭력배 정부로서는 그들의 방식을 바꿀 이유가 없다.

2021년 8월 미군이 카불을 떠나고 탈레반이 권력을 장악한 이후 아프가니스탄 경제는 혼란에 빠졌다. 국제 원조에 대한 제재와 규제가 뒤섞여 유동성 위기가 커졌다. 사람들은 은행에 저축한 돈을 찾을 수 없다. 많은 사업체가 문을 닫거나 근로자들을 해고했다. 은행 자금 부족으로 인해 원조 단체들은 여러 비행기에 현금을 채워 운송하고, 사업가들은 여행 가방에 돈을 담아 국경을 넘어 밀반입하고 있다. 2014년부터 2021년까지 대통령을 지낸 아슈라프 가니(Ashraf Ghani)의 고문 스콧 구겐하임(Scott Guggenheim)은 "돈세탁이나 아편이 걱정된다면 그냥 눈을 감아라"고 말했다.

대다수의 아프가니스탄 국민은 빈곤하게 살고 있고, 앞으로 그들의 삶은 더욱 어려워질 것이다. 치솟는 세계 식량 가격으로 인해 피해를 보고 있고 흉작에 대한 불만의 목소리도 들린다. 여성들의 상황

다시 배포되기 시작한 구호물자

은 가히 최악이다. 지난 1년 동안 탈레반은 여자아이들의 중등학교 재입학을 허용하지 않았고, 여성들의 취업을 어렵게 했으며, 심지어 남성 보호자 없이는 여행할 수 없게 하는 새로운 규칙을 도입했다. 용감한 소수의 사람이 항의의 표시로 거리로 나섰지만 아무 성과가 없었다.

많은 아프간인에게 유일한 위안은 총성이 잦아들었다는 것이다. 두뇌 집단인 국제위기그룹(International Crisis Group, ICG)은 2022년 7월까지 10개월 동안 폭력 사태 발생 건수가 그 전년 같은 기간보다 87% 감소한 것으로 추산한다. 대도시 사람들이 급속히 증가하는 빈곤과 씨름하고 있는 가운데, 새롭게 평화를 찾은 농촌 지역 사람들은 공격받을 두려움 없이 집을 재건하고 농작물을 심을 수 있게 되었다.

그러나 2023년에는 그 평화마저도 의문시될 수 있다. 탈레반의 통치는 승자와 패자를 낳았다. 수백만 명이 빈곤에 빠지게 되면서 분석가들은 시민 소요 사태가 일어날 수도 있다고 우려한다. 국지적 폭동이 계속되고 있기 때문이다. 이슬람국가의 한 지부는 공격의 범위를 확대해, 아프가니스탄 북부에서 탈레반에 저항하는 반군 단체들뿐만 아니라 학교와 모스크에서도 수십 명의 민간인을 살해했다. 탈레반이 저항 세력에서 통치자로 탈바꿈하기 위해 몸부림치는 동안 아프가니스탄 국민의 삶은 더 고단해질 것이다.

주목해야 할 쟁점들
—
높은 산에서 깊고 푸른 바다에 이르기까지, 냉전은 결코 사라지지 않았다

도미닉 지글러(Dominic Ziegler) 싱가포르, 〈이코노미스트〉 반안 칼럼니스트

아시아에서 새로운 냉전이 벌어지고 있는지에 관한 최근 논쟁은 핵심을 벗어난 것이다. 1990년대 초반 개방적이고 규칙에 입각한 질서를 내세운 서구의 개념으로 전 세계가 기울고 있다고 낙관론을 펼쳤음에도 불구하고 어떻게 제1차 냉전은 결코 끝날 수 없었는지, 2023년 긴장이 고조됨에 따라 이 점에 다시금 주목할 것이다. 러시아와 우크라이나의 전쟁이 2022년 유럽에서 그 점을 확실히 증명한 것처럼 2023년에는 아시아에서 자유주의와 독재주의 사이의 거대한 글로벌 투쟁이 반복되는 것을 보게 될 것이다.

이번에는 미국과 중국 사이의 경쟁이다. 그 다툼의 뿌리는 수십 년 전 제2차 세계대전의 종결로 거슬러 올라간다. 1945년 일본의 패배

변할수록 바뀌는 것은 없다

이후로 미국은 아시아에서 군림하는 초강대국이 되었다. 그로 인해 미국은 패배한 상대국의 영토에 군사력을 투입하고 그 지역의 사상을 형성할 수 있었다. 서구 민주주의 전초 기지 역시 일본에 만들 수 있었다. 오늘날 새로워진 점은 제2의 초강대국인 중공(중화인민공화국의 속칭)이 아시아에서 패권 싸움을 벌이고 있다는 것이다. 그러나 현재의 긴장은 동아시아의 전후 격변 상황에서 발생하는 해묵은 원인 때문에 더욱 고조되고 있다고 봐야 한다.

그 주요 사례는 대만과 관련이 있다. 베이징의 관점에서 봤을 때 대만은 1940년대 말 공산당이 본토에서 승리를 거둔 내전을 통해 이루지 못한 마지막이자 숙원 사업이다. 패배한 민족주의자들은 대만으로 도망쳤는데, 대만은 그 이후로 미국의 지원을 받아왔고 지금은 번영하는 민주 국가이자 반도체 초강대국이 되었다. 대만 탈환은 당 차원에서 그들이 신성시하는 목표다. 공세적 태도를 보이는 중국의 관점에서 대만은 동아시아 전역과 서태평양까지 영향력을 행사하는 데 핵심 요소이기도 하다.

중국의 세력이 커지면서 대만에 대한 탄압도 심해졌다. 바이든 미 대통령은 대만이 공격을 받으면 미국이 대만을 지킬 것이라고 여러 차례 말했다. 이는 '미국은 중국에 의도를 알려주지 않는다'는 오래 고수해온 정책에서 벗어난 것으로, 미 정부 관계자 일부는 이러한 정책 변화가 조만간 중국이 행동에 옮기도록 자극할 가능성이 있어 위험하다고 우려한다.

그러나 2023년 대만을 둘러싼 열기가 고조되겠지만 첨예한 갈등으로 치달을 가능성은 희박하다. 우선, 시진핑 주석은 푸틴 러시아 대통령처럼 무모한 도박꾼이 아닌지라 러시아를 무력화시켰던 종류의 제재와 경제 봉쇄에 맞서 중국을 점검할 시간이 필요하다.

따라서 2003년에 중국은 그 대신 (영유권을 주장하며 기지들을 세운) 남중국해와 중국의 의도에 대해 그 어느 때보다 비판적인 일본 주변 해역에서 미국과 아시아 동맹국들의 패기를 시험할 것이다. 중국은 대만 자체보다는 일본의 분쟁 지역인 센카쿠 열도(중국어로는 조어도 열도라 불림)를 중심으로 위기를 유발할 가능성이 크다.

또 다른 냉전의 유물은 중국의 비호를 받으며 가족 경영 체제로 핵 폭력배 집단 정부를 꾸려나가는 북한이다. 2022년 김정은은 북한이 공격 위협을 받는다고 느끼면 선제적 핵 공격을 할 수 있다는 권리를 확고히 했다. 2023년 말이 되기 전, 아마 그보다 훨씬 일찍 그는 2017년 이래 처음으로 7차 핵실험을 강행해 비난을 불러일으킬 것이다. 그 폭탄은 이전보다 크기가 작아질 것으로 예상한다. 중국과 러시아를 등에 업은 채, 핵 협박 계획에 쓸 돈을 위해 자국민을 멸절시킬 각오가 되어 있는 독재 통치자를 앞에 두고, 전 세계는 별다른 선택지가 없음을 김정은은 다시 한번 강조할 것이다.

훨씬 더 오랜 기원을 가진 히말라야산맥 국경 분쟁 지역은 2023년 아시아의 또 다른 잠재적 쟁점이 될 것이다. 중국과 인도 사이의 고지대 분쟁은 제국주의 영국이 인도를 통치할 당시 그어진 모호한 국경선으로부터 시작되었다. 1962년 국경 전쟁이 발발했고 인도는 중국에 패배했다. 그리고 2020년에는 유혈 충돌이 발생해 양국 군인 24명이 사망하기도 했다. 싸우고 싶어 안달이 난 쪽은 없다. 시진핑 주석은 대만 문제에 집중하길 원하지만 모디 총리는 인도가 중국보다 산악전에 더 우세하다는 사실을 알고 있다. 그러나 양국이 국경을 사이에 두고 도로를 새로 건설함으로써 양국 군이 철수하기로 한 완충 지대가 무너질 위험이 있다. 한때 돈독했던 두 지도자의 개인적 관계가 냉랭해졌다. 일촉즉발 상황의 히말라야에 위험 부담을 높일 뿐이다.

한편 미얀마에서는 분쟁이 계속될 것이다. 전후 독립 이후로, 미얀마와 많은 민족은 온전히 평화로웠던 적이 없었다. 2021년 2월 유혈 쿠데타로 정권을 잡은 군부의 잔인함과 무능으로 인해 소수 민족 반군 세력과 민주 야당이 연합해 군부에 대항하는 더욱 광범위한 갈등이 초래될 것이다. 그러나 막강한 무기를 보유한 쿠데타 군부 세력은 중국의 지원도 받고 있다. 중국이나 미국 모두 미얀마가 강대국 경쟁의 또 다른 전쟁터가 되는 것을 원하지 않는다. 그렇다 하더라도 미얀마의 불길은 수년간 이어질 것으로 보인다.

호랑이에서 내려오기

—

아시아의 경제 성공 사례인 주택 시장이 재정적 불안을 겪을 것으로 보인다

마이크 버드(Mike Bird) 싱가포르, 〈이코노미스트〉 아시아 사업 및 금융 부문 편집자

아시아의 부동산 관련 파산 위험을 논할 때면 중국 본토의 거대한 주택 시장이 마치 떠들썩한 큰 형님처럼 모든 이목을 집중시키는 경향이 있다. 그러나 특히 가장 인상적인 경제 성공 사례라고 여겨지는 다른 아시아 국가의 공급 과잉 문제도 심각한 우려를 불러일으킬 전망이다.

한때 아시아의 호랑이로 알려졌던 국가와 도시의 집값이 급등했다. 한국과 대만의 중앙은행이 가장 최근 발표한 금융 안정성 보고서에 따르면, 수도 서울과 타이베이의 평균 주택 가격은 지역 소득의 각각 19배와 16배에 달한다. 텍사스에 본부를 둔 싱크탱크인 도시개혁연구소(Urban Reform Institute)가 발표한 자료에 의하면 홍콩의 PIR(Price to Income Ratio, 가구 소득 대비 주택 가격 비율) 지수는 20.7이다. 이러한 수치는 서구에서 가장 비싼 곳보다도 높은 것으로, 미국과 영국에서 가장 집값이 비싼 지역인 새너제이와 그레이터런던의 지수는 각각 12.6과 8이다.

최저 수준의 글로벌 금리가 주택 가격 상승을 견인했다. 유럽과 미국의 은행들 대부분은 2007년에서 2009년 사이 닥쳤던 금융 위기로 인해 수년간 애를 먹은 반면, 동아시아의 많은 은행은 훨씬 덜 영향을 받았다. 또한 중국의 급속한 성장도 이후 몇 년 동안 이웃 국가들

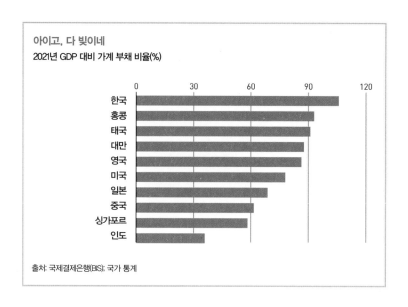

아이고, 다 빚이네

2021년 GDP 대비 가계 부채 비율(%)

	0	30	60	90	120
한국					
홍콩					
태국					
대만					
영국					
미국					
일본					
중국					
싱가포르					
인도					

출처: 국제결제은행(BIS); 국가 통계

이 더 빠르게 성장하는 데 도움을 주었다.

지렛대식 투자도 급증했다. 주택담보대출이 대부분을 차지하는 가계 부채는 아시아 여러 지역에서 사상 최고치를 기록했다. 홍콩은 GDP의 94%, 대만은 97%, 한국은 놀랍게도 105%로, 현재 부채 수준이 미국과 영국에서 각각 기록한 77%와 85%를 훨씬 능가한다.

그러나 동아시아의 주택 호황을 이끌었던 힘이 빠르게 약해지고 있다. 아시아에서 인플레이션이 발생하고는 있지만 서구 대부분 지역보다는 낮은 수준이다. 홍콩, 한국, 대만은 모두 미국달러 고정 환율 제도를 시행하거나 중앙은행이 신중하게 환율을 관리한다. 이 지역의 중앙은행과 통화 당국은 연준의 가파른 금리 인상에 발맞춰 빠르게 금리를 올렸다.

불길한 변화의 조짐은 이미 보이기 시작했다. 지역 은행들이 주택담보대출 금리를 올리기 시작했다. 한국의 가계 대출 평균 신규 금리는 9월 5.2%를 기록해 1년 전의 3.2%보다 대폭 상승했다. 부동산 회사인 홍콩 JLL(Jones Lang LaSalle)의 조셉 창(Joseph Tsang) 대표는 지난 20년 동안 홍콩 집값이 급등했지만 앞으로 20~30% 하락할 수 있다고 말했다.

일부 국가들도 금융 위협에 대비하는 방어선이 무너지고 있다. 보통 한국과 대만은 반도체, 전자 제품, 공산품 수출로 막대한 경상수지 흑자를 자랑하는 나라들이다. 그러나 수입 에너지 가격의 급등으로 인해 이러한 흑자 폭이 사라졌다.

적자가 생기면 국가는 국제 자본 흐름에 더 의존하게 된다는 게 많은 경제학자의 견해다. 그 흐름은 변덕이 심한 것으로 악명 높아서 공황 사태가 발생하면 자본이 유출되어 자산 가격을 폭락시킬 수 있다. 1997~1998년의 아시아 금융 위기에 앞서 최악의 피해를 본 많은 나라는 경상수지 적자가 비정상적으로 컸다는 공통점이 있다. 현재로서는 불균형 상태가 비교적 양호하다.

그러나 자산 가격의 폭락이 성장을 방해할 수 있음을 보여준 일본의 사례는 우려를 남긴다. 1989년에서 1990년 사이 일본의 주식과 부동산 가격은 폭락하기 시작했고 수십 년간 이어진 호황은 막을 내렸다. 1980년대 후반 대출 붐이 일었던 기간에 담보로 사용된 토지와 건물의 가치 하락으로 소비자와 기업은 허리띠를 졸라매게 되었고, 그로 인해 경제 성장은 멈출 수밖에 없었다. 따라서 이제는 일본의 이웃 국가들 사이에서 나타나는 유사 징후에 대해 걱정해야 할 때다.

우리가 돌아왔다!

독재 지도자들이 전역에서 활동을 재개하고 있다

샬럿 맥캔(Charlotte McCann) 싱가포르, 〈이코노미스트〉 동남아시아 통신원

(베트남, 라오스의) 공산주의 독재, (캄보디아의) 자본주의 독재, (미얀마의) 군사 독재에서부터 (브루나이의) 전제 군주제, (싱가포르의) 일당 독재, (말레이시아, 인도네시아, 필리핀의) 정실 민주주의에 이르기까지 동남아시아는 오랜 시간 온갖 종류의 독재 전시장 역할을 해왔다.

그러나 지난 10년 동안 이 지역은 마침내 민주주의가 뿌리내리고 있다는 새로운 희망에 부풀어 있었다. 2014년부터 놀랄 만한 선거들을 연속으로 치르면서 유권자들은 변화를 요구했고, 놀랍게도 그 변화를 얻은 듯 보였다. 그해 인도네시아인들은 조코위(Jokowi)로 알려진 조코 위도도(Joko Widodo)를 대통령으로 선출했다. 그는 군인 가문 출신도 엘리트 출신도 아닌 정치 문외한이었고, 그 때문에 16년 전 독재 시대를 종결시킨 개혁 정신을 구현하리라 여겨졌다.

2015년 미얀마의 유권자들은 민주주의 투사인 아웅산 수치(Aung San Suu Kyi)의 정당에 압도적인 표를 행사했다. 거의 50년 동안 나라를 통치했던 군부는 그녀의 대통령 취임을 허락했다. 3년 후 말레이시아인들은 1957년 영국으로부터의 독립 이후로 나라의 정치를 지배해온 통일말레이국민조직(United Malays National Organisation, UMNO)을 축출했다. 동남아시아 유권자들이 그들의 정치적 주인들에게 거듭해서 치명타를 날리는 듯한 양상이었다.

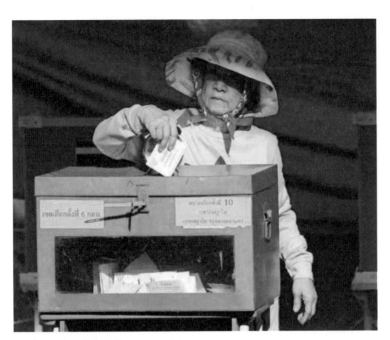

어느 쪽에 넣어도 꽉 찰 투표함

그러나 그 공격은 전혀 치명적이지 않았다. 실제로는 동남아시아의 독재자들이 이제 활동을 재개하려는 것처럼 보인다. 때로 그들은 불법적으로 권좌에 복귀한다. 미얀마군 총사령관은 수 치 여사에게 영향력이 넘어가는 것에 대해 불안해하며 2021년 쿠데타를 일으켰다. 때로 그들은 2021년 말레이시아에서 UMNO가 그랬던 것처럼 은밀한 공작을 통해 경쟁자들로부터 권력을 탈취한다. (UMNO는 2022년 말 치른 선거에서 다시 집권할 가능성이 크다.) 때로 그들은 심지어 합법적으로 선거에서 이기기도 한다. 2022년 5월 필리핀 대선에서 독재자 페르디난드 마르코스(Ferdinand Marcos)의 아들 '봉봉' 마르코스가 압승한 적도 있다.

인도네시아에서 조코위는 대통령 권력에 대한 견제를 약화하고,

소수자의 권리를 짓밟으며, 1998년까지 30년 동안 인도네시아를 통치한 독재자 수하르토(Suharto)에 대한 존경심을 표명하는 등 민주 정치에 실망감을 안겨주었다. 이제 훨씬 더 걱정스러운 반전 상황이 다가올지도 모른다. 2024년 조코위를 대신해 대통령으로 선출될 가장 유력한 후보는 프라보워 수비안토(Prabowo Subianto)로, 독재자 밑에서 장군을 지냈고 1990년대에는 권리 침해 의혹이 따라다닌 수하르토의 전 사위다. 그는 인도네시아에서 지방분권제를 뒤엎고 중앙 정부에 더 많은 정치 권력을 실어야 한다는 열망을 드러낸 바 있다.

지난 몇 년간 계속된 반전은 동남아시아에서 힘의 본질이 무엇인지 강력하게 상기시킨다. 많은 독재 정권이 민주주의 채택에 동의하는 이유는 그들이 위기에 처해 있기 때문이 아니라 사람들에게 투표를 허락할 때조차도 계속 권력을 장악할 수 있을 것이라 믿기 때문이다. 그들은 이러한 일을 흔히 할 수 있고, 실제로도 한다. 정치 엘리트들은 그들에게 유리하도록 선거구를 게리맨더링하고 표를 매수해 투표함에 채워 넣는 방식으로 선거에서 이긴다. 2023년에 치러질 캄보디아 의회 선거에서도 분명 그런 일이 벌어질 것이다.

그러한 속임수에도 불구하고 때로 유권자들은 여전히 '잘못된' 후보를 뽑는다. 그렇게 되면 미얀마와 태국에서 군부가 반복적으로 그랬던 것처럼 수구파 기득권은 단순히 쿠데타를 일으켜 재선거를 요구할 수 있다. 2023년 5월 선거에서 야당이 승리할 경우 태국군은 이같은 수법을 되풀이할 수도 있다. 이 지역의 독재자들에게 있어 민주주의란 목적을 달성하자마자 버려질 운명의 치부 가리개일 뿐이다.

조코위의 거대 도시

인도네시아의 새로운 수도는 그 제작자를 투영한다

샬럿 맥켄

2023년 보르네오섬 어느 외딴 지역에서는 윙윙거리는 전기톱 소리가 더 크게 들릴 것이다. 이곳은 인도네시아의 새로운 수도 누산타라(Nusantara)가 정글 지대를 밀어내고 건설되는 현장이다.

2022년 1월 인도네시아 의회는 조코위 대통령이 수도를 현재의 정부 소재지인 자카르타에서 보르네오섬 동부로 옮기자고 제안한 법안을 통과시켰다. 두 번째이자 마지막 임기의 절반 지점을 통과한 조코위 대통령은 국가의 책임 건설자인 자신의 유산이 누산타라에 길이 간직되길 바라고 있다. 비록 2045년에 완공 예정이지만 벌써 이 도시는 그 설립자, 고매한 야망을 품고 있으면서 때로는 겉만 번지르르한 솜씨를 드러내는 한 남자에 관한 많은 이야기를 들려준다.

가구 제조업자 출신인 조코위 대통령은 임기 동안 실로 규모가 큰 것들을 만드는 데 전념했다. 그의 정부는 수십 개의 공항, 항구, 댐과 수천 킬로미터의 유료 도로를 건설했다. 싱가포르의 3.5배 면적이 될 누산타라는 조코위 대통령 임기 중에 지어진 가장 거대한 기반 시설 사업 이상의 의미를 지닌다. "기술적으로나 정치적으로나, 누산타라는 아마도 인도네시아 역사상 가장 큰 사업이 될 것이다"라고 싱가포르 싱크탱크 ISEAS – 유소프 이삭 연구소(ISEAS Yusof Ishak Institute)의 연구원 야누아르 누그로호(Yanuar Nugroho)와 디마스 위스투 아드

보르네오섬의 미개척지에서

리안토(Dimas Wisnu Adrianto)는 언급한다.

그 규모는 신도시에 대한 조코위 대통령의 야망을 반영한다. 그는 누산타라가 인도네시아의 미래 경제 성장의 숨은 원동력이 되어 향후 20년 동안 400만 개 이상의 일자리를 창출할 뿐만 아니라, 세계에서 가장 친환경적인 도시이자 국가의 모든 것을 담아내는 상징이 되기를 희망한다. 인도네시아의 정치와 산업을 지배하는 자바섬으로부터 지리적으로 인도네시아의 중앙에 있는 보르네오섬으로 수도를 이전함으로써 조코위 대통령은 본인이 모든 인도네시아인을 대표해 통치한다는 신호를 보내고 싶은 것이다.

그러나 조코위의 많은 계획이 그랬던 것처럼 누산타라는 무분별한 입안과 민주적 가치를 무시한 문제로 인해 곤경에 처했다. 우선 466조 루피아(약 290억 달러)에 이르는 엄청난 건설 비용 문제가 있다. 정부는 이 금액의 80%를 외국인 투자자들이 부담할 것이라 말하지만 아직 이렇다 할 제안이 들어온 것 같지 않다.

수도 이전을 결정하고 난 후에야 환경 영향 평가를 발표했다는 점을 고려할 때 정부는 이 모든 건설 사업이 열대우림에 미치

누산타라는 조코위 대통령 임기 중 지어진 가장 거대한 기반 시설 사업이다.

는 영향을 고려하지 않았다고 가정해도 무방하다. 게다가 수도 이전 조치를 숙고하는 동안 법적으로 의무 사항임에도 불구하고 의회는 국민의 의견을 수렴해 참고하지 않았다.

새로운 수도의 대의 민주주의를 인정하지 않기로 한 결정은 이 정부의 하향식 접근 방식을 무엇보다 정확히 드러낸다. 조코위는 새로운 수도의 장관으로 대통령 자신에게만 보고할 의무가 있는 사람을 임명했다. 이는 건설 사업에는 열광적으로 뛰어들더라도 국가의 민주주의 기반은 등한시하는 대통령의 특징이다.

일본 경제의 미래는 여성에게 달려 있다고 **모리 마사코(Mori Masako)** 전직 성 평등 특명담당 대신은 말한다.

여성이 일본의 숨겨진 자산인 이유

정보 공시 의무가 새로 도입되어 일본의 남녀 간 임금 격차를 줄이는 데 도움이 될 것이다.

일본은 출산율 감소를 해결하고 양성평등을 달성하기 위해 오랫동안 여러 방법을 논의해왔지만 어느 쪽도 거의 진전을 이루지 못했다. 그 이유는 무엇인가? 나는 출산율과 성 평등이 상호 연관된 문제라는 인식의 부족과 관련이 있다고 생각한다. 그러나 일본 정부는 이 두 가지 주제를 별개로 논의하려는 경향이 있다.

일본에는 여성의 노동 참여가 출산율 감소의 원인이라는 강한 믿음이 존재한다. 그러나 성 평등 촉진과 출산율 늘리기라는 두 가지 의제는 분명 양립할 수 있다.

일본은 세계 성 격차 지수에서 146개국 중 116위를 차지하고 있다. 지수의 네 가지 분야(경제, 교육, 보건, 정치) 중 특히 정치 및 경제 참여 영역의 점수가 낮았다. 우리는 양성평등에 관한 한 다른 나라들에 비해 현저히 뒤쳐져 있다.

이와는 대조적으로 일본의 보건과 교육 분야의 점수는 전 세계에서 가장 높다. 이는 일본 인구의 절반이 건강하고, 충분히 교육받고, 높은 잠재력을 지니며, 일할 준비가 된 여성들로 구성되어 있다는 것을 의미한다. 실제로 교육에 관한 한 일본의 고등교육 진학률은 78.2%로, 데이터가 공개된 OECD 국가 중 세 번째로 높다.

부유한 나라 중에서 성 격차가 적은 나라들은 출산율이 더 높은 경향이 있는데, 이것은 성 불평등과 인구 감소가 어떻게 맞물려 전개되는지 보여준다. 그 연결 고리를 인식하는 것이 이 두 문제를 해결하는 열쇠다. 여성의 권한 부여와 출산율 저하 문제는 한 부서에서, 한 명의 대신이 맡아야 한다고 생각한다. 그래야만 정책들 사이의 시너지를 강화해 더 효과적으로 만들 것이다.

골드만삭스는 고학력자를 포함한 여성의 고용률과 근로 시간이 남성과 같은 수준으로 개선되면 일본의 GDP는 15% 증가할 것으로 추정했다. 여성 교육에 대한 투자가 여성의 소득 증가로 이어지지는 못했지만, 노동 시장에 아직 완전히 활동하지 않는 일본 여성들이 많다는 점에는 의심의 여지가 없다.

지금까지 일본 정부는 여성의 발전을 촉진하는 데 있어 몇 가지 성공을 거뒀다. 예를 들어 2016년에는 직장 내 여성 활동 촉진법에 따라 기업이 정보를 공개하도록 추진했고, 여성 근로자 수를 늘렸으며(최근 10년간 340만 명), 여성 고용률 M자 곡선(현재 25~44세 고용률은 80% 안팎)을 크게 완화했다.

정부는 또한 보육 시설을 확대해 300만 명 이상의 자녀를 수용할 수 있도록 했고, 출산 휴가 수당 제도를 개선했으며(이러한 혜택은 이제 세금과 사회 보험 비용이 면제된다), 남성의 육아 휴직 제도도 좀 더 탄력적으로 개편했다.

이러한 노력의 결과로 일을 하면서 아이들을 키우기 더 좋은 환경이 조성되었다. 육아와 일의 양립이 쉬워지면서 일을 계속하며 출산을 결심하는 여성들이 늘어났다. 최근 조사에 따르면 아내가 대졸 이상의 학력을 지닌 부부의 자녀 수는 2021년 기준 1.74명으로, 이는 19년 만에 처음으로 증가한 것이다.

많은 일본인은 더 많은 아이를 갖기를 원한다. 한 조사에 따르면 결혼한 부부 중 80% 이상이 두 명 이상의 자녀를 갖기를 원한다고 한다. 그것을 가능하게 하기 위한 다음 단계는 여성의 경제적 권한 부여를 장려하는 것이다. 여성이 아이를 낳고도 개인으로서 여전히 빛날 수 있는 환경을 만들어야 한다.

내가 소속된 기시다 후미오(Kishida Fumio) 행정부는 여성의 경제적 권한 부여를 '신자본주의' 의제의 핵심으로 삼았다. 구체적으로, 2022년 7월부터 정부는 300명 이상 근로자를 고용하는 민간 기업에 남녀 직원 간 임금 격차 정보를 공개하도록 하고 있다. 일본 기업들은 평판 리스크를 의식하기 때문에 이번 조치가 임금 격차 해소에 도움을 줄 것으로 전망한다.

나는 일본 경제의 미래가 여성에게 달려 있다고 굳게 믿는다. 이것은 내가 2022년에 '여성과 경제'에 대한 공부 모임을 만든 이유이기도 하다. 그 모임을 통해 얻은 지식을 내각총리대신 보좌관이라는 현재 나의 임무에 적용하고 있다.

여성은 일본의 '숨겨진 자산'이다. 우리는 그들의 성공을 방해하는 요소들을 제거하고 그들이 잠재력을 최대한 발휘하도록 보장해야 한다. 이는 일본 여성들에게 좋은 일일 뿐만 아니라, 출산율을 높여 일본이 겪고 있는 인구통계학적 난관을 극복하는 데도 도움이 될 것이다.

China

미지의 영역

중국은 새로운 현실에 적응하느라 고전하고 있다
시진핑 독주 체제는 항로를 새롭게 잡을 만큼 대담한가?

데이비드 레니(David Rennie) 〈이코노미스트〉 베이징 지국장

시진핑은 더욱 엄격한 정치 통제가 경제 활력과 사회 화합의 적이라는 생각에 도전하며 국가주석으로서 지난 임기 10년을 보냈다. 시진핑이 또다시 10년간 권력을 잡으면서 2023년에는 시 주석의 국정 운영 방식, 즉 권력을 독점하고 사소한 영역까지 일일이 통제하는 통치 방식이 지속 가능한지가 시험대에 오를 것이다.

시 주석이 2012년에서 2022년까지 공산당 총서기로서 보낸 두 번의 임기 동안 그가 채택한 개입주의 정책의 폐단은 중국의 거대한 규모와 여러 글로벌 공급망에서 확보한 지배적 지위, 수십 년간 시장 개혁과 대외 개방으로 쌓아 올린 경제 성장 동력으로 상쇄됐다. 시 주석이 경제를 안정화하고 불평등을 해소하겠다며 사법 체계

부터 대학교, 언론 매체, 엔터테인먼트 산업에 이르기까지 사회 전반에 미치는 공산당의 권한을 확고히 했는데도 중국의 부상은 거침없어 보였다.

국가 안보는 시진핑 시대 정책 입안의 주축이 됐다. 미국을 비롯한 경쟁국들이 기술 공급을 중단해 '목줄을 죄지' 못하도록 기술 자립을 위한 산업 정책에 막대한 돈이 들어간다. 무엇보다 사회에 지장을 초래하고 있는 것은 시진핑 치하의 코로나19 팬데믹 대응책이다. 시 주석은 국경을 폐쇄하고 대규모 전수 검사를 수시로 실시하며 도시 전체를 몇 주간 봉쇄하고 이동을 추적하는 스마트폰 앱과 수많은 공안을 동원하는 등 역사상 가장 야심 찬 감시 체계를 구축했다.

이러한 각종 정부 개입을 옹호하는 측에서는 시 주석이 장기적 안목으로 앞날을 내다보고 있으며 오늘날 겪는 약간의 혼란은 미래의 안정을 위해 치러야 할 대가라고 말한다. 중국은 수출 호황에 힘입어 2020년에는 경제 대국으로서 유일하게 매우 높은 성장률을 발표했고, 2021년에는 실질 GDP 성장률이 8.1%에 달했다. 시진핑과 중국 관료들은 일당 체제의 우월성이 이로써 만천하에 드러났다고 주장한다.

소비자 수요는 저조하고 부동산 거래량은 곤두박질쳤다.

하지만 시진핑이 2022년 10월 20차 당 대회에서 부여받은 무소불위의 권력을 행사하려는 현재, 암울한 통계가 쌓이고 있다. 2022년 세계 GDP 성장률은 3%에 못 미칠지도 모른다. 청년 실업률은 대졸자 사이에서도 우려스러울 정도로 높다. 중국과 서방 세계에서는 정치, 규제 장벽이 늘어나 혁신을 촉진하는 국가 간 투자와 학술 교류를 가로막고 있다.

이러한 환경이 사기에 미치는 영향은 분명하다. 소비자 수요는 저조하다. 2022년 부동산 거래량은 곤두박질쳤다. 가정을 꾸리는 청년들이 줄어들자 시 주석은 당 대회 업무 보고에서 출산율 제고 정책을 요구했다. 부동산 위기는 지방 정부의 세입에 타격을 입혔고, 여기에 예정된 코로나 감시 관련 지출이 더해지며 전국 공무원 임금이 삭감되는 결과를 낳았다.

당에 순종적인 입법 기관인 전국인민대표대회(전인대)는 2023년 봄에 열리는 연례 회의에서 차기 지도부를 확정해야 한다. 당 대회에서 시진핑은 7명으로 구성된 정치국 상무위원회를 차기 총리가 유력시되는 리창을 비롯해 충성파와 오랜 측근으로 채웠다. 전인대 연례 회의에서는 중국의 우주 프로그램을 이끈 간부들 등 정치국에 추가될 경험 많은 기술 관료들에게 어떤 부처가 주어질지 드러날 것이다. 보안 기관 출신 매파를 등용하는 것은 시진핑 시대에서 두드러지는 특징이다. 한 고위 기업인의 말을 빌리자면 "엔지니어를 경찰로 대체하는” 것이다. 공포의 대상인 국가안전부에 오래 몸담은 인사들이 고위직으로 발탁되며 이러한 기조는 계속될 것이다. 친강 주미 대사 같은 강성 인물들이 승진 발탁될 가능성이 높은 만큼 세계는 보다 강경한 '전랑(wolf warrior)' 외교에 대비해야 할 것이다. 시진핑의 측근인 친강은 점잖은 매력을 지녔지만 외교 사절들에게 경멸조의 위협적인 언사를 구사할 줄 아는 인물이다.

'제로 코로나' 정책은 빠르게 바뀔 수 없다. 효과적인 항바이러스제를 비축하고 백신 접종률을 높인다 해도, 국경을 개방하려면 전파력은 강하나 치명률이 낮은 전염병과 공존하도록 시민들을 준비시켜야 한다. 중국은 엄격한 통제를 준수하게 하려고 코로나에 오명을 씌웠다. 코로나에 감염돼 바이러스를 전파하는 사람은 이기적이며 규율을 지키지 않는다고 강력히 비판받는다. 미디어는 좋은 대안이 없다고 설득하기 위해 미국 등 외국의 코로나 사망률 보도를 크게 다룬다. 약한 변이가 나오며 팬데믹이 세계적으로 종식된다 해도, 중국 보안 당국은 수억 명의 이동 경로를 추적할 수 있는 현재의 감시 체계를 폐기하길 꺼릴지도 모른다.

시진핑 시대에는 상의하달 방식의 통제가 지속적 번영의 비결로 자주 정당화됐다. 하지만 중국은 이제 낙담에 빠져 있다. 지도부가 낙관적 태도를 주문한다고 해결될 일이 아니다.

중국의 추월
—
중국은 언젠가 미국의 경제 규모를 뛰어넘을 수 있을까?

사이먼 콕스(Simon Cox) 홍콩, 〈이코노미스트〉 중국 경제학 부문 편집자

이 책은 다가올 한 해를 담장 너머로 엿보는 듯한 단기 예측으로 가득하다. 중국 지도부는 더 대담하다. 그들은 먼 미래를 응시하며 그저 일 년이 아닌 수십 년 뒤 중국의 궤도를 발표한다.

1987년 당시 최고 지도자이던 덩샤오핑(Deng Xiaoping)은 중국 경제가 성장하며 1인당 GDP가 20세기 말까지 20년 안에 4배가 되고, 21세기에는 30~50년 안에 다시 4배가 될 것이라고 했다. 보다 최근인 2020년 11월 시진핑은 중국 GDP를 2035년까지 2배로 키우는 것이 "전적으로 가능하다"고 했다. 시 주석이 맞는다면 중국은 오 년 뒤쯤이면 미국을 넘어서서 세계 최대 경제 대국이 될 수 있을 것이다. 이러한 전망이 많은 미국 인사를 불안하게 한다.

이러한 예측들은 용감하다. 국가의 앞날에 어느 정도 영향을 미칠 수 있는 강력한 지도자가 한 예측조차 완전히 빗나갈 수 있기 때문이다. 덩샤오핑 자신도 과거에 니키타 흐루쇼프(Nikita Khruschev)가 한 호언장담을 혹평한 적이 있다. 1961년 흐루쇼프는 "과학적 계산에 따르면" 소련은 기본적으로 1980년이면 공산주의 건설을 마치고 국민들에게 미국 노동자보다 훨씬 더 좋은 생활 수준을 제공할 수 있을 것이라 했다. 당시 소련 우표에는 우유 생산량이 3배, 고기 생산량이 4배 증가할 것이라는 문구가 등장했다.

중국 경제는 우려스러울 정도로 부동산에 의존하고 있다.

시 주석의 2020년 발언 이래로 중국 경제를 위협하는 네 가지 요인이 보다 분명해졌다. 바로 코로나 방역 비용, 미국과의 기술 전쟁, 과부하가 걸린 부동산 시장, 인구 감소다. 전파력이 강한 변이의 등장은 제로 코로나 정책의 실효성을 떨어뜨리고 비용을 늘리며 큰 혼란을 빚었다. 하지만 중국은 감염자가 급증해 병원을 빠르게 마비시키고 백신이나 부스터 샷을 맞지 않은 사람이 다수인 취약한 고령층에 큰 피해를 입힐 것을 우려해 기존 정책을 포기하길 꺼린다(시 주석이 국내에서 개발한 백신보다 효과가 오래 지속되는 듯한 서양 백신 수입을 거부하면서 중국은 더 큰 곤경에 빠졌다).

중국의 부상을 막는 또 하나의 장애물은 중국의 기술 패권 야망에 대한 미국의 경쟁적 대응이다. 2022년 하반기에 부과된 강경한 수출 규제 때문에 중국은 고성능 반도체에 접근이 막힐 수 있다. 그러면 일부 첨단 산업에 지장이 생길 수 있고 해외에서 더 이상 살 수 없는 기술들을 복제하는 쪽으로 자원을 돌려야 할 수도 있다. 따라서 중국은 원하는 고사양 칩은 수입할 수 없고 필요한 고성능 백신은 수입하길 꺼리는 역설적인 위치에 놓이게 될지도 모른다.

세 번째 취약점은 비틀거리는 주택 건설 업계다. 2021년 중국의 신규 주택 판매 면적은 15억 6,000만 평방미터가 넘었는데, 이는 맨해튼 전체 주택 보유량의 12배가 넘는 양을 일 년 만에 팔아 치운 것과 마찬가지다. 이 수치가 중국 부동산 시장의 정점을 나타낸다고 생각하는 경제학자가 많다.

같은 해 말 일어난 대형 부동산 개발 업체 헝다(Evergrande)그룹의 채무불이행 사태는 앞으로 닥칠 문제를 알리는 전조였다. 2022년 부

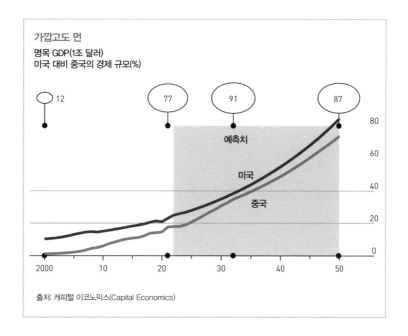

가깝고도 먼
명목 GDP(1조 달러)
미국 대비 중국의 경제 규모(%)

12　77　91　87

예측치

미국

중국

80
60
40
20
0

2000　10　20　30　40　50

출처: 캐피털 이코노믹스(Capital Economics)

동산 개발 업체들이 경영난을 겪으며 건설이 중단됐고 주택 매수자 사이에는 불안감이 확산됐다. 2022년 상반기 주택 판매량은 전년 동기 대비 27% 감소했다. 주택 매수자의 신뢰를 회복할 수 있다 해도 도시화 속도가 느려지고 인구가 정점에 달하면서 주택 매수자 수는 향후 10년간 점차 감소할 것이다.

중국 인구는 확실히 예상보다 일찍 정점에 도달하고 있다. 1990년대 초 유엔 예측치에 따르면 중국 인구는 지금쯤 15억 1,000만 명이어야 했으나, 실제로는 이보다 1억 명 정도가 적다. 이제 유엔은 중국의 생산 가능 인구가 2035년까지 현재 수준 대비 10%, 2050년까지 30%가량 감소할 것으로 전망한다.

성장이 둔화하고 인구 감소가 가속화하자 중국 경제의 운명을 놓고 새로운 의문들이 제기됐다. 이러한 경향들 때문에 중국이 세계 최대 경제 강국이 될 것이라 예상했던 시점도 늦춰졌다. 이제는 그런 날이 절대 오지 않을 것이라 생각하는 이들도 있다. 흐루쇼프 정권이 현 세대의 소련 국민들은 곧 완벽히 실현된 공산주의 체제 하에서 살게 될 것이라 선포했을 때, 한 연설문 작성자는 그 슬로건이 "몇 세기 동안 지속될 것"이라며 빈정거렸다. 소련 국민에게 유토피아는 20년 뒤의 미래였고, 앞으로도 늘 그럴 것이다. 비슷한 정서를 담은 표현이 이제 중국에 대해 나오고 있다. 중국이 미국을 추월하는 일은 10~15년 뒤에나 있을 것이며, 앞으로도 늘 그럴 것이다.

컨설팅사인 캐피털 이코노믹스에 따르면 중국이 2030년대 초까지 이 위업을 달성하지 못한다면 영영 기회가 없을 것이다. 한 시나리오에서 중국은 2030년대 초에 미국 GDP를 뛰어넘으며 중국 강세론을 입증하지만 노동력 감소로 미국에 다시 추월당하며 중국 약세론을 입증한다. 캐피털 이코노믹스의 마크 윌리엄스(Mark Williams)는 이 시나리오를 이탈리아가 1987년에 일시적으로 영국을 추월했던 '일 소르파소(il sorpasso)'에 비유한다. 그는 중국의 "얼마 못 갈 추월"이 "가장 만족스러운 결과"일 것이라고 재치 있게 말한다. "모든 사람의 예측이 맞게 되니까요."

 WHAT IF?

중국의 엄격한 코로나 정책은 지지를 얻지 못하고 있으며 경제에 악영향을 주고 있다. **시 주석이 제로 코로나 정책을 완전히 폐지한다면 어떨까?** 봉쇄 조치의 위협 속에 사는 것에 지친 사람들은 환호할 것이다. 덜컹거리는 경제에도 도움이 될 것이다. 하지만 중국은 (특히 고령층 인구의) 백신 접종률이 낮고 보건 의료 체계도 약하다. 예측에 따르면 수개월 내에 수십만 명이 사망할지도 모른다. 시 주석과 공산당은 비난을 받을 것이며 사회 불안을 각오해야 할 것이다.

완전히 새로운 세계

—

시진핑에게 외교 관계는 10년 전보다 훨씬 까다로울 것이다

제러미 페이지(Jeremy Page) 〈이코노미스트〉 아시아 외교 부문 편집자

20 13년 시진핑이 당 총서기에 올랐을 때는 국제 정세가 대체로 순조로웠다. 미국은 여전히 이슬람 세계에 몰두해 있었고, 미국의 대중 정책은 안보 관료들의 우려에도 불구하고 통상 위주로 형성됐다. 유럽 국가들도 안보나 가치관보다 상업을 더 중시했다. 러시아는 믿을 만한 동맹국이었고 인도와 접한 국경은 안정돼 있었다. 많은 개발도상국은 중국 자본뿐 아니라 서구 발전 모델의 대안에도 목말라 했다.

2023년의 세계는 세 번째로 5년 임기를 맞는 시진핑에게 훨씬 녹록하지 않은 곳이다. 미중 관계가 매우 불안정한 나머지 대만 전쟁설까지 나오고 있다. 중국이 러시아의 우크라이나 침공을 지지하자 많은 유럽 국가가 중국을 등졌다. 인도와 국경 분쟁이 새롭게 불거졌다. 대부분 남반구 개도국은 중국에서 빌린 차관을 상환하느라 고전하고 있다. 게다가 바람직한 국정 관리(good governance)를 자랑했던 중국의 명성은 당국의 코로나19 대처 방식으로 실추됐다. 국내에서 '제로 코로나' 전략을 두고 사회 불만이 높아지고 경제 성과가 악화되는 가운데 대외적 위기가 동시다발적으로 발생하면서, 시진핑의 리더십은 가장 큰 시험대에 직면할 것이다.

미국부터 살펴보자. 중국에게 가장 중요한 양자 관계는 대만을 둘

러싼 긴장에 좌우될 것이다. 이러한 긴장은 낸시 펠로시 미 하원의장이 8월에 대만을 방문하며 촉발됐다. 대만이 자국 영토라고 주장하는 중국은 대만 인근에서 대규모 군사 훈련을 벌이는 것으로 이에 대응했다.

중국은 대만을 '비(非)나토 동맹'으로 지정해 지원을 강화하는 내용으로 미 의회를 통과 중인 대만 정책법(Taiwan Policy Act)에도 격분할 것이다. 미국 함정의 대만 해협 이용을 더 위험하게 만들 뿐 아니라 대만 수교국들을 더욱 압박할 가능성이 높다. 시 주석은 2024년 대선이 다가오고 의회 내 반중국 정서가 팽배한 상황에서 바이든 행정부가 노선을 바꾸리라 생각하지 않을 것이다. 실제 군사적 대결을 막는 일이 과제가 될 것이다.

중국과 유럽의 관계에서도 안보 문제, 주로 우크라이나 전쟁이 가장 중요한 요소가 될 것이다. 유럽 정부들은 이미 중국의 첩보 활동과 기술 획득, 국제 질서 붕괴를 점점 더 우려하고 있었다. 중국이 러시아를 지지하자 유럽 지도자들은 서둘러 행동에 나섰다. 8월 에스토니아와 라트비아는 중국이 유럽에서 영향력을 확대하기 위해 꾸린 '16+1 정상회의'를 리투아니아의 뒤를 이어 탈퇴했다. 독일도 영국과 프랑스를 따라 인도태평양에 전투기와 함정을 파견했다.

서방 세계에서는 전망이 밝지 않기 때문에 2023년 중국 외교는 남반구 개도국들에 집중될 가능성이 높다.

중국과 유럽의 통상 관계는 아마도 더 장밋빛일 전망이다. 양국 간 교역과 투자가 지난 2년간 지속 확대됐고, 유럽 내 중국 기업의 사업 환경은 여전히 미국에 비해 덜 적대적이다. 우크라이나 전쟁이 점차 종식되면 중국은 평화를 중개하고 우크라이나 재건을 도와 국가 이미지를 회복할 수 있을 것이다. 그러나 중국 내 코로나 관련 규제와 대중 무역을 철저히 검토하는 유럽의 강화된 조치로 인해 통상 관계는 여전히 제한될 것이다.

이처럼 서방 세계에서는 전망이 밝지 않기 때문에 2023년 중국 외교는 남반구 개도국들에 집중될 가능성이 높다. 남반구에서 대만과 우크라이나는 중요한 문제가 아니며 중국을 교역과 투자의 귀중한 원천으로 보는 개도국이 여전히 많다. 하지만 중국의 인프라 차관이 일부 원인이 되어 빚더미에 오른 빈국도 많으므로 여기서도 중국은 새로운 과제를 마주한다. 중국도 나름의 경제 문제를 겪고 있어 씀씀이가 후하지는 않다. 시 주석은 예상 외로 힘든 2022년을 보냈다. 다가오는 해는 더 험난할 가능성이 높다.

아시아의 우크라이나?

현상 유지가 무너지면서 대만을 둘러싼 전쟁 가능성이 높아지고 있다

로저 맥셰인(Roger McShane) 〈이코노미스트〉 중국 담당 편집자

중국이 앞으로 10년 안에 대만을 침공할 것이라 일부 미국 장성들이 생각하는 이유는 쉽게 알 수 있다. 1949년 중국에서 대만으로 패주한 국민당 정권이 마오쩌둥의 공산당원들에게 쫓기던 때부터 중국의 공격 가능성은 자치 정부인 대만 섬 위를 드리우고 있었다. 시진핑 주석은 국공 내전에서 최후의 승리를 차지하려 한다. 시 주석은 마오쩌둥 이래 통일에 가장 역점을 둔 지도자로서 '중화민족의 위대한 부흥(national rejuvenation)'이라는 목표를 통일과 연결했다. 중국군은 공격을 위한 장비를 갖추고 훈련을 받았으며 시 주석이 공산당 총서기로서 세 번째 5년 임기를 마치는 2027년까지 준비를 마치라고 지시받은 것으로 알려졌다. 시 주석은 통일을 무기한 연기할 수 없다고 말한다.

2022년에는 낸시 펠로시 미 하원의장이 대만을 방문한 뒤 새로운 우려들이 제기됐다. 중국 관료들이 보기에, 펠로시 의장의 대만 방문은 전례가 없는 것은 아니었지만 불안정한 평화의 기초인 현상 유지를 무너뜨리는 행위였다. 미국은 중국의 대만 통치권을 인정하지 않지만 대만을 독립 국가로 승인하지도 않는다. (대만에 무기를 공급하고 있긴 하지만) 외교 관계는 중국 본토와만 맺고 있다. 펠로시 의장은 최근 수십 년 동안 대만을 방문한 미국 정치인들 중 가장 직위가

나는 바위

높았다. 펠로시가 떠난 뒤 중국은 극적인 방법으로 분노를 표출했다. 중국은 대만 상공에 탄도 미사일을 발사하고 군함과 군용기 수십 대를 파견했으며, 마치 봉쇄를 연습하듯 대만을 포위하고 실사격 훈련을 벌였다.

전쟁이 불가피해 보인다면 그것은 중국이 보기에 대만이 멀어지고 있기 때문이기도 하다. 두 세대 전 대만은 적어도 이론상으로는 대만이 중국의 일부라고 동의한 그 국민당이 지배하던 군부 독재 국가였다. 오늘날 대만은 차이잉원(Tsai Ing wen) 총통과 독립을 주장하는 민주진보당이 이끄는 활기찬 민주주의 국가다. 대만의 1인당 GDP는 중국 본토의 약 3배다. 2,400만 명의 국민이 거의 대부분 한족으로 구성된 대만이 누리는 자유와 번영은 중국 독재자들에 대한 암묵적 도전이다. '일국양제(한 국가 두 체제)' 모델 하에 대만 정부의 자치권을 보장하겠다는 중국의 약속은 과거에 같은 약속을 하고도 홍콩을 짓밟은 이후로 공허하게 들린다. 여론 조사에 따르면 통일을

대만이 누리는 자유와 번영은 중국 독재자들에 대한 암묵적 도전이다.

원하는 대만인은 7%가 안 된다.

미국의 태도도 바뀌고 있다. 미국은 대만과 공식적인 방위 조약을 맺고 있지 않다. 1970년대 미국이 중국 정부를 승인하는 조치를 취하던 때 리처드 닉슨은 국민당 독재자 장제스(장개석)를 버리는 방안도 숙고했다. 최근 대통령들은 '전략적 모호성(strategic ambiguity)', 즉 양쪽의 도발을 모두 억지하는 전략을 채택했다. 하지만 대만이 크게 변화하면서 미국은 공격 발생 시 대만을 지원할 가능성이 높아졌다. 바이든 대통령도 그렇게 약속했다(그럴 때마다 참모진이 발언을 철회하긴 한다). 동맹국들은 분쟁이 일어날 경우 아태 지역에서 안보 질서를 유지하려는 미국의 의지가 시험대에 오를 것으로 본다.

전쟁 문제는 중국이 승리를 확신하는지 여부에 달렸다고 보는 분석도 있다. 중국이 강성해질수록(중국 해군은 이미 미국 해군보다 더 많은 함정을 보유하고 있다) 전쟁 위험도 증가한다. 하지만 우크라이나 전쟁이 관련국들의 셈법에 영향을 줄지도 모른다.

미국은 대만이 이번 양안 분쟁을 계기로 자주 국방에 더 큰 의지를 보이고 더 나은 전략을 채택하길 바란다. 대만은 이미 징병 의존도를 낮추고 전문 병력을 양성하기로 결정했다. 하지만 현재 GDP의 2%밖에 되지 않는 국방 예산을 늘릴 수도 있다. 또한 대공, 대함 미사일 등 기동성과 은닉성이 좋은 방어용 무기를 기반으로 '호저(porcupine)' 전략을 도입할 수도 있다. 대만의 군사 정책 입안자들이 선호하는 제트기나 함정, 잠수함 등 비싼 무기는 폭격이 시작되면 오래 버티지 못할 가능성이 높다.

중국으로서는 러시아의 우크라이나 침공을 서방 세계에 대한 유익한 도전으로 본다. 하지만 일부 중국 인사는 대만을 우크라이나에 비교하며 대만 침공이 곤경으로 바뀌어 공산당에 막대한 피해를 주지는 않을지 의심한다. 160킬로미터 폭의 수역을 건너 공격을 계속한다는 것만 해도 육상 국경을 넘는 것보다 어려울 것이다.

중국은 고려할 만한 다른 선택지가 있는 한 대만과 전쟁을 벌이는 것은 좋지 않은 결과라고 본다. 하지만 중국의 선택지가 줄어들고 있다는 관측이 많다. 2005년 통과된 반국가분열법에 따르면 중국 지도자들은 평화 통일 가능성이 더 이상 없다고 판단하면 군사 행동에 나서야 한다. 다만 러시아가 우크라이나에서 겪고 있는 고전이 이들을 주저하게 할 것이다.

시진핑의 말, 그녀들의 말
—
중국 여성들은 사회에 목소리를 내기 위해 계속 투쟁할 것이다

엘리스 수(Alice Su) 타이베이, 〈이코노미스트〉 중국 선임통신원

중국 공산당은 굳건하고 활발한 시민 사회를 보고 싶어 하지 않는다. 반대 여론은 대부분 묵살된다. 대중 집회도 드물다. 그러나 한 가지 쟁점만은 계속해서 국민적 공분을 일으키며 변화를 촉구하는 목소리를 키우고 있다. 바로 여성 인권 문제다. 2022년 초에는 장쑤성 농촌 마을의 한 판잣집에서 아이를 여덟 둔 여성이 쇠사슬에 묶인 채 발견돼 사회에 충격을 안겼다. 2022년 6월에는 허베이성

중국도 미투

의 한 고깃집에서 남성 여러 명이 성추행을 뿌리친 여성들을 폭행하는 영상이 인터넷 상에 빠르게 퍼졌다. 정치적으로 민감한 해라 정부 검열이 심했는데도, 두 사건 모두 전국적으로 논의됐고 책임을 물으라는 요구가 빗발쳤다. 중국 당국은 결국 해당 지방 정부 관계자들을 해임하거나 조사하고 가해 남성들을 체포했다. 당국은 또한 여론을 진압하고 기자들의 심층 취재를 막았다.

여성 인권은 2023년에도 뜨거운 쟁점이 될 것이다. 중국 의회인 전국인민대표대회는 2022년 10월 여성권익보호법 개정안을 통과시켰으며, 개정법은 2023년 1월 발효될 예정이다. 사회에서는 이를 두고 열띤 논의가 일었다. 의견 수렴 기간에 의견을 제출한 사람은 8만 명이 넘었다. 개정법에는 학교 내 성폭력과 인신매매에 대한 새로운 조치들이 담겼다. 성희롱의 정의도 더 명확해졌다. 신고를 접수한 당국이 더 신속하게, 더 구체적으로 대응해야 한다는 규정도 생겼다. 고용주가 결혼이나 출산 여부에 근거해 여성 직원의 채용과 승진을 결정하는 등의 직장 내 성차별도 금지된다.

이러한 변화는 진보를 시사한다. 하지만 여성들의 삶이 정말로 개선되리라는 보장은 없다. 시 주석 하의 중국 당국은 새로운 법을 시행하라고 요구한 여성들을 강력히 탄압했다. 당은 중국의 첫 미투 활동가들 중 한 명인 황쉐친(Huang Xueqin)을 비롯해 주요 페미니스트들을 구속했다. 대학교 캠퍼스나 이주 노동자들을 찾아 조직을 만들던 여성 단체들은 강제 해산되거나 지하 단체가 됐다. 여성들은 당 지도부에서도 밀려났다. 10월에 발표된 새 정치국은 25년 만에 전원 남성으로 구성됐다.

새 법이 발효되는 2023년에는 긴장이 고조될 것이다. 당은 여성 인권 보호를 확대하기 위해 조치를 취하고 있다는 인상을 주려 한다. 하지만 여성들에게 자신을 보호할 수 있는 정치적 권한을 주지는 않으려 한다.

인구 문제도 정부가 여성들에게 결혼과 출산을 압박하는 수위를 높일 것이다. 유엔 예측치에 따르면 중국 인구는 2023년부터 감소하기 시작한다. 감소세가 이미 시작됐다고 보는 학자들도 있다. 중국의 한 자녀 정책은 성비 불균형과 인구 고령화를 낳았고 경제 성장이 둔화하며 청년 다수는 출산을 아예 하지 않으려 한다.

이에 중국 정부는 산아 제한 정책을 뒤늦게 완화하고(이제 세 자녀까지 허용된다) 이혼 숙려제를 도입했다. 이혼 신청을 한 부부는 30일의 '냉각 기간'을 거쳐야만 한다. 제도 도입 이후 2021년 이혼율은 43% 감소했다. 한 지방 정부는 농촌 여성들에게 도시로 떠나지 말고 동네 청년과 결혼해 정착하라고 압력을 가하기도 했다. 그들은 이 조치를 '침대 데우기 작전(Operation Bed Warming)'이라 불러 온라인 상에서 엄청난 논란을 일으켰다. 중국 정부는 여성들에게 순종적인 아내와 어머니의 역할을 계속해서 강요할 것이다. 그렇다고 중국 여성들이 순순히 따라오리라 기대하지는 마라.

중국 여성들은 많은 것에 분노하고 있으며 분노를 점점 더 용감히 표출하고 있다. 2022년 중국 SNS 상에 가장 널리 퍼진 두 게시물은 여성과 관련이 있었다. 하나는 한 여성이 인신매매를 당해 쇠사슬로 묶인 채 학대당하며 아이를 여덟 명 낳았다는 내용이었다. 다른 하나는 중국 북부 탕산시의 한 식당에서 여성 4명이 성추행을 거부했다는 이유로 남성 9명에게 집단 폭행당했다는 내용이었다. 흔한 일은 아니긴 하나 이 사건들은 중국 여성들이 여전히 겪고 있는 폭력과 학대를 상징적으로 보여준다.

중국에서 여성들은 오랫동안 남녀가 평등하다는 말을 들어왔고 비교적 안전하다는 느낌도 받았다. 하지만 이제 그 느낌은 서서히 사라지고 있다. 여성들은 여성 대상 폭력 범죄뿐 아니라 당국의 대응 방식에도 분노한다. 관료들은 여론의 거센 질타를 받고 나서야 가해자를 처벌할까 말까다. 현장에서 여성의 일상적 권리를 보호하는 일은 거의 없다. 여성들의 SNS 계정은 언제라도 삭제될 수 있다. 활동가들은 자신에게 일어나고 있는 일을 쓴 '민감한 내용'을 게시하거나 공유했다는 이유만으로 공안의 방문을 받거나 구금까지 될 수 있다. 그래서 중국 여성들은 2023년을 맞으며 많은 의문을 던진다. 다가오는 해에는 여성들의 분노가 다뤄질 것인가? 관료들이 고무적인 목소리를 내는 것을 보아 어느 정도는 가능할지도 모른다. 여성 인권 보호 문제는 최근 당 대회에서도 언급됐다. 하지만 당국의 목표는 사회 안정이니, 안정을 유지하려면 어떤 말이라

여성 인권 NGO '평등(Equality)'의 공동 설립자 **위안펑(Yuan Feng)**은 중국 여성들의 분노가 더 나은 미래의 원동력이 될 수 있다고 말한다.

우리 없이 우리 이야기를 하지 마라

정부는 남녀평등을 바란다지만 우리의 공개적 요구는 묵살한다.

도 할 것이다. 문제는 여성들이 더 많은 것을 요구하고 있다는 점이다. 여성들은 실천을 요구한다. 특히 젊은 층은 자신의 권리를 점점 더 인식하고 있으며, 여성의 욕구와 권리가 열외로 취급받는 것에 큰 불만을 느끼고 있다.

팬데믹도 도움이 되지 않았다. 2020년 10월 여성들을 대상으로 실시한 설문 조사에 따르면 응답자 1만 명 중 무려 90%가 중국 내 부당한 처우에 불만을 표시했다. 이들은 결혼과 출산이 커리어에 미치는 영향, 공평한 근무 기회의 부족, 결혼 결정에서의 자율성 부족에 주목했다. 또한 교육 기회 부족, 가정폭력과 성희롱에 대한 불충분한 조치도 언급했다.

2023년 중국은 개정된 여성권익보호법을 도입할 것이다. 개정 자체는 큰 발전이지만, 이 개정법은 중국이 유엔 여성차별철폐협약(CEDAW) 서명국으로서 협정 준수 의무를 이행하기에는 여전히 너무도 부족하다.

예를 들어 여성 차별을 포괄적으로 정의하지도 않으며, 여성 인권을 유린한 가해자에게 책임을 충분히 묻지도 않는다. 여성을 상대로 직권을 남용한 정부 관료와 공공 기관의 처벌과 관련해서도 구체적 조치가 부족하다.

2023년 여성들은 더 안전하다고 느낄까? 그렇지 않을 것이다. 여성들은 예전보다 도움을 요청할 의지가 강하다. 하지만 중국 남성들은 여성들이 외국의 적대 세력에 조종당해 성별 간 대립을 조장하고 남성보다 우월한 지위를 요구한다며 혐오 발언을 쏟아내고 더욱 거세게 반발하고 있다.

얼마 전 나는 한밤중에 이름 모를 남자의 협박 전화를 받았다. 여성 인권 옹호자들은 이러한 공격을 점점 더 많이 받고 있다. 2015년에 젊은 페미니스트 활동가 다섯 명이 세계 여성의 날에 대중교통 내에서 성희롱 반대 운동을 계획했다는 이유로 구금된 이후 우리는 두려움에 떨며 일하고 있다. 정부는 남녀가 평등하다고 주장하지만 우리가 그 평등을 공개적으로 요구하면 묵살한다.

2023년 3월이면 새로 구성된 전국인민대표대회에서 장관급 인사가 진행될 것이다. 새 지도부가 보여주기식이 아닌 실효성 있는 정책으로 여성들의 우려를 해소해주리라 기대해봐도 좋을까? 그렇지 않을 것이다. 전 세계 정부 장관의 21%가 여성인데도 10월에 발표된 새로운 당 지도부에는 여성이 한 명도 없다.

여성이 억압받는 나라에는 밝은 미래가 없다는 것이 중국 여성들의 생각이다. 정부도 이를 깨닫고 있다. 여성들이 결혼과 출산을 하지 않기로 결정하면서 출생률이 감소하자 정부가 불안해하는 것을 보라. 지금이야말로 당 지도부가 실질적 변화에 착수해, 정책 입안 과정과 공적 영역에 여성을 참여시키고 여성의 목소리가 실제로 반영되게 할 수 있는 절호의 기회다. 우리 없이 우리 이야기를 하지 마라.

2023년 숫자로 본 국가별 전망

별도의 표시가 없는 수치는 모두 2023년 예상치를 나타내며, 2022년 수치는 추정치를 이용했다. 달러 GDP는 2023년 예상 달러 환율을 이용했다. 괄호 안은 구매력평가(PPP) 환산 GDP다. 모든 수치는 반올림했다.

출처: 이코노미스트 인텔리전스(ECONOMIST INTELLIGENCE)

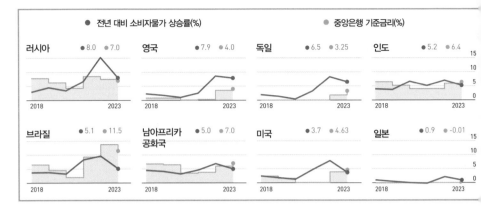

전년 대비 소비자물가 상승률(%) · · 중앙은행 기준금리(%)

러시아 ● 8.0 ● 7.0 · **영국** ● 7.9 ● 4.0 · **독일** ● 6.5 ● 3.25 · **인도** ● 5.2 ● 6.4

2018 / 2023 · 2018 / 2023 · 2018 / 2023 · 2018 / 2023

브라질 ● 5.1 ● 11.5 · **남아프리카 공화국** ● 5.0 ● 7.0 · **미국** ● 3.7 ● 4.63 · **일본** ● 0.9 ● -0.01

2018 / 2023 · 2018 / 2023 · 2018 / 2023 · 2018 / 2023

가이아나가 원자재 가격 상승에 힘입은 석유 및 가스 개발로 2023년 전 세계 최고의 경제 성장률 30%를 기록할 것으로 예상된다. 정치적 안정만 보장된다면 국제 유가 상승 덕에 리비아가 15%로 그 뒤를 이을 것이며 의외로 지난 몇 년간의 불황 끝에 완만한 성장세를 보이고 있는 베네수엘라가 9.3%로 3위가 예상된다. 코로나의 진정 국면으로 인한 관광업의 활성화로 인해 앵귈라(9.2%), 몰디브(8.5%), 사모아(7.5%)의 상승이 점쳐진다. 그 외 상위 10대 국가에는 르완다(7.1%), 코트디부아르(7.0%), 세네갈(7.0%) 등이 포함된다. 르완다는 인프라 개발, 나머지 두 국가는 원유 가격 상승의 덕을 볼 것 같다. 역시 7.0%가 예상되는 베트남은 노동집약적 생산에 최적화된 구조로 매년 탑 10에 오르고 있다.

유럽

천연가스 의존도, 2020

6.5 / 10 / 20 / 30 / 40 / 50 / 60 데이터 없음

전체 수입액 중 천연가스 수입액의 비율, 전체 에너지 소비량 중 천연가스 소비량의 비율, 전체 천연가스 수입액 중 러시아산 천연가스 수입액의 비율의 단순 평균값

오스트리아

GDP 성장률: −1.2%

1인당 GDP: 5만 6,940달러(PPP: 6만 8,210달러)

인플레이션: 9.0%

재정수지(GDP 대비,%): −5.7

인구: 870만 명

중도우파와 녹색당의 어울리지 않는 연립 정부는 위기 관리를 최우선 정책으로 삼을 것이다. 러시아 의존으로 인한 에너지 비용 상승으로 생활 수준은 저하되고 경기에도 악영향을 미칠 것이다. 현재 검토 중인 에너지 배급제 역시 국민들의 불만을 가중시킬 것이다. 그럼에도 불구하고 현 연정은 무너지지 않을 것으로 예상된다. 어느 당도 조기 총선을 원하지 않고 있으며 어느 정도 경기가 회복되면 2023년 말에는 여론의 지지를 회복할 것으로 예상되기 때문이다.

볼거리: 합창의 대가들이 모인다. 6월에 린츠시에서 사운드 웨이브 국제합창경연대회가 열릴 예정이다.

벨기에

GDP 성장률: −0.1%

1인당 GDP: 5만 1,590달러(PPP: 6만 5,550달러)

인플레이션: 4.1%

재정수지(GDP 대비,%): −5.1

인구: 1,170만 명

러시아에 대한 의존도가 큰 독일 등 교역국의 경제 상황 악화로 벨기에 경제 역시 타격을 입을 것으로 전망된다. 7당 연정 체제는 거의 운신의 폭이 없고 분리주의자들의 압박이 심해지면서 정부 운영은 더욱 힘들어지고 세금 및 연금 개혁안도 지지부진할 것이다. 그러나 에너지 안보 강화 비용과 국방비는 증가할 것으로 예상된다.

불가리아

GDP 성장률: 2.5%

1인당 GDP: 1만 3,490달러(PPP: 3만 1,260달러)

인플레이션: 7.1%

재정수지(GDP 대비,%): −3.5

인구: 680만 명

중도우파인 불가리아 유럽발전시민당이 2022년 10월 총선에서 승리를 하였으나 극도로 분열된 정치 상황에서 연립 정부를 수립하기 어려울 것이며 물가 상승과 수출 둔화로 정책을 펴기가 쉽지 않을 것으로 전망된다. 관광 분야는 활성화되겠지만 우크라이나 전쟁으로 흑해 지역의 소요사태가 계속된다면 관광객의 내방은 감소할 것이다. 코로나 경제회복기금으로부터 자금 유입이 예상되나 정부의 집행 능력 부족으로 효과는 미미할 것으로 전망된다. 경제 성장률은 플러스를 기록하겠지만 기대치에는 한참 못 미칠 것으로 예상된다.

크로아티아

GDP 성장률: 0.9%

1인당 GDP: 1만 8,530달러(PPP: 3만 7,490달러)

인플레이션: 6.1%

재정수지(GDP 대비,%): -3.4

인구: 400만 명

중도우파 성향의 안드레이 플렌코비치(Andrej Plenkovic) 총리가 이끄는 연립 정부는 잇단 스캔들로 인기를 잃었고 이는 인플레이션 및 지지부진한 코로나 경기 회복으로 가속화되었다. 그럼에도 야당의 지지 세력이 워낙 약하기 때문에 현 집권 세력이 힘들게나마 정권을 유지할 것으로 보인다. 특히 우크라이나 전쟁을 두고 플렌코비치 총리와 조란 밀라노비치(Zoran Milanovic) 대통령의 반목은 지속될 것이다. 밀라노비치 대통령이 러시아에 보다 우호적인 입장을 취해왔기 때문이다. 우크라이나 전쟁으로 인한 역

풍으로 경제 상황은 더욱 어려워질 것으로 예상된다.

볼거리: 화폐. 2023년 1월 1일부터 유로화를 공식 화폐로 사용할 예정이다.

체코

GDP 성장률: -0.7%

1인당 GDP: 2만 8,760달러(PPP: 5만 340달러)

인플레이션: 9.7%

재정수지(GDP 대비,%): -5.2

인구: 1,050만 명

5당 연합의 중도우파 정부는 주요 소속의원들의 부패 스캔들로 결속력이 약화된 상태였으나 우크라이나 전쟁으로 다시 단결하여 2023년에 닥칠 위기를 극복할 것으로 예상된다. 러시아산 가스에 대한 의존도 심화와 교역 상대국의 취약한 에너지 구조로 경기 침체가 예상되나 국방비는 증가할 것으로 점쳐진다. 러시아의 압력에도 불구하고 정부의 친서방노선은 변화가 없을 것이며 나토의 정책을 여전히 적극적으로 지원할 것이 예상된다.

덴마크

GDP 성장률: 1.9%

1인당 GDP: 6만 6,090달러(PPP: 7만 3,200달러)

인플레이션: 6.0%

재정수지(GDP 대비,%): 0.6

인구: 590만 명

야당인 우파연합의 분열로 좌파연합의 지원을 받은 중도좌파의 사회민주당이 2023년에 총선이 치러지기 전까지는 집권다수당의 지위를 유지할 것이다. 우크라이나 전쟁으로 인한 에너지 비용의 상승과 소비자물가 상승이 지속되겠지만 경제는 견조한 상승세를 보일 것으로 예상된다. 오랫동안 유지했던 공동방위 예외규정(defence opt-out)을 폐기함에 따라 EU와의 국방 및 안보 동맹 프로그램이 강화될 것으로 보인다.

볼거리: 모어 정책. 정부의 '덴마크 캔 두 모어' 프로그램에 청정 에너지 정책을 포함시켜 러시아 의존도를 줄이고 2030년까지 청정 에너지 수출국으로 만들겠다고 발표한다.

에스토니아

GDP 성장률: -0.2%

1인당 GDP: 3만 2,360달러(PPP: 4만 7,360달러)

인플레이션: 9.5%

재정수지(GDP 대비,%): -3.2

인구: 130만 명

에스토니아 중앙당과의 연정 붕괴에도 불구하고 중도우파인 개혁당은 3월 총선까지는 소수집권당의 지위를 유지할 것으로 보인다. 러시아에 침입에 대한 강력한 대응으로 국민의 지지를 받고 있지만 경제 상황이 워낙 안 좋아 결과를 예측하기는 어렵다. 그러나 에스토니아는 과도 연립 정부에 익숙하므로 이를 통해 개혁에 대한 지지와 서방과의 협력 강화 정책이 더욱 강화될 것으로 예상된다.

핀란드

GDP 성장률: 0.6%

1인당 GDP: 5만 8,270달러(PPP: 6만 2,190달러)

인플레이션: 2.5%

재정수지(GDP 대비,%): -1.5

인구: 550만 명

징집을 피하기 위한 러시아 청년들의 유입이 가속화하면서 공급망이 파괴되고 물가 상승을 발생시켜 경기는 정체 상태에 머무를 것이다. 4월로 예정된 총선(조기 총선도 가능)은 산나 마린(Sanna Marin) 총리의 집권 사회민주당에게 시험대가 될 것이다. 국경을 마주한 러시아와의 영토분쟁에 대한 우려로 우파 정당에 대한 지지가 증가하면서 중도우파인 국민연합당의 인기가 치솟았다. 반이민 정책 공약으로 핀인당(Finns Party) 역시 인기를 얻고 있다. 한 마디로 집권 가능성은 누구에게나 열려 있다.

볼거리: 출국세. 정부는 2023년 초부터 이주민의 자본 소득에 출국세를 도입할 예정으로 주로 부유층이 과세 대상이다.

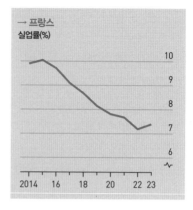

→ 프랑스
실업률(%)

프랑스

GDP 성장률: -0.3%

1인당 GDP: 4만 6,670달러(PPP: 5만 9,740달러)

인플레이션: 4.8%

재정수지(GDP 대비,%): -5.7

인구: 6,480만 명

2022년 6월 의회에서 과반 확보에 실패한 에마뉘엘 마크롱 대통령은 집권 2기를 맞아 정책 추진의 동력을 확보하기 위해 원래 예정된 2027년 이전에 조기 총선을 실시할 가능성이 있다. 마크롱의 소수당이 총선에 승리한다고 해도 성공한 노동 개혁 및 감세 정책과 달리 연금 개혁처럼 논란이 많은 법안은 추진이 지지부진할 것으로 예상된다. 물가 상승으로 인한 소비 감소, 공급망 위기로 인한 기업 활동의 제약, 우크라이나 전쟁의 여파, 중국의 제로 코로나 정책으로 프랑스 경제는 위축

될 것으로 전망된다.

볼거리: 마크롱의 지도력. 마크롱 대통령은 러시아의 침략 야욕에 맞서서 EU의 지역 방위를 강화하고 에너지 및 식량 안보를 확보하기 위해 '전략적 자치(strategic autonomy)' 정책을 앞장서서 추진 중이다.

독일

GDP 성장률: -0.9%

1인당 GDP: 5만 350달러(PPP: 6만 4,740달러)

인플레이션: 6.5%

재정수지(GDP 대비,%): -4.7

인구: 8,290만 명

러시아가 천연가스의 꼭지를 잠그면서 에너지 공급을 의존하고 있던 독일의 경제는 위축될 수밖에 없다. 그러나 탈탄소 정책과 지속 가능한 에너지 공급

원을 개발하려는 노력은 성과를 거둘 것이 확실하다. 전통적으로 양호했던 독일의 재정건정성은 올라프 숄츠 총리의 연방 정부가 코로나 후유증과 에너지 위기를 대비하기 위한 추가적인 예산 집행으로 위기를 맞이할 가능성이 높다. 그럼에도 불구하고 에너지 쇼크로 코로나 회복 정책의 효과는 반감될 것이다.

볼거리: 기화설비. 2023년 초에 빌헬름스하펜(Wilhelmshaven)과 브룬스뷔텔(Brunsbüttel)에 임시 LNG기화설비를 가동시켜 중단된 러시아 천연가스를 대체할 예정이다.

그리스

GDP 성장률: 0.6%

1인당 GDP: 2만 2,070달러(PPP: 3만 7,410달러)

인플레이션: 4.9%

재정수지(GDP 대비,%): -4.5

인구: 1,030만 명

키리아코스 미초타키스(Kyriakos Mitsotakis) 총리가 이끄는 중도우파 성향의 신민주당 정부는 7월에 치러질 총선에서 최대 득표를 기록하고도 의회 과반점유에 실패할 수도 있다. 이어지는 교착상태로 인해 경쟁력 강화 같

은 개혁의 동력이 약해지면 2023년 말 또 다른 총선을 통해 보다 막강한 권한을 추진할 가능성이 높다. 정부 정책은 주로 EU 자금의 집행을 통해서 금융 위기 및 코로나로 인해 악화된 재정 건전성 완화에 초점을 맞출 것이다.

볼거리: 노인 정책. 세계 금융 위기의 여파로 10회 연속 감액되었던 연금 지급액이 처음으로 증가 예정이다.

헝가리

GDP 성장률: 0.2%

1인당 GDP: 1만 9,990달러(PPP: 4만 690달러)

인플레이션: 9.5%

재정수지(GDP 대비,%): -4.1

인구: 1,020만 명

1998년부터 2002년까지 집권 후 2010년 다시 권력을 잡은 빅토르 오르반(Viktor Orban) 총리는 초거대 여당의 지지를 바탕으로 한 막강한 권력으로 3권 분립을 무력화했다. 러시아산 석유와 천연가스에 대한 높은 의존도와 유럽 공급망과의 통합으로 2002년 가을부터 국민들의 생활 수준이 하락하기 시작했으며 현 여당의 집권 동력인 과도한 재정 지출로 인해 재정 건전성은 유지되기 어려울 듯하다. 국민들

의 불만이 커지겠지만 정권 교체로 이어지지는 못할 것이다.

아일랜드

GDP 성장률: 5.4%

1인당 GDP: 11만 4,370달러(PPP: 13만 5,000달러)

인플레이션: 7.0%

재정수지(GDP 대비,%): 0.2

인구: 510만 명

한때 정적이었던 피너 게일(Fine Gael)당과 피어너 팔(Fianna Fáil)당 그리고 녹색당을 모두 아우른 연립 정부가 공식적 다수여당 없이 지배하는 형태를 하고 있으나 개별 정당의 지지세가 뚜렷해서 안정적인 구조를 보인다. 피너 게일당의 당수인 리오 버라드커(Leo Varadkar)가 2022년 12월에 총리로 취임해서 4년간 정부를 책임질

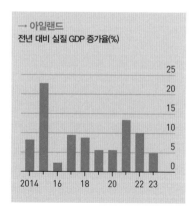

→ 아일랜드
전년 대비 실질 GDP 증가율(%)

예정이다. 아일랜드는 낮은 법인세 덕분에 유럽에서 가장 빨리 성장하는 국가의 지위를 유지할 것으로 보인다. 단, 2023년에 법인세 인상이 예상되어 있다.

이탈리아

GDP 성장률: −1.3%

1인당 GDP: 3만 4,550달러(PPP: 5만 1,720달러)

인플레이션: 4.9%

재정수지(GDP 대비,%): −4.9

인구: 5,890만 명

2022년 9월 총선에서 조르자 멜로니와 이탈리아 형제당의 연합세력이 승리함으로써 2차 대전 후 최초로 극우정당이 집권하게 되었다. 최초의 여성 총리인 멜로니 총리는 EU 및 나토와의 충돌을 피하기 위한 조심스러운 행보가 예상된다. 한편 정족수 부족으로 급진적인 정책의 변화는 어려울 것으로 보인다. 우크라이나 전쟁의 여파로 에너지 배급제를 실시하면 경기 침체로 이어질 것이 예상된다.

볼거리: 클럽 메드. 이탈리아에서는 최초로 9월 로마에서 라이더컵 골프대회가 열린다.

2003년에 총리가 된 **레제프 타이이프 에르도안**은 대통령의 역할이 이전에 머물렀던 의회민주주의 체제를 변화시켰다. 올해로 공직 생활 20년차인 에르도안은 2014년 대통령에 당선되면서 대통령직을 최고의 권력으로 만들었다. 그러나 2023년 6월에 있을 총선에서 2016년 쿠데타 진압 이후 최대의 위기에 봉착할 것으로 예상된다. 경제 부양을 위해 과다 지출이 지속될 경우 부채 문제가 더욱 심각해질 수 있다. 그는 어떤 사태가 발생하면 이를 잘 이용해서 지금까지 권력을 유지했다. 우크라이나 전쟁으로 러시아와 나토 사이에 위치한 튀르키예의 지정학적 위치와 흑해진출의 교두보 역할이 더욱 중요해졌다.

라트비아

GDP 성장률: 1.4%

1인당 GDP: 2만 4,020달러(PPP: 2만 8,420달러)

인플레이션: 7.9%

재정수지(GDP 대비,%): −3.0

인구: 190만 명

리투아니아

GDP 성장률: −0.3%

1인당 GDP: 2만 7,690달러(PPP: 4만 8,510달러)

인플레이션: 8.3%

재정수지(GDP 대비,%): −3.5

인구: 270만 명

2022년 10월 선거에서 처음 경선에 나선 크리샤니스 카린시(Krisjanis Karins)가 이끄는 중도우파 연합세력이 집권했으며 친러시아 정당은 대패했다. 인구의 4분의 1이 러시아계 민족이므로 우크라이나 전쟁은 향후에도 계속 논쟁거리로 남을 것이다. 하지만 새로운 정부는 시장 친화적이며 친EU, 친서방 노선을 견지할 것이다. 다만 물가 상승으로 경제 성장은 미약할 것이다.

우크라이나 전쟁으로 잉그리다 시모니테(Ingrida Simonyte) 총리가 이끄는 중도우파 연합에 대한 지지세가 올라갔다. 보건, 교육 및 복지 같은 장기 개혁 정책보다는 물가 상승이나 에너지원 다원화 추구 같은 정책에 우선순위가 주어질 것이다. 러시아가 압승에 실패하면서 안보에 대한 우려는 다소 가라앉았으나 나토군이 발트해까지 전진 배치되면서 국민의 우려를 자아내고 있다.

네덜란드

GDP 성장률: -0.9%

1인당 GDP: 6만 6,380달러(PPP: 7만 2,320달러)

인플레이션: 12.9%

재정수지(GDP 대비,%): -3.5

인구: 1,750만 명

4번째 임기를 맞이한 마르크 뤼터 (Mark Rutte) 총리가 4당 연립 정부를 이끌고 있으며 내부의 분열에도 불구하고 2025년 총선까지는 계속 총리직을 유지할 것으로 예상된다. 최우선 정책은 물가 상승 억제와 흐로닝언 (Groningen) 가스전의 운용 연장을 포함한 에너지 수입원 다각화에 맞춰질 것이다. 단기적으로는 세금 및 복지 제도 개혁과 탄소 배출량 저감 정책에 치중할 것으로 예상되며, 물가 상승으로 인한 경기 침체 역시 예상된다.

볼거리: 대가의 작품. 2월부터 6월 사이에 암스테르담 국립미술관에서 요하네스 베르메르의 작품전이 열린다.

노르웨이

GDP 성장률: 2.8%

1인당 GDP: 10만 6,560달러(PPP: 8만 9,790달러)

인플레이션: 5.9%

재정수지(GDP 대비,%): 10.2

인구: 550만 명

요나스 가르 스퇴레(Jonas Gahr Store) 총리가 이끄는 중도좌파 연립 정부는 과반에 못 미치지만 이는 노르웨이에서는 흔한 일이며 전혀 문제가 되지 않는다. 주요 정책은 불평등을 해결하기 위해 교육과 공중보건 부문 투자에 집중될 것이며 동시에 정부 서비스의 비효율성 개선에도 힘쓸 것이다. 유럽 최대의 에너지 수출국으로서 얻는 수입으로 물가 상승과 공급망 와해로 인한 적자를 어느 정도 해결 가능할 듯 보인다.

폴란드

GDP 성장률: 1.0%

1인당 GDP: 1만 7,570달러(PPP: 4만 1,810달러)

인플레이션: 10.4%

재정수지(GDP 대비,%): -2.9

인구: 3,930만 명

2015년부터 집권하고 있는 보수 성향의 법과 정의당은 2023년 11월 선거에서도 같은 연립 정부 내 우파 출신의 상대 후보에게 승리할 가능성이 높아 보인다. 풍부한 가스 매장량과 에너지 공급원 다변화로 2022년 겨울은 잘 극복하겠지만 100만 명 이상의 우크라이나 난민 수용은 엄청난 비용을 초래할 것이다. 사법 개혁을 두고 발생했던 EU와의 갈등은 해소되었고 EU로부터의 지원금으로 경제가 활성화될 것으로 예상된다.

볼거리: 제트기류. 긴급 주문한 경공격기 FA-50 48대를 대한민국으로부터 인도받을 예정이다. 타 항공기 제조 업체는 납기 문제로 탈락했다.

포르투갈

GDP 성장률: 0.3%

1인당 GDP: 2만 6,200달러(PPP: 4만 1,630달러)

인플레이션: 4.0%

재정수지(GDP 대비,%): -1.5

인구: 1,030만 명

2022년에 치러진 조기 총선에서 승리한 사회당 출신의 안토니우 코스타(António Costa) 총리는 재정 적자를 줄여 부채를 탕감하는 노력을 할 것으로 예상된다. EU로부터 지원받은 코로나 경제회복기금으로 적자에서 벗어나고 충분한 천연가스 비축량으로 러시아 수출 규제 조치의 영향을 최소화할 것으로 예상되나 물가 상승과 교역 상대국의 수요 감소로 경제 상황은 좋지

않을 것으로 예상된다.

볼거리: 8월에 리스본에서 열릴 세계청년대회(World Youth Day)에서 젊은이들이 교황을 가까이서 볼 기회가 생긴다.

루마니아

GDP 성장률: 2.8%

1인당 GDP: 1만 5,600달러(PPP: 4만 20달러)

인플레이션: 7.9%

재정수지(GDP 대비,%): -6.0

인구: 1,990만 명

중도우파 성향의 국민자유당이 라이벌인 중도좌파와 소수 민족의 대표당과 연합하고 있으므로 정치적으로는 어느 정도 안정성이 보장되어 있다. 5월에는 중도좌파 출신이 총리에 취임해서 우파 정당과 임무를 교대할 것이다. 우크라이나 전쟁으로 인한 에너지 공급 문제와 우크라이나 난민의 유입으로 인한 이중고로 경제 성장이 둔화되겠지만 EU 평균보다는 한참 상회할 것으로 예상된다.

러시아

GDP 성장률: -3.3%

1인당 GDP: 1만 5,000달러(PPP: 3만 2,970달러)

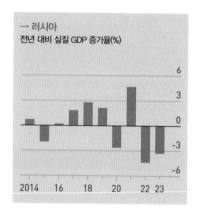

→ 러시아
전년 대비 실질 GDP 증가율(%)

인플레이션: 8.0%

재정수지(GDP 대비,%): -2.4

인구: 1억 4,750만 명

우크라이나와의 전쟁 비용이 증가하면서 블라디미르 푸틴 정권은 점점 중앙화, 독재화 성향을 보일 것이다. 이미 각종 제재로 동력을 잃은 러시아 경제의 침체로 푸틴은 억압과 선전선동에 더욱 의지하지 않을 수 없을 것 같다. 소비, 투자, 수출 모두 둔화세를 보임에 따라 정부는 더욱 러시아국부펀드에 대한 의존도를 높일 것으로 예상된다. 2023년도에도 불황은 계속될 것으로 예상된다.

슬로바키아

GDP 성장률: -0.4%

1인당 GDP: 2만 2,660달러(PPP: 3만 5,610달러)

인플레이션: 8.6%

재정수지(GDP 대비,%): -4.9

인구: 560만 명

에두아르드 헤게르(Eduard Heger) 총리의 평범한 사람과 독립적 인격당이 추진했던 반부패 정책은 우크라이나 전쟁으로 물가가 상승하고 공급망이 와해되면서 우선순위에서 뒷전으로 밀려났다. 경제는 2년 연속 기대치를 하회하고 외국인 투자를 유인할 요소는 큰 변화가 없을 것 같다.

슬로베니아

GDP 성장률: 0.6%

1인당 GDP: 3만 3,540달러(PPP: 5만 700달러)

인플레이션: 7.6%

재정수지(GDP 대비,%): -3.9

인구: 210만 명

총리이자 자유운동당의 당수인 로베르트 골롭(Robert Golob)은 러시아가 우크라이나를 침략한 두 달 후 치러진 선거에서 승리해 중도좌파 연립 정부를 이끌고 있다. 정책의 최우선 순위는 우크라이나 전쟁의 여파를 극복하는 데 둘 것이다. 독일과 이탈리아의 공급망에 대한 의존이 크므로 국민의 고통이 엄청나서 민중봉기가 발생할 수도 있다. 하지만 1991년 독립 이후 가장 많은 의석을 확보한 자유운동당은 다음 선거까지 문제없이 집권할 것이다.

스페인

GDP 성장률: -0.1%

1인당 GDP: 3만 1,890달러(PPP: 4만 6,460달러)

인플레이션: 4.5%

재정수지(GDP 대비,%): -4.8

인구: 4,750만 명

페드로 산체스 총리가 이끄는 좌파소수 연립 정부는 2023년 말에 있을 총선까지 집권할 예정이지만 국민들의 불만이 커서 우파 정당에 패배할 가능성도 있다. 따라서 정책의 우선순위는 인플레이션을 억제하고 EU의 보조금을 받기 위한 개혁안을 통과시키는 데 둘 것이다. 러시아산 원유와 천연가스에 대한 의존도는 높지 않지만 중부 유럽과의 긴밀한 교역 관계로 인해 경제는 어려울 것이지만 코로나 완화 후 관광업의 활성화로 어느 정도 상쇄될 것으로 보인다.

스웨덴

GDP 성장률: 0.6%

1인당 GDP: 5만 8,050달러(PPP: 6만 8,400달러)

인플레이션: 4.1%

재정수지(GDP 대비,%): 0.6

인구: 1,030만 명

온건당이 이끄는 중도우파 연립 정부가 2022년 9월 총선 승리의 결과로 권력을 유지할 것이다. 그러나 두 번째로 많은 의석을 차지한 극우 정당인 스웨덴 민주당은 연합세력에 참여하지 않고 투쟁을 벌일 것이지만 이로 인한 정책 변화는 거의 없을 것으로 점쳐진다. 천연가스 공급량이 감소하면서 코로나 지원금은 줄고 에너지 보조금이 늘어날 것이다. 나토와 약속한 GDP 대비 2%의 국방 예산 확보를 위해 국방비가 늘어나겠지만 2%까지는 꽤 시간이 걸릴 것이다. 2022년에 이어 역시 경제 불황이 지속될 것으로 예상된다.

스위스

GDP 성장률: 0.3%

1인당 GDP: 9만 780달러(PPP: 8만 5,280달러)

인플레이션: 4.0%

재정수지(GDP 대비,%): -1.8

인구: 880만 명

코로나 봉쇄 해제 이후 발생한 소비 증가는 물가 상승과 전 세계적 공급망 와해로 인해 그 효과가 반감될 것이다.

대유럽 수출은, 그중에서도 특히 전쟁의 여파로 독일 경제가 침체에 빠짐에 따라 지지부진할 것이며 경제 성장은 거의 없을 것으로 예상된다. 2023년 10월에 있을 선거에서 2019년만큼 선전한다면 7명으로 구성된 연방각의(Federal Council)에 녹색당이 한 좌석을 얻을 수도 있을 것이다.

볼거리: 권역 선거. 다음 선거가 가까워지면 EU와의 제도적 기본협정(Framework Treaty)에 대한 논의를 다시 시작할 수도 있다.

튀르키예

GDP 성장률: 3.9%

1인당 GDP: 7,200달러(PPP: 3만 6,170달러)

인플레이션: 34.1%

재정수지(GDP 대비,%): −4.0

인구: 8,580만 명

에르도안 대통령과 보수적인 정의개발당은 현직의 이점을 이용해 2023년 6월에 치러질 선거에서도 승리할 것으로 보인다. 최대 무역 파트너이자 위협적인 EU 소속 국가들을 견제할 수 있는 러시아에 조금 더 기울어진 정책을 펴면서 한편으로는 전략적 파트너와 적대 관계를 형성하지 않으려는 서방 국가의 제재를 피하려 할 것이다. 저조

한 경제 상황보다는 대중의 인기를 얻고 있지만 복잡한 외교 정책(예를 들면 리비아와 시리아에 진출한 러시아 용병에 대항하기 위해 공급된 무기를 아직 사용하면서 우크라이나에도 군사 장비를 제공하고 있다)이 더 관심을 받을 것이다.

볼거리: 노인. 공화국 설립 100주년을 맞는다.

우크라이나

GDP 성장률: 4.3%

1인당 GDP: 3,290달러(PPP: 1만 1,700달러)

인플레이션: 18.9%

재정수지(GDP 대비,%): −25.2

인구: 3,660만 명

우크라이나의 운명은 대러시아 전쟁의 전개 방향에 따라 달라질 것이다. 이 전쟁은 우크라이나의 독자적 결심 때문이기도 하지만 러시아, 미국 등 다른 강대국의 외교적 결정이 그 원인이기도 한다. 이 전쟁은 지루한 소모전이 될 것이고 우방의 군사적·경제적 지원이 계속되는 한 우크라이나는 유동적인 전선을 방어할 수 있을 것이다. 사회 기반 시설은 파괴되고 국민들은 난을 피해 외국으로 이주했으며

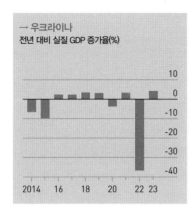

→ 우크라이나
전년 대비 실질 GDP 증가율(%)

무역 시스템이 붕괴되면서 경제는 큰 타격을 받았지만 전쟁 상황이 어느 정도 안정화되면 소폭의 반등도 기대해 볼 만하다.

영국

GDP 성장률: -0.8%

1인당 GDP: 4만 4,300달러(PPP: 5만 5,900달러)

인플레이션: 7.9%

재정수지(GDP 대비,%): -10.3

인구: 6,770만 명

신임 총리인 리시 수낵이 이끄는 보수당은 단명한 전임 총리인 리즈 트러스로 인해 무너진 신뢰감을 회복하기 위해 노력할 것이다. 수낵 총리는 생활비 상승, 에너지 비용 증가, 증세, 예산 삭감, 브렉시트로 인해 발생한 불만과 불황 등 끝도 없는 문제에 시달릴 것이다. 에너지 배급제의 시행은 불투명하지만 교역 상대국의 불황은 경제 회복에 방해물로 작용할 것이다.

볼거리: 우크라이나에 영광을. 5월에 리버풀에서 2023 유로비전 송 콘테스트가 개최될 예정이다. 2022년 우승자인 우크라이나는 자국이 위험하다며 개최를 포기했다.

아시아

실질 GDP, 전년 대비 변화율(%)

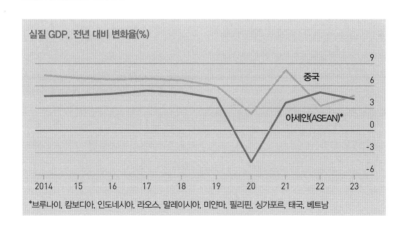

*브루나이, 캄보디아, 인도네시아, 라오스, 말레이시아, 미얀마, 필리핀, 싱가포르, 태국, 베트남

호주

GDP 성장률: 1.5%

1인당 GDP: 6만 8,180달러(PPP: 6만 6,150달러)

인플레이션: 2.9%

재정수지(GDP 대비, %): -2.5

인구: 2,630만 명

앤서니 알바니스(Anthony Albanese) 총리가 이끄는 노동당 정부는 우파 성향의 전임자가 추진했던 광대한 범위의 정책을 이어나가겠지만, 탄소 배출 감축과 정치 및 사업 부문의 부정 이득 억제에 더 집중할 것이다. 서방 파트너들 쪽으로의 방향 전환은 중국과의 관계에 스트레스를 주겠지만, 호주 원자재에 대한 중국의 의존도가 적대감을 누그러뜨릴 것이다. 중국의 성장 둔화, 인플레이션의 유입, 금융 긴축 심화가 경제를 억누를 것이다.

볼거리: 땅바닥 뚫기. 세계 광산 회의(World Mining Congress)가 6월에 브리즈번으로 전 세계의 자원 추출자들을 모여들게 할 것이다.

방글라데시

GDP 성장률: 5.7%

1인당 GDP: 2,720달러(PPP: 8,000달러)

인플레이션: 7.3%

재정수지(GDP 대비, %): -4.8

인구: 1억 7,300만 명

2023년에 세 번째 연임을 마칠 예정인 아와미 연맹(Awami League) 정부가 12월 선거 이후 아마도 셰이크 와제드 하시나(Sheikh Hasina Wajed) 총리를 필두로 한 네 번째 연임을 시작할 것이다. 방글라데시인들은 상승하는 가격을 보고 멈칫할지 모르지만, 식품 보조금, 시위에 대한 강력한 보안 대응, 반대 세력 연합의 어려움 등으로 정부는 정권을 유지할 것이다. 경제 성장은 에너지와 비료가 부족한 상황에서 하락하겠지만, 기반 시설 투자가 이 하락의 충격을 완화하는 데 도움을 줄 것이다.

볼거리: 불을 붙여라. 러시아의 로사톰 국가 원자력 회사(Rosatom State Atomic Energy Corporation)가 건설한 루푸르 원자력 발전소(Rooppur Nuclear Plant) 1기의 가동이 2023년에 시작될 예정이다.

중국

GDP 성장률: 4.7%

1인당 GDP: 1만 3,680달러(PPP: 2만 3,460달러)

인플레이션: 2.9%

재정수지(GDP 대비, %): -4.2

인구: 14억 3,000만 명

2022년 말 당 대회에서 리더로서 세 번째 5년 임기가 확정되며 대담해진 시진핑은 서방 세력이 우크라이나 전쟁에 얽매인 것을 이용해서 대만, 일본, 남중국해에 대한 외교 정책의 최우선 과제를 밀어붙일 것이다. 그러나 시진핑이 시행한 엄격한 '제로 코로나' 정책, 주택 시장 위기, 높은 에너지 가격으로 인해 경제가 허덕이면서 예상치 못했던 심각한 어려움이 중국 내부에서 일어날 것이다. 무역 파트너 가운데 저조한 수요도 성장을 짓누를 것이다. 2022년에 평소와 달리 목표치를 맞추지 못한 성장이 2023년에는 공식 목표치를 달성할 것이다.

볼거리: 제로 지점. 중국의 제로 코로나 전략은 2023년이 진척되면서 완화되겠지만,

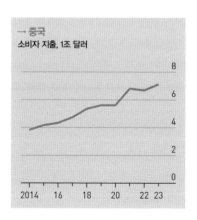

→ 중국
소비자 지출, 1조 달러

락다운이 경제를 계속 방해할 것이다.

GDP 성장률: 2.0%

1인당 GDP: 5만 2,060달러(PPP: 7만 4,510달러)

인플레이션: 2.5%

재정수지(GDP 대비, %): −0.8

인구: 740만 명

존 리(John Lee) 행정 장관이 이끄는 정부를 가장한 베이징의 압박은 지역의 불만을 억누르면서 반대 의견의 입지를 좁힐 것이다. 2020년 7월부터 시행 중인 국가보안법이 정치적 반대를 효과적으로 근절시키면서 본토에서 승인한 정책들이 방해받지 않고 진행되도록 할 것이다. 남아 있는 코로나 제재가 경제, 그중에서도 특히 관광업을 방해하면서 기력 없는 2022년으로부터 보통 수준으로의 회복만을 허용할 것이다.

인도

GDP 성장률: 5.1%

1인당 GDP: 2,430달러(PPP: 8,810달러)

인플레이션: 5.2%

재정수지(GDP 대비, %): −6.0

인구: 14억 3,000만 명

나렌드라 모디 총리를 필두로 한 인도 인민당 정부는 시장 자유화와 기반 시설 투자를 기반으로 한 경제 안건을 밀어붙이겠지만, 둔화된 글로벌 성장이 인도 경제의 발목을 잡을 것이다. 정부는 러시아로부터 할인받은 석유를 이용하면서 (미국, 호주, 일본이 참여하는) 쿼드와의 비공식적인 동맹을 강화할 것이다. 단, 공식적인 외교 정책은 비동맹으로 남을 것이다. 힌두 민족주의는 2024년 선거 캠페인이 시작되면서 다시 부상할 것이다.

볼거리: 민중의 힘. 인도가 세계에서 인구가 가장 많은 국가의 자리를 중국으로부터 빼앗을 것이라 예상된다.

인도네시아

GDP 성장률: 4.1%

1인당 GDP: 4,970달러(PPP: 1만 5,670달러)

인플레이션: 4.5%

재정수지(GDP 대비, %): -3.0

인구: 2억 7,420만 명

(조코위라고 알려진) 조코 위도도 대통령은 내각으로 다양한 단체를 끌어들이면서 일관성 있는 정책을 일부 희생하며 정부를 강화했다. 헌법에 의해 세 번째 임기가 금지된 그는 미래의 후임자들이 2024년 선거 전에 자리를 차지하려고 몸싸움을 벌이는 동안 영향력을 잃어버릴 것이다. 선택적인 부패 방지 정책이 몇몇 고위직을 잡아내겠지만, 부정 이득은 계속 만연할 것이다. 높은 원자재 가격이 경제를 부양하겠지만, 금융 긴축은 기대 이하의 성장을 의미한다.

일본

GDP 성장률: 0.9%

1인당 GDP: 3만 3,790달러(PPP: 4만 9,450달러)

인플레이션: 0.9%

재정수지(GDP 대비, %): -5.0

인구: 1억 2,330만 명

기시다 후미오 총리는 2022년에 사무실을 떠난 (그리고 2022년에 살해당한) 아베 신조(Abe Shinzo)가 본래 설정했던 방향을 따를 것이다. 주된 내용은 경제 활성화, 그리고 평화헌법 개혁을 포함하는 보다 적극적인 국방 정책이다. 그의 계획은 중위소득 가계에 유리한 소득 분배와 노동자에 대한 투자 증가를 포함할 것이다. 경제는 글로벌 가격 압박의 결과로 나타난, 일본인들이 인플레이션 스파크(inflation spark)라고 부르는 현상의 뒤를 이으며 약화할 것이다.

→ 일본
소비자 가격, 전년 대비 변화율(%)

은 우크라이나 전쟁 때문에 상승한 에너지 가격의 이득을 볼 것이다. 이 초과 이득은 필수품의 물가 조절과 대중의 지지도 개선에 필요한 비용을 치르는 데 도움이 될 것이다. 인플레이션과 러시아의 비틀거리는 경제에 대한 노출 등 전쟁과 관련된 다른 효과는 성장에 피해를 줄 것이다.

볼거리: 아이(eye) 스파이. 일본이 미국, 호주, 영국, 캐나다, 뉴질랜드로 구성된 기밀정보 공동체 '파이브 아이즈(Five Eyes)'에 참가 신청서를 낼지도 모른다.

카자흐스탄

GDP 성장률: 3.6%

1인당 GDP: 1만 1,300달러(PPP: 3만 3,070달러)

인플레이션: 8.4%

재정수지(GDP 대비, %): -3.2

인구: 1,960만 명

석유 가격 인상에 대한 폭력 시위에 흔들린 카심-조마르트 토카예프(Kassym-Jomart Tokayev) 대통령이 다양한 정치 및 사회 개혁을 제공하겠지만, 그중에 정부의 독재적 권력을 심각하게 제한하는 내용은 없을 것이다. 석유와 가스의 수출국으로서 카자흐스탄

말레이시아

GDP 성장률: 4.0%

1인당 GDP: 1만 1,390달러(PPP: 3만 4,390달러)

인플레이션: 2.7%

재정수지(GDP 대비, %): -5.5

인구: 3,430만 명

경제 문제가 계속되는 동안 선거를 연기하자는 이스마일 사브리 야콥(Ismail Sabri Yaakob) 총리의 바람에도 불구하고 말레이시아는 2022년 말에 조기 선거를 치를 예정이었다. 그가 소속된 통합 말레이 국민조직 UMNO의 리더들은 조기 선거가 증가하는 대중의 지지를 이용할 기회라고 생각한다. 지금 치러지든, 원래대로 2023년 9월에 치러지든 상관없이 선거는 UMNO와 당의 협력자들에게 더 강력한 권한을 줄 가능성이 크다.

뉴질랜드

GDP 성장률: 1.8%

1인당 GDP: 5만 790달러(PPP: 5만 1,530달러)

인플레이션: 3.4%

재정수지(GDP 대비, %): -2.0

인구: 520만 명

생활비 위기의 유입은 코로나19에 잘 대처한 노동당 정부가 이루어낸 공적을 축소할 것이다. 그래도 저신다 아던(Jacinda Ardern) 총리는 그녀의 당을 2023년 말에 예정된 선거에서 두 번째 임기로 이끌어야 한다. 정부는 증가하는 중국의 영향력을 주의하겠지만, 자신의 최대 무역 파트너와의 관계를 위험에 처하게 하지는 않을 것이다. 인플레이션이 소비자 지출을 제한하면서 경제는 중국 경제와 함께 둔화할 것이다.

파키스탄

GDP 성장률: 3.5%

1인당 GDP: 1,430달러(PPP: 6,700달러)

인플레이션: 11.9%

재정수지(GDP 대비, %): -5.4

인구: 2억 4,050만 명

2022년 말에 면화 수확량을 파괴하고 수많은 집, 도로, 다리에 손상을 입히며 엄청난 충격을 가져다준 홍수는 2023년 내내 경제를 방해할 것이다. 파키스탄이슬람동맹(Pakistan Muslim League, Nawaz)의 셰바즈 샤리프(Shehbaz Sharif) 정부가 예산과 경상 수지에 난 구멍들을 모두를 메꾸려고 노력하면서 경제에 더 심한 손상을 입힐 것이다. 전임자 이므란 칸(Imran Khan)이 신임 투표에서 축출됐을 때 권력을 얻은 샤리프 총리는 중국과 러시아와의 강력한 유대를 저버리지 않으면서 서방 권력에 더 가까이 붙을 것이다. 칸 전 총리가 2023년 말에 예정된 (하지만 더 조기에 치러질 수도 있는) 선거에서 총리직을 탈환할지도 모른다.

볼거리: 자금 떠나보내기. 심한 낭비로 부도의 위험을 일으킬 수 있는 칸 전 총리의 정당이 권력을 잡는다면 IMF가 지원을 중단할지도 모른다.

필리핀

GDP 성장률: 4.1%

1인당 GDP: 3,530달러(PPP: 1만 630달러)

인플레이션: 4.1%

재정수지(GDP 대비, %): -6.2

인구: 1억 1,730만 명

페르디난드 '봉봉' 마르코스 주니어

대통령은 전임자 로드리고 두테르테(Rodrigo Duterte)의 경제적으로는 자유민주적이고 사회적으로는 강경한 태도를 선호하겠지만, 이를 조금 더 통제된 재정적 접근과 결합하려 노력하며 그가 물려받은 재정 적자를 감축하고 공공 부채를 안정화할 것이다. 예산은 보건 및 교육과 함께 우크라이나 전쟁에 묶여 있는 식량 확보 위험에 대응하기 위해 농업에 대한 지출을 우선순위로 둔다. 경제 성장은 글로벌 약세로 인해 약간 둔화하겠지만 5% 트렌드에 가깝게 들어올 것이다.

싱가포르

GDP 성장률: 2.2%

1인당 GDP: 7만 350달러(PPP: 12만 9,380달러)

인플레이션: 2.8%

재정수지(GDP 대비, %): -0.3

인구: 570만 명

오랫동안 집권해온 인민행동당(People's Action Party)이 정권을 유지하겠지만, 계획된 4세대 리더로의 전환은 2024년에 예정된 선거 이후로 미뤄질 것이다. 다국적 기업들은 중국이 홍콩을 쥐어짜는 상황에서 싱가포르에 지역 본사를 두는 편을 선호할 것이고, 러시아의 고립은 싱가포르를 서방 동맹들과 가까워지게 할 것이다.

대한민국

GDP 성장률: 1.9%

1인당 GDP: 3만 1,950달러(PPP: 5만 4,370달러)

인플레이션: 2.1%

재정수지(GDP 대비, %): -2.7

인구: 5,180만 명

보수당 국민의힘의 윤석열 대통령은 규제 완화와 감세 방침으로 기업들을 기쁘게 하겠지만, 야당인 더불어민주당이 다수를 확보한 입법부에서 저항을 받을 것이다. 미국과 중국 사이의 적대감이 심화하는 상황에 직면한 대한민국은 (주요 무역 파트너인) 후자와의 관계를 비용으로 치르고 (핵심 안보 동맹국인) 전자에 조금 더 가까이 다가갈 것이다. 재정적으로 보수적인

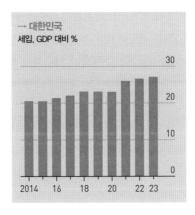

→ 대한민국
세입, GDP 대비 %

국가에서 재정 적자는 줄어들기 시작할 것이다.

볼거리: 패스트푸드. 로봇이 공공 도로에서 음식 등의 물건을 배달하는 것이 허용될 것이다. 개발사들은 이 기술을 수출하려고 한다.

스리랑카

GDP 성장률: -0.2%

1인당 GDP: 4,230달러(PPP: 1만 5,380달러)

인플레이션: 66.4%

재정수지(GDP 대비, %): -4.2

인구: 2,170만 명

7월에 대통령을 맡은 라닐 위크레마싱헤(Ranil Wickremesinghe)는 전임자 고타바야 라자팍사(Gotabaya Rajapaksa)를 강제로 사임시킨 대중의 불만과 마주하면서 힘겨운 시간을 보낼 것이다. 시위자들은 위크레마싱헤 대통령을 라자팍사 무리의 앞잡이로 본다. 특히 그가 라자팍사 가족의 협력자인 디네쉬 구나와르데나(Dinesh Gunawardena)를 총리로 선택했기 때문이다. 시위와 파업이 정부를 짓누를 것이고 선거는 마감일인 2024년보다 훨씬 전에 시행될 것이다. 경제는 수축하겠지만 2022년보다는 적게 수축할 것이다.

대만

GDP 성장률: 2.1%

1인당 GDP: 3만 1,320달러(PPP: 7만 6,030달러)

인플레이션: 1.6%

재정수지(GDP 대비, %): -1.8

인구: 2,330만 명

섬은 군사 훈련과 미사일 실험의 형태로 중국의 괴롭힘이 심화하는 상황에 직면할 것이다. 이는 2024년 초에 예정된 선거가 가까워지면서 더 심해지겠지만, 집권당인 민주진보당(Democratic Progressive Party, DPP)에 대한 지지를 결집하기만 할 것이다. 코로나19를 허용하는 차이잉원 총통은 세대 간 불평등 감소를 목표로 하는 개혁으로 돌아갈 것이다. 가격 상승이 코로나에 대한 우려를 대체하면서 소비자 지출은 약세를 유지할 것이다.

볼거리: 청소년 표. 투표 연령을 20세에서 18세로 낮추겠다는 계획이 2024년 선거에서 작은 정당의 편을 들어줄 것이다.

태국

GDP 성장률: 3.6%

1인당 GDP: 7,010달러(PPP: 2만 1,950달러)

인플레이션: 2.0%

2023년의 인물

재정수지(GDP 대비, %): -4.4

인구: 7,180만 명

쿠데타 주동자로 활동했던 전적이 있는 쁘라윳 짠오차(Prayuth Chano-cha) 총리는 2023년 상반기에 예정된 선거 때까지 자리를 유지하겠지만, 여당의 후보로 선택되지 않을지도 모른다. 2022년 말에 통치할 권리를 헌법재판소에서 확인받았지만, 식어가는 그의 인기는 정당과 군사적 지지자들이 다른 곳으로 눈을 돌리게 할지도 모른다. 누가 선거에 나오든, 선거 결과는 군대와 무조건 찬성하는 왕정주의자들의 선호와 같은 선상에 놓일 것이다. 관광 매출은 코로나가 완화되면서 회복될 것이다.

볼거리: 먹고, 먹이를 잡고(prey), 사랑하라. 최근 실험 이후 전문가들은 위협받는 호랑이 개체 수를 위해 특별히 사육된 수백만 마리의 물사슴(sambar deer)을 야생동물보호지역에 풀 것이다.

우즈베키스탄

GDP 성장률: 6.2%

1인당 GDP: 2,300달러(PPP: 1만 1,940달러)

인플레이션: 8.8%

재정수지(GDP 대비, %): -4.0

인구: 3,520만 명

자유화 개혁은 강력한 경제 성장을 불러왔고, 수출 원자재의 높은 가격이 우크라이나 전쟁 때문에 생긴 방해물을 상쇄하는 데 도움을 주면서 더 큰 성장이 예상된다. 정치적 자유는 샤브카트 미르지요예프(Shavkat Mirziyoyev) 대통령의 통치 아래에서 축소된 채 유지되겠지만, 국가에서 외국 투자를 유치하려고 하면서 공공연한 탄압은 완화될지도 모른다.

베트남

GDP 성장률: 7.0%

1인당 GDP: 4,630달러(PPP: 1만 4,760달러)

인플레이션: 3.2%

재정수지(GDP 대비, %): -3.2

인구: 9,890만 명

노동집약적 제조업을 기반으로 한 강력한 수출 주도 성장과 함께 경제가 높은 원자재 가격과 약한 대외 무역의 영향을 떨쳐내는 동안 정부 지출이 소비자 수요의 충격을 완화할 것이다. 2026년에 끝나는 응우옌 푸 쫑(Nguyen Phu Trong) 서기장의 세 번째 연임은 대중의 불만을 억누른 채 순조롭게 나아갈 것이다. 베트남은 지역에서 가장 빠르게 성장하는 경제 중 하나의 자리를 지킬 것이다.

볼거리: 수송 수단. 2023년 말까지 호치민은 도시의 혼잡을 완화하기 위한 130조 달러짜리 계획 일부로 첫 상업용 지하철 노선을 가동할 계획이다.

북아메리카

캐나다

GDP 성장률: 2.0%

1인당 GDP: 5만 6,640달러(PPP: 5만 9,400달러)

인플레이션: 3.3%

재정수지(GDP 대비, %): -4.1

인구: 3,880만 명

세 번째 임기를 수행하고 있는 쥐스탱 트뤼도(Justin Trudeau) 총리는 좌파 성향 신민주당(New Democratic Party, NDP)의 비공식적인 지지에 의존하는 소수당인 자유당(Liberal

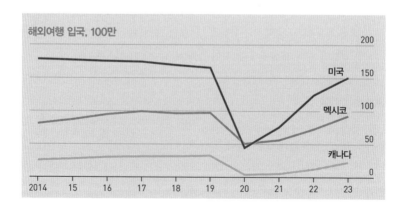

해외여행 입국, 100만

미국
멕시코
캐나다

2014 15 16 17 18 19 20 21 22 23

Party) 정권을 이끌고 있지만, 2025년으로 예정된 선거 전에 자유당 지도자의 자리를 넘겨주게 될지도 모른다. NDP는 기후 변화에 더 적극적으로 맞서 싸우길 바라지만, 자원이 풍부한 서쪽 주(province)의 반대파 보수당(Conservative Party) 정부들은 그렇지 않다. 이런 긴장감은 정치적 안정성을 약화할 것이다. 에너지 수출에서 나온 초과 이득은 물가 상승의 영향에 대응하는 데 도움이 될 것이다.

멕시코

GDP 성장률: 0.8%

1인당 GDP: 1만 1,650달러(PPP: 2만 3,120달러)

인플레이션: 6.0%

재정수지(GDP 대비, %): -3.6

인구: 1억 2,850만 명

안드레스 마누엘 로페스 오브라도르 대통령의 인기가 식지 않았고 그의 좌파 성향 모레나당이 이끄는 연대가 입법부에서 다수를 확보했으므로, 정부는 큰 내부 반대 없이 국가 주도 개발 안건을 추진할 수 있다. 범죄, 부패, 가난같이 오래된 문제들은 다뤄지지 않을 것이고 경제 성장은 미적지근한 상태를 유지할 것이다. 압도적 다수를 확보하지는 못한 정부가 헌법 개정이 필요한 개혁을 할 순 없겠지만, 권력이 점점 더 중앙화되고 군대화되면서 견제와 균형을 조금씩 갉아먹을 것이다.

미국

GDP 성장률: 0.5%

1인당 GDP: 7만 6,190달러(PPP: 7만 6,190달러)

인플레이션: 3.7%

재정수지(GDP 대비, %): -4.0

인구: 3억 4,000만 명

중간 선거는 조 바이든 대통령의 운신의 폭을 좁혔고, 2024년 대통령 선거와 의회 선거가 다가오면서 격렬한 당파적 캠페인이 분위기를 장악할 것이다. 기반 시설, 기후, 약제비, 반중 산업 정책에서 이룩한 입법부의 승리가 민주당원들의 앞날을 밝혔지만, 공화당원들이 예상대로 하원에 대한 통제를 손에 넣는다면 다른 문제와 관련된 의회 활동이 서서히 멈출 수 있다. 바이든 대통령의 전임자 도널드 트럼프를 상대로 한 소송이 계속될수록 정치는 양극화된 상태를 유지할 것이다. 경제 성장은 연준이 인플레이션을 억누르기 위해 금리를 올리면서 둔화하겠지만, 잘나가는 고용 시장과 높은 국내 저축이 경기 침체를 완화할 것이다.

라틴아메리카

아르헨티나

GDP 성장률: 0.0%

1인당 GDP: 1만 2,930달러(PPP: 2만 5,580달러)

인플레이션: 70.5%

재정수지(GDP 대비, %): -4.0

인구: 4,580만 명

2023년 10월 선거에 앞서 좌파 여당인 페론주의(Peronist) 모두의 전선(Frente de Todos) 연대 포퓰리스트들의 제한 없는 지출에 대한 압력이 정부를 약하게 만들고, IMF 자금을 위험한 상태로 밀어 넣고, 경제를 위기로 거꾸러뜨릴 위협을 가하고 있다. 캠페인은 크리스티나 페르난데스 데 키르히너 부통령이 이끄는 연대의 포퓰리스트들을 더 정통인 알베르토 페르난데스(Alberto Fernández) 대통령과 맞붙일 것이고, 여론 조사에서 선두를 차지할 대통령 후보가 있는 우파 성향의 야당과 연립 여당을 맞붙일 것이다.

볼리비아

GDP 성장률: 4.0%

1인당 GDP: 3,790달러(PPP: 9,830달러)

인플레이션: 4.2%

재정수지(GDP 대비, %): -6.7

인구: 1,240만 명

사회주의운동당(Movimiento Al Socialismo)은 입법부에서 안정적인 다수를 즐기고 있고 2025년 선거 때까지 시험대에 오를 일이 없다. 하지만 정당의 지도자 자리를 차지하기 위한 경쟁이 정치를 장악할 것이다. 루이스 아르세(Luis Arce) 대통령이 선호하는 후보와 그의 전임자이자 복귀를 눈여겨

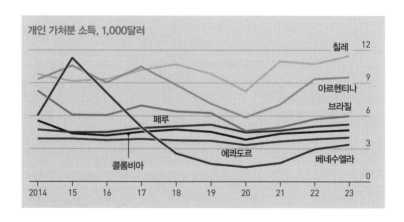

개인 가처분 소득, 1,000달러

칠레 12

아르헨티나 9

브라질 6

페루

에콰도르 3

콜롬비아

베네수엘라 0

2014 15 16 17 18 19 20 21 22 23

보고 있는 정당 창립자 에보 모랄레스 (Evo Morales)가 맞붙을 것이다. 경제 회복 속도는 이 지역에서 가장 빠른 축에 속할 것이다.

볼거리: 가상 테스트. 2023년에 중앙은행이 그다음 해에 전면 도입하겠다는 생각으로 디지털 화폐에 대한 테스트를 시작할 것이다.

브라질

GDP 성장률: 0.5%

1인당 GDP: 9,180달러(PPP: 1만 8,040달러)

인플레이션: 5.1%

재정수지(GDP 대비, %): -8.3

인구: 2억 1,630만

2022년 10월 선거는 좌파 노동자당의 루이스 이나시우 룰라 다 시우바의 승리로 끝났다. 심각하게 분열된 나라에서 아슬아슬한 표 차이로 당시 재임 중인 상태로 두 번째 임기에 도전한 우익 자이르 보우소나루로부터 그가 두 번의 임기 동안 가지고 있었던 대통령직을 되찾았다. 룰라 대통령은 위태로운 재정 격차와 높은 인플레이션을 직면했다. 이 두 가지 모두 긴급한 사안으로, 분열된 입법부에서의 능숙한 거래 성립이 필요하다. 재정적 제약은 높은 원자재 가격으로부터 얻은 초과이득에도 불구하고 새 정부가 첫해에 달성할 수 있는 성장에 제한을 가할 것이다.

칠레

GDP 성장률: -0.8%

1인당 GDP: 1만 6,640달러(PPP: 3만 1,650달러)

인플레이션: 6.8%

재정수지(GDP 대비, %): -2.9

인구: 1,960만 명

2022년 국민투표에서 정부의 권한을 강타하는 내용이 담긴 헌법 초안이 부결되면서 새로운 헌법의 입안이 2023년의 정치를 장악할 것이다. 가브리엘 보리치 대통령의 정책은 칠레가 긴 세월 동안 고집해온 시장 친화적 합의를 급진적인 방향으로 추진할 것이다. 여기에는 대대적이고 진보적인 세 제안을 통해 마련한 자금을 활용한 환경, 노동, 사회 복지 개혁이 포함될 것이다. 하지만 대통령이 마련한 프로그램은 분열된 의회에서 무뎌질 것이다. 투자자 신뢰가 하락하고 외부 상황이 옥죄어오면서 경제가 다소 수축할 것이다.

콜롬비아의 좌파 대통령 **구스타보 페트로**는 게릴라 단체인 M19가 1990년 정당이 될 때까지 총기 밀반입자로서, 그리고 지역 활동가로서 정치 경험을 쌓았다. 이제 원주민의 권리를 후퇴시키고 자신을 지도자의 자리에 올려준 반란의 잔존자들을 공격하며 엘리트의 편을 드는 시스템을 뒤집어엎겠다고 약속하며, 다른 방법으로 전투를 치르고 있다. 그는 악전고투하고 있다. 국내의 경우 그의 지지자들이 사회 및 경제 개혁을 갈구하는 와중에 의회를 야당이 장악하고 있다. 포스트 코로나 회복의 거품이 꺼지고 있는 상황에서 차입 비용이 상승하고 있다. 국외의 경우 베네수엘라와의 유대를 재개하고 미국과 콜롬비아의 유대를 제한하겠다는 약속이 워싱턴의 심기를 건드릴 것이다.

콜롬비아

GDP 성장률: 0.9%

1인당 GDP: 6,300달러(PPP: 1만 9,660달러)

인플레이션: 6.3%

재정수지(GDP 대비, %): -4.2

인구: 5,210만 명

쿠바

GDP 성장률: 4.6%

1인당 GDP: 2,450달러(PPP: 1만 5,930달러)

인플레이션: 44.2%

재정수지(GDP 대비, %): -4.5

인구: 1,120만 명

좌파 게릴라 출신이자 (이후) 콜롬비아 수도 보고타의 시장을 지냈던 구스타보 페트로는 대통령으로서 보내는 첫해를 모든 실업자에게 공직을 제공하고, 석유와 가스 탐사에 대한 신규 허가를 중단하겠다는 공약을 지키려 노력하며 보낼 것이다. 그는, 적어도 일시적으로는 야당이 장악한 입법부의 안정 다수를 획득했다. 페트로는 석유 초과 이득의 혜택을 입을 것이고 수출 수입은 계속 증가하겠지만, 연립 정부는 취약할 것이다.

미겔 디아스카넬 대통령의 지원을 받으며 느린 속도로 진행되고 있는 경제 개혁은 쿠바의 기반을 더 단단하게 만들겠지만, 시간이 걸릴 것이다. 정치 개혁은 지역 정부의 발언권 증가 등 분권화된 권력 구조를 향해 조심스럽게 움직이되, 일당 통치가 위협받지 않는 선으로 제한될 것이다. 돌아오는 관광객들이 경제 성장을 촉진할 것이다.

에콰도르

GDP 성장률: 1.2%

1인당 GDP: 6,310달러(PPP: 1만 3,150달러)

인플레이션: 3.1%

재정수지(GDP 대비, %): 0.2

인구: 1,810만 명

토착 집단의 시위에 흔들리고, 입법부를 손에 쥔 대담한 야당과 마주한 기예르모 라소(Guillermo Lasso) 대통령의 중도우파 정부는 그의 시장 친화적인 개혁 안건을 추진하기 위해 악전고투할 것이다. 교착 상태는 성공적인 탄핵안(앞선 시도는 2021년과 2022년에 실패했다) 또는 입법부를 해산하고 새로운 선거를 촉발하는 대통령의 결정으로 해소될 것이다.

볼거리: 안전한 자리. 2023년과 2025년 사이에 에콰도르는 유엔 안전보장이사회의 15석 중 한 자리를 차지하고 불법 마약 거래 대응에 집중할 것이다.

파라과이

GDP 성장률: 4.1%

1인당 GDP: 6,560달러(PPP: 1만 6,220달러)

인플레이션: 4.0%

재정수지(GDP 대비, %): -2.4

인구: 740만 명

여당 우익 콜로라도당은 4월 선거를 거의 통합되지 않은 상태로 맞이하겠지만, 야당에 일어난 균열과 비교하면 콜로라도당의 분열은 아무것도 아니다. 콜로라도당은 아마 2022년 말에 정당의 대통령직 후보자로 뽑힐 가능성이 큰 산티아고 페냐 전 재무장관의 리더십 아래 두 번째 임기를 쟁취할 것이다. 가뭄으로부터의 회복이 성장을 촉진할 것이다.

페루

GDP 성장률: 2.0%

1인당 GDP: 7,210달러(PPP: 1만 5,310달러)

인플레이션: 5.3%

재정수지(GDP 대비, %): -2.6

인구: 3,390만 명

좌파 성향의 페드로 카스티요는 시시각각 변하는 내각, 입법부에 있는 적대적인 포퓰리스트 야당에 더해 2021년 취임한 이후 여섯 번의 범죄 수사를 받으며 (지금까지 두 번의 탄핵 시도에서 살아남았음에도) 임기를 마치지 못할 확률이 높아 보인다. 극단적인 정치적 불안정성은 정부를 마비시킬 것이고, 원자재 가격 상승으로 인한 초과 이득에도 불구하고 경제는 축 처질 것이다.

가 침체를 완화하고 성장을 지지할 것이다.

우루과이

GDP 성장률: 2.8%

1인당 GDP: 2만 2,180달러(PPP: 2만 8,320달러)

인플레이션: 7.1%

재정수지(GDP 대비, %): -2.7

인구: 350만 명

베네수엘라

GDP 성장률: 9.3%

1인당 GDP: 3,980달러(PPP: 6,670달러)

인플레이션: 108.8%

재정수지(GDP 대비, %): -3.8

인구: 2,850만 명

루이스 라카예 포우(Luis Lacalle Pou) 대통령을 필두로 한 중도우파 연립 정부는 넓은 범위의 인기를 끌고 있지만, 그의 시장 친화적 개혁을 반대하는 강력한 조합과 치솟는 물가로 인해 실질 소득이 감소한 노동자들의 적대감을 마주하고 있다. 대외 무역 감소와 금융 긴축은 경제를 둔화시키겠지만, 우루과이의 농업 수출품에 대한 강한 수요

니콜라스 마두로 대통령은 방위군과 공영 미디어에 대한 통제, 그리고 강력한 후원 네트워크를 통해 권력을 유지하면서 불가피하게 완화되고 있는 미국의 제재와 러시아와의 중대한 유대관계 사이에서 균형을 잡으려고 노력할 것이다. 제재 때문에 석유를 할인된 가격으로 판매해야 하므로 높은 석유 가격으로 인한 이득은 제한적일 것이다. 경제는 상승세에 올랐지만, 2023년에는 2012년에 도달했었던 최고점의 3분의 1에도 미치지 못할 것이다.

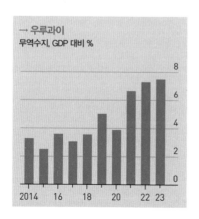

→ 우루과이
무역수지, GDP 대비 %

중동과 아프리카

경제를 늘어지게 하고 포스트 팬데믹 회복으로부터 성장은 둔화할 것이다.

알제리

GDP 성장률: 2.4%

1인당 GDP: 4,350달러(PPP: 1만 3,380달러)

인플레이션: 8.1%

재정수지(GDP 대비, %): -7.9

인구: 4,700만 명

앙골라

GDP 성장률: 2.4%

1인당 GDP: 4,040달러(PPP: 7,040달러)

인플레이션: 15.6%

재정수지(GDP 대비, %): 2.4

인구: 3,670만 명

유럽과 러시아의 가스 전쟁이 스페인과 이탈리아를 통과하는 파이프라인을 가진 주요 가스 생산자인 알제리에는 기회로 작용하므로, 두둑한 수출 수입을 챙길 수 있을 것이다. 이 초과 이득이 복지 정책 패키지 비용을 해결하면서 공공 집회를 진정시킬 것이다(하지만 불씨를 완전히 제거하지는 못할 것이다). 단단히 자리 잡은 이해관계와 복잡하고 느린 관료 제도가 석유 이외의

앙골라의 유전은 나이 들어가고 있지만, 수입의 약 3분의 2가 석유에 의존하는 국가 예산은 높은 석유 가격과 활기를 되찾은 투자 덕분에 증가한 생산량으로부터 힘을 받을 것이다. 여러 질문을 남기며 근소한 차이로 끝난 재선거에서 새롭게 당선된 주앙 로렌수(João Lourenço) 대통령은 야당을 쥐어짜면서 다각화 노력과 부패 척결을 계속 추진해나갈 것이다. 이전의 석유

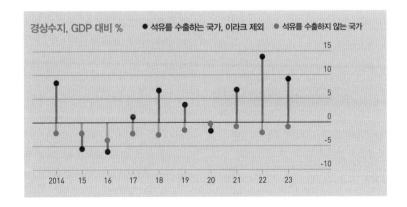

경상수지, GDP 대비 % ● 석유를 수출하는 국가, 이라크 제외 ● 석유를 수출하지 않는 국가

투자는 금융 완화 정책과 마찬가지로 경제를 부양시키는 효과를 나타낼 것이다.

카메룬

GDP 성장률: 4.5%

1인당 GDP: 1,790달러(PPP: 4,580달러)

인플레이션: 4.4%

재정수지(GDP 대비, %): -2.9

인구: 2,870만 명

폴 비야(Paul Biya) 대통령은 그의 일곱 번째 연임의 하반기에 건강이 악화하면서 노출 횟수가 줄어들 것이다. 신축된 부유식 터미널을 통해 치솟는 LNG 수출량은 항만 기반 시설이 개선되면서 증가한 광물 생산량과 함께 노후화된 유전에서 감소한 생산량 이상을 상쇄할 것이다. 북서부와 남서부에 있는 앵글로폰(Anglophone) 지역 분리주의자들의 폭력 행위가 더 심해질 것이고 서부의 이슬람 반군 활동이 계속될 것이다.

이집트

GDP 성장률: 2.9%

1인당 GDP: 3,510달러(PPP: 1만 5,770달러)

인플레이션: 8.6%

재정수지(GDP 대비, %): -7.2

인구: 1억 580만 명

압델 파타 엘시시(Abdel Fatah el-Sisi) 대통령은 반대를 진압하고 입법부의 지지와 군사적 지원을 확보하며 최소한 2030년까지 정권을 유지할 것이다. 상승하는 비용이 시위를 일으키고 국가 예산을 가격할 수 있지만, 걸프(Gulf) 국가의 금융 지원이 도움을 줄 것이다. 시민적 자유는 개선됐지만, 정권이 위협을 받는다면 빠르게 철회될 것이다. 경제 성장은 2022년의 회복 이후 절반 수준으로 떨어질 것이다.

볼거리: 정화하기. 정부는 이집트가 그린 에너지 허브가 되는 것이 목표인 상황에서, 2023년에 재생 가능 자원으로부터 생산된 에너지가 1만 메가와트를 넘을 것이라고 말한다.

에티오피아

GDP 성장률: 4.0%

1인당 GDP: 1,030달러(PPP: 2,880달러)

인플레이션: 31.1%

재정수지(GDP 대비, %): -6.5

인구: 1억 2,650만 명

2년간의 갈등 이후 정부와 반란군 티그라이 인민해방전선이 2022년 말에

서명한 평화 합의는 중대한 돌파구였다. 하지만 이 합의는 몇 가지 중요한 주제를 다루지 않았으며 매우 쉽게 깨질 수 있다. 해외의 기부자들이 돌아올 순 있지만, 재개된 갈등이 제기하는 위협이 크기 때문에 몹시 필요한 해외 투자를 보류시킬 것이다. 경제는 다시 일어서겠지만, 갈등이 일어나기 전 트렌드에는 훨씬 못 미치는 상태로 남을 것이다.

이란

GDP 성장률: 2.3%

1인당 GDP: 4,050달러(PPP: 1억 9,620달러)

인플레이션: 30.0%

재정수지(GDP 대비, %): -5.0

인구: 8,860만 명

2018년에 끝난 이란과 서방의 핵 활동 제한에 대한 합의를 재개하려는 노력은 좌초될 것이고 제재가 계속되면서 잠재 성장에 제한을 가하고 정부의 재정 선택지를 좁힐 것이다. 하지만 견고한 석유 시장과 높은 가격이 상황을 완화했다. 국민이 강경한 지도자에 대한 신뢰를 계속 잃어버리면서 생활 수준의 저하는 새로운 시위를 촉발할 것이다.

이라크

GDP 성장률: 3.9%

1인당 GDP: 6,140달러(PPP: 1만 1,540달러)

인플레이션: 4.9%

재정수지(GDP 대비, %): 5.3

인구: 4,180만 명

2021년 선거 이후로 그 어떤 주요 단체도 실행 가능한 정부를 형성하지 못하면서 친이란과 반이란 파벌 간 만연해진 갈등이 폭력 시위의 형태로 나타나고 있다. 분열된 입법부가 조기 선거를 요청하려는 바르함 살리흐(Barham Salih) 대통령을 방해할 것이다. 석유 시장의 활황이 성장을 지지하겠지만, 경기는 여전히 음울할 것이다.

이스라엘

GDP 성장률: 2.8%

1인당 GDP: 5만 4,860달러(PPP: 5만 470달러)

인플레이션: 3.4%

재정수지(GDP 대비, %): -1.7

인구: 990만 명

2022년 11월 선거에서 베냐민 네타냐후 전 총리가 이끄는 우파 연합이 2019년 이후 다섯 번째로 의회 과반수를 가까스로 차지했다. 리쿠드(Likud) 정당을 이끄는 네타냐후 전 총리는 2021년에 부패 혐의에 휘말리면서 잃어버린 꼭대기 자리를 되찾을 예정이다. 극우 정당의 강세는 통치를 복잡하게 만들 것이다. 경제는 포스트 팬데믹 회복 이후 가라앉을 것이다.

요르단

GDP 성장률: 3.0%

1인당 GDP: 4,410달러(PPP: 1만 1,220달러)

인플레이션: 2.7%

재정수지(GDP 대비, %): -8.0

인구: 1,150만 명

최근의 헌법 개혁은 압둘라 2세(Abdullah II) 왕의 권력을 강화했고, 생활비가 증가하면서 정치적 현상(status quo)에 대한 반발이 커질 확률이 높다. 빠듯한 예산이 대중의 불만을 완화하는 데 제한을 가할 것이다. 충성스러운 안보 조직이 시위가 변화를 일으키지 못하도록 막을 것이다.

케냐

GDP 성장률: 5.0%

1인당 GDP: 2,210달러(PPP: 6,040달러)

인플레이션: 6.2%

재정수지(GDP 대비, %): -6.6

인구: 5,510만 명

재정적으로 비싼 비용을 치르게 했던 팬데믹 이후 윌리엄 루토(William Ruto)와 그의 케냐 콴자(Kenya Kwanza) 연대가 이끄는 새 정부는 재정 적자와 공공 부채를 줄이기 위해 노력하면서 국가의 무역 연대를 확장할 것이다. 경제는 지역 통합이 진전되고 기반 시설 투자가 결실을 보면서 조금 살아날 것이다.

레바논

GDP 성장률: 2.5%

1인당 GDP: 4,620달러(PPP: 1만 1,240달러)

인플레이션: 167.1%

재정수지(GDP 대비, %): -0.9

인구: 670만 명

깊은 파벌주의 분열과 심각한 경제가 민중 시위와 길거리에서의 폭력적인 불만에 기름을 부을 것이다. 나지브 미카티(Najib Mikati) 임시 총리는 IMF의 30억 달러 패키지 등 국제 재정 지원을 받기 위해 반드시 필요한 정부를 구성하지 못했다. 2023년 중반에 들어올 수 있는 자금이 정치적 긴장감을 완화하겠지만, 경제는 성장하기 힘들 것이다.

리비아

GDP 성장률: 15.5%

1인당 GDP: 5,400달러(PPP: 2만 5,690달러)

인플레이션: 6.7%

재정수지(GDP 대비, %): 23.0

인구: 720만 명

2023년 말에 오랫동안 연기된 선거가 시행되면서 대립하는 정부들과 반군들 사이의 권력 싸움을 진전시킬지도 모른다. 유엔의 지원을 받는 정부는 금융 중심지 트리폴리(Tripoli)를 손에 쥐고 있지만, 동부 도시 토브루크(Tobruk)에 있는 라이벌 행정부가 핵심 석유 생산과 수출을 방해할 수 있다. 석유가 수출 수익의 90%를 차지하므로 높은 가격과 20% 증가한 생산량이 도움이 될 것이다.

모로코

GDP 성장률: 3.5%

1인당 GDP: 3,940달러(PPP: 1만 120달러)

인플레이션: 3.0%

재정수지(GDP 대비, %): -3.9

인구: 3,780만 명

아지즈 아카누치(Aziz Akhannouch) 총리를 필두로 한 독립국민연합당 (Rassemblement National des Indépendants)이 이끄는 연대 정부는 실업과 물가 상승에 대한 시위를 제압하고 경제 개혁을 서둘러 진행할 것이다. 대부분의 영향력은 모하메드 6세(Mohammed VI) 왕이 계속 장악할 것이다. 경제는 2022년에 발생한 가뭄으로부터 회복할 것이다.

나이지리아

GDP 성장률: 3.1%

1인당 GDP: 2,490달러(PPP: 6,050달러)

인플레이션: 13.6%

재정수지(GDP 대비, %): -3.0

인구: 2억 2,380만 명

전통에 따르면 2월에 예정된 선거에서 이슬람교도 무하마두 부하리 대통령은 기독교가 대다수인 남부 출신 후보에

→ 나이지리아
재정수지, GDP 대비 %

나이지리아의 주요 양당인 범진보의회당(All Progressives Congress, APC)과 인민민주당(People's Democratic Party, PDP)은 수년간 번갈아 가면서 권력을 잡아왔다. 2023년 2월 대통령 선거에 노동당의 후보로 출마하는 **피터 오비(Peter Obi)**는 다른 생각을 하고 있다. 그는 PDP의 아 티쿠 아부 바카르(Atiku Abubakar)와 여당 APC의 볼라 티누부(Bola Tinubu)와 맞붙을 것이다. 그를 흠모하는 젊은 '오비디언트(Obidient)'의 지지에도 불구하고 오비는 승리하지 못할 것이다. 하지만 그는 자신이 킹메이커의 역할을 하는 2회전을 개최할 수 있다. 나이지리아의 지방 분권화된 정치에서 선거의 성공은 선두주자들이 집중하는 더 부유한 북부에 달려 있지만 오비는 남부를 위해 싸운다. 현 정권은 분리주의가 들끓고 있는 남부를 무시한다는 비난을 받고 있다. 오비는 분열을 악화시킬 수도 있고 분열을 해결하라고 새 대통령을 설득할 수도 있다.

게 자리를 넘겨주어야 한다. 하지만 여당이 남부 출신이기는 하지만 이슬람교인 데다가 북부 출신의 러닝메이트를 선택한 볼라 티누부를 지명했을 뿐아니라, 주요 야당의 후보 역시 북부 출신이므로 이 선거는 남부인들의 심기를 건드리며 분리 독립에 대한 우려를 일으킬 것이다. (2023년의 인물 참조)

볼거리: 잘 정제된 것. 지역의 단고테 그룹(Dangote Group)이 지은 정유 공장이 2023년에 최대 용량(65만 배럴/일)을 달성하면서 국내 연료 수입 비용을 절감할 것이다.

사우디아라비아

GDP 성장률: 3.6%

1인당 GDP: 2만 8,170달러(PPP: 6만 1,060달러)

인플레이션: 1.6%

재정수지(GDP 대비, %): 6.6

인구: 3,570만 명

무함마드 빈 살만 왕세자로의 권력 이양, 그리고 경제를 다각화하고 현대화하겠다는 왕세자의 프로그램은 잘 진행되고 있다. 다만 치솟는 유가가 사안의 긴급성을 일부 떨어뜨릴 순 있을 것이다. 왕국은 글로벌 세력들 사이를 항해하며 다각화 계획 추진의 일부로 새로운 동맹을 구축하는 데 자신의 자금력을 사용할 것이다.

남아프리카공화국

GDP 성장률: 1.5%

1인당 GDP: 7,040달러(PPP: 1만 6,750달러)

인플레이션: 5.0%

재정수지(GDP 대비, %): -6.0

인구: 6,040만 명

시릴 라마포사(Cyril Ramaphosa) 대통령이 이끄는 여당 아프리카민족회의(African National Congress, ANC)는 2024년 선거 전에 내부 분열을 가라앉혔고 대중의 지지를 되찾는 데 집중할 것이다. 끊임없이 반복되는 불평등과 부패 스캔들 때문에 정당에 대한 지지가 빠져나갔다. 2022년 12월에 예정된, 5년에 한 번 진행되는 당 대회에서 라마포사가 재당선되고 그가 추진하는 경제 개혁에 힘이 실릴 가능성이 크다.

시리아

GDP 성장률: 1.9%

1인당 GDP: 3,510달러(PPP: 4,210달러)

인플레이션: 63.2%

재정수지(GDP 대비, %): -6.2

인구: 1,800만 명

바샤르 알아사드 대통령의 정권은 진행 중인 내전에서 잃어버린 수많은 영토에 대한 통제를 되찾았고 통솔권을 계속 단단하게 쥐고 있을 것이다. 권력 유지가 빈곤한 시민들의 생활 수준을 개선하는 것보다 우선시될 것이다.

짐바브웨

GDP 성장률: 2.2%

1인당 GDP: 880달러(PPP: 2,730달러)

인플레이션: 362.7%

재정수지(GDP 대비, %): -3.3

인구: 1,560만 명

여당인 짐바브웨 아프리카 민족 연맹 애국 전선(Zanu-PF) 정당은 2023년에 예정된 선거에서 자신의 권위에 대한 도전을 허용하지 않을 것이다. 정부의 개발 전략은 필수적인 투자가 부족해지면서 고려할 가치가 없어질 것이다. 통화 가치가 미국 달러 대비 추락하면서 인플레이션이 치솟을 것이다.

THE WORLD AHEAD 2023

2023년 숫자로 본 산업별 전망

별도의 표시가 없는 수치는 모두 2023년 예상치다.
세계 총계는 세계 GDP의 95% 이상을 차지하는 60개국을 기준으로 했다.

출처: london@eiu.com　ECONOMIST INTELLIGENCE

2023년 10대 비즈니스 트렌드

1
미국 연준과 다른 서방 중앙은행들은 인플레이션과 싸우기 위해 금리를 더 인상한다. 하지만 중국은 통화 정책을 느슨하게 유지한다.

미국 연방기금금리,
연말, %

1.63	0.13	0.13	4.38	4.63
2019	20	21	22	23

2
인플레이션 위기는 쇼핑객과 소매업자들에게 타격을 준다. 심지어 e-커머스 성장도 둔화한다. 온라인 소매는 전체 매출의 14%로 2019년 10%보다는 증가한 수치지만, 2022년 수치에 비하면 미미하게 증가할 뿐이다.

3
코로나19는 더 많은 생명을 앗아가지만, 사망자는 독감으로 인한 사망자 숫자의 두 배 미만으로 감소한다. 중국은 코로나 제로 정책을 완화하면서 감염 사례가 급증할 위험이 있다.

4
아시아의 에너지에 대한 수요는 전 세계 석유 수요를 1.5% 증가시켜 팬데믹 이전 수준을 초과하는 데 도움이 된다. OPEC는 마지못해 생산량을 늘리고 가격은 다소 억제된다.

5
경기 침체 위험과 금리 인상은 테크 분야 지출이 6% 이상 증가하는 것을 막지 못한다. 장치 판매량은 실망스럽지만 AI 시장은 5,000억 달러로 팽창한다.

6
신규 가입자를 확보하고 경쟁 업체와 경쟁하는 데 어려움을 겪고 있는 스트리밍 회사들은 계속해서 콘텐츠에 막대한 자금을 투자한다(넷플릭스의 경우 170억 달러).

7
전 세계적으로 신차 판매는 1% 증가하는 데 그치지만, 중국이 수요를 유지하기 위해 세금 감면 폐지 계획을 철회함에 따라 전기차 판매는 25% 증가한다.

8
세계 최대 국방비 지출국인 미국은 연간 지출 중국의 3배 이상인 8,000억 달러까지 늘린다. 그러나 인플레이션율을 반영한 예산은 축소된다.

9
원자재 가격의 폭넓은 지표는 후퇴한다. 이것은 몇몇 금속의 생산 부족으로 인해 어려움을 겪고 있는 기업들이나 8억 명의 굶주린 사람들에게 안도감을 주지 못한다.

원자재가 지수,
1990=100

10
국제선 도착이 30% 증가함에 따라 항공 여행업은 흑자로 돌아선다. 하지만 팬데믹 이전 수준에는 미치지 못한다. 많은 사업상 출장여행자들이 항공 여행 대신 원격 회의를 선택한다.

기업 환경

우크라이나 전쟁과 팬데믹은 계속될 것이다. 값비싼 원자재는 생산자들에게 도움이 되지만 식량 불안을 악화시키고 많은 경제에 해를 끼칠 것이다. 세계 GDP 성장률은 2022년 2.8%에서 2023년 1.6%로 둔화하지만, 인플레이션은 여전히 6%에 달해 중앙은행들은 금리를 더 인상해야만 할 것이다. 그러나 중국은 금리를 낮게 유지할 것이며 제로 코로나 정책을 완화해 세계 무역을 촉진할 수도 있다.

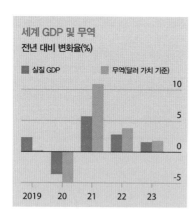

세계 GDP 및 무역
전년 대비 변화율(%)

■ 실질 GDP   ■ 무역(달러 가치 기준)

자동차

3년간 털털거리는 소리를 내며 달려온 자동차 제조 업체들은 2023년에 서행 차선에 머물 것이다. 신차 판매는 1% 증가하지만 2019년 수준보다 14% 낮은 수준을 유지할 것이다. 팬데믹의 영향을 덜 받은 상용차 판매는 더 떨어질 것이다. 칩 부족은 줄어들겠지만 공급망 상의 장애는 계속될 것이다. 에너지 부족과 높은 물가는 특히 유럽에 더 큰 피해를 줄 것이다. 인플레이션이 소비자 소득과 저축을 잠식함에 따라 자동차 제조 업체들은 상승하는 비용을 구매자에게 전가하기 위해 고군분투해야 할 것이고, 이익은 줄어들 것이다.

심지어 전기차도 덜 급격하게 가속된다. 2021년에 두 배로 성장한 전 세계 전기차 판매량은 25% 증가한 1,080만 대에 달하고, 전체 신차 시장의 약 20%를 차지할 것이다. 중국이 수요 억제를 두려워해 세금 감면 폐지 계획을 철회함에 따라 증가분의 절반 이상을 차지할 것이다. 중국은 또한 화석 연료 차량에 대해 세계에서 가장 엄격한 배출 기준을 부과할 것이다. 독일은 보조금을 삭감하면서 전기차 판매가 줄어들 것이다. 그러나 전기차는 장기적으로 자동차 제조 업체들에 최선의 희망이므로 더 많은 전기차를 출시할 것이다.

새로운 전기차 모델은 테슬라의 출시가 지연된 사이버트럭이나 BMW, 현대 등의 SUV 차량처럼 차체가 커지는 경향이 있다. 로보택시는 중국, 아랍에미리트 등의 도로로 진출할 것이다.

독일의 두 도시에서 인간 운전자가 거의 필요하지 않은 '레벨4' 자율 주행차 시험이 있을 예정이다.

주목할 점: 드론 상승. 폭스바겐 차이나(Volkswagen China)는 부유한 도시 사람들을 겨냥한 승객용 드론 시제품에 대한 고급 수준의 테스트를 수행할 예정이다. 전기 '비행 차량'은 수직 이착륙 기능을 자랑하며, 궁극적으로 4명의 승객을 태울 수 있을 것이다.

방위 및 항공우주

우크라이나 전쟁과 대만 관련 긴장으로 인해 정부들은 국방 예산을 강화할 것이다. 세계 최대 지출국인 미국은 2023년에 지출을 거의 9% 증가한 8,000억 달러로 늘릴 것이고, 이는 2위 지출국인 중국보다 3배 이상 많은 것이다. 일본과 독일은 향후 5년 동안 GDP의 2%를 방위비로 지출한다는 목표를 추구할 것이다. 그렇지만 각국 국방부는 높은 인플레이션을 극복하기 위한 노력을 해야 할 것이고, 지출은 실질적으로 감소할 것이다. 이는 국방 및 항공우주 기업들에는 타격이다. 문제를 복잡하게 만드는 것은 전 세계 리더격인 에어버스와 보잉이 팬데믹 이후 항공기 생산을 늘리려고 하는 시기에 노동력 및 공급망 문제가 존재한다는 점이다.

그래도 새로운 기술은 추진력을 얻을 것이다. 미국은 연구 지출을 늘리고 나토는 혁신 자금을 확대할 것이다. 영국이 최초의 넷제로(Net-zero) 대서양 횡단 비행을 계획함에 따라 새로운 배출 기준이 상용 제트기에 적용될 것이다. 그러나 인력도(특히 동유럽에서는) 중요할 것이다. 새로운 '나토 병력 모델'은 우크라이나 전쟁의 또 다른 결과로서 나토 동맹이 10일 이내에 10만 명 이상의 병력을 배치할 수 있게 해줄 것이다.

주목할 점: 우주 침략자들. 나사는 2023년 다시 달에 도달하고 우주선 루나 트레일블레이저(Lunar Trailblazer)는 그곳에서 물을 찾기 시작할 것이다. 그러나 억만장자들이 운영하는 민간 프로젝트들도 하늘에 시선을 고정하고 있다. 일론 머스크의 스페이스X는 달 접근 비행을 계획하고 있다. 제프 베이조스(Jeff Bezos)의 블루오리진(Blue Origin)은 새로운 로켓인 뉴글렌(New Glenn)을 발사할 것이다. 그리고 리처드 브랜슨(Richard Branson)의 버진갤럭틱(Virgin Galactic)은 상용 서비스 시작을 희망하고 있다.

에너지 위기는 2023년에 특히 유럽에서 심화할 것이다. EU가 러시아 석유에 대한 금수 조치를 확대하고 러시아가 사실상 모든 가스 공급을 중단하는 식으로 보복함으로써, 서방의 제재 하에서 러시아산 탄화수소의 흐름은 줄어들 것이다. 그러나 아시아는 전 세계적 석유 수요를 촉진하는 데 도움이 될 것이며, 동 수요는 약 1.5% 또는 하루 150만 배럴(b/d) 증가해 팬데믹 이전 수준을 초과할 것이다. OPEC은 마지못해 원유 생산량을 하루 240만 배럴(b/d)로 늘려 가격이 약간 억제될 것이다. 겨울은 유럽의 가스 재고를 고갈시키고 LNG의 흐름은 부족할 것이다. 독일과 이탈리아는 LNG 재기화 터미널을 열 예정이지만 아시아 구매자들과 경쟁해야 한다.

이 모든 것으로 에너지 소비가 겨우 1% 증가하더라도 석유와 가스 가격은 높게 유지될 것이다. 연료 쟁탈전은 석탄 소비를 새로운 기록적 수치까지 끌어올릴 것이며, 독일에서 중국에 이르는 국가들은 기후 변화에 대처하기 위해 계획했던 감축안을 철회할 것이다. 하지만 태양광 발전은 전망이 밝고, 비수력 재생 에너지에 대한 수요를 11% 증가시킬 것이다. 물 부족과 친환경 자

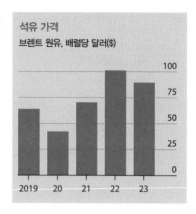

석유 가격
브렌트 원유, 배럴당 달러($)

격에 대한 의구심 속에서 수력 발전량은 3% 증가할 것이다.

11월에 두바이에서 열리는 COP28 기후 정상 회담은 이산화탄소 배출량 감축에 대한 새로운 약속과 부유한 국가가 빈곤한 국가에 연간 1,000억 달러의 녹색 금융을 제공하는 것에 대한 새로운 기한을 도출할 것이다. 이 회담은 성공적일 수 있다(3년 늦은 것이긴 하지만). 회의 참석자들을 위한 한 가지 뜨거운 주제는 기온이 올라가는 지구를 위한 에너지 효율적인 에어컨이다.

주목할 점: 핵분열 떨림. 2023년에는 원자력에 대한 관심이 전 세계적으로 확산할 것이다. 새롭게 국유화된 EDF는 프랑스 최초의 차세대 원자력 발전소를 열 것이고, 중국은 실험용 고속 원자로를 가동할 것이다. 정전을 피하기 위해 독일과 한국은 원전 폐쇄 계획을 보류할 것이다.

엔터테인먼트

코로나19에 대한 두려움이 사라지면서 더 많은 영화 애호가들이 처진 소파에서 영화관의 편안한 좌석으로 이동할 것이다. 2023년 흥행 수익은 2019년을 능가할 것이고, 이것은 팬데믹 동안 부채를 떠안은 영화관 체인들에는 반가운 소식이다. 스트리밍 회사들은 월 사용료가 오르면서 구독자를 잃게 되겠지만, 그럼에도 불구하고 폭식할 만한 콘텐츠에 대한 욕구를 충족시켜야 한다. 가장 큰 스트리밍 회사인 넷플릭스는 새 콘텐츠에 170억 달러를 지출할 것이지만 개별 사용자로부터 더 많은 돈을 짜내는 걸 우선순위로 삼을 것이다. 워너브로스(Warner Bros)는 HBO 맥스와 디스커버리 플러스(Discovery+)를 결합한 서비스를 출시할 예정이다.

스트리밍 회사들의 쌓인 현금은 그들이 새로운 경기장에서 전통적인 방송사들을 괴롭히는 데 도움이 될 것이다. 아마존의 프라임비디오는 오랫동안 전통적인 텔레비전의 영역인 스포츠 방송에 발을 들여놓았다. 2023년부터 애플 TV플러스는 25억 달러 규모의 거래 덕분에 미국 메이저리그 축구 경기를 생중계할 예정이다.

지금까지 넷플릭스는 스포츠 관련 경쟁에 끼어들지 않았다. 넷플릭스는 2022년 11월 여러 시장에서 출시된 더 저렴한 광고 지원 서비스가 현금이 부족한 시청자를 끌어들이고 구독자 성장을 재점화할 것으로 기대하고 있다. 넷플릭스는 전 세계적으로 암호 공유를 단속해 무임승차자들을 저지할 것이다.

금융 서비스

경기 둔화는 2023년에 금융 안정성을 시험할 것이다. 바젤4의 시행 시작, 은행들의 많은 준비금과 더 엄격한 위험 기준을 고려할 때 2008년과 같은 전 세계적 붕괴는 없을 것이다. 금리 인상 역시 이윤을 강화할 것이다. 그러나 안전하지 않은 개인 투자는 실패할 수 있다. 러시아에 대한 광범위한 금융 제재는 금융 회사에 더 많은 손실과 혼란을 초래할 것이다. 국가 채무 불이행은 스리랑카에서 확실하며 몽골과 파키스탄에서 이집트와 튀니지에 이르기까지 다른 많은 신흥 시장에서도 가능하다. IMF는 위험한 외채를 짊어진 은행들이 통화 가치 하락과 상환 부담 급증으로 파산할 수 있다고 경고한다.

주식 시장은 기준을 강화할 것이다. 미국은 감사 규정을 어기는 기업(대부분 중국 기업들)의 상장을 폐지할 것이다.

홍콩과 상하이가 혜택을 볼 것이다. 중국은 특히 부동산에서 위험에 직면할 것이다. 부채가 많은 거대 부동산 그룹 에버그란데(Evergrande)가 홍콩에서 상장 폐지를 피할 수 있는 기한은 2023년 9월까지다. 모든 곳에서 더 많은 금융 회사가 온라인 및 모바일 채널로 눈을 돌려 핀테크와 경쟁하고 협력할 것이다. 디지털 통화의 부상과 국제 결제를 지원하는 메시지 네트워크인 스위프트(SWIFT)에서 러시아가 제외된 것이 촉매제로 작용하면서 국경 간 결제는 대대적인 변화를 겪을 것이다.

밀
전 세계, 100만 톤

생산
소비

2018-19 19-20 20-21 21-22 22-23

780
770
760
750
740

107조 달러

2023년 전 세계 개인 고객에 대한 신규 은행 대출 가치(2022년보다 8.7% 증가).

주목할 점: 기초적 수준을 넘어서는 어려움. 규제 당국이 기업의 환경, 사회 및 거버넌스 자격 증명을 선전하는 기업적 조작인 그린워싱을 억제함에 따라 ESG에 있어서 중대한 해가 될 것이다. ESG 회계에 대한 새로운 EU 규정은 6월부터 적용되며 미국도 뒤따를 것이다.

식량 및 농업

우크라이나 전쟁과 기후 변화로 2023

년에는 식량 부족이 닥칠 것이다. 유엔은 전 세계적으로 거의 8억 3,000만 명이 굶주리고 있는 가운데 1,900만 명 넘는 사람들이 영양실조 상태가 될 것으로 예상한다. 수확물은 많은 곳에서 더 적어질 것이다. 러시아가 공급하는 비료의 부족, 높은 에너지 가격, 2022년 가뭄의 여파로 전 세계적으로 파종이 피해를 볼 것이다. 쌀 생산량은 증가하지만, 밀과 옥수수 생산량은 감소할 것이다. 러시아가 봉쇄로 장난을 치기 때문에 우크라이나의 곡물 수출량은 적을 것이다. 특히 이집트는 고통을 받을 것이다.

그렇다고 해도 하늘 높이 치솟은 식량 가격은 수요가 약해짐에 따라 하락할 것이다. 이코노미스트 인텔리전스 유닛(EIU)의 식량, 음료 및 사료 가격 지수는 지방 종자를 중심으로 12% 하락할 것이다. 소비자들은 주머니 사정을

WHAT IF?

EIU는 중국의 GDP가 2023년에 합리적인 수준에서 4.7% 성장할 것으로 예상하지만 위험이 많다. 주기적인 중국 코로나 봉쇄는 여전히 가능성이 크다. 중국의 부동산 거품이 터질 위기에 처해 있다. 거대한 수출 시장인 미국과 EU의 경기 둔화는 중국의 성장을 저해할 수 있다. **2023년에 중국이 경기 침체에 빠지면 어떻게 될까?** 이는 중국의 수입 욕구가 약해지고 세계 금속 및 에너지 가격이 하락한다는 것을 의미한다. 수입 감소는 의류에서 태양 전지판에 이르기까지 모든 것의 생산 감소로 이어지게 된다. 그 영향은 세계에서 가장 큰 전자 제품 공급원인 중국 선전에 큰 타격을 줄 것이다. 또한 고통을 느끼게 될 곳은 중국에 상품을 제공하는 국가들일 것이다. 중국에 자동차, 비행기, 그리고 많은 다른 것들을 판매하는 미국, 일본, 한국을 생각해보라. 걱정을 떠안는 회사에는 가장 큰 전기차 시장에서 판매를 늘리고 싶어 하는 테슬라도 포함될 것이다. 또한 국내 경기 둔화를 상쇄하기 위해 중국에서 더 많이 판매하기를 희망하는 미국 및 EU 소비자 브랜드들 역시 속 쓰려 할 것이다. 중국 업계 중 부동산 개발 분야는 부실 대출에 시달릴 수 있다. 그 여파는 전 세계로 퍼져 주식 시장을 뒤흔들고 글로벌 성장에 구멍을 낼 것이다.

위해 밀에서 수수로, 해바라기유에서 다른 식물성 기름으로 전환하면서 취향을 바꿀 것이다. 식량 공급이 위험에 처하면서 일부 국가는 새로운 식량 수출 금지 조치를 취할 것이고, 이로 인해 가격이 다시 급등할 수 있다.

친환경 목표도 어려움을 겪을 수 있다. '지속 가능한' 농업을 촉진하기 위해 EU는 새로운 공동 농업 정책을 추진할 테지만, 대신 더 많은 식량을 재배하기 위해 휴경지로 남겨질 땅에 대한 목표치를 줄일 것이다. 영국의 새로운 토지 이용 정책은 태양광 발전소보다 식량 재배를 우선시할 수 있지만, 일부 농부들에게는 탄소 감축 및 자연 보호에 대한 비용을 지불할 것이다. 미국의 농업법도 같은 일을 할 수 있다.

주목할 점: 실험실 가재. 시옥미트(Shiok Meats)가 세포 기반 새우와 랍스터를 출시함에 따라 싱가포르는 실험실에서 재배한 식량의 허브로 입지를 다질 것이다. 라이벌 홍콩에서는 알트팜(Alt Far)이 와규 쇠고기를 찍어낼 것이다. 미국 스타트업 기업인 이트저스트(Eat Just)는 닭고기를 제조하는 공장을 열 예정이다.

코로나19는 2023년에 수백만 명을 더 감염시킬 테지만, 위험한 새로운 변종이 퍼지지 않는다면 사망자는 독감으로 인한 사망자 숫자의 두 배 미만으로 떨어질 것이다. 팬데믹 초기에는 사망률이 200배 이상 높았다. 중국은 제로 코로나 정책을 느슨하게 해 감염 사례가 급증할 위험이 있다. 이를 예방하기 위해 중국은 자체 개발한 mRNA 주사를 포함해 더 많은 백신을 출시할 것이다. 미국과 영국 연구원들은 모든 변종 백신을 테스트할 것이다. 원숭이두창과 말라리아 예방주사도 더 많은 관심을 끌 것이다. 팬데믹에 따른 사망자가 감소함에 따라 유엔은 출생 시 기대 수명이 2020~2021년에 1.8년 감소한 후 2023년에 회복되기 시작할 것으로 보고 있다.

각국 정부는 경제가 침체하고 비용이 상승함에 따라 확장된 의료 시스템에 자금을 대기 위해 고군분투할 것이다. 1인당 의약품 판매 및 보건 지출은 명목 달러 기준으로 약 5% 증가하지만, 인플레이션으로 인해 실질 기준으로는 하락할 것이다. 인도에서 나이지리아에 이르는 국가들은 보편적인 의료 서비스를 확대할 것이다. 핀란드는 광범위한 개혁을 도입할 것이다. 낙태에 대한 논쟁은 미국과 다른 곳에서 격렬해질 것이다.

제약 회사들은 특허 만료 및 전반적인 경쟁에 대처하기 위해 인수를 강화할 것이다. 특히 세계에서 가장 잘 팔리는 약인 항염증제 후미라(Humira)를 만드는 애브비(Abbvie)가 그 대상이다. 제너럴 일렉트릭(General Electric)은 GE헬스케어의 분사와 상장을 추진할 것이다. 좀 더 친환경적인 미래를 계획하고 있는 화이자(Pfizer)는 2023년 북미 사업을 태양열 발전으로 완전히 전환할 예정이다.

1,739달러

2023년 전 세계 평균 1인당 의료비 지출 (2019년보다 20% 증가).

주목할 점: 걸음마. 정부 연구 기관인 지노믹스 잉글랜드(Genomics England)는 희귀 질병에 대한 데이터를 수집하기 위해 2023년에 최대 10만 명의 신생아를 검사할 것이다. 이것은 일상적인 전장유전체 해독을 향한 작은 움직임이며, 개인 맞춤화된 의학에 큰 도움이 될 것이다. 희귀 질병은 전 세계적으로 약 4억 명의 사람들을 괴롭히고 있다. 그러한 질병의 4분의 3은 유전이 원인이다.

기반 시설

6년 연속으로 총 고정 투자가 세계 GDP에서 차지하는 비중이 증가해 25%를 넘어섰다. 인프라 지출을 대신 보여주는 이 지표의 꾸준한 확장은 정부 현금의 부족으로 2023년에는 타격을 받을 것이다. 하지만 기회는 많을 것이다. 전 세계적으로 투자액은 거의 25조 달러에 달할 것이다. G20의 글로벌 인프라스트럭처 허브(Global Infrastructure Hub)에 따르면 여기에는 3조 2,000억 달러의 팬데믹 부양책이 포함된다. G7은 중국의 10년 된 일대일로 계획에 도전장을 내밀기 위해 신흥 시장을 위한 글로벌 인프라 펀드의 시작에 필요한 1억 6,000만 달러를 마련할 것이다.

2021년에 통과된 미국의 인프라법을 포함해 우크라이나 전쟁 전에 계획된 공공 투자는 운송, 물 및 디지털화 관련 목표에 초점을 맞출 것이다. EU와 영국의 국가 인프라 은행과 같은 새로운 계획은 에너지 인프라에 자금을 쏟아부을 것이다. 중국은 농촌 인프라와 5G 네트워크에 더 많은 자금을 투입할 것이다. 불행히도 인플레이션은 이미 이러한 투자 사업들의 가치를 삭감했다. 노동력 부족과 높은 건축 비용으로 인해 많은 프로젝트가 회사 입장에서는 수익이 되지 않을 것이다. 그래도 최소한 그것들은 까다로운 시기에 수익 흐름을 유지할 수는 있게 해줄 것이다.

주목할 점: 가스 확장. 유럽과 다른 국가들은 파이프로 보내지는 러시아 가스를 끊으면서 새로운 항구에 대한 투자와 LNG를 위한 재기화 인프라는 2023년에 320억 달러에 이를 것이다.

IT

경기 침체 위험과 금리 인상도 2023년 IT 분야 지출을 막지 못할 것이다. 기업은 점점 더 기술을 활용해 수요를 예측하고 공급을 추적하며 데이터를 확보할 것이다. 컨설팅 업체인 가트너(Gartner)는 소프트웨어 및 IT 서비스에 대한 기업의 수요에 힘입어 테크 관련 지출이 전년 대비 6% 이상 증가할 것으로 예상한다. 높은 가격으로 인해 소유자들이 장치를 교체하는 것을 꺼리면서 장치 판매는 실망스러울 것이다. 그러나 기업이 높은 임금과 공급 문제에 대처하기 위해 노력함에 따라 자동화가 가속화할 것이다. AI 시장은 5,000억 달러 규모로 성장할 거라고 연구 기업인 IDC는 추산한다. 클라우드 컴퓨팅도 성장해 원격 근무와 기

WHAT IF?

유전자 치료는 큰 잠재력이 있다. 환자의 결함 있는 DNA 조각을 수정된 버전으로 교체하면 희귀 질환에서 일반 암에 이르기까지 모든 것을 치료할 수 있다. 그러나 신제품 출시는 매우 느렸다. 2018년 이후 미국 규제 당국은 단지 24가지 세포 및 유전자 치료법만을 승인했으며, 대부분은 비용이 엄청나게 많이 든다. **유전자 치료에 돌파구가 생긴다면 어떨까?** 이런 일은 더 빠른 승인, 더 나은 환자 치료 방법 또는 더 저렴한 생산을 통해 일어날 수 있다. 모든 면에서 징후는 희망적이다. 약국 체인인 CVS 헬스에 따르면 미국에서는 2023년에 12가지 이상의 유전자 치료법이 승인될 수 있다. 전 세계적으로 300가지 이상의 임상 시험이 진행 중이다. 이러한 약물을 환자에게 투여하는 방법은 적응된 바이러스('바이러스 벡터')를 사용해 개선할 수 있으며, 최신 버전은 부작용을 줄일 수 있다. 높은 가격의 경우 투자를 통해 생산 비용을 줄일 수 있다. 2023년에 미국 회사인 바이오젠(Biogen)은 프랑스 회사인 이포스케시(Yposkesi)와 마찬가지로 새로운 유전자 치료 공장을 열 것이다. 정부와 보험사가 수년에 걸쳐 치료비를 지불하거나 결과에 따라 제약사에 보상을 제공하는 게 가장 유리한 방법이 될 것이다. 그것은 유전자 치료법의 엄청난 잠재력을 일깨울 수 있다.

업의 데이터 수집 및 분석 욕구를 지원할 것이다. 아마존, 마이크로소프트와 같은 거대 기술 기업이 제공하는 클라우드 서비스에 대한 지출은 약 6,000억 달러에 달할 것이라고 가트너는 예측한다.

이 모든 것이 연결성을 개선하고 보안을 강화하기 위해 더 많은 기업이 사설 모바일 네트워크를 구축하도록 자극할 것이다. 주니퍼 리서치(Juniper Research)에 따르면 이와 관련한 지출이 120억 달러에 달할 것이며, 그중 60%는 제조업, 광업 및 에너지 분야

회사에서 나올 것이라고 한다. 그러나 디지털화는 사이버 보안 위험을 증가시킨다. 지정학적 분쟁도 마찬가지다. 2023년에 정부는 사이버 통제를 강화해 관료주의가 심해지고 소규모 기업들에 큰 부담으로 작용할 것이다.

1.1%

2023년 전 세계 총 고정 투자 증가율(2009년 이후 팬데믹에 해당하지 않는 연도 중 가장 낮은 수준).

주목할 점: 현금화하기. 컴퓨터 칩은 자동

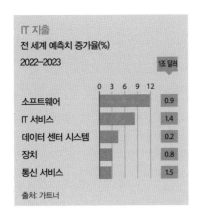

차, 소비자 기기 및 모든 디지털 제품에 사용되므로 수요가 있다. 그러나 공급 문제와 대만에 대한 중국의 위협은 서방 정부들의 걱정거리다. 그들은 자국 내에서의 칩 제조를 증가시키려 하고 있고, 일부 성공도 거뒀다. 2023년 한국의 SK하이닉스가 미국에 반도체 공장 건설을 시작할 것이다. 다른 회사들도 뒤따를 것이다. 미국은 국내 생산을 촉진하기 위해 520억 달러의 칩 제조 보조금을 제공하고 있으며, 2023년부터 현금 지급을 시작할 예정이다.

미디어

팬데믹 이후 지출 급증에 따라 광고 사업은 더 어려운 시기에 직면해 있다. 광고 대기업인 덴쓰(Dentsu)는 2023년 전 세계 광고 수익이 5% 이상 성장해 거의 7,800억 달러에 달할 것으로 예상한다. 그러나 이것은 광고에 대해 더 많은 비용을 청구하는 출판업자들에 의해 부풀려질 것이며, 경제적 난관은 미래의 광고주들, 특히 서방의 광고주들을 머뭇거리게 할 것이다. 광고 업계 및 마케팅 대행사들의 정리해고가 예상된다.

팬데믹 동안 심어진 추세는 결실을 맺을 것이다. 디지털 광고는 더 많은 출판 비용을 차지해서 총 지출의 57%에 달할 것이다. 이 가운데 모바일 광고 지출은 인기 게임과 짧은 동영상 덕분에 가장 빠르게 증가할 것이다. 브라질과 인도와 같이 디지털 미디어 소비가 증가하고 있는 개발도상국이 선도자가 될 것이다. 그러나 신흥 시장의 통화 가치 하락은 미국 거대 테크 기업들의 수익 감소를 의미한다.

프라이버시 문제가 크게 불거질 것이다. 규제 기관과 소비자는 '쿠키'를 제거하도록 광고 업계에 압력을 가하고 있는데, 이것은 광고주가 귀중한 사용자 데이터에 굶주리게 할 것이다. 사람들이 제3자가 자신의 데이터를 수집하는 것을 차단할 수 있도록 허용하려는 애플의 움직임은 디지털 광고주들을 긴장하게 할 것이다.

적어도 2024년까지 쿠키 차단을 연기하기로 한 구글의 결정은 광고주와 광고에 의존하는 기업들에 약간의 안도감을 약속한다. 반발로 가장 큰 고통을 겪는 것은 동료 기업들보다 제3자 데이터에 더 많이 의존하는 메타일 것이다. 하지만 쇼핑객에 대한 많은 데이터를 소유하고 있는 아마존과 월마트 같은 소매 업체는 이익을 볼 것이다. 다른 기업들은 소비자를 더 잘 겨냥하기 위해 자신들의 웹사이트를 사용하길 원할 것이다.

금속 및 광업

2022년 사상 최고치까지 치솟은 EIU의 금속 가격 지수는 2023년에 7% 이상 하락할 것이다(비록 코로나19 이전보다는 40% 더 높은 수준이긴 해도). 다이아몬드와 금에 대한 수요는 경기 침체로 인해 가장 큰 타격을 입을 테지만, 중국의 부양책 지출은 건설 및 제조에 필요한 금속들에 힘이 되어줄 것이다. 북미 철강 사용량은 8년 만에 최고치를 기록할 것이다.

하지만 중국과 유럽의 높은 에너지 가격과 전력 부족은 알루미늄, 철강 및 아연을 포함한 금속 생산을 방해할 것이다. 이로 인해 각국 정부는 고철에 대한 일시적인 금수 조치를 연장할 수 있다. 노르니켈(Nornickel) 및 루살(Rusal)과 같은 러시아 공급 업체들은 우크라이나 전쟁 관련 제재의 영향을 줄이기 위해 합병을 고려할 것이다.

친환경 에너지 전환 및 디지털화는 구리 및 기타 금속에 대한 수요를 촉진할 것이다. 전기차와 전자 제품은 리튬, 니켈 및 희토류 금속의 소비를 촉진할 것이다.

주목할 점: 그리 희귀하지 않은 토류. 호주 광산 회사인 아메리칸 래어 어스(American Rare Earths)는 배터리 생산에 필요한 17가지 희토류 광물이 10억 톤 이상 발견될 거로 예상되는 미국의 할렉 크리크(Halleck Creek) 현장에 관한 결과를 발표할 예정이다. 세계의 많은 희토류가 중국과 러시아에 있는 상황에서 이 프로젝트는 미국의 배터리 보안 목표를 지원할 것이다. 호주, 영국, EU도 투자를 늘리고 있다.

부동산

부동산 업계 매출은 2023년에 5조 8,000억 달러에 달할 것이다. 엄청난 금액이지만 2022년보다 1% 높은 수치에 불과하다. 높은 금리는 담보 대출에 부담을 주고 일부 시장에서는 주택 가격을 떨어뜨릴 것이다. 구매 지원 제도가 종료되면 영국의 주택 가격은 5% 하락할 수 있다. 호주의 경우에는 9% 하락할 수 있다. 미국의 팬데믹 이후 붐은 적어도 느려질 것이다. 전 세계적으로 불확실성은 건축업자들이 수요 감소, 높은 비용 및 노동력 부족을 우려하면서 신규 주택 착공 및 사무실 개발의 하락을 장기화할 것이다. 그래도 투자자들은 인플레이션을 상쇄하기 위해 안전한 피난처와 안정적인 임대료를 구하고자 하므로 많은 도시에서 사무실 완공은 높은 수준을 유지할 것이다.

EIU 부동산 수치에는 데이터가 희박하고 부동산 부문이 취약한 중국은 포함되지 않는다. 주택 융자금 납부 거부 운동, 채무불이행, 약한 금융 시스템은 신용 성장을 지원하기 위한 공식적인 노력에도 불구하고 2023년까지 중국의 신뢰를 계속 흔들 것이다. 그렇긴 해도 코로나19 관련 제한 조치의 점진적인 완화는 중국과 동남아시아의 수요를 촉진할 것이다. 인도의 호화 주택 시장은 강세를 유지할 것으로 보인다. 전 세계적으로 세컨드 하우스 소유자들은 하이브리드형 근무를 하게 되면서 태양, 바다 및 끊김 없는 인터넷에 매료될 것이다.

주목할 점: 열기 느끼기. 부동산 소유주는 건물을 더 친환경적으로 만들도록 권장되거나 강요될 것이다. 2023년에 미국은 에너지 절약 조치들에 대해 더 많은 세금 공제를 제공할 것이다. 영국은 최소 에너지 효율 기준을 설정할 것이다. 독일은 집주인과 임차인이 나눠서 부담하는 배출세를 부과할 것이다.

소매업

생활비 위기는 쇼핑객과 소매업자들 모두에게 피해를 줄 것이다. 심지어 전자상거래의 성장도 둔화될 것이다. 특히 서방 국가들에서 그럴 텐데, 돈을 아끼려는 소비자들과 높은 이자율이 소매업자들의 확장 계획을 방해할 것이다. 세계 최대의 온라인 쇼핑 시장인 중국에서는 경제적 고통이 성장을 저해할 것이다. 알리바바, 핀뚜어뚸(Pinduoduo)와 같은 중국 소매 대기업은 서방 소비자를 유혹하기 위해 저렴한 가격을 매길 것이다. 동남아시아와 라틴아메리카에서는 가족이 운영하는 소규모 매장들이 디지털화되면서 전자상거래가 확산할 것이다. 실제로 세 개발도상국(콜롬비아, 나이지리아, 남아프리카공화국)은 아마존이 2023년에 진입할 계획인 5개 시장에 속할 것으로 예상된다. 온라인 소매 매출의 확장은 더딜 것이고, 전 세계 소매 매출액의 14% 이상을 차지할 것이다. 이것은 2022년 수치보다 조금 높은 수준이다. 온라인과 오프라인 세계는 더욱 융합될 것이다. 온라인 상에서 상품을 주문하고 가격을 지불할 수 있게 해주는 기능인 클릭앤콜렉트(Click-and-

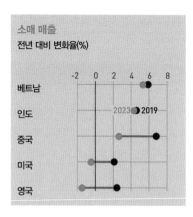

소매 매출

전년 대비 변화율(%)

| | -2 | 0 | 2 | 4 | 6 | 8 |

베트남

인도   2023 ● 2019

중국

미국

영국

주목할 점: 플라스틱 규칙? 각국 정부는 일회용 플라스틱 사용을 억제할 것이다. 플라스틱으로 포장된 과일과 채소의 판매를 제한하는 스페인에서 일회용 플라스틱을 완전히 금지하는 캐나다에 이르기까지 다양한 법률이 적용될 것이다. 소비재 회사의 경우 이것은 비용이 많이 든다는 것을 의미한다. 모든 플라스틱의 약 10%가 직물에 사용되고 거의 3분의 1이 포장에 사용된다.

collect)는 부유한 국가에서는 소비자가 가장 좋아하는 형식이 될 것인데, 영국에서는 2013년보다 3배 이상인 119억 유로(120억 달러)의 수입을 창출한다. 소매업자들은 창고 및 기타 후방 작업을 자동화해 인건비를 절감할 것이다. 한 새로운 유통 허브에서 호주의 마이어(Myer)는 회사의 온라인 주문 10개 중 7개를 처리할 수 있는 200대의 로봇을 배치할 예정이다. 패션 및 명품 브랜드는 1997년 이후에 태어난 인류의 4분의 1을 차지하는 Z세대를 목표로 메타버스에서 실험을 이어갈 것이다.

17조 8,000억 달러

2023년 전 세계 소매 매출액(인플레이션 조정치, 전년 대비 4.5% 증가).

통신

통신 업계 단체인 GSMA에 따르면 2023년 모바일 통신은 주로 55억 가입자를 위한 생산성 향상을 통해 세계 경제를 4조 8,000억 달러만큼 증가시킨다. 5G 기술이 아르헨티나, 인도, 베트남과 같은 중간 소득 국가로 확산하면 5G 가입 건수는 10억 건을 넘어설 것이다(동아시아와 북미는 여전히 더 많은 5G 사용자를 자랑할 것이다). 그러나 스마트폰 판매는 경기 침체와 반도체 공급 문제로 인해 정체될 것이다. 광대역은 개발도상국의 더 많은 가정에 도달할 것이다. 예를 들어 나이지리아는 2023년까지 50%의 보급률을 목표로 하고 있다. 그럼에도 불안정한 경제는 통신 사업자의 지출을 억제할 것이다. 소비자 가격의 인상에도 불구하고, 사업자들은 네트워크에 대한 투자

자금 조달에 어려움을 겪을 것이다. 아시아와 유럽에서는 위기에 처한 기업들이 합병을 시도할 것이지만 규제 당국이 이를 막을 수도 있다. 유럽 사업자들은 오렌지(Orange)와 마스모빌(MasMovil)이 계획대로 2023년에 스페인에서 통합될 수 있을지를 지켜볼 것이다. 그들이 성공한다면 다른 이들도 뒤따를 것이다.

유럽 정부들은 미국 테크 회사들을 무임승차자라고 주장하면서 그들이 유럽의 디지털 인프라 개선에 자금을 대주길 원한다. EU가 행동을 취하고, 그래서 중국의 기술 우위에 맞서는 서방의 연합 전선을 손상시킬 위험이 있을지는 불확실하다. 그러나 EU 규제 당국은 어쨌든 거대 테크 기업들에 대한 올가미를 조일 것이다. 2023년 초에 발효될 예정인 디지털시장법은 새로운 참가자가 소수 독점적 테크 기업들과 경쟁할 수 있도록 돕는 것을 목표로 한다.

여행 및 관광

더 이상 땅에 붙박이지 않은 항공 산업은 억눌린 수요로 인해 국제 관광객 도착이 30% 증가한 16억 명으로 증가함에 따라 2023년에 흑자로 전환할 것이다. 그러나 전 세계 관광 산업은 정상으로 돌아오지 않을 것이다. 입국자들은 생활비 상승과 중국의 코로나 제로 정책으로 인해 억제되어, 팬데믹 이전 수준인 18억 명에 미치지 못할 것이다. 약 1조 4,000억 달러에 달하는 관광 수입은 높은 에너지, 직원, 식품 등과 관련된 비용들 때문에 2019년 최고치를 회복할 것이다. 코로나19는 특히 미국과 유럽에서 더 많은 직원 부족을 유발할 것이다. 온라인 회의가 지속됨에 따라 사업상 출장 여행은 계속 억제될 것이다.

그래도 스포츠 및 기타 이벤트는 여행에 힘을 실어줄 것이다. 중국은 6월 AFC 아시안컵 축구대회 개최를 고사했지만, 연기된 9월 아시안게임 개최를 위해 제한 조치들을 완화할 예정이다. 중국의 제한된 재개방은 2023년에 아시아의 관광 도착을 두 배로 늘리는 데 도움이 될 것이다. 한편 프랑스는 럭비 월드컵을 관광 붐의 발판으로 바꿀 수 있기를 희망할 것이다. 사우디아라비아에서는 성지순례가 복권 제도에서 할당제로 바뀌어 더 많은 순례자가 들어올 수 있게 될 것이다.

주목할 점: 전속력으로. 더 이상 코로나19를 위한 세균 배양용 접시가 아닌 유람선은 2023년에 그 예약이 팬데믹 이전 수준으로 돌아갈 것이다. 프랑스에서는 심지어

새 유람선 회사인 꽁빠니 프랑세즈 드 크
로와지에르(Compagnie Française de
Croisières)도 생길 것이다. 그들의 서비스
는 '르네상스'라는 어울리는 이름이 붙은 중
고 선박을 사용해 시작될 것이다.

2조
7,000억 달러

2023년 호텔과 레스토랑에 대한 전 세계 소
비자 지출(팬데믹 이전인 2019년보다 16%
감소한 수치).

계산대에 처리할 수 없는 상품이 있습니다

슈퍼마켓 계산원은 멸종으로 향하는 컨베이어 벨트에 실려 간다

앤 로(Ann Wroe) 〈이코노미스트〉 부고 편집자

단테가 이 장면을 보았다면 신곡의 연옥편에 실었을 것이다. 식료품과 생활용품, 반려동물용품이 긴 고무 컨베이어 벨트에 실려 빙하처럼 끝없이 떠내려온다. 그 끝에는 30대 남자가 앉아 있다. 그가 하는 일이라고는 물건을 잡아 바코드를 찍고 가격을 말하고 전문가의 손길로 상품 분리용 막대를 집어 반대편 끝으로 옮기는 게 전부다. 그리고 다시, 그리고 다시. 영원히.

이것이 개리의 직업이다. 매장에 도착하자마자 비닐 유니폼에 몸을 쑤셔 넣고 모자를 쓰고 간간이 서비스용 미소를 지으며 몇 년간 같은 일을 했다. 그의 직무기술서에는 '물품 바코드 찍기'와 '물품 대금 결제하기'뿐 아니라 '영수증 발행하기'와 '매장 출입 고객에게 인

사하기'도 있었는데, 이 부분은 내킬 때만 가끔 했다. 몇 년이 지나도록 컨베이어 벨트를 사이에 두고 마주하는 찰나의 순간 외에 개리를 특별히 주목하는 사람은 없었다. 매장 음악에 맞춰 "가끔은 내 꿈을 꿔줘요"라고 노래 부르는 마비스와 보라색으로 칠한 손톱을 세워 독수리처럼 시리얼 박스를 낚아채는 폴리라면 몰라도. 개리가 했던 가장 야심 찬 행동은 예쁜 고객이 올 때면 특별히 능숙하게 영수증을 찢어 건네준 것뿐이었으니까.

하지만 이제 사람들은 개리를 알아본다. 그 넓은 매장에서 계산대에 남은 유일한 인간이기 때문이다. 개리가 세계 최후의 슈퍼마켓 계산원일지도 모른다는 소문도 있다. 계산원은 더 이상 필요가 없다. 개리의 자리를 빼면 매장 입구에는 새로 설치된 번쩍번쩍한 무인 계산대가 늘어서 있다. "저희 매장을 찾아주셔서 감사합니다! 영수증 필요하신가요?"라고 외치는 불빛이 깜박인다. 세계적으로 무인 계산대가 빠르게 늘어나고 있다. 심지어 아마존에서 운영하는 노 체크아웃 매장®에서는 쇼핑백을 안고 문을 나서면 그만이다.

● 계산대가 없고 아마존 계정에 로그인해 쇼핑한 후 체크아웃 레인으로 나가면 자동으로 물건 값이 계산되는 매장.

그러면 개리는 왜 아직도 최저임금을 받는 단순 직업에서 버티고 있을까? 비닐봉지 묶음을 어떻게 정리할지('항상 계산대를 깨끗이 정돈하기') 정도를 제외하면 이 일에는 최소한의 창의성도 없다.

그뿐이 아니다. 고객이 찾는 수프나 시리얼 가격이 오르거나 재고가 없으면 개리의 잘못이었다. 고객이 대충 머릿속으로 계산한 금액과 계산대에서 찍은 총액이 맞지 않아도 개리의 잘못이었다. 컨베이어 벨트에서 달걀이 깨지거나 설탕 봉지가 새면 개리가 치워야 했다. 모두가 개리에게 불만을 쏟아냈지만 개리는 똑같이 대응할 수 없었다. 물건을 담아줄 때 조용히 토마토 위에 무거운 물건을 올리며 소심하게 복수할 뿐이었다.

역시 계산원이었던 개리의 아버지는 자신의 직업을 진심으로 자랑스럽게 여겼다. 과거의 계산대는 타자기나 소형 피아노와 마찬가지로 영광의 기계였다. 적절한 타격감으로 키 두 개를 동시에 눌러서 동전과 지폐가 있는 서랍을 여는 것이 한때는 황홀한 일이었다. 더 좋은 모델은 꼭대기의 유리 상자에 가격도 표시됐다. 계산원이 조금씩 돈을 꿍치는 일이 종종 있어서 이를 막기 위해 소리와 잠금 해제가 고안됐다. 판매는 매번 중대한 순간이었다.

계산원이 주도권을 쥐었던 영광의 나날은 이미 오래전에 끝났다. 하지만 개리는 여전히 최후의 금액을 선언하고 제물을 기다렸다. 우위에 서는 순간이랄까? 고객이 떨리는 손으로 지갑에서 동전을 꺼내 계산하다가 컨베이어 벨트 너머로 떨어뜨리면 개리는 마지못해 관대하게 도움의 손길을 내밀었다. 고객이 의심이나 불신의 기색을 보이면 승리를 확신하며 입을 다물었다. 고객이 계속 우기면 최후의 수단을 썼다. 관리자 호출 버튼을 누르는 것이다.

개리가 생각하면 할수록 계산원의 권력은 확실했다. 시간은 이들의 유일한 대화 주제인 휴식 시간을 중심으로 돌아갔다. ("휴식 언제 갈 거야?" "10시 반에." "그럼 난 11시에 갈게.") 고객의 움직임도 통제했다. 계산대를 갑자기 마음대로 닫으면 줄에 서 있던 고객들은 카트를 끌고 다른 방향으로 흩어졌다. 개리는 법을 집행하기도 했다. 나이 들어 보이는 옷을 입거나 개리의 여자친구의 사촌이라고 말하며 신분증 없이 술을 사려는 고객의 나이를 판단했다. 개리는 돈을 다뤘지만 마치 왕족처럼 어떤 것의 가격도 알 필요가 없었다. 한 차원 위에 있는 셈이었다.

사실 기분이 좋은 날이면 개리는 자신이 꼭 필요한 역할을 하고 있다고 생각하곤 했다. 아직 사회를 순환하는 혈액이라고 할 수 있는 현금을 다루는 일이다. 통상 무역의 최전선에 용감하게 섰고 실제로 고객의 손에 상품을 안겨준다. 온종일 누구와도 대화하지 않을 사람들과 주고받는 몇 마디는 아마 가장 중요한 부분일 것이다. 옥수수와 아이들, 날씨에 대한 잡담을 무인 계산대와 할 수는 없는 일이다.

개리와 같은 사람이 없다면 도심의 외로움과 교외 지역의 익명성은 점점 깊어질 것이다. 기술에 열광하는 젊은이와 과학 기술 공포증이 있는 고령층의 격차도 더 벌어질 것이다. 어차피 바람을 쐴 겸, 조금 걸을 겸 나와서 아보카도를 직접 만져보고 고를 때가 아니면 다들 온라인에서 쇼핑하지 않는가? 무인 계산대의 세계에서는 아무도 계산원이 아니지만, 반대로 모두가 계산원이다.

이런 심오한 생각을 하며 개리는 다시 돌아오지 못할지도 모를 휴식 시간을 보내러 갔다.

Understand This

2023년 주목해야 할 23가지 용어

마틴 애덤스(Martin Adams), 에린 브라운(Aryn Braun),
조엘 버드, 톰 스탠다지, 비제이 바이테스워런

20 20년과 2021년에 세계는 단기 속성으로 역학과 백신학 과목을 수강했다. '곡선 평탄화', '바이러스 부하', '스파이크 단백질', 'mRNA 백신'과 같은 낯선 표현이 대중 담론의 일부가 되었다. 그리고 2022년에는 우크라이나 전쟁으로 인해 '하이마스(HIMARS)'●와 '대포대 사격'과 같은 새로운 용어를 알게 될 수밖에 없었다. 2023년에는 어떤 특수 표현들이 더 널리 보급될 것인가? 2023년 당신의 어휘를 확장해줄 23가지 예상 용어를 각각의 정의와 함께 엄선해 소개한다.

● 'High Mobility Artillery Rocket System'의 약자. 미국의 고속 기동 포병 로켓 시스템.

그린 수소, 블루 수소, 브라운 수소

수소는 연소하면서 수증기만 생성하고 공해 물질을 내뿜지 않는 무색의 기체다. 우주에서 가장 풍부한 원소임에도 불구하고 순수한 형태의 수소가 지구상에서 발견되는 경우는 거의 없다. 순수한 수소를 만들 때 어떤 방법은 다른 방법보다 훨씬 더 많은 오염 물질을 생성하기 때문에 에너지 전문연구원들은 여러 색깔을 써서 이것들을 식별한다. '그린' 수소는 재생 가능 에너지를 사용해 물을 수소와 산소로 전기 분해해서 만들어진다. 유럽은 그린 수소의 사용을 장려하고 있고, 호주와 인도 등 재생 에너지가 풍부한 나라들은 그린 수소 수출국이 되길 바라고 있다. 그에 반해 '블랙' 또는 '브라운' 수소를 만들 때는 석탄이나 갈탄을 태워야 해서 엄청난 양의 이산화탄소가 배출된다. 이 방법은 비용이 저렴한 데 반해 기후에 악영향을 미친다. '그레이' 수소는 천연가스로 만들어지며, 이 과정에서도 (석탄을 사용

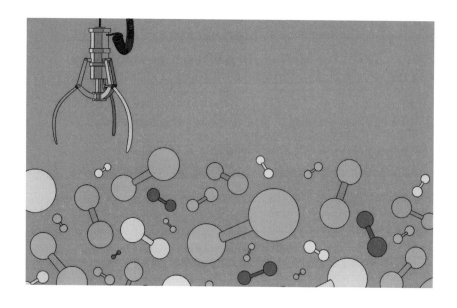

할 때보다는 적은 양이지만) 이산화탄소가 배출된다. '블루' 수소는 천연가스로 만들어지는데, 그 과정에서 발생하는 이산화탄소는 포집되어 지하에 저장된다. 거대 석유 회사는 이 방법에 열광하고 있다. 이론상, 이산화탄소의 누출을 엄격히 감시하고 통제한다면 상대적으로 친환경적인 방법일 수도 있기 때문이다. '청록' 수소는 다른 방법을 써서 천연가스를 분해한 다음 수소와 고체 탄소를 만든다. 여러 신생 기업들이 이 접근법을 따르고 있다. '핑크' 수소는 그린 수소 종류와 마찬가지로 전기 분해를 통해 만들어지지만, 원자력을 이용한다는 점이 다르다. 마지막으로 '화이트' 수소는 자연적으로 발생하는, 그러나 지구상에서는 희귀한 순수한 종류를 말한다.

이심

스마트폰에 삽입되어 요금 청구 세부 정보와 연락처를 저장하는 (가입자 식별 모듈 또는 SIM이라 부르는) 작은 칩이 사라질 예정이다. 이른바 이심(eSIM) 기술은 물리적 칩 대신 옛 단말기에서 새 단말기로 재빨리 갈아탈 수 있는 디지털 코드를 사용하는 것이다. 이 기술은 2017년부터 단말기에 탑재되어 있었지만, 애플이 아이폰14 제품군을 미국에서 eSIM 전용 단말기로 출시하기로 함에 따라 2023년에는 수백만 명의 사람들이 eSIM을 사용하기 시작해야 할 것이다. 마우스나 터치스크린의 도입 때와 마찬가지로 애플의 특정 기술 수용은 이것이 광범위하게 채택되는 계기가 될 것이다. 전 세계 이동통신 사업자들의 마음을 움직여 eSIM을 채택하게 하면 기기 간 통신사 이동 과정이 덜 거추장스러워질 것이다. 또한 여러 개의 eSIM을 장착해 네트워크 간에 이동하기도 더 쉬워진다. 작은 칩을 바꿔 끼는 것보다는 덜 성가신 일이다.

포스트 양자 암호

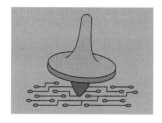

양자 컴퓨터는 아원자 영역의 기이함을 활용해서 일반 컴퓨터가 할 수 없는 일을 한다. 여기에는 암호 해독이 포함된다. 작동 가능한 양자 컴퓨터가 구축된다면, 통신을 보호하고 민감한 데이터를 지키는 데 일반적으로 사용되는 암호를 깰 수 있다. 이러한 가능성을 차단하기 위해, 양자 컴퓨터도 공격할 수 없도록 설계된 새로운 '포스트 양자' 암호 기준이 2022년 승인되었으며, 2023년부터 본격적인 시행 준비에 들어갈 예정이다.

혼합현실

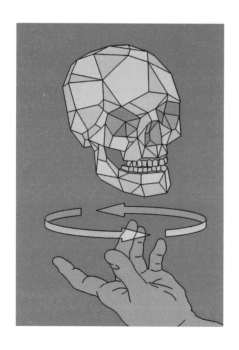

가상현실은 디지털 안대를 착용하는 것과 같다. 현실 세계를 가리고 컴퓨터가 생성한 대안적 현실에 몰입하는 것을 말한다. 반면 증강현실은 컴퓨터가 생성한 요소를 당신이 바라보는 현실 세계에 덧붙인다. 혼합현실(XR 또는 MR, Mixed Reality)은 실제와 가상 항목이 상호작용할 수 있도록 함으로써 한 단계 더 나아간다. 예를 들자면 탁구채는 진짜지만 컴퓨터가 만들어낸 공으로 탁구 게임을 할 수도 있다. 혼합현실은 증강현실보다 세련된 용어라서 인기를 끌 가능성이 크다. 2023년 가장 궁금해할 질문 중 하나는 애플이 그들의 첫 번째 혼합현실 헤드셋을 발표할 때 이 기기의 이름을 뭐라고 부를지다. 그 기기는 '리얼리티OS(RealityOS)'라는 소프트웨어로 구동된다는 소문이 있다.

패스키

비밀번호의 종말! 패스키는 애플, 구글, 마이크로소프트와 같은 거대 기술 회사가 지원하는 신기술로, 비밀번호 대신 자동으로 생성되어 추측이나 분실이 불가능한 생체 인증을 사용하는 방식이다. 기본적으로, 암호를 입력하는 대신 휴대전화나 컴퓨터에 저장되어 있거나 지문, 얼굴 인식 등으로 보호되는 징표를 사용해 앱이나 웹사이트에 로그인한다. 이베이, 카약, 페이팔을 포함한 많은 온라인 서비스 기업들은 이미 이 방법을 사용하고 있으며, 인기 데스크톱 및 모바일 운영 체제의 최신 버전까지 이 기술 지원이 확대됨에 따라 2023년에는 더 많은 기업이 참여할 것이다.

사용하는 모든 앱 또는 웹사이트에 고유한 암호가 생성된다. 따라서 패스키는 그럴싸한 가짜 웹사이트에 개인 정보를 입력하도록 사용자를 속이는 '피싱' 메일과 같은 다수의 일상적 공격을 방지한다. 패스키는 또한 사용자가 모든 항목에 대해 (쉽게 추측할 수 있는) 같은 암호를 사용하지 못하도록 한다. 이 모든 것은 온라인 보안에 큰 도움이 될 것이다. 스마트워치를 클릭해 무언가에 로그인하는 것이 묘하게 짜릿하다는 추가적 이점도 있다.

수평적 확전과 수직적 확전

우크라이나에서의 군사적 충돌은 2023년 어떤 식으로 고조될 수 있는가? 군사전문연구원들은 두 가지 차원의 확전으로 구분되어 발생할 수 있다고 말한다. 수평적 확전은 충돌의 지리적 범위가 확장하는 경우를 말한다(예를 들어 러시아가 다른 나라를 공격해 싸움에 끌어들일 때). 수직적 확전은 새로운 종류의 목표물에 대한 공격을 벌이거나 (화학탄두나 핵탄두와 같은) 새로운 종류의 무기를 도입함으로써 충돌의 강도가 증가하는 경우를 말한다.

전술적 핵무기

러시아는 우크라이나에서 '전술적' 핵무기를 사용할 수밖에 없는가? 전술적 핵무기는 ICBM처럼 도시를 파괴하는 '전략적' 무기보다 사거리가 짧고 위력이 약하다. 예를 들어 우크라이나 군대가 2023년 크림반도를 탈환하려 한다면 푸틴 대통령은 우크라이나 군대의 전진을 막기 위해 전술적 핵무기를 사용할 마음을 먹을 수도 있다. 그러나 썩 효과적인 방법은 아닐 듯하다. 탄두 하나로 탱크 12대 정도밖에 파괴할 수 없기 때문이다. 그 대신 푸틴 대통령은 경고의 의미로 흑해 상공에서 소형 핵무기를 터뜨리는 선택을 할 수도 있다. 그러나 중국과 같은 동맹국들이 그에게 등을 돌릴지도 모른다. 그리고 서구는 재래식 무기로 우크라이나의 러시아 목표물을 타격하면서 확실히 대응할 것이다. 그렇게 되면 훨씬 더 강력한 전략 무기를 주고받는 보복 공격이 이어질 위험이 있다. 요컨대 '전술적'이란 단어는 핵무기 앞에 붙이기 부적절한 말이다. 핵무기는 그 본질이 위험할 정도로 전략적이기 때문이다.

동결 분쟁

동결 분쟁은 (이를테면 평화 조약이나 정치적 합의를 통해) 실제 전투는 멈췄지만 근원적인 갈등은 해결되지 않은 군사적 대치 상태를 말한다. 따라서 언제든지 교전이 다시 시작될 수 있는 위험이 있다. 이는 강대국이 간섭해서 나타나는 결과인 경우가 많다. 푸틴 대통령은 주변 국가들을 동요하게 만드는 한 방편으로 (2014년 말부터 2022년 초까지 우크라이나 동부 지역을 포함하는) 옛 소련의 일부 지역에서 동결 분쟁을 초래한 바 있다. 이러한 분쟁은 수십 년간 계속될 수 있는데, 1990년대 초 그루지야에서 분리되어 러시아의 지원을 받는 남오세티야와 압하지야 공화국의 경우를 보면 알 수 있다. 2023년 이러한 동결 분쟁 중 일부가 녹아내리기 시작하면 러시아의 약점이 될 것이다.

재기화

천연가스는 석유와 달리 선박에 싣고 내리기가 어려워서 보통 파이프라인을 통해 공급된다. 천연가스 시장은 석유 시장보다 훨씬 덜 유동적인데, 일반적으로 구매자와 판매자 사이에 파이프라인이 필요하기 때문이다. 하지만 LNG는 그 방정식을 바꾼다. 천연가스를 영하 162°C까지 냉각시키면 액체로 변하면서 부피가 600분의 1로 줄어들고, 초저온 냉각 기능이 있는 특수 유조선을 사용해 장거리 운송을 할 수 있다.

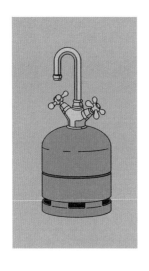

이로써 천연가스의 세계 무역이 가능해지는데, 파이프라인을 통해 전달되는 러시아산 천연가스에 대한 의존도를 줄이고자 하는 유럽 국가들에 유용할 것이다. 최근 유럽 국가들은 최대 LNG 수출국인 미국이나 카타르로부터 천연가스를 사들이고 있다. LNG를 다시 가스로 바꿔서 파이프라인을 통해 이송한 후 연료로 사용될 수 있도록 하는 것을 재기화(regasification)라고 한다. 이 과정은 일반적으로 연안에 있는 LNG 터미널에서 이뤄진다. 하지만 내륙 시설을 건설하는 데 시간이 걸리기 때문에 '부유식 저장 및 재기화 장치(FSRU)'라고 불리는 선박을 임대해 작업을 수행하는 것이 더 빠른 해결책이다. 독일 정부는 LNG 수입 용량을 늘리기 위해 5척의 선박을 임차했다.

건조지대화

어떤 지점에 이르러야 가뭄 또는 심지어 메가 가뭄으로도 건기를 설명하기에 충분하지 않은가? 일부 지역에서는 과학자와 관계자들이 건조지대화(aridification), 즉 지역의 장기 건조에 대해 논하기도 한다. 기후 변화로 상승한 기온은 여러 가지 연쇄적인 영향을 미친다. 남부 유럽, 호주 해안, 남부 아프리카처럼 이미 건조한 지역에서, 기후 변화는 산에 덮인 눈더미를 줄어들게 하고, 강, 토양, 숲을 메마르게 하고 있다. 미국 캘리포니아주, 스페인, 그리고 다른 곳에서는 여름에 점점 더 심각한 산불이 발생할 위협이 있다. 2023년 이 지역들은 더 뜨거워진 기온, 더 강력해진 산불, 그리고 더 고갈된 물 문제로 씨름할 것이다. 건조지대화가 되면 캘리포니아주와 중국 같은 농업 강자들은 물 공급의 축소를 고려해야 할 것이다. 그리고 메마른 도시들은 건조지대화로 인해 인구 증가에 상한선이 생길 수도 있음을 걱정할 것이다.

스코프 1, 스코프 2, 스코프 3

스코프 1(Scope 1)은 공장이나 차량에서 연료를 태울 때처럼 기업의 활동으로 발생하는 탄소를 직접 배출하는 것이다. 스코프 2(Scope 2)는 기업의 에너지 사용으로 인해 (예를 들자면 발전소에서) 발생하는 탄소 간접 배출을 말한다. 스코프 3(Scope 3)은 기업의 공급 업체와 고객의 활동에서 발생하는 기타 모든 탄소 배출을 일컫는다. 석유 회사의 경우 그 회사가 판매한 석유를 다른 회사가 연소할 때 발생하는 탄소 배출은 스코프 3에 해당한다. 기업들이 이러한 탄소 배출에 대한 책임을 져야 하는가? 2023년에는 그래야 한다고 주장하는 규제 기관들이 더 많이 생길 것이다.

복원력 허브와 차열성 포장

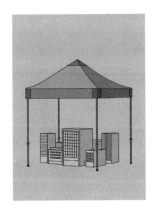

전 세계 도시들은 빈도가 늘어나고 점점 더 심각해지며 특히 노약자들을 위험에 빠트리는 폭염의 위협에 대처하기 위해 다양한 조치를 채택하고 있다. 복원력 허브(resilience hub)는 공동체 내의 지정된 건물 또는 컨테이너로, 건물 내 에어컨이 설치된 대피 장소에서 식수, 인터넷 접속, 전화 충전 시설을 제공한다. 도시들은 또한 햇빛을 반사하고 열을 덜 흡수하는 (흰색 페인트나 반사 물질을 칠한) 차열성 지붕과 (특수 코팅 물질로 처리한) 차열성 도로포장을 도입함으로써 온도를 낮추고 있다. 시원한 인도와 도로를 개설하고 있는 도시로는 로스앤젤레스, 피닉스, 도쿄가 있다.

데드풀

사람들 대부분은 '데드풀(dead pool)'이라고 하면 라이언 레이놀즈(Ryan Reynolds)가 영화에서 연기한 마블의 삐딱한 안티히어로를 떠올릴 것이다. 그러나 미 서부 주에서는 다른 의미로 쓰인다. 서구의 큰 저수지는 대부분 20세기에 강을 댐으로 막아서 만들어졌다. 하지만 지난 20년 동안 물줄기를 대주는 강들이 말라감에 따라 이 인공 호수들은 크기가 줄어들었다. 저수지가 더는 하류로 물을 내보낼 수 없을 정도로 말라버리면 그 저수지는 정적인, 또는 죽은 웅덩이가 된다. 2023년에는 이런 상태에 근접한 저수지들이 여럿 생길 것이다. 콜로라도강 유역의 미국에서 가장 큰 두 개의 호수인 미드 호수(Lake Mead)와 파월 호수(Lake Powell)는 위험할 정도로 말라붙었다. 만약 파월 호수가 데드풀이 되면 콜로라도강에 의존하는 남서부 전역의 4,000만 명의 사람들에게 돌아가는 물 공급이 줄어들 것이다.

합성 연료와 전자 연료

합성 연료(synthetic fuel, 또는 synfuel)는 (휘발유, 디젤, 제트 연료와 같은) 기존 탄화수소 연료의 대체물로, 석유로 만들어지지 않고 인공적 과정을 통해 생산된다. 전자 연료(electrofuel, 또는 e-fuel)는 재생 가능한 에너지를 사용해 만들어진 합성 연료를 말한다. 태양열이나 풍력을 이용한 전기 분해로 물을 수소와 산소로 나눈다. 그런 다음 산업 공정에서 발생하거나 대기에서 추출한 이산화탄소와 수소를 결합해 탄화수소 연료를 만들어낸다. 사용되는 공정에 따라 결과물은 기존 연료보다 탄소 발자국이 적은 연료일 수도 있고 완전한 탄소 중립 연료일 수도 있다. [전화(電化)가 쉬운] 전자 연료는 도로를 달리는 차량에는 거의 쓸모가 없지만, 재생 가능한 전기를 액체 연료로 재포장해 선박과 비행기 동력으로 쓰는 데는 효과가 있다.

생산성 편집증

재택근무를 하면 생산성이 향상되는가? 마이크로소프트가 11개국 2만 명의 근로자를 대상으로 설문한 조사에서, 응답자의 87%는 재택근무가 사무실 출근만큼 효율적이거나 더 효율적이라고 답했다. 그러나 자신의 팀원이 집에서 생산적으로 근무한다고 전적으로 신뢰하는 상사는 12%에 불과했다. 그 결과 (게으름뱅이로 비치는 것이 두려운) 근로자와 (부하가 게으름을 피울까 두려워하는) 상사 모두에게 '생산성 편집증(productivity paranoia)'이 발생하게 된다. 결국 근로자가 제 몫을 해내고 있음을 보여주려고 애쓰는 '생산성 연출' 상황의 전시로 이어질 가능성도 있다.

TWaT 도시

코로나19 팬데믹 초기에 사람들이 영영 사무실로 돌아오지 않을 거라는 두려움은 잘못된 것이었다. 그러나 사람들의 근무 습관이 예전으로 결국 돌아올 거라는 희망도 부질없긴 마찬가지였다. 대신 화요일, 수요일, 목요일에만 사무실로 출근하는 패턴에 빠져든 사람이 많다. 도시는 이러한 추세를 부정하고 있지만, 2023년에는 'TWaT(Tuesday, Wednesday and Thursday, 주3일 근무)'에 적응해야 할 것이다. 목요일 저녁, 헤어지며 서로 인사 나누는 직원들 뒤로 보이는 술집에는 사람들이 가득하다. 술집 직원들은 교대 근무를 하며 이 상황에 수월히 적응할 수 있다. 그러나 회사는 직원을 줄이거나, 직원이 출근하지 않는 날 사무실 공간을 다른 용도로 사용하는 등 좀 더 창의적으로 대처해야 할 것이다. 월요일과 금요일에는 제공하는 서비스를 줄이고 가격을 인하하는 대신, 화요일과 목요일에는 가격을 인상함으로써 수요 이동을 시도해볼 수 있다.

도넛 효과

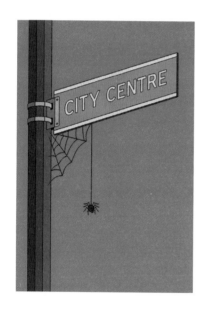

코로나19 팬데믹으로 재택근무가 늘어난 것은 사람들이 사무실과의 근접성보다 가정 공간을 더 중요시한다는 것을 의미한다. 스탠퍼드대학의 니콜라스 블룸(Nicholas Bloom)과 현 〈이코노미스트〉 특파원인 아르준 라마니는 대도시에서 '도넛 효과(doughnut effect, 도심 공동화 현상)'가 발생하고 있음을 확인했다. 근로자들이 도심을 떠나면서 교외 임대료가 치솟아 새로운 성장 고리가 생성되었다. 도넛 효과는 가운데 구멍이 뚫린 미국 도넛과 비슷하다고 붙여진 이름이다. 상업용 부동산 개발업자들은 근사한 사무실과 환상적인 전망 등 특출난 편의 시설에 이끌려 사람들이 다시 도심으로 돌아오기를 바란다. 그들이 상상하는 도넛은 가운데

에 구멍이 뚫리지 않고 잼이 가득 찬 영국식 도넛이다.

배터리 벨트

러스트 벨트(Rust Belt)는 1950년대 이후 제조업이 내리막길을 걸으면서 고통을 받아온 미국 일부 지역에 붙여진 이름이다. 현재는 전기차 제조업과 자동차 배터리를 생산하는 '기가팩토리'와 같은 새로운 녹색 산업 분야에 투자를 촉진하면서 이 지역들을 활성화하려는 노력을 진행 중이다. 포드는 전기차 생산 확대를 위해 500억 달러를 투자하고 있고, 경쟁사 GM은 350달러를 투자하고 있으며, 이 새로운 '배터리 벨트(Battery Belt)'의 신규 배터리 사업 또는 배터리 사업 확장에 약 400억 달러가 투입될 예정이다. 2023년 '배터리 벨트'라는 이름은 인기를 끌 것인가?

임비

님비들은 자신들 뒷마당에 아무것도 짓기를 원하지 않지만, 반면 임비 (YIMBY)들은 주택 건설이 '좋다'고 말한다. 고밀도 개발을 선호하는 그들은 수년 동안 존재해왔지만, 도시 계획 규정을 바꾸는 데 있어서 성공을 거두기엔 한계가 있었다. 이는 2023년에 바뀔 것이다. 7월 미국 캘리포니아주에서는 합리적 가격의 주택 및 안전한 일자리를 위한 법령(Affordable Housing and High Road Jobs Act)이 시행된다. 현재 사무실과 상가, 주차장 등이 밀집한 지역에 주택을 쉽게 지을 수 있도록 하고, 토지사용제한법으로 인해 엄격히 분리된 생활권과 작업권 규정을 완화할 예정이다. 캘리포니아주는 또한 개발업자들에게 여유 있는 주차 공간을 제공하라고 강요하는 규칙들을 완화하고 있다. 대중교통에 근접한 신규 개발지에 대한 주차장 건설 의무가 줄어들어서 건설 비용과 주택 가격이 내려갈 것이다. 그리고 캘리포니아주가 앞장서면, 세계 나머지 지역은 결국 따라오게 되어 있다.

가상 발전소

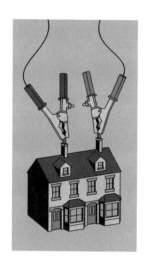

건물에 전기를 공급할 수 있고 필요할 때 전력망에 전력을 전달할 수도 있는 태양 전지판과 배터리를 보유한 가정과 기업들이 늘어나고 있다. 많은 개수를 한꺼번에 사용해서 인터넷 명령으로 조정한다면, 수백 또는 수천 대의 소규모 발전 및 저장 시스템이 일제히 작동할 수 있다. 사실상 단시간에 전원을 켜고 끌 수 있는 가상 발전소의 기능을 수행하는 것이다. 사용자는 자신의 장비가 이러한 방식으로 사용될 수 있도록 동의해야 하며, 제공된 에너지에 대해서는 비용이 청구된다.

가상 발전소가 생기면 피크타임에 전력 공급을 유지하기 위해 비싸고 오염 물질을 배출하는 '피커 플랜트(peaker plant)'●를 쓸 필요가 없어진다. 또한 주파수 조절 및 전압 제어를 통해 전력 사업체에 도움을 줄 수 있다. 주파수 조절과 전압 제어는 특히 태양광이나 풍력 같은 간헐적 공급원에 크게 의존하는 전력망에서 수요 공급 균형을 맞추기 위해 주의 깊게 관리해야 하는 문제다. 가상 발전소는 어떻게 '스마트 그리드(smart grid)'●●가 재생 가

● 전력 수요가 높을 때만 가동되는 발전소.
●● 기존 전력망에 정보 기술을 접목한 지능형 전력망.

능한 에너지원으로 전환을 촉진하는지 보여주는 한 예다.

버티포트

하늘을 나는 자동차, 또는 eVTOL로 알려진 에어 택시는 근본적으로 따지자면 사람을 태울 수 있을 만큼 큰 다중로터형 드론이다. 전 세계 여러 기업은 2023년 이러한 운송 수단이 빠르고 지속 가능한 형태의 도시 교통 수단으로 규제 승인이 이뤄지길 희망하고 있다. 하지만 eVTOL은 아무 데서나 이착륙할 수 없다. 따라서 이착륙을 위한 이른바 버티포트(vertiport)가 필요할 것이다. 반은 공항, 반은 지하철역 역할을 하는 버티포트는 도로 및 철도와 같은 기존의 운송 네트워크와 eVTOL을 통합할 수 있다. 건축가들과 도시 디자이너들에게 이 모든 것은 새로운 도전 과제인데, 그들은 이미 몇 가지 독특한 디자인을 제시하고 있다. eVTOL이 지상에서 떠오르려면 버티포트가 필요할 것이다.

우주 태양 에너지

궤도 위성에 부착된 거대한 태양전지 배열기를 사용해 우주에서 에너지를 모은 다음 마이크로파 방식으로 지구에 전송한다는 발상은 아이작 아시모프(Isaac Asimov)가 1941년 발표한 공상과학 소설 〈리즌(Reason)〉에서 소개한 이후로 계속 존재해왔다. 그러나 그 비용 총액은 합산된 적이 없다. 무언가를 우주로 발사하는 것은 그야말로 천문학적인 비용이 들기 때문이다. 실행 가능한 정도로 비용이 떨어지거나, 소행성에서 원자재를 채굴하는 것과 같은 새로운 우주 기반 제조 기술이 등장한다면 상황은 바뀔 수 있다. 또한 적당히 높은 궤도가 유지되면 태양 발전 위성은 믿을 수 있는 무공해 동력을 제공하며 24시간 내내 햇빛 속에 머무를 수 있다. 유럽우주국은 솔라리스(Solaris)라는 운영 계획의 일부로 2022년 독일에서 열린 지상 시연회를 후원했다. 미국, 영국, 중국, 일본도 새로운 새벽을 경험하고 있는 이 분야의 연구에 자금을 대고 있다.

시스루나

미국은 달에 영구 기지를 세운다는 장기적인 목표를 가지고 향후 몇 년 내로 우주비행사들을 달에 보낼 계획이다. 아르테미스 계획(Artemis programme)의 하나로, 미국은 루나 게이트웨이(Lunar Gateway)라는 이름의 우주 정거장을 달의 궤도에 올려 통신 허브, 과학 실험실, 그리고 단기 거주 공간 역할을 하게 할 생각이다. (2024년 발사 예정이고) 2023년에는 준비 임무를 맡은 로봇들이 계속 달로 발사될 것이다. 지구와 달 궤도 사이의 공간이라는 뜻의 '시스루나(cislunar)'에서 분위기가 고조되고 있다.

2023년 세계 주요 일정

1월

- 크로아티아는 유로화를 채택하고 유로존의 20번째 회원국이 된다. 이는 2015년 리투아니아의 가입 이후 첫 번째 통화 동맹의 확장이다.
- 중국인들은 토끼의 해가 시작되는 1월 22일에 춘절을 맞이한다.
- 미국의 낙태권을 놓고 분열된 양측 운동가들은 '로 대 웨이드' 판결 50주년을 기념한다.

2월

- 투트 마니아(고대 이집트 문화에 열광하며 패션이나 오브제에 이집트의 모티브나 색채로 장식하는 것)여! 모든 연령대의 이집트 학자들이 모여 하워드 카터(Howard Carter)의 투탕카멘 묘실 봉인 해제 100주년을 기념한다.
- 나이지리아는 대통령 선거와 국회의원 선거를 치른다.
- 대만 차이잉원 총통은 평화기념일(Peace Memorial Day)을 기릴 것이다. '2.28'로 알려진 이날은 1945년 대만 섬을 점령한 중국 국민당 정부 군대에 의해 1947년 수천 명의 시위자가 학살당한 사건을 기억하는 날이다.

3월

- 제95회 아카데미 시상식이 로스앤젤레스에서 개최된다.
- 중국의 유명무실한(rubber-stamp) 의회가 매년 개최하는 전국인민대표대회가 열린다. 시진핑은 3선 국가주석이 될 것이다.

4월

- 핀란드에서 총선이 치러진다.
- 가나의 수도 아크라는 1년 동안 유네스코 선정 2023 세계 책의 수도(World Book Capital)가 된다. 이동도서관을 통해 소외된 집단의 접근을 확대하고, 다양한 가나

언어로 읽고 쓰는 것을 촉진하는 워크숍이 개최되며, 실업 청년들을 위한 훈련 센터기 설립될 것이다.

5월

- 찰스 3세의 대관식이 런던에서 거행된다.
- 유로비전 송 콘테스트가 리버풀에서 열린다. 2022년 우승자를 배출해 다음 대회를 개최해야 하는 우크라이나가 안전한 대회 장소로 여겨지지 않는다는 이유다.
- EU의 출입국 시스템(EES)이 오랜 지연 끝에 시행될 예정이다. 비EU 여행객들은 EU 회원국 국경을 통과할 때 이 시스템에 등록될 것이다.

6월

- 튀르키예에서 국회의원 선거와 대통령 선거가 치러진다. 필요하다면 7월에 대통령 결선 투표가 시행될 것이다.
- 시에라리온에서 대통령 선거와 의회 선거가 실시된다.
- 카타르는 아시안컵을 개최한다. 아시안컵은 4년마다 24개 팀이 겨루는 축구 대회다.

7월

- 캄보디아는 국회의원 선거를 시행한다. 집권 캄보디아 인민당은 2018년 제1야당을 강제 해산한 이후 국회에서 125석을 모두 차지하고 있다.
- FIFA 여자 월드컵이 호주와 뉴질랜드에서 시작된다.
- 칠레 북부에서 건설 중인 초거대 관측 망원경, 베라 C 루빈 천문대(Vera C. Rubin Observatory)에서 '최초의 관측'이 이뤄질 것이다.

8월

- 모든 사이클 세계 선수권 대회를 한데 모아 4년마다 개최하는 새로운 행사인 UCI 사이클 세계 선수권 대회(UCI Cycling World Championships)가 글래스고와 스코틀랜드 전역에서 열린다.
- 인도는 일정이 연기된 찬드라얀 3호(Chandrayaan-3)를 발사해 달 표면에 착륙선과 탐사 장비를 전달할 예정이다. 2019년에 발사된 찬드라얀 2호(Chandrayaan-2)는 소프트웨어 결함으로 달에 충돌한 바 있다.

9월

- 럭비 월드컵이 개최국인 프랑스와 전 대회 우승국인 남아프리카공화국과의 경기를 필두로 프랑스에서 개최된다. 러시아는 우크라이나 침공 이후 대회 출전이 금지됐다.
- 세계 물수제비 선수권 대회(World Stone Skimming Championships) 참가를 위해 약 350명의 경쟁자가 스코틀랜드 연안의 작은 섬 에스데일에 모인다.

10월

- 팬아메리칸 경기 대회(Pan American Games, 4년마다 열리는 아메리카 대륙 국가들을 위한 종합 스포츠 대회)가 칠레 산티아고에서 개막한다.
- 튀르키예는 케말 아타튀르크의 공화국 수립 100주년을 기념한다.

11월

- 제28차 유엔기후변화협약 당사국총회(COP28)가 아랍에미리트에서 열린다.
- 라스베이거스 베네시안 호텔에서 록 밴드 U2의 공연과 함께 (디지털 스크린이 설치된 거대한 구형 공연장인) MSG 스피어가 그 문을 열 예정이다.
- 미국 ESTA(미국의 비자 면제 프로그램)와 유사한 EU의 ETIAS 시스템 가동이 예상된다. 비EU 시민들이 EU 회원국에 입국하기 위해서는 미리 7유로(7달러)를 내고 신청해야 할 것이다.

12월

- 콩고민주공화국에서 대통령 선거와 국회의원 선거가 치러진다.
- 멕시코는 총 길이 1,550킬로미터의 마야 열차 프로젝트(Maya Train project)를 완료할 예정이다. 이 철로는 유카탄반도를 둘러싼 2개 노선으로 구성되어 해안 관광지와 내륙의 마야 유적지를 연결한다.

2023년을 그리다

〈이코노미스트〉의 시사만화가 케빈 칼(Kevin Kallaugher 'KAL')이 그린 다가올 한 해의 모습.

A BIRDWATCHER'S GUIDE TO 2023

ORANGE LOUD-MOUTHED
FIBBER
TRUMPUS OBNOXIOUS

RUSSIAN RAZOR-BILLED
BRUTE
PUTIN HORRIBILIS

EASTERN DRAGON-WINGED
ALTIARCH
COMMI PARTI SQUEEZI

ARMOUR-FEATHERED
SKIPPER
ZELENSKI VALOURUS

MID-ATLANTIC GARBLED
BANTER
BIDEN OCTOGENARIA

MERCURIAL FLIT
TECHNO HUBRIS

JINGO-HEADED ZEALOT
MODI HINDI DOMINATUS

META-BRAINED ZUCKERBIRD
FACEBOOK UBIQUIDOUS

P-CLAWED CRUDE
DI HEGEMONI

NORTH KOREAN
SMALL PECKERED NUKE
NASTI DYNASTI

THIN-SKINNED SNAPPING
TURKEY
ANATOLIA
TYRANTICUS

DRACONIAN HIKE
FED INFLATIONUS DREADI

TRI-COLOURED
FLUSTERED SWANK
MACRONUS SISYPHUS

RIGHT-WINGED
SNARK
HUNGARI DESPOTUS

BRITISH AIMLESS
WOBBLER
TORY SHAMBLUS

KAL

또 한 해의 라니냐

2023년이 시작되는 시점에 세계에서 가장 중요한 기후 현상은
여전히 라니냐에 갇혀 있을 것이다

할 호드슨

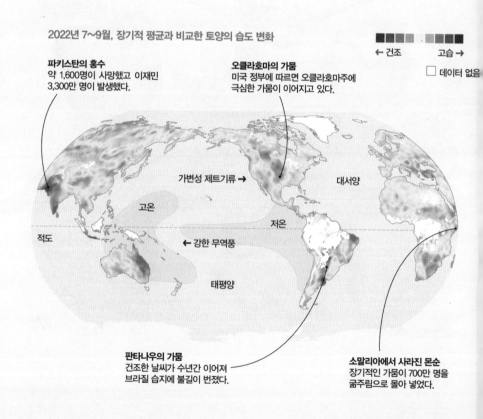

2022년 7~9월, 장기적 평균과 비교한 토양의 습도 변화

← 건조   고습 →

☐ 데이터 없음

파키스탄의 홍수
약 1,600명이 사망했고 이재민
3,300만 명이 발생했다.

오클라호마의 가뭄
미국 정부에 따르면 오클라호마주에
극심한 가뭄이 이어지고 있다.

가변성 제트기류 →

대서양

고온

저온

적도

← 강한 무역풍

태평양

판타나우의 가뭄
건조한 날씨가 수년간 이어져
브라질 습지에 불길이 번졌다.

소말리아에서 사라진 몬순
장기적인 가뭄이 700만 명을
굶주림으로 몰아 넣었다.

무역풍은 태양열과 지구의 자전으로 발생해 동쪽에서 서쪽으로 영원한 원을 그리며 부는 바람이다. 수세기 동안 뱃사람들은 무역풍에 의존했다. 한결같이 동쪽에서 서쪽으로 부는 이 바람은 해상 무역을 촉진했고 아메리카 대륙의 식민지화를 불러왔다.

무역풍은 남태평양에서 엘니뇨 남방진동(ENSO)이라는, 대양과 대기 간의 기후 현상을 일으킨다. 2023년이 밝아올 무렵 ENSO는 3년 연속 이어지는 라니냐 현상에 갇힐 것이다. 강한 바람은 바다 표층수를 서쪽으로 몰고 간다. 그것을 대체하기 위해 바다 속 차가운 물이 차오르면서 수면 위 공기를 식힌다. 이것은 남동태평양의 고기압과 서쪽의 저기압으로 이어진다. 그러면 서풍이 더 강하게 불어 더 많은 물을 몰고 오면서 피드백 고리가 형성되고 ENSO는 라니냐 상태에 갇힌다.

북반구에서 라니냐가 겨울을 세 번 지나는 동안 유지되는 것은 이례적이다. 1970년대 중반과 밀레니엄 전환기, 이 두 시기에 같은 기록이 남아 있다. 라니냐가 오랜 기간 지속되는 것은 문제다. 오래 지속되는 커다란 찬 공기층과 고기압은 인도양과 태평양을 가로지르는 제트 기류에 영향을 미친다. 바다에서 육지로 불어오는 제트기류가 방향을 바꾸면 그 땅은 수분을 잃고 가뭄을 겪게 된다. 제트기류가 우회하는 육지는 많은 비가 내려 홍수로 고통받을 수 있다.

결국 바람은 약해지고 남동태평양은 따뜻해질 것이며 ENSO는 라니냐에서 벗어날 것이다. 그러면 반대 상태인 엘니뇨로 전환돼 전 세계의 제트기류를 반대 방향으로 끌어당길 것이다. 그로 인해 다른 지역에서 가뭄이나 홍수가 일어날 수 있다. 지구상에서 가장 강력한 힘은 인간의 통제 밖에 있다.

엘니뇨 남방진동이란 무엇인가?

무역풍은 지구 동쪽에서 서쪽으로 부는 바람이다. ENSO는 무역풍이 바다와 상호작용할 때 남태평양에서 발생한다.

라니냐

강한 무역풍이 표층수를 서쪽으로 몰고 간다. 그것을 대체하는 바닷물은 수면 위 공기를 냉각시켜 피드백 고리에서 서풍을 강화한다. 이 상태를 라니냐라고 한다.

엘니뇨

ENSO의 반대 상태가 엘니뇨다. 약한 바람이 따뜻한 해류를 동쪽으로 몰고 가면서 차가운 물을 수면 아래 가두고 수면 위 공기를 가열해 바람을 더욱 약화한다.

어느 쪽도 해당하지 않는 경우

둘 사이의 중립 상태에서는 바람이 너무 강하지도 너무 약하지도 않으며 어느 한쪽의 평형 수준에 도달하지 않는다.

출처: 플래닛 랩스 PBC, 미국 국립해양대기청(NOAA)

전문가들의 가장 확률 높은 예측

굿저지먼트의 슈퍼 예측가들이 예측한
2023년 주요 사건

언론인들과 논평가들은 신중히 고른 단어를 써서 미래를 예측하길 좋아한다. 그런가 하면 숫자라는 언어를 선호하는 예측가들도 있다. 예측 전문 회사 굿저지먼트(Good Judgment)는 그런 사람들을 슈퍼 예측가팀에 다수 영입했고, 그들은 상세하고 구체적인 예측을 제공하기 위해 함께 노력하고 있다. 다음은 2023년 주요 사건과 관련해 그들이 내놓은 예측이다.

↓

IMF 기준을 따를 때, 2023년 세계 GDP는 2022년에 비해 얼마나 성장할까?

0% 미만	2%
0~1.5%	20%
1.5~3%	62%
3~4.5%	15%
4.5% 초과	1%

↓

튀르키예(터키)의 정의발전당(AKP) 후보는 2023년 대선에서 승리할까?

그렇다 71%	아니다 29%

↓

영국에서는 2024년 1월 1일 이전에 총선이 열릴까?

그렇다 10%	아니다 90%

↓

IMF 기준을 따를 때, 2023년 중국 GDP는 2022년에 비해 얼마나 성장할까?

2% 미만	1%
2~3.5%	26%
3.5~5%	58%
5~6.5%	14%
6.5% 초과	1%

↓

중국이나 대만은 2024년 1월 1일 이전에 자국 군대나 경찰에 무력을 행사했다며 상대국을 비난할까?

그렇다 17%	아니다 83%

↓

러시아는 2023년 10월 1일 이전에 우크라이나 영토나 영해, 영공에서 핵폭발 장치를 터뜨릴까?

그렇다 5%	아니다 95%

↓

블라디미르 푸틴은 2023년 10월 1일 이전에 러시아 연방 대통령직에서 물러날까?

그렇다 9%	아니다 91%

↓

러시아와 우크라이나가 종전 협정을 체결하거나 종전을 선언하는 시점은 언제일까?

2023년 4월 1일 이전	2%
2023년 4월 1일부터 9월 30일 사이	9%
2023년 10월 1일부터 2024년 3월 31일 사이	15%
2024년 4월 1일부터 9월 30일 사이	19%
2024년 10월 1일 이후	55%

↓
나이지리아에서는 어떤 당 후보가 2023 년 대선에서 승리할까?

범진보의회당(APC)	53%
인민민주당(PDP)	16%
그 외 정당	30%
대선이 열리지 않음	1%

예측 우승자

굿저지먼트와 협력해 마련된 **2022년의 세계 예측하기 대회**에서 우승한 샌프란시스코에 사는 재러드 리버위치(Jared Leibowich) 씨에게 축하를 보낸다. 그는 불확실성의 시대에 정신 건강을 유지하기 위한 방법으로 팬데믹 기간에 예측을 시작했다. **당신도 슈퍼 예측가가 될 수 있을까?** 2023년 10월까지 gjopen. com/economist에서 진행되는 2023년의 세계 예측하기 대회에 참여해 당신의 예측 능력을 시험해보자.

작년의 예측

슈퍼 예측가들은 2022년 예측에서 프랑스와 브라질의 대선 결과, 동계 올림픽 보이콧의 부재, 전 세계 코로나19 백신 투여량이 2022년 중반에 120억 회분에 도달하리라는 것을 맞추며 7개 중 4개라는 점수를 기록했다. 빗나간 예측 3개는 오미크론 변이에 책임이 있다. 새로운 우세종은 2022년 하반기까지 예견되지 않았다. 오미크론 때문에 GDP 성장률이 예상보다 저조했으며, 미국 내 비행기 여행 재개도 지연됐다. (미국의 중간 선거 결과 관련 예측이 맞았는지 여부는 편집 마감 시점에 불확실했다.)

Illustration: Israel G Vargas, Patrick Leger, Seb Agresti, Mark Long, Kevin ("KAL") Kallaugher, Ryan Gillet, Cristiana Couceiro, Ellie Foreman-Peck, Sam Kerr, Celina Perriera, Alvaro Bernis, Mike Haddad, Vincent Kilbride, Mojo Wang

Photographs: © AFP © Getty Images © Alamy © Reuters © Shutterstock

©Courtesy of Ford Motor Company
© Spacecraft: ESA/ATG medialab; Jupiter: NASA/ESA/J. Nichols(University of Leicester);
Ganymede: NASA/JPL; Io: NASA/JPL/University of Arizona; Callisto and Europa: NASA/JPL/DLR
Courtesy of Joby Aviation © Joby Aero Inc.
David Lee/NETFLIX © 2022/Rustin

이코노미스트
2023 세계대전망

제1판 1쇄 발행 | 2022년 12월 5일
제1판 4쇄 발행 | 2023년 1월 4일

지은이 | 이코노미스트
번역 | 방수연, 석혜미, 정유선, 조용빈, 최영민, 최지숙, 황성연
펴낸이 | 오형규
펴낸곳 | 한국경제신문 한경BP
책임편집 | 이혜영
교정교열 | 이근일
저작권 | 백상아
홍보 | 이여진 · 박도현 · 하승예
마케팅 | 김규형 · 정우연
디자인 | 지소영
본문디자인 | 디자인 현

주소 | 서울특별시 중구 청파로 463
기획출판팀 | 02-3604-590, 584
영업마케팅팀 | 02-3604-595, 562   FAX | 02-3604-599
H | http://bp.hankyung.com   E | bp@hankyung.com
F | www.facebook.com/hankyungbp
등록 | 제 2-315(1967. 5. 15)

ISBN 978-89-475-4865-6   03320

책값은 뒤표지에 있습니다.
잘못 만들어진 책은 구입처에서 바꿔드립니다.

대한민국 출판물류 일류기업

"호텔 서비스"

th Since 1990

분명하고 남다른 철학이 있습니다.

Firm Belief, Philosophy!

지난 25년간 오직 출판물류의 발전을 위해

한걸음, 한걸음 걸어왔습니다.

우리의 목적은 출판물류 유토피아를 이루는 것이며,

그 실현을 위해 오늘도 호텔서비스 정신으로

걸어가고 있습니다.

413-861 경기도 파주시 파주읍 윗가마울길 77
T.031)940-1300 / F.031)946-6915